2021

杨宇东　蔡云伟　主编

復旦大學出版社

序　草蛇灰线　伏脉千里

如果在很多年之后再回首2021年，我们可能会更多地发现它的特别之处。

它的前一年，新冠病毒全球大暴发，对人类社会冲击之大，在传染病史上史无前例，全球经济也因此出现断崖式下跌。就中国这个制造业大国而言，因为全球产能的凝滞，反而获得了一波出口红利，成为当年GDP唯一正增长的主要经济体。

它的后一年，世界各国经济先后步入复苏和常态，反而是中国遭遇了奥密克戎病毒的大规模侵袭，包括上海、成都、深圳等大城市先后陷入封城停摆状态，全年既定增长目标的下调已成定局。

2021年，中国经济一度延续了2020年下半年的强劲复苏势头。全年经济运行总体平稳，国内生产总值达114.4万亿元，比上年增长8.1%，实现了年初制定的预期目标；以2019年为基期，近两年平均增长5.1%。分季度看，第一、二、三、四季度GDP呈明显的前高后低走势。

海外疫情蔓延和供需缺口的持续存在，使得中国净出口再次实现了超预期增长。

与此同时，制造业占GDP比重多年来首次回升，新消费、新能源领域的勃兴也成为2021年经济运行的几抹亮色。

同样值得关注的是，房地产、互联网平台、教培等行业的全面治理影响也在2021年显著体现。

2021年12月8—10日，中央经济工作会议在北京举行，会议总结了2021年经济工作，分析了经济形势，部署了2022年经济工作。会议首次指出我国经济发展面临需求收缩、供给冲击、预期转弱三重压力。

所以在这样一个背景下，回看2021年的中国经济究竟发生了什么，以及对未来产生了哪些影响就是一项特别有价值和意味的研究和观察。这也是本书集纳 2021 年第一财经一批代表性新闻分析类稿件的独特意义所在。

以我个人的理解，2021 年是中国经济在疫情严重冲击下一个短暂的窗口期，内外部环境带来一系列政策、产业的变化，对于研判其后一段时期的中国经济而言，可谓草蛇灰线、伏脉千里，对应的高质量、全覆盖的财经观察和解读报道，也因此极具学习和参考价值。

在本书中，读者可以看到不同行业的冷暖兴衰，比如 2021 年，新能源车企真正占据了“C 位”；可以看到全球变局下的产业链、供应链、价值链变局，如中小电商放弃自建流量阵地；可以看到无论是地方政府还是创新企业和资本，都在紧锣密鼓布局科技创新；我们也可以看到基层财政的收支矛盾加剧，还有压力渐增的养老领域，诸多政策开始破冰。当然，我们还看到了记者笔下的“教培巨变”，以及关于中国楼市重要政策拐点的媒体观察。

这些变化背后，都是一个国家、一个产业、一个企业在主动和被动地适应大环境的变迁，透过诸多个体的变化，可以把握市场暗藏的逻辑、商业深处的脉搏、政策背后的指向。

当下的财经新闻，不乏高屋建瓴，宏大叙事，但在全球动荡、经济下行、外扰内卷的变局之下，更需要一线真相，见微知著。

当下的财经信息不乏规模和数量，同质化的资讯供应商比比皆是，但是更需要深度和原创，不以流量和注意力为首要，而是更多冷静、理性、专业的思想和声音。

第一财经数年来持之以恒推出《商业·洞察》年度专集，始终就是希望通过自身的努力，通过旗下一批资深记者的专业能力，形成财经舆论场的一股清流。尤其是在 2022 年上半年涉疫情相关报道中，我们更是在长期倡导的专业和责任之外，强化了科学和良知的媒体价值观，也因此诞生了一大批被各方交口称赞的优秀作品。

我们会一直坚持下去，因为受众需要这样的作品，这也是对我们自己的鞭策。

第一财经总编辑　杨宇东

2022 年 9 月 19 日

Contents
目录

一、姗言两语

■ 陈姗姗 / 001

二、乐言商业

■ 乐 琰 / 032

三、推本溯源

四、唐言柳语

五、秀言城事

六、婷见影视

十二、晋观医养

十三、财税益侃

十四、如数家珍

十五、娜姐笔记

十六、滴水成海 ■ 王 海 / 311

十七、科技心语 ■ 钱童心 / 317

十八、叶观产研 ■ 金叶子 / 339

十九、海斌访谈 ■彭海斌 / 365

二十、歆闻杂谈 ■ 张歆晨 / 375

一、姗言两语

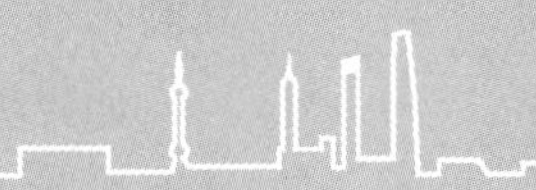

陈姗姗｜第一财经产经频道主编，首席记者，毕业于上海外国语大学国际新闻专业，复旦EMBA，关注航空等大交通物流以及工业制造业领域超过十年，“姗言两语”专栏通过解析热点产业事件，揭示背后的商业逻辑。
chenshanshan@ yicai. com

上海机场连续跌停背后：疫情下免税市场格局变天

今天上午开盘，上海机场（600009. SH）再次封在了跌停板上，此前一天，这只曾经被资本市场很看好的股票因为罕见的跌停登上了热搜。

连续两天的跌停，与上海机场在上周五发布的两则公告有关。

一则公告是2020年度的业绩预告，上海机场预计2020年全年亏损12. 1~12. 9亿元，而2019年是盈利50. 3亿元。

另一则公告则是上海机场与日上免税行（上海）就免税店项目经营权签署的《补充协议》，对日上上海在浦东机场经营免税店所需向公司支付的费用等（租金）相关条款进行了修订。这一协议的修订，将对上海机场未来的营收产生重要影响，可以说也是造成连续两天跌停的更重要原因。

往年的保底高租金不再

2018年9月，上海机场曾与中免公司旗下的日上上海签署一份全新的免税店经营权转让合同，约定在2019—2025年，日上上海需要把每月42. 5%的销售额作为租金交给机场，或者每月向机场支付保底销售提成，两者取其高。

如果把上述保底销售额提成的方式换成大白话解释，就是你在浦东机场的免税店里买了1 000元的化妆水，有425元其实是归浦东机场的。

当时，浦东机场预计7年内至少可获得410亿元的收入。其中，2020年为41.58亿元，之后的五年逐年增加。

如果是取保底销售提成的方式，用410亿元除以7年，再除以浦东机场免税店总面积1.69万平方米，相当于浦东机场每年收取日上上海免税店的平均“租金”高达34.6万元/平方米。

最近几年，来自免税销售等非航业务的收入是上海机场净利润持续增长的一个重要原因，而非航空性收入增长的一个重要推动力，正是《上海浦东国际机场免税店项目经营权转让合同》的实施。

查看上海机场的2019年报可以发现，非航空性收入的绝对值（68.61亿元）和增幅（28.39%）远高于航空性收入（40.84亿元，同比增长2.88%），其中，非航空性收入中的商业餐饮收入（54.63亿元，主要是商业租金等）占到了总收入的半壁江山。

去年这个时候我们就曾报道，即使浦东机场2020年的主要业务量出现负增长，如果按照此前与日上签署的协议，日上免税店仍要在2020年给上海机场缴纳至少41.58亿元的保底销售提成，因此，上海机场2020年的业绩即使受到疫情的影响，也将远小于其他机场。

然而，疫情的暴发让这一份2018年签订的协议并没能在2020年顺利实施，从2020年3月起，上海机场与日上按照《补充协议》的全新结算方式履行合同，根据新的协议，上海机场2020年收到的免税店租金从原本预计的41.58亿元瞬间下降到11.56亿元。

补充协议意味着，日上上海要交给浦东机场的租金，将从保底固定的变为与浦东机场国际及港澳台地区航线的客流紧密相关——国际客流少了、免税店营收少，上海机场就拿分成；国际客流多了、免税店营收多了，上海机场只能拿有上限的保底。

四、主要条款

（一）当月实际国际客流≤2019年月均实际国际客流×80%时，“月实收费用”按照“月实际销售提成”收取，“月实际销售提成”按以下公式确定：

月实际销售提成＝人均贡献×月实际国际客流×客流调节系数×面积调节系数

其中：“人均贡献”参照2019年人均贡献水平设定为135.28元，“客流调节系数”按月实际国际客流与2019年同月实际国际客流之比从低于30%至高于120%分别由高到低递减对应不同系数，“面积调节系数”按实际开业面积占免税场地总面积的比例从低于10%至高于70%分别由高到低递减对应不同系数，当实际开业面积占免税场地总面积的比例为0时，面积调节系数为0。

（二）当月实际国际客流＞2019年月均实际国际客流×80%时，“月实收费用”按照“月保底销售提成”收取，“月保底销售提成”按以下公式确定：

月保底销售提成＝当年保底销售提成÷12个月

其中，“当年保底销售提成”按如下顺序确定：

若当年实际国际客流（X）大于下表中当年度对应的客流区间最小值，则取当年度对应的年保底销售提成；

若当年实际国际客流（X）小于等于下表中当年度对应的客流区间最小值，则取X所在区间对应的年保底销售提成额。

若2022年以后（含）的年实际国际客流（X）在2019-2021年所对应的区间内，则对应年度的年保底销售提成的计算公式为：

年保底销售提成=对应年度保底销售提成×（1+24.11%）

（注：24.11%为原合同中T1航站楼免税店规划面积与T2航站楼+S1卫星厅+S2卫星厅免税店规划面积之比。）

年度	年实际国际客流X（单位：万人次）	年保底销售提成（单位：亿元）
2019	X≤4172	35.25
2020	4172＜X≤4404	41.58
2021	4404＜X≤4636	45.59
2022	4636＜X≤4868	62.88
2023	4868＜X≤5100	68.59
2024	5100＜X≤5360	74.64
2025	5360＜X	81.48

本协议中“国际客流”指国际及港澳台地区客流。

本协议经双方签署后生效。

根据招商证券的测算，预计 2021—2025 年浦东机场的国际客流分别为 1 348、3 466、4 159、4 575、4 895 万人次，其中，2021—2022 年分别为 2019 年的 35%、90%，至 2023 年可超过疫情前水平。据此可计算 2021—2025 年免税租金收入分别为 21.9、38.8、43.9、56.6、62.9 亿元，较原有合同的保底额度分别下滑 52.0%、38.4%、36.0%、24.2%、22.8%。

上海机场定价权逆转背后

显然，相比于保底与分成二者取高的结算模式，在新的补充协议中，上海机场的话语权明显降低了不少，这从中国中免（601888.SH）连续两天的上涨也可见一斑。

上海机场从此前的强势到现在的“认怂”，背后的原因并不仅仅是疫情带来的客流量减少，还有来自越来越多分食“免税”蛋糕的竞争者的焦虑和应对。

竞争者首先来自中免公司自身在加速布局的线上免税销售业务。

早在 2020 年 5 月，浦东机场日上免税店就推出了“会员优选券”，购买后可以获得日上的网购资格，不用护照、不用去机场就能“买买买”。“会员优选券”可在浦发银行 App 或携程 App 购买，购买并绑定手机号后可在日上 App 进行购物。

可以说，疫情带来的线下免税销售的减少，加速了日上在 App 等线上业务的布局，同时也意味着减少了对机场等线下免税销售渠道的依赖。

知情人士对记者透露，目前中免公司负责布局线上销售的平台公司已经完成工商注册，会对包括日上 App、日上直邮、海南补购、中免跨境通等在内的中免所有线上资源进行整合，进一步加速自身线上销售渠道的布局。

另一批竞争来自获得免税牌照的新进入者们。

近年来，包括王府井、海旅投、海发控、中服免、深免等陆续获得免税牌照的消息，每次都可以让相关上市公司来一波涨停，它们不仅是传统的免税大佬中免公司的竞争对手，新进入者们在不同渠道的免税销售布局同样影响着上海机场的免税销售规模。

海南省就借助自贸港政策的东风，在 2020 年新增了 3 家免税店，2021 年开年又新增 2 家。

“免税销售规模与免税品的价格密切相关，消费者会根据价格选择对自己最有利的销售渠道”，上海机场一位内部人士对记者指出，“免税市场的竞争格局在变化，机场的定价权在下降，不如将眼光放长远，降低身段修改眼前的协议，与日上共同让利给消费者，做大免税销售额，在未来新的招标中占据更多的话语权。”

浙商证券的最新研报指出，一直以来，上海机场的重要目标都是做大机场免税销售额，因为最质朴的商业逻辑就是，只有把盘子做大，才能实现共赢。为鼓励在机场免税店销售，上海机场相当于在疫情结束后的2年左右只收取固定租金，而对于中免而言，未来在上海机场的边际销售成本几乎为零，因此利于销售规模向机场倾斜。浙商证券研报称：“下一轮招标或将在2025年开启，若那时疫情结束，客流恢复正常，留给机场定制招标规则的余地很大，我们认为大概率仍然按照保底提成的方式进行，重新释放免税收入弹性。”

2021年2月2日

分享链接

史上最淡春运后，民航最黑暗时刻或已过去

随着春节长假的结束，史上最淡春运也接近尾声，之所以说是“史上最淡”，是因为从今年春运开始的第一天（2021 年 1 月 28 日），就经历了史无前例的民航和铁路大量航班和车次的取消，有的机场安检通道的旅客还没有员工多。

交通运输部的最新数据显示，春节假期七天（除夕至初六），全国铁路、公路、水路、民航共发送旅客 9 841.6 万人次，较 2019 年春运同期下降 76.8%。其中，民航发送旅客 357.4 万人次，较 2019 年春运同期下降 71.6%，较疫情最开始的 2020 年同期也下降 45.5%。

一直以来，春运都是人员流动和运输行业最繁忙的时节，春运和暑运所在的两个季度也是航空公司全年实现盈利的关键。今年的春运如此惨淡，与去年底至今年初国内多地农村出现聚集性疫情后，国内多省市开始倡议“就地过年”不无关系。

1 月 20 日，国家卫健委宣布，农村地区春节返乡需持 7 日内核酸阴性证明、返乡后实行 14 天居家健康监测，1 月 28 日起执行。

不过到了 1 月 27 日，就在春运开始的前一天，国家发改委和卫健委先后宣布，“就地过年”政策各地区不能擅自加码，符合出行条件的人员持有效新冠病毒核酸检测阴性结果到达目的地后不需要隔离。

然而，临时的政策纠偏并没有对春运的出行需求恢复有多大的改善，航班管家发布的《2021 年春节假期民航数据报告》显示，2021 年春节假期期间，全国 39 座千万级机场中，仅三亚凤凰、海口美兰、成都双流机场的航班执飞率超 50%，其余千万级机场的航班取消量都超过计划的 50%。

笔者从多家航空公司了解到，今年的春运，随着大量航班的取消和票价的不断调低，不少大型航司又开始面临每天亏掉一个亿，中型航司日均亏损上千万元的尴尬。

不过，多位业内人士认为，2021 年第一季度的航空市场并非刚性需求不足，而是政策限制下的临时收缩，因此，1 月底至 2 月初的航空市场或许是整个 2021 年黎明前最黑暗的时刻，一旦各地疫情消除和防控政策松动，被压制的各类旅客需求将快速恢复增长。

事实上，春节长假最后几天的数据也印证了上述判断。根据交通运输部发布的数据，自除夕后，民航旅客发送量占比连续增长，初六假期最后一天，民航发送旅客 104.3 万人次，首次突破今年春运以来百万人次/日。

或许是受民航市场触底反弹的预期，春节长假结束后的第一个工作日，除海航控股因破产重整停牌，沪深两市的上市航司、机场都实现了开门红，收盘时股价涨幅均高于大盘。

接下来的航空市场如何恢复，关键还是看疫情和防控政策对出行信心的影响。

根据去年同期的情况，疫情会随着天气的转暖而趋向缓解，在全国“两会”之后，公务和商务活动也将加快复苏，预计自去年 12 月开始一直受到疫情和防控政策影响的国内旅游、探亲和因私事务等需求，很可能在 3 月中下旬开始较快恢复。

相比国内市场，国际航空市场的恢复却缓慢得多。

与国内相比，国外疫情的控制会更加困难，这对国际航线更多的航司和机场仍是更大的冲击。2020 年，原本国内盈利能力最强的中国国航（601111.SH）在国有三大航中预亏最多，与此不无关系。

2021 年 2 月 21 日

分享链接

"随心飞"变"闹心飞"，未来还会有吗？

从2020年开始，多家航空公司陆续推出的"随心飞"机票产品刷爆了不少人的朋友圈。

简单来说，"随心飞"产品主要是通过花费三四千元的价格，享受能够在一段时间内、一定条件下、不限次数的飞行服务。

在此之前，也有一些航空公司销售过年票/套票之类的机票产品，不过大多是针对飞行频率比较高的商务人群，或针对部分特定区域市场的航线，所售的舱位及价格也都偏高。

"随心飞"产品则面向广大消费者，这与疫情下飞行次数减少，航空公司为了填满座位而想出的"提前预售"方式有关。通过"随心飞"这种特殊的产品，提前锁定更多有刚性探亲或有灵活旅行需求的乘客。

然而，"随心飞"产品推出一年来，也遭遇了不少消费者的投诉，主要集中在"随心飞"机票不好兑换、兑换机票数量不透明、人工客服难拨通、投诉不受重视等。

笔者认为，之所以出现上述的"随心飞"变"闹心飞"，与以下几个原因有关。

一是航空公司并不是公益机构，销售任何产品都需要考虑投入产出。对于"随心飞"这种不限次数的飞行产品，要考虑的就是是否会挤占原本可能通过正常（更高）票价来销售的座位，进而带来机会损失。

比如东航"周末随心飞"推出后最初几周的数据，top10的热门航线，周末"随心飞旅"客占比都在80%以上，也就是说，普通旅客基本上都买不到票，特别是成都至拉萨，基本上整条航线都成为"随心飞"专机。这个机会损失有多少？热门航线被占满，流失一个旅客估计要损失1 000元。

所以，之后几家航司再推出"随心飞"产品，都增加了"每个航班有多少可兑换座位"的限制，进而带来了热门航线、热门时段不好兑换，剩余兑换座位数量不透明的“投诉”，毕竟，到底有多少座位空缺，只有航空公司最清楚。

另一方面，不少航司推出的“随心飞”产品，在时间上还是比较仓促的。比如多家航空公司在销售“随心飞”产品的当天就出现网站刷不出、客服电话打不进的情况，这与推出产品之前没有做好相应的后台系统以及人力资源配备不充分有关，这也导致后期“随心飞”产品卖得越多，售后服务也就越难更好地保障。

因此，“随心飞”们不是想卖就能卖，如何能够实现航司、旅客、政府多方共赢，考验着航空公司的智慧。

随着国内航空市场的逐步复苏，客座率基本上恢复至疫情前，过去那种为填满座位而提前促销的全航线“随心飞”，预计会越来越少，这从东航、南航、春秋航空最近几天陆续下架了此前在售的“随心飞”产品也可见一斑。

与此同时，东航则在4月6日推出了升级版的“随心飞”产品：“前程万里”。与第一代“随心飞”一价全包、不限次兑换不同，“前程万里”以1万公里为单位销售，旅客最多可购买10套叠加里程或使用期限使用，预订座位时，根据所订航班的航线距离和舱位，在所持产品余额中扣减相应的里程。

两款产品对比，“随心飞”更像是公交月票，一个月X元、一年X元随便坐；“前程万里”更像是一张交通卡，储值后可按优惠价乘坐。

对消费者来说，这样更精细的“随心飞”账目更清楚了，还可以根据自己的需求购满对应的套餐，选择更灵活；对航空公司来说，从锁定未来的座位数量变为锁定未来的机票价格，如果经过精算，应该也能提升航司的整体票价水平。

从这一角度来看，航空公司如果能够通过疫情的自救，更加重视不同旅客的特定需求，通过精细化管理细化产品定位，并不断完善相关的售后服务，或许是这场疫情带给航司和旅客们的最大收获。

2021年4月6日

分享链接

三大航2020年效益排名为何逆转？

三大国有上市航空公司近日都公布了2020年的成绩单，与过去几年不同的是，一向效益最好的中国国航（601111. SH）在三大航中的业绩排名垫底，南方航空（600029. SH）则成为三大航中亏损最少的一家。

2020年的年报显示，中国国航2020年的营业收入为695.04亿元，同比减少48.96%；归属上市公司股东净亏损144.09亿元，上一年为盈利为64.09亿元；归股扣非净亏损147.40亿元，上一年为盈利61.74亿元。

东方航空2020年的营业收入为586.39亿元，同比减少51.48%；归属上市公司股东净亏损118.35亿元，上一年为盈利31.95亿元；归股扣非净亏损126.78亿元，上一年为盈利25.67亿元。

南方航空2020年的营业收入为925.61亿元，同比减少40.02%；归属上市公司股东净亏损108.42亿元，上一年为盈利26.51亿元；归股扣非净亏损116.58亿元，上一年为盈利19.51亿元。

可以看出，三大航中机队规模最大的南航在2020年的营收缩水幅度和亏损都是相对最小的，这与南方航空旗下的货运物流业务的贡献不无关系。

过去几年，国有三大航都在进行旗下子公司的混改工作，目前，国航旗下的国货航和东航旗下的中货航虽然仍分属中航集团、东航集团，但其通过剥离出上市公司、引进战略投资者等一系列举措，与上市公司中国国航和东方航空的关系已从子公司变为兄弟公司，因此，国航和东航旗下货运物流业务所产生的盈利不再直接计入上市公司。

而南航旗下的货运物流公司目前仍与南航上市公司并表。新冠疫情暴发以来，航空客运遭受重创，航空货运则因为物资运送的刚需而火爆，这使得南航旗下的货运物流公司营收、净利润都实现大幅增长，盈利超过40亿元。

除了货运物流助力外，南航的5架A380飞机也发挥了重要作用。2020年3月，出于疫情防控需求，民航局颁布国际航班“五个一”措施，回国航班大幅削减，回国机票供不应求。

在这样的背景下，载客量达到506人的南航A380，较国航载客量最大的机型——高密度 777-300ER 高出 29%，相比东航载客量最大的 777-300ER 更是高出 60%，意味着在每个国家每周只能飞一班的条件下，南航 A380 可以接更多的乘客回国，也能带来更多的机票收入。

三大航 2020 年的年报数据也显示，南航国际航线的客公里收益比国航和东航都要高，同比 2019 年也大增 146.15%，其中有很大一部分是 A380 的功劳。

此外，子公司为南航 2020 年的整体业绩带来了助推。比如南航旗下的厦门航空在 2020 年实现了盈利，东航旗下的上航、国航系的山航、深航等与厦航同规模的中型航司则都亏损超过 20 亿元。

尤其是国航投资的国泰航空，2020 年亏损多达 188 亿元，国泰也成为拖累国航业绩的重要因素。

此外，2020 年北京的疫情一度影响了国航的主基地收益，欧美疫情的持续也对国际航线占比最高的国航影响最大。

进入 2021 年，国际航空市场的恢复依然没有看到，这将继续利好国内航线占比更大的南航。随着越来越多以往飞国际航线的宽体机转投国内，旅客量逐渐恢复的国内市场，仍将面临运力投入增加带来的票价难以提升的压力。

2021 年 4 月 21 日

分享链接

一季度业绩上市航司全军覆没

国内八家上市航空公司近日都已交出了2020年和2021年第一季度的成绩单。往年，大多数航司都能在第一季度实现盈利，而2021年一季度，几家上市航司全军覆没。

一季度的亏损，与2021年年初国内散发疫情和各地号召“就地过年”不无关系，民航遭遇“史上最淡春运”，春节假期七天（除夕至初六），民航发送旅客357.4万人次，较2019年春运同期下降71.6%，较疫情最开始的2020年同期也下降45.5%。

笔者从多家航空公司了解到，今年的春运，随着大量航班的取消和票价的不断调低，不少大型航司又开始面临每天亏掉一个亿，中型航司日均亏损上千万元的尴尬。

一季度的业绩报告印证了上述情况。在国有三大航中，去年亏损最多的中国国航仍是三大航中亏损最大的，一季度亏损达到62.08亿元。2020年的盈利“独苗”华夏航空也没能保住好势头，一季度亏损0.48亿元。

今年一季度，国内航司的营收恢复也不容乐观，八家上市航司的营收全部环比上一个季度减少，其中，国航、东航、吉祥的营收更是较去年同期减少。华夏航空是今年一季度营收与2019年同期差距最小的。

在2020年，华夏航空也是唯一盈利的上市航空公司，不过，其6.13亿元的净利润还不及计入损益的政府补助总额（6.38亿元），意味着如果失去政府补助，华夏航空也将亏损。

不过，今年第一季度的航空市场并非刚性需求不足，而是政策限制下的临时收缩，因此，行业内普遍认为，1月底至2月初的航空市场或许是2021年中黎明前最黑暗的时刻，一旦各地疫情消除和防控政策松动，被压制的各类旅客需求将快速恢复增长。

五一小长假部分印证了上述判断。据初步测算，5月1—5日全民航预计运输旅客866万人次，比2020年同期大幅增长173.9%，比2019年同期下降0.8%；平均客座率为80.7%，比2020年同期提高14.6个百分点，比2019年同期下降 3.0 个百分点；全国预计共保障航班 74 229 班，比 2020 年同期增长 84.21%，比 2019 年同期下降 7.70%。

去哪儿最新发布的《2021 五一假期出游报告》显示，今年五一假期出游全面超过 2019 年，机票预订量较 2019 年增长超 3 成，酒店预订量较 2019 年增长超 4 成，人均消费达到 1 713 元，创近年五一假期新高。

接下来的航空市场如何恢复，关键还是看疫情和防控政策对出行信心的影响。相比国内市场，国际航空市场的恢复却缓慢得多。

目前，国际航班执行的依然是“五个一”大原则的限制，比如中美航线上每周只有不到 20 班在运营，与疫情前的一天多班相差甚远。

这对国际航线更多的航司和机场仍是更大的冲击。2020 年和 2021 年一季度，原本国内盈利能力最强的中国国航在国有三大航中预亏最多，而国际航线占比较大的上海机场今年一季度亏损 4.36 亿元，2020 年更是迎来上市以来的首次亏损，上海机场预计，受限于境外疫情的严峻形势，公司上半年业绩仍将亏损。

2021 年 5 月 7 日

分享链接

价格战持续，快递物流的蓝海市场在哪里？

陆续发布的国内快递上市企业2020年报和2021年一季报显示，整个行业持续进行的价格战，正在进一步压缩众多物流企业的利润空间，甚至导致了顺丰、申通等快递企业一季度的亏损。

价格战的背后，是快递巨头们为争夺国内快递市场份额而进行的持续补贴。国家邮政局的数据显示，行业快递单票价格已经从2011年的20.65元降到2020年的10.55元，近乎腰斩，而目前占有最大市场份额的中通快递，在今年一季度的市场占有率也只有20.4%。

尽管国内电商的红火带动国内电商递送的规模不断攀升，但由于参与者众多，并不断地有极兔等新的竞争者加入，这一领域已成为厮杀激烈的“红海”。而随着一轮轮价格战的洗牌，快递物流企业也需要寻找新的增量市场“蓝海”。

快递物流的蓝海市场到底在哪里？从菜鸟最新披露的2021财年业绩数据可以找到部分答案。

2021财年，剔除与阿里巴巴集团关联交易收入后，菜鸟实现外部收入372.58亿元，同比增长68%；第四季度外部收入99.59亿元，同比增长101%。

翻倍的收入增长，主要来源于菜鸟一直在开拓的几个增量市场，首先就是全球化物流。

2021年3月，菜鸟全球包裹网络的日均跨境包裹量超过500万件，日均处理订单已经与全球三大快递巨头（FedEx、DHL、UPS）在同一梯队，这背后是持续多年在全球多个国家仓储、运力、海外网络的搭建。目前，菜鸟的全球智能骨干网搭建已覆盖220多个国家/地区，连接60多个物流合作伙伴、6大ehubs、200万平方保税仓/海外仓，跨境干线覆盖900多个空运路线、500多个海运路线和200多架/月干线包机。

新冠肺炎疫情暴发以来，由于客运航班的停运，全球运力短缺的情况更加凸显，而跨境电商物流的需求则在逆势增长，根据海关总署的初步测算，一季度我国跨境电商出口 2 808 亿元，增长 69. 3%。

在这期间，菜鸟通过数字关务、干线包机、智能合单等创新，顺势为全球速卖通等平台上的跨境中小电商商家推出“5 美元 10 日达”跨境包裹服务，帮助中小企业用低于市场 30%的物流成本参与国际贸易，配送范围覆盖 220 多个国家和地区。

在此之前，对日常轻小件的商家来说，传统国际物流快递的标准是 50 美元 5 日达，而各国邮政系统提供的跨境物流成本在 3—5 美元，但时效不稳定，如果使用成本更低的航运，则要花费几个月的时间。

而疫情的暴发更让运价水涨船高。这时候，具备全球物流服务能力的公司，就可以获得 75 万家中小制造企业“借船出海”的生意机会。

其次，增量市场空间来自社区物流。截至 2021 年 3 月，在城市社区、高校和乡村，菜鸟驿站的日均包裹量同比增长近 2 倍。2020 年，包括菜鸟乡村服务站在内的菜鸟驿站站点数量超过 10 万家，其中，菜鸟乡村驿站超过 2 万家，校园驿站覆盖了全国近 3 000 所高校。

被称为城乡末端的菜鸟驿站，就是社区物流的主要承载场景，目前这一场景正在向更偏远的地区延伸。比如在珠峰脚下，五年来菜鸟驿站的包裹就增长了 10 倍，驿站的业务也逐渐从包裹代管衍生出 24 小时智能洗衣、社区团购、充电器租赁等一系列服务。

近年来，随着农村快递业务量的飞速增长，各大快递公司在农村快递网络的布局都在加速，然而大多面临“送一单、赔一单”的尴尬，由于农村用户居住分散，物流成本高，农村快递业务的生存基本上靠基层网点硬扛以及快递总部持续不断的补贴。

这时候，快递共配就成为更具操作性的方式。通过集成多个品牌的村级快递包裹，协调快递公司联合设立经营网点，降低单个快递公司的经营成本，减小快递进村的亏损压力。

两年前，通过联通各快递企业包裹信息处理系统的信息端口，菜鸟开始在全国县域推广共同配送项目。目前，菜鸟乡村共配项目已覆盖超过 1 000 个县城，形成 30 000 个乡村服务网点。菜鸟还在重要的农产品产区布局产地仓，当地农户通过网络销售的农货不用多次周转，直接进入产地仓加工分选，就地配送，农产品可以随时随地进城。

此外，增量市场空间还来自产业带供应链。在小家电产业集群的广东省中山市、小商品聚集的浙江省义乌市等国内多个制造业产业带，菜鸟开设了原产地仓，向工厂和中小卖家提供低成本的发货和供应链管理服务，把商品从工厂直送消费者，80%从产地仓库发出的包裹可以隔日送达。

上万品牌已经享受到菜鸟的智慧供应链服务，宝洁、雀巢、联合利华、资生堂、蒙牛、海尔、美的等海内外大商家和更多中小商家，通过精准预测和智能分仓，提高库存周转，增加生意机会，实现降本增效。

值得注意的是，全球化物流、社区物流、产业带供应链三大增量市场，正好与国家邮政局提出的快递物流未来要做的“两进一出”——“进村进厂出海”相吻合。可以说，谁能在这些领域快速积累基础设施能力，谁将在未来的竞争中获得更大的发展空间。

2021 年 5 月 31 日

分享链接

国产无人机灾区送信号，航空救援还缺什么？

7 月 20 日，由于河南省郑州市遭遇罕见特大暴雨，郑州市下辖的巩义市米河镇的市电、道路、通信“三断”，重灾区信息向外界传递受阻。

7 月 21 日下午，应急管理部紧急调派了一架翼龙无人机从贵州省安顺市起飞，穿越贵州省、重庆市、湖北省、河南省，飞行近 1 200 公里，4 个小时后抵达任务区，以米河镇、巩义市为重点侦察地区，开展了超过 2 万 8 千平方公里的应急通信保障任务。

21 日当晚，米河镇的居民们收到的下面这样一条短信，就是由翼龙无人机发出的。

今天 23:03 中国移动1

【中国移动】米河镇的乡亲们，因暴雨致通信中断，应急管理部紧急调派翼龙无人机抵达你镇上空，可暂时恢复中国移动公网通信。受翼龙无人机滞空时间限制，公网恢复时间只有五小时，请尽快报告情况、联系家人。祝平安！

一键办理　特惠充值　1元35G

翼龙无人机是由航空工业旗下中航（成都）无人机系统股份有限公司针对国家应急管理需求，为灾害探查、应急通信保障、应急投送等任务研制的大型应急救灾型无人机系统，可以说是100%的国货。针对灾区“三断”情况，可定向恢复50平方公里的移动公网通信，建立覆盖15 000平方公里的音视频通信网络，通过融合空中组网、高点中继等技术，实现图像、语音、数据上下贯通横向互联。

据统计，截至7月21日20时，空中基站累计接通用户2 572个，产生流量1 089.89M，单次最大接入用户648个，为灾区居民及时报告灾情、报送平安恢复了移动公网信号。

除了开展应急通信保障任务，此次翼龙无人机还利用合成孔径雷达执行地质灾害勘测，分析研判了巩义温堂村、荥阳西冯沟村等区域的地质受灾情况，为后续救灾提供了更多情报。

今年年初，以翼龙无人机平台为基础的人工影响天气无人机甘霖-I在甘肃省金昌市金川机场首飞成功。甘霖-I除了可执行人工增雨作业，还具备远距离气象探测能力、大气数据采集能力，可在气象事业和生态环境建设领域发挥重大作用。

回看13年前，汶川地震时，将当地信号传给指挥部的，还是一支由15名空降兵组成的先遣小分队，在无气象资料、无地面标志、无指挥引导的“三无”条件下，从4 999米的高空“盲跳”至交通通信“孤岛”茂县。

如今，包括翼龙无人机、新舟灭火机等一系列通航装备，已经代替“勇士”们，为我国的自然灾害防治体系提供越来越多的支撑。

据笔者了解，正是在2008年汶川地震后，我国的通航救援开始在灾前、灾后各阶段以及应急救援装备国产化等方面有了长足的进步，但与国外航空救援强国相比，我国的航空应急救援还存在体系建设发展相对滞后，与国土面积、人口总量和社会发展水平不相匹配等问题。

比如，在航空救援直升机方面，我国每百万人拥有量只有0.745架，美国则达到38.63架，日本是8.06架，德国是3.61架。

再如，每当国内发生地震等灾害时，一些民营企业都会毛遂自荐地参与紧急救援，但绝大多数不会获批，这是因为我国对通航区域、航空器管理限制严格，目前国内的航空应急救援力量主要集中在军队、公安部警用航空、民政部应急救援中心、民航局以及交通运输部救助打捞局等“国字头”的救援队伍，民营航空队伍尚未纳入我国的应急救援体系中。

要建立航空应急救援体系，面临的最大瓶颈就是低空空域管制，如果不开放低空管制，民用直升机飞行仍需要时间较长的审批，空中应急救援的迅捷性就无从体现。

好在在多年前由国务院、中央军委印发的《关于深化我国低空空域管理改革的意见》的指导下，我国的低空开放试点区域正在逐步扩大。就在几天前，湖南省宣布获批成为全国首个全域低空开放试点省份，构建纵横贯通、全省成网的“干线、支线、通用”无障碍串飞航路航线网络。

更多业内人士建议，航空紧急救援是一个投入高、见效慢的行业，可以借鉴美国、德国的经验，国家制定相关政策，由政府扶持开展航空紧急救援保险业务，把航空紧急救援纳入社会保险中，从民众的保险金中拿出一小部分投入到紧急救援直升机的日常训练维护、救援任务的经费中，以尽快形成救援半径在50~70公里的航空救援网络。

2021年7月22日

分享链接

航空股连涨三天，失去暑运的航司还有机会赚钱吗？

本周的前三个交易日，大部分上市航空公司和机场的股价纷纷逆大盘上涨。

在此之前的几周，由于国内各地本土疫情的暴发，航班被大量取消，原本属于旺季的暑运提前结束，航空公司和机场遭受重创。

进入新一周的股价上涨，与疫情情况的好转有关。目前，国内大部分发生疫情城市的中高风险地区都在减少，上海、成都、厦门、大连等地已实现中高风险地区清零。

作为本轮疫情的主要源头南京禄口机场，其所在地区已从高风险降为中风险，南京市已经连续四日零新增。

国内航班的恢复与上述城市的风险降级密切相关。航班数据显示，随着上述城市的新增确诊病例减少，国内各机场的航班取消率也在逐日下降。

北京在南京疫情暴发向全国各地蔓延后，就升级了进京管控等级，严控中高风险地区人员进京，对出现病例地区的人员限制进京，暂停来京航班、列车和客运班线。此后，包括海口、厦门、大连等机场的进京航班被取消。

不过，大连、上海、厦门等地区确诊病例清零后，都迅速恢复了进京航班，这意味着，其他城市中高风险地区清零后，也有望快速恢复进京航班。

另一方面，股价的上涨也与几家上市航司陆续公布的 7 月份运营数据不无关系。7 月是暑运的开始，根据几家航司公布的 7 月运营数据，在目前国际航线尚未恢复的情况下，7 月仍然能凭借国内市场的强大需求实现运输量和客座率的整体增长，对于暑运的上半场来说，也算交出了一份比较满意的答卷。

上周，海航集团联合工作组组长、海航集团党委书记顾刚更是在一封致员工信中透露，海航 7 月收入创近几年历史新高。

航司在 7 月不错的成绩单，与各地学校要求学生在开学前 14 天提前回到住地导致很多家庭出游提前到 7 月有关，加上 7 月初的庆祝活动，以及以往出国旅游的部分需求转移到了境内，今年 7 月的出行需求异常火爆。

然而，随着 7 月末南京疫情的暴发和扩散，今年民航暑运的好成绩也就止步于7月了。航班管家的周报显示，受疫情影响，上周内地整体航班量还处于低位，日均航班量为6 365架次，环比下降24.6%，平均执飞率仅为39.9%，环比下降12.1个百分点。

那么，在此轮本土疫情已整体呈现平稳的态势之下，航空公司是否还能在剩下的四个月里赚到暑运下半场没能赚到的钱，进而实现全年的扭亏为盈呢？

据笔者了解，今年的国内航空市场情况比较特殊，往年属于淡季亏损的4—5月（除假期），今年部分航司都实现了盈利。这主要是由于就地过年的政策抑制了春节时的出行需求，但在随后疫情平稳后得到了释放。此外，今年上半年迎来了休假高峰，4月和5月也有清明节探亲及五一小长假的出行需求。

但第二季度的利好并没有整体逆转航司在春运时的亏损。国资委日前透露，今年上半年，三大航主要业务量已经恢复到2019年同期的七成以上，实现营业总收入同比增长近30%，但净利润仍处于亏损状态，不过比上年同期大幅度减亏150亿以上。

值得一提的是，最先发布半年报的吉祥航空披露今年上半年实现1.02亿元的净利润，成为国内首家宣布上半年盈利的航司。

据吉祥航空的半年报，一季度亏损2.78亿元，主要是由于年初疫情导致春运出行人数大幅缩减。而在之后，国内疫情总体控制得当，上海市场客流量较为充沛，因此第二季度实现了单季度盈利3.8亿元，甚至超过了疫情前同期的业绩（2019年二季度，吉祥航空归股净利润1.78亿元）。

眼下，今年还剩下中秋及国庆等传统假期，如果国内疫情在8月底得到彻底控制，对于航空公司来说，或许也能像今年二季度一样，在随后迎来又一波逆势盈利。

多位民航业内人士对笔者指出，种种迹象表明，暑运市场已经触底了，接下来的任何消息都会是有利于民航市场恢复的好消息。

2021年8月18日

分享链接

三大航上半年亏损超百亿，下半年还能扭亏么？

近日，国内八家上市航空公司发布了 2021 年半年报，其中，有三家民营上市航司在上半年获得了盈利，而中国国航，中国东航和南方航空三大国有航空公司依然亏损，亏损总额合计超过 160 亿元。

其中，中国国航亏损最多，达到 67.86 亿元，中国东航和南方航空分别亏损 52.08 亿和 46.88 亿。

不过，三大国有航司在今年上半年的亏损额，比 2020 年上半年已经明显减少。去年同期，国航、东航和南航分别亏损 94.41 亿元，85.42 亿元以及 81.74 亿元。三大航今年上半年的累计较去年同期减亏近百亿。

今年上半年的亏损，主要是受一季度“史上最淡春运”的拖累。

今年年初，由于国内散发疫情和各地号召就地过年，民航遭遇“史上最淡春运”，春节假期七天（除夕至初六），民航发送旅客 357.4 万人次，较 2019 年春运同期下降 71.6%，较 2020 年同期下降 45.5%。

春运原本是航空公司赚钱的旺季，而今年的春运则是大量航班的取消和票价的不断调低，不少大型航司又开始面临每天亏掉一个亿，中型航司日均亏损上千万元的尴尬。

整个一季度，包括三大航在内的几家上市航司全军覆没，均录得亏损。

进入二季度，随着国内疫情的消退，民航市场也开始反弹。从 3 月下旬开始 V 型复苏，出现了“淡季不淡”的爆发式增长。这也使得三大航在二季度大幅减亏，几家民营上市航司更是取得了盈利。

多家航司对笔者透露，到今年 7 月，不少航司的收益水平基本上回到了疫情前的 2019 年水平。

然而，这样的好日子并没能在三季度持续多久。随着 7 月底南京本土疫情的暴发和扩散，原本又是民航赚钱好时段的暑运也就止步于 7 月了。

整个 8 月，国内民航市场再次陷入低迷。广州白云机场最新公布的统计数据就显示，8 月白云机场起降架次较 7 月份下降 22. 68%，较 2020 年同期下降 34. 18%，较 2019 年同期下降 42. 12%，下降主要集中在国内线。8 月的旅客吞吐量较 7 月份下降 36. 47%，较 2020 年同期下降 50. 15%，较 2019 年同期下降 65. 07%。

进入 9 月，对于航空公司来说，在今年剩下的四个月中，市场能否像今年二季度一样迎来一波反弹，主要就看剩下的中秋及国庆等传统假期的出行情况了。

最近，三大航相继召开的业绩说明会也透露了中秋及国庆的预定情况。三大航普遍认为，如果疫情在 9 月控制得比较好，中秋和国庆的航空市场还是会比较好，其中，9 月前两周稳定恢复，下半月快速恢复，10 月前两周恢复到正常状态。

不过，多位行业内人士认为，下半年航空市场的预测难度要远高于上半年，主要是由于德尔塔病毒的传播力更强，各地偶发疫情频繁，自南京本土疫情暴发后，各地的防控政策越来越严，对出行信心也造成了直接影响。

从这一角度来看，剩下的四个月要想获得类似今年二季度一样的反弹，难度更大。对于航空公司来说，谁能拥有更好的成本控制，以及根据市场变化进行更灵活的运力和产品调整，谁就更有希望在复杂的市场中生存得更好，今年上半年几家民营上市航司的扭亏也证明了这一点。

2021 年 9 月 7 日

分享链接

三星重工告别宁波：中韩造船业竞争白热化

三星重工在中国的首家造船工厂走到了尽头。

宁波三星重工是韩国三星重工株式会社于1995年在宁波独资成立的造船项目，是三星重工在中国的第一个造船厂，也是中国改革开放后引进的第一家外商独资造船厂。

三星重工在中国共投资建立了两家造船厂，分别是宁波三星重工和荣成三星重工，这两家企业生产船体分段后，再运往三星重工位于韩国巨济的造船厂组装。

韩国媒体称，三星重工当时在中国设立船体分段企业的原因，主要是其巨济造船厂用地已处于饱和状态，同时中国当地的人工成本比韩国低廉。而如今要结束宁波船厂的运营，与韩国政府为确保当地就业水平，要求韩国船厂将原本放在中国的工厂转回韩国有关。

就在本月初，韩国产业通商资源部与韩国雇佣劳动部、韩国海洋水产部联合发布《韩国造船（K-造船）再腾飞战略》，目标是将韩国建成世界第一造船强国，提出韩国政府和造船企业应集结力量，进一步加快环保、智能船舶的开发。韩国政府则将加快制定促进造船业生产和就业增长的政策，稳定人力资源供需，为构建坚实的“韩国造船”生产基础提供支援。

韩国提出重振造船业的背后，是近年来逐渐被中国赶超的现实。

在全球造船业，中日韩都是传统的造船大国，不过近年来，日本造船业逐渐落寞，中韩造船业的竞争则日益白热化。

2020年，中国的新船接单量占全球份额的48.8%，韩国占41.4%，而日本只有7%的份额，中国在造船接单量上首次超越韩国，成为世界第一。

根据克拉克森最新的数据统计，2021年中韩造船业的接单量也是处于你追我赶的伯仲之间。

2021年8月，全球成交新船订单49艘、137万CGT（修正总吨）。其中，韩国为16艘、78万CGT，全球市场占有率为57%，比上月提升12个百分点；中国以23艘、37万CGT紧随其后，全球市场占有率为27%，比上月下降17个百分点；日本以7艘、19万CGT位列第三，全球市场占有率为14%，比上月提升4个百分点。

从新接造船订单数量来看，8月韩国造船业仍低于中国造船业，但以CGT计算，韩国却是中国的2倍以上，意味着韩国以承接大型船舶为主。

而截至2021年8月，全球累计承接新船订单量为3 239万CGT，与去年同期的1 221万CGT相比增加了165%。其中，中国累计接单量为526艘、1 453万CGT，同比增长158%，全球市场占有率为45%，仍位列世界第一；韩国累计接单量为329艘、1 366万CGT，全球市场占有率为42%，与中国的差距比2020年有所缩小。

进入2021年，全球海运价格因疫情而暴涨，进一步带动了全球造船业的景气，这也是韩国提出重振造船业的重要原因。

新造船订单的激增，除了来自疫情期间海运需求的增长，也来自环保减排的压力。

2020年年底，国际海事组织（IMO）通过了船舶短期减排措施提案，从技术能效指数（EEXI）和营运碳强度评级机制（CII Rating）两方面对航运企业的减排提出了要求，这一初步战略将于2023年正式转为最终战略，意味着未来几年，航运业面临的主要挑战就是寻找一条脱碳之路。

多位业内人士认为，碳减排法规的要求将加速船舶换新，催化特定船型的发展，尤其是LNG等清洁能源船舶的使用。

目前，韩国三大造船企业现代重工、三星重工和大宇造船都在加大对LNG等高附加值船舶的研发和制造，希望可以抢占更多新能源动力船舶和低碳排放船舶的市场份额。

根据克拉克森7月发布的数据，今年上半年全球LNG船订单量为152.942 1万CGT，是去年同期的4倍，其中的94%订单被韩国企业收入囊中。

在中国，目前唯一能制造LNG船的沪东中华造船厂，也已制定了

2035年前全面提升LNG船在内的产业升级方案。江南造船厂则计划建设低碳和智能船舶的研发中心，准备将5G、大数据等技术更多地用于新型船舶上。

谁能够在高附加值船舶领域赢得先机，或许才是未来世界的造船中心。

2021年9月14日

分享链接

快递公司集体涨派费背后：“内卷”的末端网点如何突围？

从 9 月开始，中通、申通、圆通、韵达、百世和极兔六大快递公司陆续宣布将派费每票上调 0. 1 元。

涨派费的初衷是希望给负责“最后一公里”递送的快递员加薪。上一次上调派费还是在 2017 年，四年来，末端网点的派费没有上涨过一分钱，但消费者支付的快递单价却在逐年下滑。

统计数据显示，2010 年的快递平均单价为 24. 57 元/件，到 2020 年降至 10. 55 元/件。“以价换量”价格战的持续，让处于快递“最后一公里”的末端网点承受着巨大的生存压力，快递员也因为收入与业务量的不成正比而大量流失。

因此，在“双 11”这个每年快递量都有一个爆发小高潮到来之前，几家加盟制快递巨头希望通过上调派费的方式来提高加盟网点和快递员的积极性，以更好地应对下半年的快递旺季高峰。

然而据笔者了解，9 月开始的这一轮派费上涨，并没有完全惠及所有快递员，一些加盟网点将上调的派费用于补贴日常的运营亏损，快递员的工作强度、收入待遇依然没有大的改变。

一边是网点和快递员苦不堪言，另一边则是行业继续爆发式增长，每年增加 100 亿个包裹，中国的快递增速和规模已经位居世界第一，但如何保量又保质地发展，需要末端网点在自身运营上开源节流，寻求突围。

在开源方面，目前快递网点的收入来源主要是电商件，这与近年来淘宝等电商平台持续的爆发增长不无关系。

然而，电商递送的规模不断攀升，递送价格却逐年下降。由于平台上的商家大多依据“价低者得”来选择快递公司，谁给的价格低就用谁，义乌一度出现 0. 8 元发全国的“内卷”价格，加重的派送任务，流失的快递小哥，大量的积压快件，形成一个恶性循环。

因此，对快递网点来说，需要拓展更多电商以外利润更高的单量来源，比如利润更高的个人件业务，才能改善网点的营收结构，摆脱单一依靠拼价格来争夺电商递送市场的困境。

事实上，目前个人寄件市场也在不断增长，比如2015年为解决网购退货难问题才上线的菜鸟裹裹，就已经拥有超过3亿的用户流量。

菜鸟裹裹App的寄件单量来源主要有两个，一是整个淘系电商平台的退换货、闲鱼寄件等，二是非电商的个人寄件用户，这两个来源已成为不少快递网点主打的增量市场。

双壹咨询的统计数据就显示，当前通达系快递公司位于城中区的网点散件揽收日均600票，其中，菜鸟裹裹提供单量达到400票，成为网点增收的重要来源，快递散单也减轻了市中心网点和社区网点的成本压力。

此外，裹裹寄件的平均客单价也远高于“通达系”的传统电商件。一位通达系快递网点老板就透露，一个裹裹件的利润相当于10票电商件利润，差不多是20件拼多多包裹的利润。

另据笔者了解，很多网点不但赚到了钱，甚至还催生了一批专门服务菜鸟裹裹业务的新创网点，方便城市居民个人寄件。目前菜鸟裹裹已经连接了超过200万名快递员，越来越多的快递员自己也成为承包商、站点老板，平台上的快递员月入过万成常态。

在节流方面，要进一步提升递送效率，降低成本，现阶段最合适的方法是发展末端服务设施，减轻快递员送货上门却吃闭门羹，浪费时间和精力的负担。

事实上，国家邮政局在2021年邮政快递业重点推进的民生实事中也提到，要支持末端服务设施多元发展，加快推进智能快件箱、快递公共服务站等末端设施建设。

目前，快递网点在末端服务设施方面主要与快递代收点、驿站、快递柜等合作。比如菜鸟驿站、圆通的妈妈驿站、中通的兔喜等，快递柜主要是顺丰的丰巢，一些小区附近的小卖部、超市等也成了合作的社会代收点。

然而，在末端服务设施开始大面积铺开的同时，也面临不少诸如未经用户同意放快递柜、超时收费等问题的投诉，如何平衡递送效率与服务质量的关系，也是节流时需要重点关注的问题。

在此之前，就有不少业内人士建议，中国的快递业需要从同质化、低价化的服务转向个性化、差异化的服务，快递公司可以针对不同的服务设定不同的定价，消费者可以根据自身的需要选择自取或是上门的服务，这样既能提高“最后一公里”的递送效率，又能减少消费者被决定“是否要上门”的投诉。

在这方面，菜鸟驿站已经走在了前面。今年4月，菜鸟驿站联合天猫淘宝在北京、上海和杭州开通按需派送服务，用户收到包裹到达驿站的提醒后，可以在物流详情、支付宝/淘宝小程序、菜鸟App、线下扫码等多个渠道点选“送货上门”。如今，这项服务已覆盖大部分省会城市，消费者可以自主选择送货上门或免费保管。

在2014年上线时，菜鸟驿站就致力于解决快递末端“最后100米”的难题，主打免费保管、丢件包赔。六年来，菜鸟驿站已形成了一张覆盖城市社区与高校的末端网络，在全国已有超过6万个社区驿站，预计今年可达10万个，校园驿站已覆盖全国近2 000所高校。

此外，驿站的业务还逐渐从包裹代管，衍生出24小时智能洗衣、社区团购、充电器租赁等一系列服务，这也成为加盟驿站的网点的创收渠道之一。

2021年9月30日

分享链接

航司如何挖掘“银发”蓝海市场？

过去几年，国内的航空公司一般会在重阳节这一天推出“尊老敬老”相关的主题航班，而今年的重阳节，越来越多的航司开始针对老年人这一客群，推出专属的航空、旅游产品了。

山东航空就推出了针对老人团体游的“慈翔”旅游产品促销，55 岁用户登录山航 App，还可以在当天获赠一张 100 元机票优惠券。此外，山航在今年父亲节推出的“慈翔 · 礼享家”会员权益卡，以及更早时间推出的“慈翔 · 升舱卡”也返场销售。

山航的母公司国航也在今年 3 月涉足老年人市场，推出了专门面向 60 周岁（含）以上旅客的老年版“随心飞”：以 499 元的价格购买“敬老权益卡”后，老年人可以购买 300 元一张（不含税费）的特惠票，有效期内不限购买次数。

除了国航系，海航系下的西部航空也在今年的重阳节当天推出了针对老年旅客的“玩转夕阳行”产品，60 岁以上（含）的老年旅客购买外放机票价格为全票价二四折以上时，可享受立减 99 元的优惠。

越来越多的航司开始推出专门针对中老年旅客的航空旅游产品，也意味着“银发”市场开始越来越受到重视。

“银发”市场到底有多大？根据联合国的预测，“十四五”末期，我国老年人口将突破 3 亿，将迈入中度老龄化社会。老龄人口的比例增多以及人均可支配收入稳步增长两大趋势，势必对未来航空产品的形态产生重大影响。

产品形态的转变主要集中在两方面。一是老龄人口消费比重的上升，将促使航空产品更加反映老龄人口的消费理念和消费偏好，即产品的设计、购买、使用必须向简约和便捷方向过渡；二是产品的范围和层次结构上更要体现老年人的需求。

事实上，在考虑老年人的购买、出行便捷性方面，不少航司已经行动。比如东航就为 60 周岁及以上单独乘坐航班，需要上下机引导及空中关照服务的老人提供了无人陪老人服务，购票后可以拨打 95530 预约服务，东航会派专人全程陪同无陪老年旅客办理值机、登机等手续，并将老人送至飞机登机口，乘务长将带领其入座，帮助提拿放置行李，并且提供毛毯、枕头等，示范由压力变化导致的压迫耳膜缓解等。

南航则在95539客票销售环节主动问询老年旅客是否需要预选座位，为有需要的老年旅客办理选座业务，在线上服务方面，南航官网和App适老化改造也在持续推进。比如官网设置专用版面与辅助工具，字体大小、配色等都主动适应老年用户的使用习惯，增加页面缩放、语音连读等部分辅助工具，且支持读屏工具，以解决老年旅客群体智能信息技术运用方面的困难。

在长期观察“银发一族”市场的成都航空市场营销中心客运销售管理室经理张建恩看来，在服务环节改善的同时，航司还可以与旅行社等合作，从以下两个角度开发更多适合“银发族”的专属产品。

一是怀旧旅行。怀旧是人类的本能，当今社会人口流动性强，不确定因素多，人们更容易产生浮躁与不安的心情，怀旧旅行更能满足“银发族”对一段过去时光的怀念，让老人得到心灵慰藉，给他们带来更多美好的回忆。通过怀旧航线的设计，以及怀旧旅行地的打造，可以开发出针对不同地区银发族的专属产品。

二是情感归属。传统老年人的消费观念已经产生巨大改变，根据调查，三线及以下城市的老年人的退休金为3 000~5 000元/月，一线、二线城市老年人的退休金为5 000~8 000元/月，廉价不再是老年人的首选，情感归属是更深层次的需求，他们对旅行的品质更加注重。航司可以与旅行社合作，提供产品认证的“专属导游”，在“银发族”旅行过程中提供全方位的更细致服务，让老人在出行过程中身心更放松。

如今，老年市场已经显示出巨大的规模潜力并具有鲜明的消费特点，这是我国民航业需要充分重视并且给予明确响应的乘客群体。

2021年10月15日

分享链接

二、乐言商业

乐琰｜第一财经产经频道副主编、资深记者。毕业于上海交通大学国际经济与贸易专业。从2003年开始进入媒体工作，长期专注于旅游酒店和商业零售产业领域的报道。在第一财经有“你不知道的商业秘密”专栏、“乐言商业”日报专栏和同名电视节目，“乐言商业”电视节目于每周四的第一财经电视午间新闻时段播出。同时，还有“乐琰财经”视频号，粉丝量逾10万。曾经撰写《我就是喜欢创业》一书，参与撰写反映改革开放30年的《30年30人》等书籍。
leyan@ yicai. com

开元酒店私有化背后，郑南雁身影闪烁

作为本土高端酒店集团的代表之一，开元酒店的品牌发展一直不错，然而其资本运作道路却可谓命运多舛。几经周折上市后，如今，其又拟私有化。

日前，浙江开元酒店管理股份有限公司（以下简称开元酒店，01158. HK）宣布，鸥翎投资（Ocean Link）及红杉资本中国基金（红杉中国）提出私有化要约，待落实后将从港交所退市。

根据公告披露，开元酒店每股H股要约价为18. 15港元，涉及H股总数5 517万股，涉资约10. 01亿港元；每股内资股要约价为15. 18元人民币，涉及内资股约2 595. 94万股，涉资约3. 94亿元人民币。

其实，开元酒店的上市之路颇不平坦。据笔者了解，作为风险投资，凯雷2007年年底以约1亿美元入股开元酒店，当时凯雷支付首批资金约3. 4亿元，开元系为此还做了重大战略调整，并增加进军景区板块的投资计划。

然而，此后的资本运作并不顺利。有知情人士告诉笔者，凯雷当时入股是希望开元的酒店板块可以独立上市，彼时定位为全高星级酒店的开元酒店集团的净利润不算很高，于是为了提高市盈率、市值和股价等指标，开元系和凯雷打算将开元酒店集团的房地产业务和酒店业务一并捆绑上市，这样就

变成“开元旅业”整体上市。但随着房地产政策多变而再次将计划改为酒店板块独立赴港上市。数年前，原本开元酒店已通过上市聆讯，但鉴于当时港股市场不景气，怕公司股价被低估，又选择延后上市。

蛰伏多年，此后终于完成上市的开元酒店，却在上市不到2年后突然拟私有化，这又是为何?

根据笔者多方了解和观察，开元酒店此番私有化看似出乎意料，却在情理之中。

首先，疫情给整个酒店行业带来影响，开元酒店也不例外。在2020年疫情最为严重时，开元系关闭了大量的酒店，即便还有部分开业酒店，整体入住率也非常低。这给开元酒店带来巨大的经营压力。根据财报显示，2020年上半年，开元酒店实现收入5.44亿元，同比减少39.9%；净亏损逾9 065万元。

虽然之后随着旅游市场的逐步复苏，开元酒店也恢复了营业，但毕竟2020年疫情带来的影响巨大，因此，开元酒店整体的业务压力很大，私有化或许可以减轻负担。

其次，开元酒店一直是主打高端酒店产品的，所以其整体投入不菲。尽管开元酒店有不少项目是轻资产的委托管理模式，但其定位意味着总体的开支不会低。加上各类成本的上涨，导致其资金吃紧。开元酒店2020年半年报显示，开元酒店不仅在股价上持续低迷，一年内到期的流动负债已经高达10.58亿元，而开元酒店流动资产仅为8.88亿元，不足以支付短期负债。

在资金和业绩双重压力之下，开元酒店的股价上涨空间又比较有限，再加上此前疫情的影响，如今溢价24%进行私有化，对于开元酒店而言，起码在财务上是划算的。

再来看提出私有化要约的鸥翎投资及红杉资本中国基金（红杉中国），资本背后的“大佬”颇耐人寻味。

公开信息显示，2018年12月，鸥翎投资就在开元酒店上市前夕进行过战略投资。鸥翎投资平日里颇为低调，然而其大股东郑南雁却是叱咤风云的本土酒店业“大佬”。

郑南雁是携程系出身，自创了7天连锁酒店，并进一步将7天连锁酒店扩大到铂涛酒店集团，从一个经济型连锁酒店品牌一路发展到坐拥数十个酒店品牌的集团，甚至涉足高端酒店产品。但是品牌多了并不好管理，数十个创新品牌同步孵化，并非每一个品牌都能获得成功。此前，郑南雁逐步淡出公众视野，而铂涛酒店集团也被锦江系收编。

正当大家以为郑南雁已在酒店业悄无声息时，其作为大股东的鸥翎投资却突然现身开元酒店背后，比较有意思的是，鸥翎投资与携程的关系也颇为微妙。

此番对于开元酒店的私有化也被部分业内人士认为是郑南雁在出售铂涛酒店集团后，通过资本运作卷土重来之举，尤其是开元酒店麾下以高端产品为主，这或许可以一圆郑南雁的高端酒店梦。

2021 年 1 月 27 日

分享链接

春节档的启示：内容、渠道和多元化

春节长假已过，上班第一周，或许一些人还沉浸在假期的感觉中，不少朋友依然会谈起刷新了纪录的电影春节档——多部大片来袭，其中，《唐人街探案3》的票房成绩一度一马当先，在后期则被《你好，李焕英》超越。

笔者在假期内将所有的春节档电影都观摩了一遍，发现今年的春节档不仅仅是在票房方面创新高，同时还给人以不少启示。

首先来说一说内容。一直以来大家都会说“内容为王”，于是越来越多的IP或网络文学会被改编成影视作品，这类作品往往已经有大量的原著粉丝，然而改编成影视作品后却未必都很成功，甚至会由于改动过多而被粉丝嫌弃。说到底，关键还是内容是否真诚、符合逻辑、打动人心。

在笔者看来，春节档的几部作品中，故事内容比较不错的是《你好，李焕英》和《人潮汹涌》，尤其是《你好，李焕英》，故事源自该片导演兼主演贾玲的妈妈——李焕英的真人真事，其实故事很简单，说的就是亲情，一个看似平凡的女儿希望母亲开心，然而对于母亲而言，只要孩子健康快乐就行。这个简单的道理大家都明白，很多场景看似琐碎而平凡，却感人肺腑，因为这是真情实感且容易引发人们的内心共鸣。很多在国际电影节上获奖的影片内容并不复杂，其实就是说清楚一件简单的事情，用真情打动人心。《人潮汹涌》则是故事设置有趣，通过主角的互换人生折射出很多现实问题，同时也给人以鼓励。

笔者认为，根据短篇小说《刺杀小说家》改编的同名电影虽然有原著IP加持，然而整体的故事架构过于虚幻，甚至结尾很难自圆其说，即便投资方耗巨资打造逼真的特效，依然很难弥补剧情的硬伤。《唐人街探案3》的剧情虽然可以自圆其说，但相比前两部《唐人街探案》系列作品，第三部作品的逻辑略显牵强和理想化。如今观众的品位不断提升，大家并不愿意总是看到脱离现实的剧情，也不喜欢“傻白甜”型的主角。其实，简单而温情的内容更容易深入人心。

如果说《你好，李焕英》和《人潮汹涌》赢在了内容，为何《你好，李焕英》与《唐人街探案3》的票房大获全胜，而《人潮汹涌》的票房却不尽如人意？

这就是笔者要说的第二点——渠道力量。仔细研究这几部春节档电影，背后或多或少地都闪烁着互联网资本。天眼查大数据显示，阿里同时为《你好，李焕英》《刺杀小说家》《新神榜：哪吒重生》三部电影的出品方，网易则是《侍神令》的出品方，B站出品了动画电影《新神榜：哪吒重生》。而出现在多部影片的出品、发行方中的天津猫眼微影文化传媒有限公司，其股东中则既有腾讯的出现，又有美团的身影。这些互联网企业的支持，尤其是猫眼、淘票票等销售渠道的支持，使得《唐人街探案3》《你好，李焕英》《刺杀小说家》等电影从预售阶段就获得了先机，排片时也得到了更多的场次。相对而言，纯打内容、缺乏渠道铺设的《人潮汹涌》所获得的排片场次很少，部分电影院甚至一天只有一场，这就使其票房成绩难以提升。

《你好，李焕英》是内容和渠道的双赢家，《唐人街探案3》在资本运作和渠道方面获胜，但内容和口碑良莠不齐，因此后来被《你好，李焕英》反超了票房。《刺杀小说家》《新神榜：哪吒重生》则表现尚可。但对于《新神榜：哪吒重生》而言，一部动漫作品可以在竞争激烈的春节档中占据一席之地且口碑不差，已经很不容易，尤其是此前已经有一部“哪吒”相关的动漫电影珠玉在前。

第三点启示则是多元化。疫情发生后，电影院和演出市场一度停滞，去年的春节档电影也都撤档，于是寻找其他发展渠道显得非常必要。今年的春节档与往年相比，更多制作方和观众开始转向网络电影。王宝强主演的《少林寺之得宝传奇》和宋小宝自导自演的《发财日记》于大年初一在爱奇艺、腾讯视频和优酷上线，以PVOD单片付费模式在线发行。

电影院线的档期资源有限，上不了院线的作品可以通过在线渠道进行播放，也是一种商机。《2020中国网络电影行业报告》显示，2020年国内共上新1 089部电影，其中，院线发行新片305部，网络发行新片784部。网络电影分账票房破千万元的影片共79部，占全年上新影片数量的10%，部数较2019年翻了一番。

其实，上院线的电影也未必就都赚得盆满钵满。根据电影行业票房分账规则，除去必要费用后，电影院及院线提留57%，制片方和发行方共计分享43%。而制片方和发行方往往企业众多，会摊薄收益。加之保底发行模式下，最后制作团队获得的收益占比可能很低。而网络电影的成本相对较低，分账比例相对可协商。今年主打温情的《发财日记》取得不俗的成绩，也使得更多业者将目光转移到网络电影领域。笔者认为，未来的电影市场将呈现更多元化的发展趋势。

2021 年 2 月 25 日

分享链接

去年业绩集体受挫的酒旅业，如何转型再战？

2020年对于所有文旅和酒店业者而言是特殊的一年，持续了几乎一整年的疫情让酒店旅游企业集体受挫。近期，酒旅类上市公司的财报陆续发布，大量企业的营收下滑，利润呈现亏损状态。

笔者梳理财报发现，途牛（TOUR. NASDAQ）2020年全年净收入为4.503亿元人民币（合6 900万美元），较2019年同期下降80.3%；首旅酒店（600258. SH）2020年扣除非经常性损益后的净亏损逾5亿元；开元酒店（01158. HK）2020年的收入为15.98亿元，同比下降17.1%，净利润为2 660万元，同比下降约87%；宋城演艺（300144）2020年营收9.03亿元，同比下降65.44%，净亏损17.52亿元；云南旅游（002059. SZ）2020年营收18.12亿元，同比下降37.04%；黄山旅游（600054. SH）2020年营收7.41亿元，同比下降53.89%，净亏损4 637.27万元；复星旅文（01992. HK）2020年营收70.60亿元，同比减少59.28%，净亏损25.68亿元。

从去年春节的“退单潮”开始，酒店和旅游企业就经历了一段时间的暂停营业、零收入等困境，直到下半年才逐步复苏。过去的已经过去，如今疫情防控严格，文旅业也在逐步恢复，客流量有所增长，在即将到来的“五一”假期更是被业界预测或将有2亿人次出游，呈现“井喷”状态。

市场的大方向是利好的，但各大酒旅企业通过疫情也看到了自身的问题，如今正在进行各类转型，以求在2021年能够打个“翻身仗”。

笔者观察和梳理了酒旅企业转型的几种模式。

第一种是集中火力向中端和大众化市场贴近，来挖掘此前被忽略的下沉市场商机。比如同程系积极地去三四线城市开拓业务，其发现在很多下沉市场的本地消费占到70%—80%，于是大力开发下沉市场，这也成为同程艺龙的“第二增长曲线”。截至2020年12月31日，居住在非一线城市的同程艺龙注册用户约占总注册用户的86.3%，微信平台上的新增付费用户约61.7%来自三线及以下城市。首旅如家计划在2021年加速开店，全年计划开店1 400~1 600家，尤其加速三四五线下沉市场布局，推进“全系列多品牌”，带动市场份额提升。东呈酒店集团未来的重点也是大众化酒店产品。

第二种方式是通过营销手段来挖掘商机。比如同程、携程和飞猪近期都推出了机票盲盒，这类低价“抽奖式”销售引发了诸多游客的关注。笔者发现，这些机票盲盒的价格都非常便宜，仅几十元就可购买，也就是说，如此低价的销售，商家必然是贴钱赚吆喝，与其说是销售，不如说是营销。当然，这样的方式也获得了不少热度和关注度——自上线以来，同程旅行机票盲盒活动共吸引了超过4 000万用户参与，“机票盲盒”相关的抖音话题量突破3.4亿。此外，直播甚至是吸引KOL（关键意见领袖）来合作宣传也是部分旅游企业用来恢复业务的手法之一。比如携程发布的“旅游营销枢纽”战略，拟通过“1+3”的模式推进，以一个“星球号”为载体，聚合流量、内容、商品三大核心板块，通过内容转化和营销赋能为泛旅游行业创造增量收益。

第三种方式是资本运作。业绩受挫后，上市公司的股价和市值都受到影响，如果通过资本方式，则可以相对快速地改善财务情况。携程近期完成了赴港二次上市，也迎来新一轮价值重估，携程上市首日股价高开4.85%，总市值超1 700亿港元。开元酒店则启动退市计划，本次开元酒店私有化要约人由鸥翎投资（Ocean Link）设立，出资方包括鸥翎投资和红杉中国。开元酒店退市完成后，鸥翎投资合伙人郑南雁将出任开元酒店的董事长。完成退市后，开元酒店拟发力中高端市场，多元资本的引入和管理层的更迭也给开元酒店注入新的力量。同样以资本方式升级的还有东呈酒店集团，美团此前悄然入股东呈，目前美团占东呈股权约20%，该比例显示了此次投资的战略属性，获线上合作伙伴注资后，东呈计划5年内实现“千城万店”，未来的酒店项目70%聚焦在大众商旅，20%聚焦在中端市场，10%聚焦在中高端市场。

从中国酒店业的发展历程来看，十几年前，一批经济型酒店崛起，实现了从传统招待所到大众化连锁酒店的转变，当时的酒店规模迅速扩张。随着竞争加剧，业者们开始做细分化策略，包括首旅如家、华住、锦江系、东呈等基本上都形成了自己的品牌矩阵。随之而来的是各个细分市场的竞争与一轮又一轮的融资再扩张，其间也有不少中小型酒店被收编和洗牌。2020年，疫情来袭，中小型闲散酒店和旅游企业的抗风险能力不强，但同时也给了品牌连锁酒店与大型旅游企业整合的机会。未来酒旅企业的智能化、线上线下融合与资本整合等运作都会加速。

2021年4月28日

分享链接

《青春有你 3》暂停录制背后，娱乐圈造星的秘密

青春阳光的少男少女，唱跳组合，闪亮出道，然后就是诸多的粉丝、鲜花和掌声。一时间，选秀节目层出不穷。

然而，就在日前，北京市广播电视局责令爱奇艺暂停《青春有你》第三季节目录制。节目组很快作出回应，表示将严格落实广电行政部门有关管理规定，从即日起暂停该节目录制，切实履行平台的主体责任，积极承担媒体的社会责任，进一步完善节目管理制度，认真核查并整改存在的问题。

缘何一档热播节目会被叫停录制？原来是近期有消息曝出，粉丝为了给自己的偶像打榜，必须购买指定品牌的乳制品，扫瓶盖码才能投票，但买了太多乳制品喝不掉，于是只能倒奶，造成大量的食品浪费。除此之外，还有节目选手出现问题。

笔者长期观察文娱产业，并对诸多业内人士深度采访后了解到，这几年太多的选秀节目出炉，培养了一批又一批的偶像，粉丝经济崛起，造星运动此起彼伏，这引得更多的少年们想要通过选秀节目进入娱乐圈。同时也使得诸多资本、商业资源进入此类节目，通过造星，各方都获取利益，而这中间就会出现“饭圈”灰色产业链、集资、打榜、资源浪费等诸多问题。

我的偶像要出道，要红！

与以前看看影视作品、听听歌的时代不同，如今的追星是需要参与感的，所谓“偶像养成”，即你喜欢的偶像能不能出道，能不能红，能红多久，在粉丝看来取决于粉丝们自己。这就让粉丝很有驱动力，他们会认为“我要送我的偶像出道，我的偶像也代表了我的价值观，成就他就是成就我自己！”

有了这样的“偶像养成”粉丝基础，选秀节目就有了模式——打造一群新人，让新人们进行才艺竞争，吸引粉丝，由粉丝投票来决定谁能出道，谁是最红的 C 位，甚至是之后演出的排序地位等。

投票打榜，大有讲究。笔者曾经尝试过参加类似活动，发现正常投票只能少量，当你要大量支持偶像时，必须要付出代价——或购买 VIP 资格，或购买指定商品，总之就是必须花钱，如果不花钱，你的投票力度将会非常有限。“奶票”只是其中的一种方式，即购买主办方指定品牌的乳制品（所以被称为“奶票”），“奶票”越多，你的投票数量就会越多，但却造成喝不完的乳制品被浪费了。其他的商业合作也是一样，总之就是花钱越多，你喜欢的偶像得票就会越多，甚至还有兜售账号或帮忙投票打榜的“黄牛”，专做饭圈刷数据的生意。

2020 年 2 月发布的《网络综艺节目内容审核标准细则》明确规定，节目中不得出现设置“花钱买投票”环节，刻意引导、鼓励网民采取购物、充会员等物质化手段为选手投票、助力。更重要的是，在《反食品浪费法》生效之际，这种浪费行为的负面影响不小。

人设+流量模式

类似这样的浪费在娱乐圈并非第一次。此前有偶像团体举办“握手会”，每位粉丝要获得握手的资格，就必须购买专辑，每张专辑内附有“握手券”，凭“握手券”和偶像握手。但每张“握手券”所规定的握手时间很短，可能只有数秒，如果想和偶像有较长时间的握手，则需要更多的“握手券”，于是就会发生和大量购买“奶票”类似的事情——粉丝大量购买专辑，只为获得更多的“握手券”和偶像长时间握手，但那些过量购买的专辑就犹如“废品”一般被弃置，与喝不完的乳制品被倒掉如出一辙。

所有这一切，其实与造星的模式相关。明星从某种意义上来说是人设，是粉丝心目中最完美和最向往成为的形象，只有美好的人设才能引发粉丝的“偶像养成”心态。一个练习生可能从十几岁就开始被选拔和进行各种歌舞练习，一个当红偶像 20 岁左右出道，其实他从 14 岁左右就开始参加各类选秀和歌舞练习，出道时已是经验老道的艺人了。在参加选秀节目之前，大多数练习生都已通过了多年的练习，但能被经纪公司选拔出来的练习生少之又少，他们并非“素人”。公司或节目组对于这些练习生都会有人设，有些负责卖萌，有些定位要酷，有些讲究个性，有些主打创作……

有了人设，就会有一批喜欢这些人设的粉丝，粉丝可以为了成就自己的偶像疯狂而盲目地消费，这也正是商家和经纪公司非常看重的价值——粉丝就是流量，有了流量，就有转化率，继而就有数据。

简单而言，培养一个偶像，通过选秀节目出道，有了自己的粉丝群体后，就可以通过打榜、商业代言、直播带货等让粉丝买单，粉丝的购买力越强，商品的转化率就越高，数据就越好看，商家就会越看重这个艺人的商业价值，继而给予这个艺人更多的商业合作机会。反之，则会立即更换合作艺人。于是粉丝们为了让自己喜欢的偶像成功，就会不停地为其投票，购买其所代言合作的商品，为偶像刷数据，保住其咖位。

最近，安踏签约王一博作为其商业代言人。安踏对王一博进行过数据和人设标签研究，认为王一博的铁粉及粉丝总规模庞大。据艺恩数据，“95 后”艺人关注热度 TOP10 中王一博排名第一，蔡徐坤和易烊千玺位列二、三；2020 年艺人粉丝势力榜中，王一博位列第一，截至 2020 年 8 月，王一博的铁粉规模为 4.3 万人，粉丝总规模为 3 508 万人，至 2021 年 4 月粉丝总规模已上涨至 3 800 万以上。据艺恩数据，王一博的活跃粉丝、铁粉数量多，尤其铁粉量占比在艺人排名榜中名列 TOP1，以《这！就是街舞 3》的“战队毛巾打投榜”为例，王一博的毛巾数量是第二名张艺兴的 4 倍多，断层式问鼎第一。且王一博喜欢赛车的运动标签也是安踏所喜欢的人设。这就是人设立住后，粉丝带来的数据和转化率，继而成为商家实现销售的方式之一，“奶票”、专辑、打榜、直播带货等的基本原理都是一样的。

资本玩转“造星流水线”

非常清楚数据和商业价值的平台、经纪公司就会流水线式地造星。

有业内人士告诉笔者，公司背后的资本方或合作平台等会对练习生的才艺、条件、配合程度、个人背景等方面进行考察后选择适合人选，参加选秀或直接出道，也就是说某些选手注定会出道，粉丝的打榜只是表面，背后是可以由资本方控制的。

但批量生产的偶像人数众多，因此，新人迭代也很快。为了保持热度，不被“后浪”太快地替代，资本方和公司就得助推，经过对这些艺人各方面的考察后，资本方和公司会选择几个“头部偶像”重点培养，实施一整套计划——出道、演唱会、商业代言、影视作品、综艺节目等，这些后续的系列作品会打包推荐给平台，保证艺人持续有热度。所以，我们经常会看到有好几部影视作品或综艺节目集中在某几位艺人身上，其实就是平台和艺人背后的公司实施的整套推广计划。

在持续推广期间，艺人的管理非常重要，不仅是形象管理，比如不能发胖；还需要对艺人的言论、恋情等进行管理，甚至公司和艺人会签订合作期间不允许恋情被曝光等涉及隐私的条款。一部分管理不严的公司，其麾下艺人就会发生“塌房”——因为不当的行为、言论或恋情曝光而人设崩塌，引发粉丝反感。一旦如此，不少有问题的艺人就会被公司弃用或“雪藏”，然后再换下一批新人继续造星、刷流量、获取商业价值。比如这次出现家庭问题的某位选手就宣布退出《青春有你 3》。

随着迭代加速，为了抓住粉丝，如今选秀后出道的偶像还有新玩法——限定团，比如出道时就说好这个偶像团体只有一年，一年后就解散。这种饥渴营销使得诸多粉丝为看偶像们合体而大量买单。其实即便解散也不是终点，而是成员们各自单飞的起点，又一波推广会继续进行。

倒奶、浪费专辑等行为的背后，其实就是互联网时代流水线造星、刷数据做商业转化所引发的现象——很多粉丝不关心物质浪费，他们只关心偶像，背后资本方则更看重艺人的商业数据。要扭转这种局面，应该要让年轻人树立正确的价值观，我们每个人都有精神需求，偶像可以有，但并不代表盲目消费，更不应该浪费资源。

2021 年 5 月 6 日

分享链接

三亚坠亡女子所住疑似“黑旅店”，民宿经营有哪些风险？

近期，关于三亚一女子在阳台外跳舞坠亡的事件引起广泛关注，有消息称，该女子所住民宿疑似“黑旅店”，并没有接入公安系统进行住客登记。

不论上述住所是否为“黑旅店”，该事件的背后或许折射出这几年民宿业升温后所存在的管理问题。

根据笔者了解和观察，中国酒店市场从最初的标准化业态，逐步发展到个性化时代，由于复制版的住宿产品太过于统一，很难满足年轻消费群体追求新意的诉求，于是各类主题酒店、跨界 IP 酒店等层出不穷，其中最为突出的业态就是民宿。

民宿不同于一般的酒店，有些具有一定的规模和连锁化管理，有些则是闲散项目，但都具有浓厚的当地特色，给人以住家的温馨感或不错的当地生活体验感。途家发布的《2021“五一”民宿出游大数据报告》显示，途家“五一”期间的民宿订单量同比增长超 130%，对比 2019 年同期增长超 50%，民宿市场复苏势头强劲；游客对住宿品质和体验需求提升，高端民宿预订火爆；体验型乡村民宿持续走俏。飞猪平台今年“五一”乡村民宿预订量同比涨超 220%，增速超过酒店。

正因如此，各类业者和投资者纷纷进军民宿产业，甚至一些长租公寓也以民宿方式接待游客，以补充收益。资本市场的运作更是频繁，比如，有家民宿曾获得来自携程、途家、58 产业基金数千万美元的战略投资；有些平台甚至以民宿托管为名，从事集资活动。

据了解，民宿项目主要有三种模式：第一种是 B2C 模式，平台方主要收集线下房源信息，然后进行统一的包装、管理和运营，缩减交易流程，提升交易效率，比如途家；第二种是 C2C 模式，比如爱彼迎、小猪短租等，以轻资产模式通过平台直接对接房东和房客两端，并不对供应端做过多管理，该模式成本较低，但房源水平参差不齐；第三种是 C2B2C 模式，平台通过各个渠道获取房源信息，并不与房东直接签约，而是以中间商的身份为房源和旅客提供信息和交易对接，盈利的主要方式是差价转租。

即便是高度统一化的连锁酒店业，也一度被曝出“毛巾门”等事件，可见一旦到达一定规模，细节管理很多时候会存在漏洞，更何况是原本就并无统一标准的民宿业。

在笔者长期的走访过程中，不少业者反馈，民宿的确在成本尤其是人力成本方面非常可控，但是产品质量良莠不齐，民宿的特点就是个性化，但也正因如此，很难统一管理。难题之一就是一系列证照，比如作为住宿业，理论上应该具备消防安全、特种行业许可证等资质，但是不少闲散民宿经营者根本不具备相关证照。

笔者查阅公开资料发现，民宿业者需要办理和提供的相关证照及文件包括：需要填写民宿办证申请表；工商部门出具的企业名称预先核准通知书；法人代表身份证复印件；营业场所产权证明或使用有效证明，营业场所属于租赁的，还应当提供租赁协议；民宿建筑消防安全登记表、安全管理情况检查登记表、安全条件现场检查情况登记表；卫生许可证；经营场所平面示意图，标明客房房号；安装电子监控设施，硬盘影像资料保存不得少于30日；应当设置安全可靠的现金及贵重物品寄存柜；需安装旅馆业信息系统（申请表格）、二代证阅读机、扫描仪；旅馆业各项规范制度（住宿登记制度、值班制度、财物保管制度、报告制度）；派出所现场勘查记录报告。

这些手续和文件对于具有一定规模和公司主体的住宿业者而言是必备，但是对于很多闲散民宿业者而言就颇为复杂，有些根本就是闲置的住家改做的民宿，业主难以提供上述手续文件。于是，大量不规范操作的民宿出现。

笔者曾经体验过，根本无需登记任何身份证件即可入住民宿。也有不少游客反映，很多民宿都没有完整的身份登记，更不会录入人脸识别，直接密码开门就可以入住。而这些都是安全隐患，一旦住客在住所发生问题，届时如何界定责任？由于并未进行完整的身份登记，住客身份也无法第一时间反馈到公安系统。最后，麻烦的依然是民宿业主本身，此前就发生过由于闲散在居民区内的民宿业者证照不全，且住客惊扰了周边居民，导致该民宿被停业，业主也承担了相应的责任。

此外，民宿众筹天然具有依赖资金、重资产的属性，暗藏风险。从2018

年起，接连有因民宿众筹项目而引发的纠纷。民宿众筹平台多彩投此前就被曝出已有 50 多个项目出现问题，涉及金额超过 10 亿元。

民宿业的确具有不错的市场前景，但是该业态的证照、手续、住客管理、投资风险控制等都存在一定的问题，同时，如何平衡个性化与统一化管理也是一大难点。

2021 年 5 月 11 日

分享链接

如家做零食、红星美凯龙造酒店，他们瞄准新消费全场景

最近在CCFA新消费论坛上，笔者遇见了不少老朋友，他们之中有经营连锁酒店的，也有做家居用品的，还有做餐饮业、房地产行业等。以往，这些业者的业务都是各自发展，互相之间并无太明显的关联，而如今却呈现出“你中有我，我中有你”的状态。

比如，和府捞面的核心业务是做面点餐食，然而如今却开始进军酒馆类业态；一直以连锁酒店为主业的首旅如家，却表示正在推出餐饮类衍生产品，比如会打造专属的零食类品牌和咖啡品牌，未来还会尝试向零售业态发展；主打家居业态的红星美凯龙则打算打造高端酒店，并且要将每一间客房都装修成不同的风格；21世纪不动产则将发展目光投向社区商业……

如此跨界，一时间让不少人感到眼花缭乱，难道这些连锁业者都要“改行”了？

其实不然。在经过观察和与相关业者交流后，笔者了解到，这些跨界融合的背后，有着相同的商业逻辑——抓住顾客的全消费场景。

以前，不同的业态较少联动，即便合作，也是相对独立的。如今，消费者尤其是年轻客户群体的消费习惯和场景往往是由此及彼的，而且顾客的体验感也越来越重要。

有些年轻人在用完餐之后，可能会想喝一杯，既然有这样的需求，类似和府捞面这样的餐厅就开始将酒馆生意引入，以此延长顾客的消费时间，同时提高客单价。首旅如家之所以要创建自有品牌的零食和咖啡，其实也是通过长时间的观察发现，住客对于休闲餐饮有需求，尤其是可以打包带走的简易餐食，既然如此，那不如将此消费场景一并纳入酒店服务中，以此改善客

户的体验感。

对于红星美凯龙来说，当然不是想和首旅如家“抢生意”，红星美凯龙做酒店是为了更直观地展示商品，比如将每一间客房都装修成不同的风格，来全面展示家居产品，让消费者通过住宿使用后，切身体验进而激发购买欲望。所以，红星美凯龙相当于打造了一个体验式促销场景。21 世纪不动产则引入洗衣等社区服务，以此来增加客户黏性。

所以，这些业者的跨界其实是看到了消费者更多样化的需求，顾客需要什么，业者就打造相关产品来创建消费场景，让客人更多地留在自己的生意圈内。

当然，其中也少不了互联网的协同因素，比如通过新消费场景的打造，建立私域流量，开展全渠道营销，为品牌间开展联合营销提供基础。不少企业在数字化营销方面做了更多尝试：一是通过销售平台进行引流；二是利用社交平台开展直播等；三是通过小程序、App 来打造企业自身的私域流量。中国连锁经营协会统计的百强企业去年的线上销售增长在 20%～30%。其中，21 世纪不动产与福奈特、如家酒店与良品铺子开始尝试私域流量共享，开展联合营销。

当然，新消费的一切基础都离不开对于年轻客群喜好的研究。中国连锁经营协会资料显示，“Z 世代”，即出生于 1995—2009 年的人群，2019 年共计约 2.3 亿人口，占人口比重的 16%，“95 后”的家庭资源提供更丰富，“00 后”的存款为“90 后”在同龄时段的 2 倍，可支配收入高。与全球同龄人比，中国“Z 世代”更少储蓄，更追求个性，关注潮流和颜值，对高颜值产品的偏好推动了网红经济迅速发展，如国潮美妆、网红零食、小家电等；“Z 世代”的社会责任感更强；“Z 世代”人群看重 24 小时便利店，他们认为优先级别的设施还有地铁站、购物中心、健身房、电影院与艺术馆等，这也促进了便利商业的发展。

由此可见，未来各类业态的跨界经营、合作联动也会越来越多，一些能满足年轻人全消费场景的一体化综合项目会被广泛看好。“美克洞学馆”通过数据分析显示，与智能设备、设计穴居艺术（家居用品）、时尚餐饮（下午茶、酒吧、主题餐厅）和文化休闲（书吧、艺术文创）一体，打造商业、文化、艺术、科技多业态多品牌融合的新零售艺术空间，可以为消费者提供极致的生活环境感受和居室文化“五感”艺术体验，今后也会有更多创新型“文化创意体验式购物场景”出现。

2021 年 7 月 2 日

分享链接

七夕经济，不仅仅是年轻情侣的消费

今天是七夕节，从商业角度而言，必然又是一大波商家开始挖掘情侣消费商机的时候。鲜花、巧克力、电影、餐厅、购物等都是可以想见的消费场景。

根据笔者对诸多商家推出的商品的观察，大部分商品都是针对年轻人群的，鲜少见到针对其他年龄段消费者的七夕节产品。事实上，随着人们消费水平的提高和理念的转变，七夕节未必仅仅是年轻情侣的节日，商家也应该去挖掘更多商机，拓宽市场面。

第一，消费人群的年龄层完全可以做拓展，除了年轻情侣，中老年夫妇也可以过七夕，尤其是不少中年夫妻，消费能力强，心态也很年轻，完全具备七夕消费客户的特质。但是在设计中老年夫妇的七夕节产品时，商家必须抓住客户群的特点，不能与年轻情侣一概而论。比如年轻情侣更喜欢送鲜花、巧克力等，对于中老年夫妇，可能并不宜摄入过多糖分的食品，因此可以用一些更居家和实用的礼品来替代。

对于中老年夫妇，还可以做一些更具有情怀意义的活动或服务设计。上海师范大学旅游学院副教授刘德艳在与笔者聊天时提及，在她教授的“活动策划与管理”课程中，曾经有学生给自己的外公和外婆设计了一个金婚纪念仪式。大家给金婚夫妇穿上中式的服饰，准备了他们年轻时候流行的摆设，还有他们喜欢的戒指，并且设计了一系列的特殊环节——请他们自述在漫长婚姻生活中特别感激对方的片段，还又一次回顾了他们的青春年代等。这一切的活动环节都让他们弥补了年轻时缺乏的仪式感场面，更重要的是对他们相伴一生的纪念。这样的七夕礼物是普通的鲜花和巧克力无法比拟的。

第二，可以在客群的广度上做延伸。现在有个词叫作“泛爱”，这并不是让人滥情，而是更广义上的爱，比如对于已婚夫妇而言，七夕可能并不仅仅是两人世界，他们还有自己的孩子，是一个家庭的概念，七夕节的爱可以是包含爱情和亲情的爱。因此，商家在产品设计方面可以做一些具家庭感的商品，甚至可以把一些亲子礼品做成打包产品一起销售，这样既扩大了消费群，又延展了商家的可销售商品品类。

第三，七夕节的消费可以更注重体验感和社交活动。笔者此前在做“剧本杀”产业调查时发现，“剧本杀”盈利的关键点之一就是强社交，尤其是陌生人之间的强社交，这是吸引很多消费者前来参与的亮点。不少消费者反馈，通过“剧本杀”游戏，可以结识更多志同道合的朋友，且并不带有太物质的条件，所以“剧本杀”是现在不少人的“脱单利器”。这些具有体验感和强社交属性的消费活动，其实也是七夕主题消费可以开发的方向。

第四，鉴于目前防疫安全的要求，在适当开展实体活动的同时，可以加大线上活动的开发。比如目前很多跨省游暂停，一些演出项目也暂停了，但商家也在尝试“云游”类型的项目。此类消费不仅对安全有一定的保障，同时也可以更好地联动线上和线下业务，促进在线经济的发展。

其实，在商家“造节”和自然节日相结合之下，我们现在每个月都可以有节日消费，但如果不做细分和精准营销，而是做大同小异的促销甚至是价格战，消费者也会疲劳，且过多地透支消费后也会影响全年的消费可持续发展。因此，既要对客户群体做一定的拓展，又要懂得消费者最根本的需求是什么，研发出符合消费者需求或可以帮助消费者解决其痛点的产品，回归到商业本质，注重消费者感受，做出更多有意义有价值的商品，才是七夕这类节假日消费的可持续发展之道。

2021 年 8 月 14 日

分享链接

北京环球影城将试运行，能否成为文旅业的“强心剂”？

随着为期3个月的内部压力测试工作临近尾声，北京环球度假区将于9月1日开始试运行。试运行期间，北京环球度假区将根据运行测试需要逐步开放设施和服务，受邀客人将在指定日期体验主题公园中的部分景点、娱乐设施、演出和餐饮服务。

北京环球度假区包含7大主题景区、37处骑乘娱乐设施及地标景点、24场娱乐演出、80家餐饮及30家零售门店。笔者在北京环球度假区内部压力测试的现场看到，7大主题景区以各大电影IP来打造，包括功夫熊猫、变形金刚、小黄人和哈利波特等。

环球主题公园及度假区是康卡斯特NBC环球的下属业务板块。康卡斯特NBC环球全资拥有好莱坞环球影城、奥兰多环球度假区和日本环球影城，并通过许可协议授权经营新加坡环球影城。北京环球度假区由北京国际度假区有限公司开发、建设、运营。北京国际度假区有限公司是由北京首寰文化旅游投资有限公司和康卡斯特NBC环球下属业务板块——环球主题公园及度假区共同所有的合资公司，股权比例分别为70%和30%。北京环球度假区包括主题公园、城市大道及两家度假酒店。

大手笔的投入让环球影城成为文旅业界颇为关注的新地标，尤其是在疫情之下，全国各大景区都受到影响，一个大型主题公园新开业是否能拉动人们的旅游相关消费？

根据笔者的了解，一个主题公园项目主要的收入是门票和相关二次消费，包括餐饮、住宿和衍生品购买等。就门票而言，目前北京环球影城还没有宣布定价，但可以参考上海迪士尼的价格，虽然两者不会一模一样，但或许具有一定的参照性。上海迪士尼方面近期刚宣布了调价，自2022年1月9日起，上海迪士尼度假区将在现行四级票价结构下调整上海迪士尼乐园的门票价格："常规日"门票为435元，涵盖大部分平日和部分周末；"特别常规日"门票为545元，涵盖部分周末和部分平日；"高峰日"门票为659元。

笔者在北京环球度假区内部压力测试现场看到，玩具公仔价格从数十元到数百元不等，餐厅套餐的人均消费从数十元到100多元不等，这与上海迪士尼乐园的差异不大。如果北京环球影城的价格与上海迪士尼类似，则门票收入会比较可观，但具体价格还得考虑大部分消费者的接受程度。

从二次消费来看，北京环球度假区的环球影城大酒店、诺金度假酒店都属于高端酒店，园区内有约3 000种商品。与一般主题公园销售的普通玩偶商品不同，环球影城和迪士尼都拥有自己的电影IP，因此，基于电影IP而研发的商品更容易获得消费者的认同感，在衍生品经济方面的收益也会比较高。

目前北京环球度假区面临的一个问题是，由于疫情，其已经错过了暑期旺季这个时间点，如今定在9月1日开始试运行，首批游客的量会有一定的影响，之后待其正式开业，能否获得高客流量还未可知。毕竟，防疫是第一位的。

笔者在北京环球度假区内部压力测试现场看到，各项目排队处都有一米线，剧场内部分空位不可坐人，提示客人隔开距离；每到一个景点都需要扫健康码，用于登记所有客人的行踪细节，便于日后追溯其足迹；餐桌也是隔开空位入座。

其实，对于北京环球度假区而言，现在也不适合引入过多的游客，毕竟全国部分地区依然有疫情，过多的人员流动和接触都会引发风险。北京环球度假区基于疫情防控要求，在每日限流的基础上推进试运行测试和演练工作。园区运营的各个环节都落实疫情防控的相关要求，包括入园客人健康筛查、强化园区各个场所的清洁和消毒工作、引导客人保持安全距离等多项举措。根据疫情防控要求，所有受邀客人需提前上传身份信息，在入园时出示有效的健康宝，进行验码测温，并确保在游览过程中戴好口罩、保持社交距离。

疫情之下，北京环球度假区即便正式开业后，也会保持对客人数量的限流，以确保安全。从绝对数字来看，限流肯定会影响客流量，但一个大型主题公园会在开业初期迎来一波相对高峰，同时也给予旅游从业者一定的信心。从长期来看，一个大型主题公园能否持续而良好地运作，就要看其创新能力和服务能力了。

2021 年 8 月 26 日

分享链接

文娱圈就该如此：抵制"娘炮"，禁播明星子女节目

"饭圈"乱象近期频频被曝光，而粉丝集资、灰色产业链、艺人形象管理、天价片酬等问题都逐步浮出水面。

就在今日，国家广播电视总局办公厅发布《国家广播电视总局办公厅关于进一步加强文艺节目及其人员管理的通知》（以下简称《通知》），《通知》明确指出：一、坚决抵制违法失德人员；二、坚决反对唯流量论，广播电视机构和网络视听平台不得播出偶像养成类节目，不得播出明星子女参加的综艺娱乐及真人秀节目，选秀类节目要严格控制投票环节设置，不得设置场外投票、打榜、助力等环节和通道，严禁引导、鼓励粉丝以购物、充会员等物质化手段变相花钱投票，坚决抵制不良"饭圈"文化；三、坚决抵制泛娱乐化，树立节目正确审美导向，严格把握演员和嘉宾选用、表演风格、服饰妆容等，坚决杜绝"娘炮"等畸形审美；四、坚决抵制高价片酬，严格执行演员和嘉宾片酬规定，严格片酬管理告知承诺制度，严肃惩戒片酬违规、"阴阳合同"、偷逃税行为；五、切实加强从业人员管理；六、开展专业权威文艺评论；七、充分发挥行业组织的作用；八、切实履行管理职责。

仔细研究可以发现，有些问题存在已久，而这背后也与博取观众眼球以及低级化运作有关。比如此前谈到过的偶像海选，大部分都打着所谓"美少年"的招牌，靠低龄化海选加上女性化的男生装扮吸引眼球。因为观看这类节目的观众大多数是年轻女孩，其中有相当一部分女孩喜欢眉清目秀的"美少年"，为了迎合观众口味，甚至是培养观众对"美少年"的喜好，不少经纪公司在选择新人的时候都会按"俊美"这个方向选人，并且经过化妆和整体造型，更突出"美"的元素，使得不少正常男生都变成了"娘炮"——化烟熏妆、涂艳色口红、戴耳环……这种畸形的审美观在此前不少偶像海选节目中比比皆是。

笔者曾经接触过一个娱乐经纪公司的人员，其本身是个很正常甚至很阳刚的男生，然而一到活动场合，他就会化偏女性的妆容，戴上耳环出席，因为他必须符合公司的风格，如果他做正常男生打扮，就会被圈内排挤。这是多么荒谬的事情。

此番《通知》明确表示，坚决抵制泛娱乐化，树立节目正确的审美导向，坚决杜绝“娘炮”等畸形审美。如此一来，正常的审美观总算可以回到大众的视野了。

海选也使得投票打榜和集资等问题浮现，比如此前的《青春有你》被叫停，就是因为涉及食物浪费，而会出现这样的现象是因为粉丝需要给偶像投票，大量购买赞助商货品，以此扫码投票，吃不完的货品则浪费了。这不仅仅是食物浪费的问题，背后还有畸形的投票制度和粉丝集资问题，尤其是粉丝集资，为了给偶像投票、过生日或组织活动，会集数十万甚至数百万元的钱款，这非常危险，此前就发生过“粉头”捐款跑路的事情。如今《通知》明确表示，选秀类节目要严格控制投票环节设置，不得设置场外投票、打榜、助力等环节和通道。这也是对节目组制定规则和粉丝不理智行为的管控。

值得注意的是，此次《通知》还指出，不得播出明星子女参加的综艺娱乐及真人秀节目。这一条在笔者看来非常重要。如今不少流量明星和节目组为了获得关注并启动商业运作，还将脑筋动到了孩子身上，将一批所谓“星二代”推到屏幕前，参与各类节目，蹭上明星父母的热度，吸引一批新粉丝，开始割新一轮的“韭菜”。要知道，年幼的孩子过早接触娱乐圈非常不健康，甚至有些孩子还从小养成了“炫富”的坏习惯。所以，明星子女参加的节目不得播出非常正确。孩子就该有孩子成长的环境，让孩子健康长大。

《通知》里更重要的是明确了坚决抵制高价片酬，严格执行演员和嘉宾片酬规定，严格片酬管理告知承诺制度。目前，圈内很多顶流明星可以拿到天价片酬，拍一部戏或上一个节目都可以开出数千万元甚至上亿元的价格，这里面存在着合同的“猫腻”、税务的问题等，这些问题如果不进行管理，则会造成整个娱乐圈价格体系、商业模式的畸形，甚至严重影响相关企业、投资者和行业的发展。

由此可见，《通知》的发布非常有必要，对于娱乐圈从业人员的管理就该如此，从艺人形象、片酬分配、商业模式、艺德管理等多方面进行规范，将一直以来所存在的行业畸形问题逐步解决，还演艺圈一个清朗的环境，让更多从业者回归到德艺双馨的本质。

2021 年 9 月 2 日

分享链接

技术型 CEO 掌管零售业，永辉超市会让人眼前一亮吗？

传统零售业的高管大部分都是从实体零售业务做起的专业型业者，然而近期永辉超市聘任原 CTO 李松峰为公司新任 CEO，以科技出身的技术型人才作为传统零售业的 CEO，这在业内鲜少见到。有消息称，在聘任议案会上，永辉超市董事廖建文以“候选人有较强的技术背景，有待补足在零售尤其是超市行业的经验和领导及组织能力”为由，给出了唯一一张反对票。

带着同样的疑问，笔者在 9 月 23 日见到了这位技术型的永辉超市 CEO 李松峰。他一袭黑色短袖衬衣，非常干练，说话直来直往，很明显的技术型人才特质。

大多数时间，李松峰一直在谈科技化、数字化，确实鲜少谈及具体的零售业务，而这也是质疑者的一个主要疑问——技术型 CEO 是否懂得零售业本质，是否可以做好零售业？毕竟，零售业的商业本质是商品、服务，而纯技术的策略会不会忽略了商业本质？

李松峰对此也有解释，他认为零售的本质当然是品质和服务，数字化是一个基因，是实现零售本质的一个基因，要实现商业本质的一条路是数字化。“对永辉超市而言，我们的架构和策略调整后，区域协同获得效率，连锁链条缩短也提升效率，采购和物流等高度协同，我们把数字化渗透进去，就是要实现商业本质。而且到一定的时候，数字化也是可以变现的。”李松峰对笔者说。

此前，李松峰对永辉超市的全体员工发出一封内部信，信中提到，永辉未来十年将以科技永辉为战略指引，聚焦“以生鲜为基础，以客户为中心的全渠道数字化零售平台”的目标。为更高效地推进战略落地，永辉超市将对公司的组织架构进行升级，在存量中做增量。

“我们将改变以往‘战区’模式，实行省区业务制度。希望将永辉超市的公司组织架构向‘更扁平、更灵活、更年轻’的方向转变，进一步强化平台组织能力，让前端更有竞争力。”李松峰对笔者说道。

永辉超市以生鲜起家，之后发展出标准超市、小型店、仓储店等多种业态，并开拓线上和线下业务。随着疫情的影响和竞争的加剧、各类成本上升等原因，永辉超市面临一定的压力。永辉超市 2021 年半年报显示，上半年，永辉营业收入为 468.27 亿元，相较 2020 年同期下降 7.3%，归母净利润则同比由盈转亏。其间，永辉超市也有过门店的调整。

尽管永辉超市今年上半年的收入较同期有所下滑，但是 2021 年上半年，永辉科技投入近 3 亿元。截至 2021 年 6 月底，永辉科技人数已超千名。在此情况下，永辉线上业务增长迅速。

永辉科技的投入增长，应该说与李松峰有一定的关联。李松峰是永辉超市委任的首个技术出身的 CEO，他毕业于南京航空航天大学，擅长在业务变革中构建适合企业发展的数字化能力。刚进入永辉时，他是永辉的首席技术官和副总裁，负责永辉科技战略、数字化转型战略落地。此前他还深度参与了京东移动互联网转型、技术对外赋能等。

如今坐在 CEO 的位子上，李松峰又有了新目标。“我之前更多的是聚焦‘永辉科技’，现在要实现‘科技永辉’。我们要解决自己供应链的数字化，技术需要一个规模化的投入，还需要有大量的技术人才，需要有足够的雇主吸引力，原本传统的零售业的科技投入是比较小的。要实现新零售转型，推进全域会员运营等领域的精准促销应用，就必须要实现数字化。零售业的利润很薄，所以我们要从数字化来提升效率，做到全渠道、多业态到店到家，即一盘货、一个供应链体系、一个数字化系统。”李松峰如是说。

值得注意的是，加大科技投入需要不菲的成本，根据笔者观察，此前不少传统零售商都想要做新零售转型，继而布局线上业务，结果“烧掉”了上亿元的资金却依然很难获客，所谓线上开发的业务，最终也难以给企业贡献太多收益。

对此，李松峰认为，科技的投入的确很大，比如永辉超市今年上半年已经对科技业务投入了数亿元的资金，但是公司会控制投资金额的占比，比如上半年对科技业务投入的资金占总体营收的约 1%，这个比例还是比较可承受的。

在笔者看来，无论是线上企业还是线下企业，其实底层逻辑和商业本质都是一样的，最终消费者看的是商品、服务和价格，综合而言就是性价比。

谁可以给出高性价比的商品，谁就可以赢得消费者。

就消费领域的科技型 CEO 而言，携程创始人之一的梁建章就是个典型案例，被誉为“神童”的他一直都是理科思维，在与梁建章的交流中可见其简短且清晰的逻辑思维。旅游业是大消费行业，是非常琐碎的服务业，如果光用“机器法则”来与消费者打交道是难以成功的。所以，在携程的创始人团队中，范敏充当的就是专业人才角色。然而在互联网时代，大数据为王，之后携程遭遇了价格战时，投资方又将梁建章请回来执掌大权，看中的就是其科技背景，希望通过更多的数字化与大数据精准营销来抢夺更多的客源。这一点考虑，与永辉超市提拔 CTO 李松峰为 CEO 颇为类似。但梁建章并非只有科技思维，在疫情之下，梁建章开始扮演各种 IP 人物，频繁直播，曾经的“神童”非常接地气地进行了产品销售业务。这或许就是技术型 CEO 在做消费产业时需要具备的。

回来看李松峰，他成为永辉超市 CEO 其实反映出目前传统零售业者迫切希望转型、数字化，能够在互联网时代赢得一席之地的内心诉求，这种迫切感非常像前几年的在线旅游行业。因为科技型高管的技术背景和互联网思维可以在短期内打通平台、建立系统，掌握大数据后可以立竿见影地精准营销。但是大消费行业面对的是 C 端客户，科技型 CEO 在建立系统的同时，必须要考虑消费者的感受。李松峰此前更多的时间是在做技术，但有业内人士评价，李松峰对零售业务的掌握能力很强，能快速了解零售的本质，而这也是永辉超市委任其为 CEO 的一个主因。

笔者认为，技术型 CEO 也好，业务型高管也罢，最重要的是保持本领域的核心价值，将客户需求搞清楚，把握商业本质，而技术或营销等都是实现商业本质的方法。此外，作为企业而言，除了获客，还要平衡成本支出与收益，如果为了获客而营销过度，导致成本高企甚至企业亏损，那也并非良策。

2021 年 9 月 23 日

分享链接

中端酒店争夺市场，委托管理与特许经营孰优？

就在近期，希尔顿酒店集团（以下简称希尔顿）宣布，将以希尔顿花园酒店为起点，正式在中国市场开启特许经营模式。目前希尔顿刚刚完成了上海陆家嘴项目、北京潘家园项目、成都宽窄巷子项目等22家全新版希尔顿花园酒店的合作签约。与此同时，华住则对旗下的花间堂进行了系列新品牌发布，也将大力拓展新项目。锦江系、首旅如家等也都通过不同的方式进行版图扩张。

值得注意的是，此前的新酒店项目发展大多集中在高端或经济型“两头”，随着“两头”市场的竞争越来越激烈，于是相对而言颇具市场空间的中端酒店崛起。经过一段时间的布局和测试后，业者们开始使用各类方式来拓展麾下中端酒店市场的份额。

根据笔者观察并与业内人士交流后了解到，酒店的业主与品牌方的合作主要有三种模式：一是业主方自行管理，这对业主方有很高的专业酒店管理能力要求；二是委托管理，即把酒店委托给他人全权管理，这是不少高端酒店的主流管理模式；三是特许经营，即业主方购买品牌使用许可，具体业务则自己管理。第一种模式大多存在于高端酒店领域，在中端酒店的拓展合作中，后两种模式占据主导。

对于如今犹如雨后春笋般地冒出来的各个中端酒店品牌而言，委托管理与特许经营哪个更好呢？

笔者认为，这需要根据业主不同的情况而定。从业主角度而言，其考虑合作伙伴时有几个维度，包括品牌、合作成本、资源支持、自由度和投资回报等。有些业主会偏向于希尔顿这类外资品牌，来提升酒店的定位或客源层级，有些则没有太大讲究；投资回报是所有业主一定会考虑的，就目前市场情况来看，中端酒店的投资回报期大多在4~6年；在成本方面，中端酒店每间客房的投入从10多万元到20多万元不等，客房规模在100间以上。此外，根据不同品牌的要求，管理费用和分成比例有所不同。

除却上述几个因素，影响业主方作出合作选择的当属资源支持和自由度了。在委托管理模式下，业主方基本属于纯投资，业主方做到所有者与经营者分离，追求效益最大化，但其与品牌价值挂钩度较小，品牌方则轻资产运营，一本万利，但无法享受资产增值。特许经营模式则是保证了业主加盟的独立性，即品牌方对业主进行培训，但具体的管理操作和人员组成均由业主方完成，即业主方需要具备一定的酒店管理基础和人员招募能力。

相对而言，委托管理对业主方而言，自由度不大，基本上由品牌方运作，特许经营的业主方则具有较强的参与感和自由度。由于基于特许经营模式，业主拥有极大的自主权，因此，酒店品牌大多以低星品牌进行特许经营的尝试。随着如今酒店市场逐渐成熟，酒店管理人才的大量涌现，使得特许经营模式有了“良好的土壤”，让更多酒店开始尝试该模式，尤其是一些此前在中国市场不开放特许经营的外资酒店品牌也开始试水，比如希尔顿选择在希尔顿花园酒店品牌上推出特许经营模式。

在资源支持方面，两种模式都会给业主方提供一定的培训和软件支持，包括客源输送等。委托管理是品牌方全权运维，更多资源直接掌握在品牌方手中。特许经营则是“授之以渔”，需要业主方可以完成运维和管理，从收益管理到人员管理，业主需对酒店整体经营负全责，并确保酒店物业符合运营规范，通过品牌规范考察测评等，以保证酒店运营效益良好。管理公司能够为业主提供部分酒店集团系统性支持服务，包括品牌标准服务培训、酒店预订系统支持等，这里有一个资源对接和学习共享的过程。

未来在酒店轻资产的趋势下，特许经营模式逐步走向更高端品牌是整个酒店业的发展方向之一。随着中国酒店业的迅速增长，各大酒店集团谋求实现快速扩张，特许经营模式是轻资产转型和迅速发展的有效手段之一。

与委托管理由酒店品牌公司进行酒店管理不同，特许经营模式下酒店业主直接进行管理，他们需要考虑诸多因素，从酒店资产方向的长远规划，到收益、人员管理事宜等，要求业主对酒店设施及管理有着成熟深入的了解，在一定程度上加大了业主管理压力。同时，也给了酒店品牌一定的压力，需要其给业主更多支持以保证品牌的良性发展。

委托管理则是业主方单纯投资，不需要专业的酒店管理能力，是缺乏酒店管理基础的业主方较为合适的合作方式，但业主和品牌双方必须在理念方面达成一致，因为业主方并没有太高的具体事务参与感，很难在日常管理中与品牌方进行磨合，因此要避免在合作方之间产生重大分歧，并减少矛盾纠纷，提高合作双方的一致性。

2021 年 10 月 5 日

分享链接

臭豆腐店改卖糖饼、价格战已起，《鱿鱼游戏》是否被过度消费？

“一二三，木头人”“三角形、圆形、五角形和伞形请选择一个”，最近这几句非常流行，因为这来自热门影视剧《鱿鱼游戏》。该剧的结构很简单，就是让参赛者玩童年时的游戏来过关，但淘汰率极高，其中就有木头人游戏和糖饼游戏。

有人觉得《鱿鱼游戏》紧张刺激，有人觉得该剧内容有些过分，并不适合所有人观看。笔者暂时不对《鱿鱼游戏》的具体内容作评价，而是单纯地来说一说因为这部剧而引发的周边热潮。

剧中有不少游戏关卡都是大家熟悉的游戏，如木头人、拔河和弹珠等，但这些游戏需要更多人一起玩，甚至团队合作。相对而言，抠糖饼图案则是自己可以完成的单人游戏，且糖饼的制作简单而低成本，于是在该影视剧引发热议后，糖饼游戏成为最容易被复刻的——用一些白糖融化后压成饼状，再用模具在糖饼上压出各种形状即可。

一时间，不少餐饮企业开始转做糖饼，或增加抠糖饼游戏环节。如一家餐厅自制糖饼后送给客人，让客人现场抠糖饼上的图案，如果可以完成，则给客人免单。还有一些商家则索性“改行”专卖糖饼。笔者日前在上海人民广场看到一家原本是售卖臭豆腐的小店，如今改头换面，只售糖饼，且店员的穿着打扮与《鱿鱼游戏》中的男主角一模一样，还给客人准备了抠糖饼所需要的针，并附赠剧照贴纸等，客人络绎不绝。

上述门店的店员表示，由于小店人手不够，在决定卖糖饼后已经彻底取消了臭豆腐的“席位”，全心全意制作糖饼。而影视剧所带来的 IP 效应的确没有让店主失望——店员透露，其每天可售出数百个糖饼，有时候还会有公司客户“下大单”，一口气买数十个到数百个糖饼。糖饼的单价为 15 元，以此计算，这家仅 2 个店员的小店每天的营业额不菲，如果高峰期或遇到大公司客户，或许有逾万元的日营业额。

就在距离这家小店几步之遥的地方，也开了一家同类型的糖饼店，一样是打着《鱿鱼游戏》的旗号，且价格比前者便宜，其糖饼的单价为14元，如果使用优惠渠道，单价可以降到12元。类似的糖饼业务近期会在不少店铺看到，且各个商家之间的价格战已经开始。

从上述现象，笔者认为可以引发一些思考。第一，周边经济是围绕内容所形成的，区区一个低成本的糖饼可以卖到15元，还如此热销，全靠影视剧的影响力，这股“糖饼热”甚至在韩国、欧美等海外市场也是刮得如火如荼。所以，当我们一直在说要开发周边产品、提升衍生经济的价值时，第一个应该做好的是内容影响力。有不少文旅企业在缺乏内容的基础上，盲目地开发所谓的周边产品，结果耗费了不菲的研发费用，可是其所开发的周边产品并没有太大的吸引力，因为消费者对其产品内容没有认同感。所以，要开发周边产品，必须要将内容做到具有较高的影响力。

第二，因为缺乏原创能力，于是看到一个IP火爆后，就有不少业者挤入这个市场，进行“拷贝不走样”式的模仿，这样就造成商品千篇一律，同质化竞争，最终就出现了上述小店之间的价格战。价格战一来，自然会使得业者的利润受损。

第三，这种“一窝蜂式”的涌入，会过度消费这一品类的商品，加速大家产生消费疲劳，导致一个好端端的“蓝海市场”在短时间内变成“红海市场”。这在餐饮产业尤为明显，此前的沙县小吃、网红烧饼等，在“红海”竞争之下，一批实力不够强的小业者被迫“出局”，更甚的会导致一些原本不错的商品也因为过度消费而退出市场。

糖饼的热销在于游戏感，但游戏的热度会过去，到时候这样一块齁甜的糖饼恐怕不会霸占市场太久。对于业者而言，追踪一些市场热度可以理解，但是没有必要过度运作和透支消费，更不要盲目地进入某个自己并不熟知的细分领域。商业的本质其实是要有符合市场需求的优质商品，昙花一现的“小插曲”可以火一时，但无法长久持续。

2021年10月20日

分享链接

实体零售的三大短板如何破解？

实体零售业发展至今，有过扩张高峰，也经历过关店潮和并购风。如今的商品迭代与市场格局变化都非常快，实体零售商们所面对的情况又有所不同。

在 11 月 19 日举行的“CCFA 新消费论坛”系列峰会上，中国连锁经营协会会长裴亮表示，从当前行业发展的趋势以及发展中的突出矛盾来看，实体零售主要有以下三个方面的短板，同时也是关键能力——商品能力、全渠道能力以及核心的组织能力。

商品能力是从供应商管理商品到零售商管理商品以及供应链的能力；从大趋势来看，无论是社区拼团、即时零售还是直播带货，将来还会有一系列分流的新渠道，传统线下企业面对这一新的趋势和新领域，全渠道化在基因、做法上还有一个学习和适应的过程；至于组织能力，如果不了解企业背后组织架构的特点，只是学习所谓的表面做法，很有可能会出现问题。

那么，如何破解这三大短板？

在笔者看来，商品是零售商的本质，要提升商品能力，就要懂得商品的选取、采购甚至是打造自有品牌商品。依托大数据，对标市场热点，通过聚焦和分类排序等，明确资源位重点倾斜，重点采购和做大做深具有爆款潜质的商品，做精应急商品，并且推动品类持续优化。对于问题或滞销商品，要设立动态汰换机制，商品不能一成不变。

更进一步说，如果实体零售商具备研发自有品牌商品的能力，则更掌握了商品领域的话语权。业者们可以针对消费者的需求，围绕满足顾客需求来研发自有品牌商品，结合销售数据来提炼商品品类，然后寻找合适的工厂并且严格按照验厂标准进行实地访厂和检验，对比同类工厂后确定生产，最后通过测试将成品推向市场。目前，各大实体零售的自有品牌商品占比不高，近期家乐福会员店的供应商“二选一”风波也让更多业者看到了提升商品能力、做强自有品牌商品的重要性。

全渠道能力的提升则需要结合大数据，通过数据来精准提升整体的运营和销售能力。首先通过大数据来了解顾客需求，然后进行评价，比如关键商品的品类、品种数、渗透率和顾客满意度等，以此作为商品筛选和采购的指数。有了这些评价估测后，下一步就是运用数据链进行绩效对齐，即总部和各个门店的商品的库存管理，以及线上线下的转化率管理。同时，依托数据链，业者还可以运用实体店来发展线上，做到线上线下“一盘货”，用专项系统支持实体门店的线上履约作业，持续优化大数据决策能力，用可视化数据分析来指导门店业务运营。要用数据链和系统来设计完整的门店履约 SOP，确保线上线下全渠道能力提升以及人、货、场全面升级。

至于核心的组织能力，企业可以尝试充分授权，采取员工利益共享、多样化激励等机制，从而让员工能够发挥更大的潜能，能够创造出更多价值。可以说，组织能力是企业可持续发展的根基。由于零售行业的整体利润率并不高，因此，员工的流动量很大，这也造成不少企业缺人，为了获得更稳定的员工队伍，企业只能支付更高的价格去招新员工，与其如此，不如做好“红绿灯”考核机制，完善员工利益分享机制，加强核心组织能力。

目前实体零售企业存在的三大短板，其实也是业者的三大机遇，如果突破了这三大瓶颈，就可以更好地回归商业本质，做好线上线下融合，无论市场如何变化都能屹立不倒。

2021 年 11 月 19 日

分享链接

迪士尼否认饥饿营销，玲娜贝儿的热销靠什么？

一只来自上海浦东，人称“川沙苏妲己”的粉色小狐狸如今特别火，堪称卡通人物界的“顶流明星”，它就是上海迪士尼乐园的玲娜贝儿。

从“出道”以来，这只虚拟的卡通小狐狸就吸引了诸多游客前往上海迪士尼乐园观看并合影，最令人叹为观止的当属玲娜贝儿的相关周边商品在短时间内销售一空，一直处于断货状态。

就在日前，上海市消保委还特意就玲娜贝儿事宜询问了上海迪士尼，上海迪士尼方面则表示，货源短缺的原因是短期内的巨大需求量和疫情等因素影响下的生产瓶颈。迪士尼将在未来几个月不断补货并继续加大补货数量，尽快为更多游客提供心仪的商品，且特别强调不会制造任何饥饿营销。

其实，迪士尼有很多可爱的卡通虚拟人物，细分为迪士尼系列、皮克斯系列、漫威系列和星球大战系列等，其中还有针对低龄儿童的产品和针对成年女性的商品，漫威风格则针对成年男性消费者，可以说衍生品市场全覆盖，当然也有不少长期受欢迎的虚拟人物。为何玲娜贝儿突然火爆，且用短时间就冲上了迪士尼虚拟人物的“顶流位置”并且成为“销售冠军”？

根据笔者对迪士尼和相关文化产业的长期观察，并赴上海迪士尼实地探访后了解到，玲娜贝儿之所以成功有几大因素。

第一，玲娜贝儿的形象很可爱，并且已经有了达菲系列的基础。一般而言，迪士尼的虚拟人物主要依托内容，先有电影作品，然后再将电影中的虚拟人物进行推广和衍生品销售。但是达菲系列却与众不同，达菲系列的小熊、兔子、小猫等卡通形象并没有一个特别具体的电影故事，仅仅是依托米奇故事衍生的一系列人物，照理说这些缺乏内容的虚拟人物基础单薄，可是迪士尼这一次走的是网络传播和抓住年轻人营销的方式。绘制一部动画电影需要耗费数年时间，但是简单设计一款虚拟人物的时间相对较短，缺乏具体内容则依靠网络营销等来抓取更多年轻消费者。比如在抖音等平台上，很多用户都会发布达菲系列的短视频，营造了一股风潮，成为年轻人社交的时尚。要说形象可爱，这样的虚拟人物有很多，但是成为年轻人社交平台的网红则只是一部分，达菲系列走的就是这个路线，即便缺乏内容，也照样走红网络，且随着达菲系列的虚拟人物不断增多，基础也越来越牢固，因此，当玲娜贝儿出现时，其已经拥有了良好的基础。当然，可爱的形象也是加分项。

第二，玲娜贝儿具有一定的独家属性。别小看达菲系列，相比大家耳熟能详的迪士尼系列人物，这个达菲系列的朋友们都有自己的出处，基本都是诞生于世界各地的迪士尼乐园。而玲娜贝儿是诞生于上海迪士尼的，目前来看，玲娜贝儿是上海迪士尼的独家形象，周边商品暂时仅中国市场有销售，甚至可以说大部分玲娜贝儿的商品只能在上海迪士尼买到，这种独家属性以及代表了上海迪士尼专属设计的概念，使得更多中国消费者趋之若鹜。

第三，商品的稀缺性。一件商品是否热销，除了商品本身的质量与消费者接受度之外，商品的供给数量也很有讲究。目前来看，玲娜贝儿周边商品的质量和消费者接受度都很高，如果商品数量供给不足，则会造成断货的情况。事实上，由于网络热度太高，玲娜贝儿的周边商品被一抢而空后，后续的补货一直没有跟上。笔者近期走访上海迪士尼时就询问过工作人员，得到的答复是“玲娜贝儿暂时缺货”。这种欲购而不得的情况使得消费者更增强了想要购买的欲望。

也因为这样的稀缺性，给了一些“黄牛”机会。现在网络上出现了不少高价出售玲娜贝儿商品的“黄牛”，动辄数千元的价格让“黄牛”赚了一票，且其中还有不少“黄牛”销售的玲娜贝儿并非正品，消费者已经开始陆续投诉高价买到了“山寨版”玲娜贝儿的事情。

上海迪士尼日前回应了玲娜贝儿事宜，否认饥饿营销并表示在加快补货。

笔者认为，先不说迪士尼方面是否饥饿营销，但玲娜贝儿相关商品的短缺，给了“黄牛”赚取灰色收益的机会，因此，适当补货是非常必要的。玲娜贝儿的热销让更多业内人士看到了打造一个好 IP 需要具备的条件，以及互联网时代如何进行网络营销并抓住年轻消费者的方法。需要注意的是，打造“顶流明星”不易，要保持热度和良好的形象更难，近期玲娜贝儿发生过让游客不舒适的事件，而长时间的“断货”也会引发问题，因此，商家应该合理地平衡 IP 打造和衍生经济的管理，长期健康地进行发展。

2021 年 12 月 15 日

分享链接

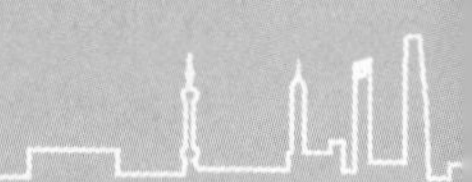

三、推本溯源

李溯婉｜2000年大学毕业之后从事财经媒体工作。2004年加入《第一财经日报》，现任汽车频道主编。“推本溯源”专栏主要是通过观察分析汽车产业最新发生的事件，追溯其背后的故事或商业逻辑。
lisuwan@ yicai. com

谁能与“成本杀手”特斯拉一较高下？

特斯拉以接近50万辆的年销量，将毫无悬念地夺走2020年全球新能源汽车销量冠军的宝座。在刚刚过去的一年里，特斯拉给传统车企以及其余电动车企业重重一击。新年伊始，特斯拉在华又掀起新一轮降价潮来抢占市场。特斯拉产业链因此受益。截至1月4日记者发稿时，旭升股份、拓普集团、三花智控等涨停，宁德时代、华域汽车等股价也大幅上涨。

特斯拉在2020年共交付499 550辆电动车，尽管离50万辆的交付目标仍有450辆的差距，但特斯拉CEO马斯克已经将这一成绩视为目标达成。作为特斯拉最强劲的竞争对手之一，比亚迪自2019年被特斯拉抢走全球新能源汽车销冠之后，目前与特斯拉的差距正进一步拉大。尚未公布2020年成绩单的比亚迪，去年1—11月新能源汽车的销量为16. 08万辆，在最后一个月追上特斯拉基本无望。随着特斯拉进一步举起“价格屠刀”，比亚迪将承受更大的压力，两者已进行新一轮较量。

特斯拉在元旦宣布国产Model Y正式上市并大幅调低售价，逾10万元的降幅，不仅冲击ABB（奥迪、奔驰和宝马）的市场，低于奔驰GLC、宝马X3、奥迪Q5L等豪华品牌的传统燃油车的价格，还直接杀到部分自主品牌纯电动车主力车型的价格区间，与蔚来ES6、比亚迪唐四驱高性能版等纯电动SUV价格逐渐接近。

无独有偶，同日，比亚迪正式发布品牌全新标志（LOGO），实现品牌焕新升级。这意味着比亚迪汽车愿以更开放的姿态与用户和伙伴彼此连接，共同探索在智能化时代的汽车产品与服务的新业态，共建新价值汽车品牌。面对特斯拉的“狼性”，比亚迪不得不被动地应战，加快提升品牌力和销量。

借助国内新能源补贴的东风和快速成长的市场，比亚迪曾经在全球新能源车市里销量领先，但随着新能源补贴逐年退坡以及特斯拉在华国产，比亚迪原有的优势逐步丢失。今年我国新能源汽车补贴政策已敲定，相关补贴标准在2020年的基础上再退坡20%。进一步降低成本、扩大规模以及提升技术等成为新能源车企亟须完成的新功课。

特斯拉为何能做到大幅降价？在华加快国产是主要原因之一，特斯拉借此不仅降低了人工、销售等成本，零部件采购成本也大幅降低。例如，由此前从松下采购三元锂电池逐渐扩大到向宁德时代采购磷酸铁锂电池，这进一步为特斯拉降价创造了更多的空间。此外，特斯拉空中下载技术（OTA）等软件技术在全球处于领先地位，在一定程度上带动销量上升以及提升盈利空间。还有，特斯拉直销模式也有助于其大幅降低营销成本。因此，“成本杀手”特斯拉频频发起价格战，通过降价扩大规模效应，在电动车市场的占有率突飞猛进。甚至有业内人士认为，随着特斯拉进入增长快车道，有一天或许出现免费送车而靠软件升级来获取利润的模式。

特斯拉在不断颠覆汽车圈，去年取代丰田而成为全球最高市值的车企，并且迅速将丰田等传统车企的市值远远抛在身后，这意味着投资者对特斯拉前景的充分肯定。不过，特斯拉在未来将会出现“无敌最寂寞”的情况吗？

虽然特斯拉在电动化、智能化以及网联化的赛道上暂时抢到有利的位置，但新一轮比拼才刚刚开始，存在诸多变数。无论是国内还是全球的车市，电动车的市场占有率依然停留在个位数，而一些品牌的燃油车依然保持增长，并逐渐通过混合动力等节能技术对电动车的进攻进行防守。与此同时，在智能电动车的赛道上，越来越多强劲的竞争对手正在加入，包括传统巨头丰田、大众等。前不久，丰田汽车公司掌门人丰田章男吐槽电动汽车被过度炒作而一石激起千层浪。无疑，特斯拉等电动车企快速崛起对传统车企正逐渐构成一定的威胁，但汽车圈未来是否会发生类似苹果取代诺基亚的一幕，业内存在分歧。

一方面，特斯拉在短期内没那么容易攻占传统车企巨头的城池；另一方面，大众、丰田等也在加快电动化的步伐，例如，丰田将电动化车型占其销量一半的计划从 2030 年提前到 2025 年。这些跨国车企巨头在较长时间内依然是特斯拉最强劲的对手之一，至于在下一站谁将胜出，则看这些传统巨头真正的智能电动车技术储备如何，能否掐好时间节点顺利地完成从燃油车到电动车的切换，以及特斯拉是否能尽快提升品质并在技术上继续保持领先的地位。

除了传统跨国车企巨头外，国内一些自主车企也有可能在未来与特斯拉比肩甚至弯道超车。电动化是上半场，智能化是下半场，随着 5G 时代的到来，自动驾驶技术将会加速，从单车智能驶向车路协同，中国正从多方面支持智能汽车的发展，各大汽车集团纷纷加大力度发展高端智能电动车，蔚来、小鹏等造车新势力也在快速成长。不少自主车企加快与科技巨头跨界融合，在未来万物互联的时代，特斯拉要一直守住电动车盟主地位的难度将增大。

2021 年 1 月 4 日

分享链接

越卖越便宜的电动车，未来将靠软件“囚徒定价”

继特斯拉 Model Y 在 2021 年元旦跳楼式降价逾十万元后，宝马纯电动车 BMWiX3 在近日也迅速加入降价阵营，降幅超过 10%。降价是未来电动车不可避免的“战争”，随着新车型逐渐增多，价格战将愈演愈烈。关键是，不断降价的电动车，未来利润增长点在哪里?

值得注意的是，屡举“价格屠刀”的特斯拉近日发布的财报显示，其 2020 年第四季度净利润为 2. 7 亿美元，比上个季度少了 0. 61 亿美元，远低于市场预期的 7. 63 亿美元，2020 年全年净利润为 7. 21 亿美元，尚未达到市场预期净利润 12. 72 亿美元的六成。虽然特斯拉在 2020 年的销量迅猛增长，以及在华国产降低生产和运营成本，但是特斯拉去年在中国以及全球市场对旗下车型均进行大幅度降价，导致其第四季度的平均销售价格下降 11%，产品结构也从 Model S 和 Model X 转向更便宜的 Model 3 和 Model Y，这些因素进一步压缩了利润空间。

持续发起价格战加速抢占市场的特斯拉也在推进另一场变革，试图以软件定义汽车，在软件领域做文章。汽车价格越来越便宜，这一幕在传统燃油车领域早已发生，面对新车销售的利润越来越薄甚至无利可图，经销商往往是通过汽车金融、维修养护等售后服务来提升利润。而特斯拉增加升级服务的模式与此有所不同。

去年秋季，特斯拉官方宣布给 Model 3 标准续航版提供升级新服务引发争议。原本消费者购买特斯拉 Model 3 标准续航版汽车，硬件已经支持后排座椅加热功能，但是特斯拉官方对此做出限制使用，如果车主想使用该功能，必须额外支付 2 400 元的远程升级费用，特斯拉才会给车主推出空中下载技术（OTA）升级版本进行解锁激活。这不是特斯拉首次使用的“伎俩”，此前，特斯拉 Model 3 长续航全轮驱动版推出加速提升服务，用户需要支付 14 100 元，进行 OTA 升级解锁后，其百公里加速从 4. 6 秒提升至 4. 1 秒，用户操作性能提高。

当前，特斯拉不断尝试通过软件等模式来从消费者腰包中掏到更多的钱。特斯拉的全自动驾驶软件套餐（FSD）将从今年第一季度开始以订阅的模式收费，而不是作为一次性支付 1 万美元购买的附加服务，这将为特斯拉在改善自动驾驶技术的同时增加经常性收入。

这种软件“囚徒定价”商业模式正在颠覆汽车产业。类似打印机可以做到非常廉价甚至赠送而打印机的墨盒定价权却牢牢掌握在厂商手上这般，特斯拉新车价格越来越便宜，但其不断通过 OTA 升级等模式源源不断地从消费者身上获取更多的利润。传统燃油车很难实现这点，智能电动车却为这一模式创造可能。

因此，无论是传统车企巨头还是造车新势力，都纷纷开始尝试用软件定义汽车。宝马等传统巨头在加快电动化的同时，也在加快数字化转型，在 OTA 等方面不断突围。国内造车新势力更是踊跃，寄望在自动驾驶等技术上弯道超车，蔚来推出 NIO Pilot 自动驾驶辅助系统，威马推出 Living Pilot 智行辅助系统，小鹏推出 XPILOT，并在此基础上不断迭代升级。最近，小鹏 P7 迎来 OTA 升级，本次升级覆盖自动辅助驾驶、全场景语音、音乐座舱、应用生态以及用户用车习惯设置等多个模块，NGP 自动导航辅助驾驶（公测版）也将向用户开放。蔚来在前不久也发布了其新一代自动驾驶平台 NAD，它将首先搭载于 2022 年上市的新车 ET7 上，消费者在未来要获得蔚来 NAD 自动驾驶系统则需要每月付一定的费用。被认为更懂中国消费者习惯的自主造车新势力，试图超越特斯拉引领中国本土化智能汽车的进化，并在特斯拉新型的商业模式上青出于蓝而胜于蓝。

2021 年 1 月 31 日

分享链接

智能电动车将引发 4S 店加速裂变

智能汽车赛道上不断涌入新玩家。小米将要造车的传闻靴子落地，正准备开着改装的智能房车出发，预计未来 10 年用 100 亿美元押注造车。智能汽车成为互联网巨头争夺的新入口，此前，百度、阿里、腾讯均已介入，苹果等国际科技巨头也在跨界加速前行，将与特斯拉、蔚来、小鹏汽车、理想等造车新势力企业合力，推动汽车产业百年一遇的变革，打造全新的汽车生态圈。

特立独行的特斯拉一直不断地颠覆传统车企原有的运营模式，加入者也在想方设法地以创新抢占智能汽车的赛道。汽车产业从造车、驱动能源、汽车的功能到消费形态，整个链条都在发生巨变，由此推动汽车终端销售模式将发生深刻的变革。特斯拉通过直营模式，自建体系来管控价格、管控销售接待流程和售后服务流程等，颠覆了传统汽车品牌基本上以经销商为主的 4S 店销售模式。蔚来、小鹏汽车等新造车企业也不采用传统 4S 店模式，而是纷纷在商场、CBD 黄金地段等自建销售和服务网络。为了适应未来汽车的销售、服务业态以及数字化进程、城市发展对汽车销售的影响等趋势，汽车终端市场服务生态正在不断创新中。

直营以及线上交易等新模式在冲击传统 4S 店模式的同时，也有其发展瓶颈。如果自建体验营销中心，高额的运营成本对汽车厂家而言将是不小的资金压力考验，正因此特斯拉一度在北美关闭部分线下店，大规模地向线上转移。不少新能源车企皆在试水直营模式，但也遭遇到类似传统车企渠道的情况，线下单品牌布局面临着展销分散、成本高昂、缺少流量聚集效应等难题。假如单纯靠线上销售，在短时间内也难以行得通。汽车电商平台此前的试错已经证明，汽车销售暂时无法在线上全链条完成。要实现高效率、低成本、好体验的汽车销售服务，当前最佳路径仍然是线下，这也是传统经销模式经历电商冲击后仍然占据行业主导地位的核心原因。

在城市化进程下，城市管理者对于市容提出了更高的要求，同时，市中心租金逐年上涨，近年广州市的 4S 店不断被迫向外扩展。越往外扩展，4S 店越分散，集客越难。汽车经销商面临集客成本越来越高、客流质量越来越低的窘境。

多年来，汽车销售型产业空间不断进化中，最原始的汽车产业从只有制造、无销售空间，到需要固定的销售空间，因此4S店应运而生，固定销售空间综合了销售展示和销售维修这种新的销售形态。不过，当前越来越多的4S店举步维艰，市中心的高租金也促进汽车销售型产业空间逐渐朝集约型销售形态转变，维修和保养的需求减弱，趋向更重视展示性，智能电动车新产品的出现也开始倒逼着销售终端裂变。一部分厂商开始构建资源共享的异业联盟销售模式，通过核心体验店和卫星体验店，再加上分散服务，构建全新的销售和售后模式。汽车综合MALL+服务产业综合体将可能成为未来汽车销售终端的模式之一。

昨日，广州汽车智城项目正式启动，有数十家企业与广州汽车智城签署了合作协议。广州汽车智城与车企和汽车经销商共同探索“集中展销，分散服务”的大型汽车展销综合商业体终端模式。广州汽车智城瞄准解决汽车终端销售面临的两个核心痛点：经销商难以找到稳定的、人流量较大但租金又适中的经营场所，商家难以成行成市；各个品牌4S店过于分散，消费者要花费大量的时间和精力去看车、试驾，买车体验差。广州汽车智城除了线下打造以展销、体验为核心的商城式场馆，在线上将打造以大数据为核心的集客系统，进行数字化分析和管理，更好地引流和促成交易，利用线上、线下的创新模式获取客流，构建起单打独斗的4S店不具备的转化能力和竞争力。

汽车的电动化和智能化、网联化，将彻底改变产品的技术、功能以及与人的关系。同时，汽车消费升级需要一个具有一定水准、高服务水平和集中的场所进行体验。随着大数据、智能化等技术大范围地应用于商业领域，汽车销售的业态也在蜕变。未来，汽车销售和服务将朝着精准化、个性化和规模化的方向演进。

汽车产业链正在重构中，以主机厂为核心向两端延伸。电动时代正在来临，相对而言，纯电动车极低频的保养需求，以及智能电动车逐渐兴起定制模式，这意味着传统4S店模式将可能不复存在。

2021年4月1日

分享链接

氢燃料车遇阻，车企从单打独斗到抱团抗战

氢燃料电池车之路崎岖不平。疫情的冲击以及车市的震荡，让这一路线面临新考验。

近日，本田宣布，自2021年8月开始，停产氢燃料电池车（FCV）。不过，本田仍然会与通用汽车合作，继续开发FCV车型。本田在今年4月曾表态，力争2040年在全世界范围内仅出售电动汽车和氢燃料电池车。然而，计划不如变化，氢燃料电池车前行之路比预期的难度更大。

目前，在疫情导致车市波动、芯片短缺等多重因素的影响下，本田不得不勒紧裤腰带过日子，开始停产销量不佳的小众车型，其中包括Clarity Fuel Cell。Clarity Fuel Cell是本田2016年首次推出的量产氢燃料电池乘用车，售价高达783万日元，价格不占优势，以及加氢站数量较少（截至2020年6月，日本全国只有147个加氢站），其销量一直低迷。截至2020年年底，Clarity Fuel Cell在全球范围内的累计销量大约只有1 900辆，其中，2020年仅售出240辆。这样的销量规模只赔不赚，Clarity Fuel Cell因此出现在停产的名单里。但是，这并不意味着本田放弃氢能源路线。面对诸多不确定因素，为了节约成本以及降低风险，本田目前选择与通用汽车抱团的模式。

丰田比本田在氢能源领域跑得快些，其在20世纪90年代初已开始研发氢燃料电池车，并于2014年在日本推出首款量产的氢燃料电池乘用车MIRAI，随后又进入美国和欧洲等市场。按丰田原计划，在2020年前后将MIRAI、氢燃料电池大巴等氢燃料电池车的销量扩大至每年3万辆以上。

无论是丰田还是本田，都曾寄望FCV可借助2020年东京奥运会这一大舞台大显身手，从而迎来新的发展契机。但事与愿违，因疫情冲击，东京奥运会的举办一波三折，推迟到今年7月才举行，日系车企FCV运行的轨迹因此在一定程度上受到影响。

丰田此前已对外开放FCV以及混动技术等诸多专利，希望随着越来越多

的车企加入从而助推 FCV 汽车加速前进。然而，丰田 FCV 驶入市场的速度比计划慢。氢云链数据库显示，截至 2020 年底，全球 FCV 保有量为 33 398 辆，韩国市场在 2020 年以 10 707 辆的保有量超过日本市场。韩国现代的 NEXO 目前已从丰田 MIRAI 手上夺走全球氢能乘用车销量冠军的宝座。2020 年受疫情影响，多个国家 FCV 的销量都遭遇腰斩，唯有韩国现代的 NEXO 在全球销量高达 6 781 辆，同比增长 38%，其中有 5 786 辆在韩国本土销售。

虽然日韩车企在氢能源领域处于领先，但是体量依然极小。据乘联会的数据，2021 年 1—5 月，纯电动车（EV）的销量在全球新能源乘用车总销量中的占比为 68%，插混（PHEV）的占比为 31%，而 FCV 仅占 0. 4%。当前，EV 是全球新能源汽车的主力军，FCV 距离大规模普及还有很长的路要走，甚至将来未必能形成主流路线。大众汽车集团 CEO 迪斯日前表示，氢燃料电池汽车并不是未来无排放驾驶的解决方案。

因 FCV 制造成本、基础设施、氢燃料运输等诸多问题限制，FCV 的普及推广困难重重，但依然有不少车企加快氢能助力碳中和趋势下的能源转型，在中国这个全球最大的新能源车市抢占氢能发展的机遇。长城、吉利、长安等自主品牌的战略规划中皆涉及氢能。其中，长安 CS75 氢燃料电池车型近日已亮相并力争尽快量产，而长城野心更大，今年将推出首款 C 级氢燃料电池 SUV，计划 2025 年进入全球氢能市场占有率前三。

面对大环境的变化，以及越来越多的 FCV 后起之秀，日韩车企正逐渐改变原有单打独斗的局面，加快在全球寻找盟友。去年，丰田与一汽、东风汽车、广汽、北汽以及北京亿华通抱团，注册成立联合燃料电池系统研发（北京）有限公司，以此加快撬动中国 FCV 市场。此外，宝马近日公布了与丰田合作的氢动力（hydrogen）车型，新车的燃料电池部分是宝马和丰田双方合作研发的。目前，这款概念车已经接近量产车的形态。

现代汽车也在华加快与多方面的合作。7 月 8 日，现代汽车集团（中国）副总裁李赫埈在 H2-Eco 首届国际氢生态年会上发表了“面向新时代的中韩氢能合作”的主旨演讲。他指出，发展氢能事业的主要国家、企业以及行业人士，要齐心协力、集思广益，共同发展氢能产业，发挥各自的优势力量，实现“双赢、多赢”的局面。

相比纯电动车，氢燃料电池汽车普及推广的难度无疑更大。坐在纯电动车头把交椅上的特斯拉，花了 17 年的时间过五关斩六将，终于在 2020 年实现销量逼近 50 万辆，并首次扭亏为盈。值得注意的是，特斯拉去年通过售卖碳积分获利 15.8 亿美元，假如没有售卖碳积分，特斯拉仍在亏损。氢燃料电池汽车盈利之路更加道阻且长。面对汽车产业变革以及疫情冲击，车企经营压力陡增，既要集中资源应对当前的车市震荡，又要巨资投入未来长远的发展，结伴同行、共克时艰成为越来越多车企的选择。

2021 年 7 月 11 日

分享链接

上演速度与激情的宁德时代，需要防范四面埋伏的风险

面对如狼似虎的竞争对手，宁德时代（300750. SZ）在8月加大火力，其中包括8月12日公布582亿元定增预案，8月18日与上海市政府签订战略合作框架协议，以及同日与四川发展公司举行战略合作协议签约仪式等。

成立于2011年的宁德时代上演速度与激情，仅用6年时间，便以11. 84 GWh（吉瓦时）的成绩坐上全球动力电池装机量的头把交椅。近年来更是乘胜追击，在福建宁德之外，还在江苏溧阳、青海西宁、四川宜宾、广东肇庆以及德国埃尔福特建立生产基地，如今又在上海建立超级电池工厂。

快速扩张的背后，宁德时代并非高枕无忧。去年上半年，手握全球大多数主流整车厂动力电池订单的宁德时代，一度被特斯拉的电池供应商LG新能源夺走全球头把交椅。随着在去年下半年也加入向特斯拉供应电池之列，宁德时代最终夺回2020年全球冠军宝座。由此可见，紧握全球电动车销冠特斯拉的手有多么重要。

据韩国市场研究机构SNE Research的数据显示，今年1—6月份，全球动力电池装机量为114. 1 GWh，同比增长超1. 5倍，其中，宁德时代以34. 1 GWh位居榜首，在全球的市占率近30%，比排名第二的LG新能源的装机量高出6. 1 GWh。

特斯拉创始人马斯克在去年特斯拉电池日上提出，2030年动力电池的生产规模将形成TWh（太瓦时）规模，单线产能规模将达20 GWh。这种变化必然会对现有的工艺和生产制造产生革命性颠覆。高工产研锂电研究所（GGII）对动力电池的前景甚至更乐观些，其预计到2025年全球新能源汽车渗透率将达到20%以上，这将带动全球动力电池出货量达到1 100 GWh，正式迈入TWh时代。

当前，中国、美国和欧盟等国家和地区皆在加快电动车发展的步伐。全球电动化已经进入“海内外市场需求共振、产品力与政策共促”的新格局，

宁德时代借助资本的力量，整合产业链上下游的资源，加快提升技术、扩大规模和降低电池成本，欲进一步巩固其全球动力电池盟主的地位。

这次，宁德时代扩大在沪投资布局，加快合作项目落地，与特斯拉上海超级工厂更紧密地走在一起。有媒体称，未来宁德时代的上海超级电池工厂每年可生产 80 GWh 的电池，将超过宁德时代目前 69. 1 GWh 的现有工厂总产能以及另外的 77. 5 GWh 在建产能。宁德时代方面就此对第一财经回应称，这并非该公司官方公布的信息，暂时没有对外公布当前具体的产能以及未来的产能规划。

宁德时代扩张的步伐无疑是加速的，这从 582 亿元定增预案可见一斑，其计划将 419 亿元用于 137 GWh 动力 &储能电池与 30 GWh 储能电柜项目。中信证券研究部据此预测，本次新增 137 GWh 项目将在未来 2~3 年内逐步落地，宁德时代 2022 年年底产能有望达到 320 GWh，2025 年产能有望超过 600 GWh。

不过，在快速扩张的过程中，宁德时代也需要防范多重风险。虽然新能源汽车未来增长的趋势是可预见的，但电动车安全等问题仍然亟待解决，此外，疫情给车市带来诸多不确定性因素，芯片短缺等问题将会在短期内干扰新能源车的步伐。市场变化莫测，如果新能源车销量的增速未达预期，这将对产能快速扩张的宁德时代构成一定的市场风险。如何更精准地判断市场需求以及相应地控制好扩张的节奏，这对宁德时代而言是一大挑战。

随着竞争逐渐加剧，动力电池的市场价格将呈现下滑的趋势。据伊维经济研究院监测的数据，2017 年，国内磷酸铁锂电池的价格为 1 750~1 955 元/kWh，三元锂电池的价格为 1 650~1 850 元/kWh；到 2020 年，磷酸铁锂电池的价格为 531~639 元/kWh，而三元锂电池的价格为 682~789 元/kWh。目前在国内动力电池市场占有半壁江山的宁德时代，对整车厂采购动力电池成本的降低功不可没，但同时受动力电池价格下降、电池材料成本上涨等因素的影响，其运营压力也在逐渐增加。

2020 年，宁德时代的营业收入为 503. 19 亿元，较前两年业绩增速明显放缓；其动力电池系统的毛利率为 26. 56%，连续三年出现下滑。宁德时代各细分产品毛利率的变动，在一定程度上是销售单价和单位成本变动综合影响的结果。当前，宁德时代除了与 LG 新能源、松下、三星、比亚迪、中航锂电等国内外电池制造商比拼规模外，还要为应对毛利率下滑进行持续的研发投入，优化产品设计、生产工艺，提升生产效率和产品良率，通过深度的产业链合作降低材料和设备等成本。

相比生产规模，技术才是更重要的护城池。宁德时代凭借众多整车厂的订单在全球“称霸”，但其与整车厂的关系并非固若金汤。值得注意的是，与宁德时代深度合作的广汽，计划在未来采取电池外包生产、与电池厂商深度合作开发生产电池以及自研自产电池“三条腿走路”的模式，况且广汽的电池合作厂商并非只有宁德时代，其弹匣电池技术就是牵手宁德时代的“冤家”中航锂电研发生产的。长城汽车继2016年与宁德时代在哈弗、欧拉等品牌合作的基础上，今年6月又与宁德时代签署十年长期战略合作框架协议，与此同时，长城汽车也在加快自己旗下动力电池企业蜂巢能源的发展。越来越多的整车厂在将电池订单外包的同时，也加紧自建电池厂。快速扩张的宁德时代，不得不防备车企“变心”的可能，而要抓牢车企的“心”，拥有无可替代的技术非常重要。

在电池技术方面，宁德时代正在不断地寻求突破。2015—2020年，宁德时代研发累计投入超过110亿元，在本次582亿元定增预案中计划将70亿元用于先进技术研发与应用项目，进一步加大研发投入。不过，从当前的信息来看，宁德时代更多是布局磷酸铁锂电池和三元锂电池，而电动车未来的动力电池路线存在诸多可能性，宁德时代豪赌锂离子电池路线，被认为新增产能或有被颠覆的风险。因此，除了锂离子电池，宁德时代欲在钠离子电池以及固态电池等领域突围。

此外，随着电池版图不断扩张，管理的难度和风险也在增加。今年1月，宁德时代孙公司湖南邦普老厂车间以及宁德时代投资的曲靖麟铁相继发生爆炸事故，这给宁德时代敲响了警钟，要成为一个真正的世界动力电池巨头，亟待从方方面面提升综合实力。

守擂不易，尤其是处于汽车产业百年一遇的变革期，机遇与风险并存，如何把握方向与速度以及防范各种风险，这是宁德时代在超越自我的路上不得不面对的高难度挑战。

2021年8月22日

分享链接

快充还是换电？新能源车企站在十字路口挑电池

当新能源车的渗透率超过10%的边界线之后，电动汽车替代传统燃油汽车的速度明显加快。

据乘联会最新的数据，中国新能源乘用车2021年8月的渗透率首超20%，并拉动今年1—8月渗透率达到12.8%，较2020年5.8%的渗透率提升明显。今年前8个月，新能源乘用车零售147.9万辆，同比增长202.1%。由于发展速度超过预期，乘联会将全年销量目标由原先的200万辆调高至300万辆。当前，多家新能源车企正在因订单火爆导致无法按期交车而发愁，业内感叹2021年属于电动车的时代真正来了，而不再是靠补贴推动。

不过，虽然消费者购买电动车的热情逐渐高涨，但依然有诸多顾虑待解。为了下一站而战，车企正想方设法地加速解决电动车使用过程中存在的充电难、续航里程焦虑等痛点，纷纷在电池等核心技术以及商业模式上寻找突破。采取充电还是换电模式？随着电动车的规模不断扩大，不少车企纷纷站在十字路口选择未来的发展路径。

智慧芽全球专利数据库显示，截至9月10日，特斯拉已公开的专利申请量超过2 241件，其中有效专利1 286件；蔚来总申请量4 042件，其中有效专利2 246件。通过智慧芽专利数据分析可知，这两家电动车企在技术研发主题上呈现明显的差异。从专利的申请分类和技术主题中可以发现，蔚来有大量专利与充换电站相关，而特斯拉在这一领域几乎没有相关技术专利。

蔚来在充换电领域的技术专利将近490件，涉及车辆提升装置、换电平台底座、换电执行器、模块化的换电站、换电小车、定位装置、电池包运输装置以及换电系统等，涵盖了换电服务的方方面面，其相关技术专利除了在中国申请专利，在美国和欧洲也均有布局。

而特斯拉的专利技术相对集中的两个申请领域是二次电池的制造以及电池组充电或去极化的技术，分别有240件和209件专利申请，其申请地除了美国，在日本、欧洲、中国、韩国等国家同时申请。

由此可管窥特斯拉与蔚来在充换电领域发展的方向迥然不同。曾在换电模式上铩羽而归的特斯拉，当下更坚定地选择充电模式，蔚来则大胆地挑战换电模式，甚至拉上全球头号动力电池商宁德时代一起为之奋斗。

当前，动力电池技术和产品日新月异，也有车企选择在以充电为主的情况下试水换电模式，寄望以此增强未来在智能电动汽车赛道上的胜数。挤入电动车销量前五的广汽埃安，日前发布超倍速电池技术和全球充电功率最高的 A480 超级充电桩，这可以实现充电 5 分钟即可续航 200 公里，力争让充电如加油一样快。此外，广汽埃安在年底还将推出续航里程达到 1 000 公里的电池技术。如果这两项电池技术推进顺利，消费者的里程焦虑症基本可以扫除。然而，在充电技术上不断突破的广汽埃安，也早已悄悄在换电领域布局，其主力车型 AION S 是有换电版的，但至今只卖了一千多辆，考虑到这条路的风险，广汽埃安谨慎推进，不敢贸然行动。

究竟是充电还是换电更有前景，现阶段还是一个无解的问题。从当下的环境来看，换电模式的风险是更大的。虽然换电方式对于消费者而言，可以在买车时少掏几万元，而且租换电池的方式也很酷，可以享受到“共享电池”的红利，但对于车企而言，则是被卷入重资产运作的压力中，一辆车要先垫付几万元的电池成本，几年间可能要投入几百亿元来做“电池银行”。此外，电池会涉及过时的问题，如果以后都不用这种电池了，那怎么办？

换电模式比充电模式运作更复杂，仅靠一家车企来实现的成功率微乎其微，需要多方整合资源。例如，换电站要占用很多地，现在每一家整车厂靠一块电池打天下是做不到的，要跟其他车企的产品打通并共同推进。而当前电动车及动力电池正处于“春秋战国”时期，新技术和新产品不断涌现。动力电池发展到今天，还不适合做平台化、标准化，要像煤气罐或者手机电池一样完全标准化依然非常困难。

仅是当下，电动车企主要面对的就不是“一块电池”而是“两块电池”。磷酸铁锂电池与三元锂电池竞争格外激烈。2018 年，三元锂电池的市场份额首次超过磷酸铁锂电池，但随着比亚迪推出新一代磷酸铁锂电池——刀片电池，以及特斯拉为降低成本加速抢占电动车市场而在去年也开始采取磷酸铁锂电池，导致今年动力电池的格局又发生变换。

中国汽车工业协会最新公布的数据显示，8 月，我国动力电池装车量

12.6 GWh，同比上升144.9%，环比上升11.2%。其中，三元锂电池共计装车5.3 GWh，同比上升51.9%，环比下降2.1%；磷酸铁锂电池共计装车7.2 GWh，同比上升361.8%，环比上升24.4%。磷酸铁锂电池装车量明显领先三元锂电池。

电池路线变幻莫测，将来的动力电池王者未必是在这两块锂离子电池中产生，钠离子电池、氢燃料电池以及固态电池等将不断地参与竞争。相比充电模式，换电模式对电池标准化的需求更迫切。在电池路线尚未完全明晰的情况下，在换电模式上先行一步的车企则面临着极大的挑战，一旦冒进押注且没押对未来的主流电池，将可能由先锋变成先烈。

2021年9月11日

分享链接

4S 店被“Z 世代”吐槽，汽车零售模式亟待变革

进入“金九银十”的销售旺季，许多 4S 店纷纷推出各种促销活动来吸引消费者。不过，这未必符合当下年轻人的胃口。“Z 世代”可能在逛商场时被某款电动车轻松的服务体验打动而交了订金，或在直播间与高喊着某款车“YYDS”（永远的神）的主播交流甚欢而一时兴起冲动下单。

进入消费群体年轻化、消费模式多元化的时代，汽车市场的格局不断地发生变化。

特斯拉以及“蔚小理”等造车新势力不仅以智能电动车蚕食传统燃油车的市场份额，其在销售模式上也向传统车企的 4S 店发出“战书”。这些电动车企业往往采取直营店的模式，将店铺设置在商场里或某一商圈的黄金地段，并且同时发起猛烈的线上营销攻势，在渠道布局上实现了销售、交付、维修保养的分离，其灵活的模式与集整车销售、零配件、售后服务、信息反馈四位一体的 4S 店有所不同。由于年轻人消费思维的转换以及疫情的冲击，4S 店模式的运营压力陡增。

作为中国 4S 店销售服务模式的开创者，广汽本田逾 20 年来持续完善其销售服务体系，虽然在消费者洞察与市场研究机构君迪（J. D. Power）最新发布的《2021 中国销售服务满意度研究（SSI）》报告中再度夺得主流车品牌第一名，但依然不断地遇到新挑战。近期，广汽本田新车销量下滑，除了受疫情和芯片短缺的影响，其零售模式也亟待加速变革。

一些喜欢二次元文化的年轻人不时地脑洞大开，传统 4S 店越来越难做到与他们同频共振。为了解“Z 世代”的世界，广汽本田今年面向国内外高等院校在校生举办了首届高校新星赛，通过此次比赛与年轻人探索未来的汽车零售模式。经过调研发现，67% 去过 4S 店的同学认为当前 4S 店因销售感太重而不适合他们的需求。“服务人员都会穿着很正式的西装，店里面的沙发、

装饰都很奢华，还有个像锣一样的东西，有人买车了就会敲”，这些4S店常见的场景遭到吐槽。

随着智能网联技术对汽车产业的渗透以及消费思维的转变，这加速倒逼国内汽车经销商的业态变革。中国汽车流通协会前不久发布的2021年上半年全国汽车经销商生存状况调查报告显示，关于未来5年内授权、直营及代理模式的发展，57%的经销商认为三种模式将会并存；20%的经销商认为直营模式将会成为主流；8%的经销商认为代理模式将成为主流；15%的经销商认为授权模式仍将是主流。

“Z世代”究竟喜欢怎样的购车渠道、购车体验以及售后服务？汽车之家和德勤中国此前共同发布的《这一届的年轻人——2020中国“Z世代”汽车消费洞察》报告显示，未来预计将有约4 000万潜在“Z世代”车主迎来购车需求。同时，“Z世代”车主对汽车相关信息的收集也不再扁平化。

正逐渐成为汽车消费市场“新贵”的“Z世代”，其更注重数字化体验和数字化消费。他们希望未来的销售应该强调接受服务过程中轻松的流程和心理感受，更强调体验的过程，这有助于减少他们对销售感的排斥。智能化展厅可以通过酷炫的技术展示新车，沉浸式AR虚拟眼镜看车以及模拟试驾等相对轻松的方式更受年轻消费者的青睐。

如何抓住这届年轻人的胃口，这对汽车销售人员而言也是新考验。广汽本田在其最近举行的相关销售服务人员大赛中，采取了线上、线下双主场多形式竞争的模式，新增了“云展厅”线上说车、全系列3D动静态展示以及直播带货形式说车等项目，对销售服务人员的技能提出新要求。

以消费者体验为中心，正成为传统汽车企业经营的新思路。大众、比亚迪、上汽等传统车企正纷纷布局不同于4S店的商超展厅等，融入造车新势力的体验营销新模式。为了在品牌建设、产品规划及营销、客户体验等方面顺应时代变化，比亚迪今年大幅调整组织架构并成立四大事业部，其中的e网销售事业部从线上主攻年轻消费者，基于比亚迪e平台3.0打造的首款车型海豚日前开始试水e网销售，这是比亚迪首款在线上进行预订和销售的车型。

通过App或小程序，就能完成车辆预订，像网购其他电子产品一样方便，车企在加快产品朝电动化、智能化以及网联化转型的过程中，对营销渠道等方面也加速变革。汽车产业处于百年一遇的变革期，改变的不仅是产品。车企需要重构新的产品和用户价值链，通过研究全新的用户体验，打造跨领域用户价值圈和全新的电动车生活方式，这包括零售终端以及售后服务等都在发生变化。未来，汽车零售究竟是怎样的模式，话语权将交给“Z 世代”。

2021 年 9 月 21 日

分享链接

狂欢的纯电动车在国庆黄金周暴露出短板

新能源车正痛并快乐着。

排队 4 小时只为充电 1 小时，原本 8 小时的路程却花了 16 个小时，为省电大热天不敢开空调……在刚结束的国庆假期里，跑长途的纯电动车遇到各种糟心事，关于新能源汽车的吐槽声此起彼伏。

虽然以纯电动为主的新能源车来势汹汹，但在这次国庆长假期间的自驾游过程中频频遭遇续航焦虑、充电焦虑等问题，行业痛点依然存在。国庆期间的国内高速公路日充电量创下历史新高，达到平时的近 4 倍，凸显出需求端的迅猛增长，也暴露出供电设备的供给不足。

当前，跑在路上的新能源车激增。今年 1—8 月国内新能源汽车累计销量 179.9 万辆，同比增长 1.9 倍，其中，8 月首次突破 30 万辆，纯电动车大约占新能源车销量八成。9 月，新能源车持续呈现高速增长的态势，多家自主品牌车企的业绩表现强劲，比亚迪新能源车当月销量首次突破 7 万辆，广汽埃安 9 月订单逼近 2 万辆，蔚来、小鹏汽车的交付量在“金九”皆首次实现过万。此外，合资车企大众的 ID. 家族 9 月交付量也冲破了 1 万辆大关。

按此前的《节能与新能源汽车发展规划（2011—2020 年）》，2020 年新能源车产量达 200 万辆，累计产销量超过 500 万辆。然而，由于补贴大幅退坡、三元锂电池安全问题频发以及疫情等因素影响，去年新能源汽车产销量仅有 120 万辆左右而未达预期。不过，随着新车型迅猛增多、电池等技术快速进步以及资本加码助推等，电动车市场在 2021 年真正迎来春天。目前，在国内整体汽车销量不佳的情况下，新能源车逆势而上，今年渗透率已突破 10%，其中，新能源乘用车 8 月的渗透率甚至首超 20%。

当下，新能源车与燃油车产销分化，纯电动车势不可挡，而传统燃油车节节败退，大众、丰田、本田等传统车企巨头承受较大的压力。连日系车这个多年的优等生最近几个月在华也表现不佳，其中，广汽丰田 9 月产销量下降超过40%，广汽本田9月产量下降22.97%，销量同比下降17.92%。

纯电动车在狂欢的同时，其发展隐忧，从这次假期大规模纯电动车加入长途自驾旅行中所暴露出的种种问题可管窥一二，诸多痛点亟待解决。多家电动车企正加快解决里程焦虑等问题。其中，广汽埃安近日推出最长续航可达702公里的AION V Plus，并搭载了超级快充技术。广汽埃安计划在今年年底还将推出续航可达1 000公里的新电池技术，蔚来续航1 000公里的ET7以及上汽智己续航超1 000公里的L7均将于明年上市。据广汽埃安预判，续航、充电、安全、成本以及残值这些汽车电动化痛点在2025年将得以解决。

纯电动车的普及推广，并非仅靠一家企业或几家企业的努力即可实现，只有依赖行业共同努力，才能克服充电桩科学布局、新能源车安全性能持续提升等难题，以及通过科技升级和产业规模化持续降本，实现其成本与燃油车看齐。

与此同时，纵横江湖多年的燃油车并非省油的灯，当前更多是受芯片所困而并非真正陷入市场萎缩阶段。相比之下，新能源车企的自主供应链更灵活，例如，比亚迪的芯片基本能自给自足，而一些新能源车企则从市场高价购买芯片。目前，新能源车企受芯片短缺的冲击相对小些。随着未来芯片短缺问题得以解决以及2022年国内新能源车补贴或完全取消，纯电动车将会面临燃油车的猛烈反击。

由于环保政策门槛越来越高，燃油车加快导入混动等技术并朝节能车转型。目前，非插电式混动汽车在全球的销量快速增长，丰田混动汽车在全球累计销量已超过1 800万辆，在华累计销量也已超过100万辆；本田全球混动累计销量超过350万辆，其中，广汽本田混动车型累计销量接近30万辆。据广汽本田近日公布混动联盟各车型冠军60升油所取得的极限续航成绩，雅阁、凌派等四款混动车型的冠军平均续航里程超过2 500公里，最长极限续航逼近3 000公里。

值得注意的是，燃油车不仅朝节能方面发力，在智能化方面也加快步伐。广汽本田在10月9日上市的全新雅阁，车机系统升级至Honda CONNECT 3.0智导互联系统，功能层面提供AI智能助理、OTA（空中下载技术）在线升级等。目前，越来越多的燃油车也具备类似特斯拉等电动车的OTA等功能。

新能源车与燃油车之间的博弈日益激烈，各自使出浑身解数争夺市场。

无论是在全球还是在国内，新能源车的销量依然远远落后于燃油车。今年上半年，特斯拉以38.6万辆纯电动车的成绩拿下全球新能源车销量冠军，而同期丰田、大众两大传统车企巨头的全球销量分别为546.7万辆和497万辆。得益于新能源车订单猛增，比亚迪8月的汽车销量甚至超过一汽丰田、广汽丰田、华晨宝马和广汽本田等多家合资车企，今年1—9月，比亚迪的新能源车销量达到33.8万辆，同比增长204.3%，但其前9月的销量依然落后于大众、丰田、本田、日产等传统车企巨头在华的销量。

鉴于发展超预期，乘联会将今年国内新能源车的销量目标调高至300万辆。不过，这在整体车市逾2 000万辆的年销量中占比依然较小。在短期内，以纯电动车为主的新能源车仍然无法在广泛的应用场景下替代燃油车。至于未来发展走势，由中国汽车工程学会牵头修订编制的《节能与新能源汽车技术路线图2.0》指出，至2035年，我国节能汽车与新能源汽车的年销量将各占一半。这意味着由燃油车升级演变而成的节能车在未来十多年内依然占有重要的位置。

纯电动车要加速蚕食燃油车市场，除了提升单车续航里程和充电效率等，充电桩网络等配套是否跟上新能源车的增速也很重要。此外，纯电动车在快速增长的过程中还会遇到诸多不确定因素，例如，最近的“多省限电”引发人们对新能源车未来发展的思考，电力供应能否满足快速增长的纯电动车的需求？

2021年10月10日

分享链接

第一道防线攻破，电动车与燃油车对峙进入煎熬期

300万辆左右与2 000多万辆，这将是2021年中国电动车与燃油车的销量概数。两者看似依然不在同一层面的较量，但背后暗流涌动，电动车首次攻破10%市占率这道极其重要的防线。

去年，国内新能源车未达业内预期仅售出136.7万辆。今年以来，新能源车超出业内预期，前9个月已冲破200万辆大关，全年有望跨上300万辆的台阶。随着电动车今年攻破第一道防线之后，彻底打破此前“雷声大雨点小”的现状，加速促使车市从燃油车时代转换到电动车时代。

在第十九届广州车展这个今年中国车市的“收官盛宴”上，不仅是造车新势力表现积极，传统车企对电动车的态度也很认真，上汽智己和飞凡汽车、北汽极狐、东风岚图、广汽埃安、吉利极氪、长城沙龙等高端自主新能源品牌来势汹汹。连此前在电动车领域一度犹豫不决的跨国车企巨头也变得坚定起来，宝马、奥迪、凯迪拉克、沃尔沃、雷克萨斯等豪华品牌皆在车展上亮出电动新车，丰田、大众、本田等跨国巨头的纯电动（EV）新车也陆续驶入广州车展。甚至在华年销量仅有数万辆的跨国车企三菱和斯巴鲁，也分别联手广汽和丰田推出全新纯电SUV阿图柯和首款纯电SUV车型SOLTERRA。

在造车新势力和传统车企的集体发力下，这届广州车展的新能源展车数量增长近7成达到241辆，其中，中国品牌多达153辆，外国品牌也达到88辆，助推总展车量冲至1 020辆，其风头甚至盖过779辆燃油车。这意味着当前在乘用车市场上渗透率达13%的新能源车，随着新“战友”的不断加入，2022年将发起更猛烈的攻势，有望攻破燃油车的新防线。随着市场上电动车产品逐渐丰富以及年轻人越来越喜欢电动车，传统车企对电动车的态度不再敷衍。

按多个规划方案，国内新能源车2025年、2030年以及2035年的市场占比分别为20%、40%以及50%。一些业内人士甚至乐观认为，新能源车20%

的市占率不用等到2025年，或许明年就可以实现。

虽然新能源车阵营士气高涨，但在与燃油车的博弈过程中依然存在诸多不确定性，整个汽车产业链面临着严峻的考验，从发动机等核心零部件的比拼转向电池、电机、电控以及芯片算法、激光雷达等技术的竞赛。进入软件定义汽车的时代，车企将不再囿于产品的较量，从平台、电子电器架构以及生态圈等全面开战，战线明显延长，原有产业链逐渐被颠覆。

为了在智能出行时代领跑，各家车企正不断筹集资金加大技术创新的投入。近日一份研究表明，随着越来越多的国家和地区相继出台关于减少生产内燃机汽车的法规，全球车企计划2030年前在电动汽车和电池上的投资总额超过5 000亿美元。其中，大众集团承诺2030年前在电动汽车和电池的开发上投入至少1 100亿美元，占汽车行业电气化总投资承诺的20%以上；通用汽车和福特预计在2025年前投资近600亿美元。

不仅是跨国车企，国内车企也纷纷加大对新能源车的投入力度，其中，长安此前曾宣布未来将在整个新能源车领域投资1 000亿元。广汽集团董事长曾庆洪最近也透露，到2025年，该集团计划投入800亿~1 000亿元，接下来通过资本市场进行融资，加快电池、新能源车以及数字化发展战略的实施。

然而，残酷的现实是，新能源车依然处于烧钱阶段，当前靠卖电动车赚钱的车企寥寥无几，被公认在新能源车领域实力最强的特斯拉和比亚迪表面上实现盈利，但扣除碳积分交易获利以及补贴，它们的盈利能力依然不强，比亚迪今年前三季在电动车销量大涨的情况下甚至出现净利润下滑。各自投入数百亿元造车的“蔚小理”，虽然今年以来销量增长迅速，但依然未能摆脱亏损，蔚来汽车和小鹏汽车第三季度分别净亏损8. 3亿元和15. 9亿元。

值得注意的是，在纯电动车领域布局缓慢的丰田，近日发布的2021财年Q2（7—9月）财报显示，其Q2净利润为6 266. 5亿日元（按当时汇率约合人民币350. 78亿元），同比增长33%，创下历史新高。在燃油车市场赚得盆满钵满的丰田，在华继导入新车赛那热销之后，这次在广州车展又导入锋兰达等多款燃油版新车。

不过，即使作为全球最赚钱的车企，丰田在中国这个全球最大的新能源车市上看着别家的纯电动车一辆辆地飞驰而过，内心也许难掩焦虑。这家全球头号汽车制造商，由于此前一度执拗于从混合动力（HEV）直接跨入氢燃料车，结果偏离了当前全球以纯电动为主的赛道，并在去年被特斯拉抢走了全球最高市值车企的宝座。近年来，丰田在积极调整电动化战略，靠着雄厚的技术积累于去年在华率先导入油改电 EV，但至今未能在此市场掀起浪花。

目前，丰田动真格了，加速推出 e-TNGA EV 专属平台的 bZ 纯电动系列，新平台首款电动车 bZ4X 原型车在广州车展正式亮相，并将于明年在中国等市场上市销售。如果这款 EV 明年能撬开市场，则有力地回击造车新势力将其称为汽车界“诺基亚”的嘲讽，显示大象转身的威力，否则将会在 EV 市场变得比较被动。

丰田在今年 9 月宣布，计划从现在到 2030 年投入约 135 亿美元，以帮助实现汽车电气化目标。电动化转型是传统车企无法逃避的课题，但转型成本的高企，即便是丰田、大众、通用这样的巨头们也难免有压力，一边在燃油车身上搭载混动技术守擂，一边加快开发各式各样的新能源车，还要在智能化方面加大投入，以全栈自研的身份迎接新挑战。

无论是燃油车还是电动车，未来都将进入煎熬的时期，一方面，搭载混动技术的燃油车将会增加成本，而且无法扭转市场缩减的趋势，将迈入与电动车厮杀更惨烈的时期；另一方面，新能源车路径多元化，目前虽然形成以纯电动车为主，但依然存在诸多痛点以及不确定的因素。电池安全技术及成本、充电基础设施进度以及供电系统能否支撑迅猛增长的电动车等问题待解。此外，面对碳中和的目标，纯电动车在以火力发电为主的中国能否做到产品全周期零碳排放仍存在争议。还有，电池技术不断推陈出新，未来随着氢燃料电池技术不断突破以及固态电池出现，将可能颠覆当前以纯电动为主的技术路线，引发新能源汽车领域新一轮洗牌。这些意味着新能源车未来市占率赶超燃油车的过程并非一帆风顺，而是存在种种变数。总体而言，中国能源的结构应该是多元化更加安全。

世界汽车格局正在重塑，对于车企而言，痛苦与希望交集，在速度与激情中，机遇与风险并存，成者为王败者为寇。

2021 年 11 月 25 日

分享链接

四、唐言柳语

唐柳杨｜第一财经汽车频道副主编，高级记者，毕业于湖北大学中文系。关注汽车产业超过10年，“唐言柳语”专栏通过解析热点事件，揭示背后的商业逻辑。
tangliuyang@ yicai. com

造车新势力“1+3”新格局浮现

2020年，中国造车新势力公司经历了命运的反转。

蔚来汽车走出死亡边缘，一跃成为中国造车新势力的领导者。理想、小鹏两家具有互联网基因公司的新势力企业也迅速通过第二款车型找到市场和节奏。到2020年结束时，蔚来、理想、小鹏汽车三家均交出了大幅增长的销量与营收业绩，齐齐实现营业毛利率转正，美股市值超越了许多百年老牌车企。

另一边，曾经呼声很高的由传统汽车人创办的威马汽车、天际汽车则开始纷纷掉队。不远处，博郡、奇点等几十家造车新势力公司车还没造出来就已经销声匿迹。

因此，2020年被行业公认为造车新势力的分水岭——洗牌已经完成，头部三家格局已定。

笔者认为，现在给出结论还为时尚早。蔚来、理想、小鹏本质上是产业与政策大风刮起来的企业，它们没有经历过完整的经济增长与衰退周期。就像一年半之前，蔚来汽车现金储备仅支持一个季度的消耗，它随时可能会倒下。今天依旧如此。

更重要的是，智能电动车市场还有巨大的增长空间。兴业证券在其研报中表示，至2030年，全球电动车市场规模将有可能扩充至5.4万亿元。根据各国规划，电动汽车全球市场规模在2 000万辆以上。无论传统车企、科技公司、互联网公司还是新兴的创业公司，都有着成功的可能。

上周，笔者在江苏盐城参观了华人运通（江苏）技术有限公司（下称华人运通）的制造工厂，回来后一直在思考这个问题：造车新势力格局已定了吗？近在眼前，华人运通创办的高合汽车很可能就会打破这个格局。长远来看，只有百度、苹果等科技公司入局之后，格局才可能会初步明确。

华人运通是造车新势力中最为神秘也是最为独特的一家。它的创始团队豪华程度甚至超过了蔚来汽车，创始人丁磊曾担任上汽集团副总裁，曾在上海市浦东新区政府任职，其他8名高管也是行业里举足轻重的角色，如联合创始人墨非曾担任通用中国CEO，首席技术官马克·斯坦顿曾任捷豹路虎车辆工程开发负责人等。

一般造车新势力公司，在PPT阶段就要拿到天使轮融资，到量产阶段要实施B轮甚至C轮融资，华人运通自成立以来没有一次公开的融资，但它却完成了工厂建设、产品研发、试制和量产。

丁磊甚至对笔者表示，“融资金额数字的背后是外人看不到的厚厚的条款，如果仅仅是披露数字不披露付出的代价，就只是一个公关行动罢了。”

参观华人运通江苏盐城的工厂也是一次很有意思的体验。多数汽车工厂位于郊区，华人运通的工厂却坐落于江苏盐城的市中心，工厂周围有住宅区、酒店、购物中心、湿地公园。还设有透明的参观通道面向市民开放。

市区的工厂对环保要求很高，华人运通采用了无人油漆车间的工艺，把产生噪声、废气污染最严重同时也是附加值最低的冲压车间外包。更重要的是，它是中国汽车产业少有的5G工厂和“黑灯工厂”，双班年产能10万辆，工人数量却只有200多名，绝大多数工作都由机器人完成。尤其是最后的下线环节，车辆在质检完成后，会自动行驶到仓库区域停好。这种新奇的体验让见多识广的媒体人也大开眼界。

实际上，这个能力与华人运通的另外一些业务相关。在发布高合汽车之前，外界对华人运通的认识是政府智慧城市和智慧交通的供应商。2018年，华人运通的智慧交通项目落地江苏盐城，与江苏世纪新城投资控股集团联合在盐城拿下全球首个传感融合计算协同道路试验项目。

华人运通工厂内实现自动驾驶的系统，靠的是车上的软硬件与厂区内的传感器、通讯系统建立通信。这套与博世联合开发的车路协同系统，以后将普遍用于自动泊车停车场和公共道路的信号灯等基础设施上。

华人运通电子电气副总裁李谦认为，真正的无人驾驶一定是车与路、与城市的协同，即 V2X，而不是完全依赖于车上的传感器和电脑去分析和计算。这也是华人运通智慧城市、智慧交通和智能汽车“三条腿”走路的原因。

去年广州车展上，高合汽车的 HiPhi X 已经宣布上市。它是迄今为止最贵的国产车，两个配置版本的价格分别是 68 万元和 80 万元。多数造车新势力公司追随着特斯拉的步伐，以极简的设计风格来取悦用户，HiPhi X 则走向另外一条道路——以科技来展现奢华。

就像 HiPhi X 罕见的 6 个车门，它不仅融合了对开门和鸥翼门的设计方案，具备视觉上的冲击感，更重要的是这些车门全部是智能化的电动门，它们感应到车主靠近后自动打开，并且根据周围环境的情况自动判断打开的时间、车门的开度等。HiPhi X 的 PML 可编程大灯、搭载 6 个计算平台架构在当前看也是较为突出的。

在传统汽车的机械性能方面，HiPhi X 采用前后 220 千瓦电机，零至百公里加速时间为 3.9 秒。此外，该款车还采用 CDC 连续可调阻尼减震系统、空气悬挂系统、前增强型双叉臂式+后五连杆式独立悬架技术，能够实时感知和分析道路状况、智能调整底盘。

一家德系汽车公司的工程师评价说，如果华人运通公布的资料是真实的，高合 HiPhi X 堪称特斯拉和奔驰 S 级的结合体——电子架构对标特斯拉，配置对标奔驰 S 级。

最近几年，传统汽车人出身的造车新势力公司几乎全军覆没，曾经领先的威马汽车逐步沦为腰部企业，其他几家则还没跑出来，头部的蔚来汽车、理想汽车和小鹏汽车都由互联网人创办。华人运通能否改变这个格局，为传统汽车人证言？

丁磊没有正面回答这个问题，但他打了一个比喻来表明自己的观点：“我们的车比较贵，平均单车售价是 75 万元。目前收到的已经交了订金的订单将近 4 000 台，还有 2 万个销售线索。如果今年我们交付了 1 万多台车，营收超过 100 亿元，我们在什么位置?”

2021 年 3 月 13 日

分享链接

合资自主“独苗”启辰，回归东风日产之后如何重新定位？

合资自主诞生 13 年，仅剩启辰在独撑大旗。但如今，启辰也处境困难。

合资自主是中国特殊产业政策的产物。2008 年，时任国家发改委产业协调司副司长陈建国出于对中国汽车技术空心化的担忧，提出合资车企要实现异地建厂，必须符合两个条件：一是要有新能源汽车规划；二是要设立合资自主品牌，否则，新建项目无法通过审批。

在当时的背景下，中国想要通过汽车合资公司“市场换技术”的目标并没有完全实现。因为外方牢牢把控研发、采购等核心领域，多数合资公司更接近于外资车企的中国代工厂，中方股东的地位更接近于财务投资者，而不是深入参与管理与研发的合作伙伴。

合资自主的顶层设计出发点，是通过合资公司内部的整车项目对接外方母品牌的技术资源，打破外方对采购供应链的主导，建立由中方主导的供应链，甚至于帮助中国本土汽车零部件进入更高级别的供应链环节。从这个意义上来说，合资自主是真正可以把技术换到手的。

在政策压力之下，中国合资汽车公司纷纷推出合资自主品牌，第一个吃螃蟹的是广汽本田的理念，之后，华晨宝马、北京现代等众多合资公司纷纷跟进，东风日产启辰也是在这一时期诞生的。

但绝大多数合资自主只是在“打酱油”和应付差事，它们只把外方某款停产的车型换一个新的 LOGO 包装上市，后续并没有在产品、技术、渠道和品牌上有持续性的投入。一些合资公司甚至仅仅发布了合资自主品牌，迄今为止都没有产品推出。

一位合资车企高管私下对笔者说，之所以“打酱油”而不是“实干”，一是外方阻力太大，不支持；二是中方的意愿也不强，“万一项目搞砸了，责任算谁的?”

在合资自主大军中，启辰是少有的“实干家”。从诞生起，启辰就以一个独立的事业部推进，推出了多款车型，建立了独立于东风日产的经销商网络，并助推日产造型设计中心在中国的落地。但作为东风日产内部孵化的创业项目，启辰不可避免地依托于日产汽车的老旧车型改造、开发出新的产品，为了不与日产品牌车型出现正面竞争，它的价格与市场都更加下沉。

在2017年之前，产品与渠道的下沉对启辰是有利的。伴随着中国汽车普及型消费的红利，启辰年销量一度达到14万辆规模，在自主品牌阵营中也排到了前十名的席位。但是中国车市步入下滑以来，启辰便遇到了所有自主品牌或者说是廉价车品牌的共同挑战：低端市场急剧萎缩。

在汽车销售总量与消费升级双重作用之下，中国自主品牌的销售总量持续下滑。2020年，中国自主品牌销售总量下滑了10.7%至612.7万辆，市占率和历史最高时期相比减少了10多个百分点。更严峻的是，多数自主车企赖以生存的SUV阵地开始失守，这直接导致了众泰、银翔等一批汽车公司破产。

在这个阶段，启辰虽然还存活，但它也出现了连续几年的销量下滑，2020年的销量为8万辆，同比下滑了31.5%。

伴随着销量下滑与市场结构的调整，启辰的身份属性问题被放大：启辰究竟是谁？它是中国自主品牌还是廉价的日产？如果说是自主品牌，它的母公司是日产汽车与东风汽车各持股50%的合资公司，它的技术资源主要来自日产；如果说是廉价日产，当东风日产轩逸的价格下探到8万元和9万元时，启辰的生存空间又在哪里？

2017年，启辰脱离东风日产，蜕变为东风启辰，这是启辰转向中国自主品牌的一次战略尝试。2020年12月底，东风汽车有限公司事业架构调整，启辰回归东风日产，“单飞”战略破产。

时间推进到2020年，中国汽车市场发生了更加剧烈的变革。一方面，自主品牌洗牌加剧；另一方面，头部自主品牌攻入合资品牌势力范围，把二线合资品牌逼得节节后退。合资品牌红利在逐步淡化，特斯拉点燃的星星之火也有了燎原之势。智能电动大军开始冲击传统汽车工业的城墙，更多的科技公司加入进来，试图改变世界汽车的格局。

全球范围内最早从事电动车研发和销售的日产汽车，虽然背负着全球电动车累计销量冠军的盛名，但在这一轮电动车浪潮中掉队。

在这样一种复杂多变、动荡变革的环境中，启辰该如何定位？东风汽车副总经理陈昊向笔者表示：“启辰绝不是一个廉价的日产。东风日产和启辰两个品牌，一个稳住大盘、稳中求进；一个快马加鞭，向‘新四化’、‘新五化’全力进攻。两个品牌形成互补，才能做得更好，体量更大。”

陈昊表示，启辰是东风日产事业发展的重要支撑点，它是东风日产智能化、电动化的先行军。虽然启辰前期出现了一些问题，但其包袱轻、没有太多负资产，具备先行先试的条件。启辰新定位之下的成果，甚至可以反哺给日产和东风汽车两个股东，推动日产全球和东风的电动化进程。

笔者注意到，虽然启辰新的定位和方向已明确，但它当前售卖的产品仍主要是燃油车，同时启辰还有约 200 家经销商。如何稳住传统车业务和经销商已有的盘面，平稳转型到更加激进的智能化与电动化方向，将是启辰接下来要面对的考验。

2021 年 3 月 25 日

分享链接

“强混”版 PHEV，将是中国车企抢夺合资蛋糕的又一利器

在打破丰田和本田混合动力系统（HEV）技术垄断的同时，中国本土车企走出了一条别具优势的技术路线，而这很可能成为它们进一步扩大市场份额的利器。

日前，在重庆车展上，长安汽车发布了蓝鲸 iDD 混合动力系统和搭载该混动系统的首款车型 UNI-K PHEV，这套系统包括热效率达到 45%的蓝鲸发动机、蓝鲸变速器、大容量电池控制系统。两吨重的 UNI-K PHEV 纯电续航 130 千米，综合续航可达到 1 100 千米。比起综合续航更重要的是，UNI-K PHEV 馈电油耗只有 5 L/100 千米。

笔者注意到，截至长安汽车发布蓝鲸 iDD 混合动力系统，自主车企头部中的 4 家都已经发布了最新的混合动力系统，并且都以 PHEV 为量产车型的先驱。

去年 12 月，长城汽车发布柠檬 DHT 混动平台。今年 1 月，比亚迪推出了超级混合动力系统 DM-i，首款车型为秦 DM-i，并且迅速普及到宋、唐、元等产品上。今年 5 月，奇瑞汽车推出了搭载鲲鹏动力 DHT 混合动力系统，首款车型为瑞虎 8 PLUS PHEV。

半年之前，PHEV 还是很不受消费者待见的一种技术路线。该系统中的纯电和内燃机部分通常为并列的模式，二者交互做功较少，可以简单地理解为在内燃机系统之外硬塞了一个小电池和小电机，来实现短距离的纯电行驶的“弱混”版 PHEV。

与纯电动车相比，“弱混”版 PHEV 的纯电续航里程较短，通常在 50 公里以内，寒冷天气不到 25 公里。和燃油车相比，“弱混”版 PHEV 油耗并没有优势，购买价格却要高 20%~30%。在馈电模式下，“弱混”版 PHEV 车型一边要驱动车辆行驶，一边要给电池补电，油耗会大幅上升。也因为此，“弱

混”版PHEV被消费者戏称“有电一条龙，没电一条虫”。

但是长安汽车、比亚迪、长城等最近推出的PHEV并不同于以往的技术路线，它们基于一套高效的混合动力系统开发而来，即便馈电，它们也是一套高效的混合动力系统，这解决了PHEV过往馈电模式下高油耗的问题，是一种“强混”版的PHEV。

此外，比亚迪把PHEV的购买价格大幅拉低，喊出了“油电同价”的口号。长安汽车也计划如此，让插电混动车型的价格与到同级别燃油车型接近，最大程度地发挥插电混动车型后期使用经济性好、用车体验好、科技感强的优势。

今年1月，比亚迪推出的秦PLUS DM-i起售价为10.58万元，和丰田卡罗拉汽油版车型接近，但其馈电模式下油耗仅3.8 L/100千米，从购买成本、燃油经济性等角度考虑，秦PLUS DM-i的优势明显。而且在限牌城市，PHEV还能获得一张免费的新能源汽车牌照。

长安汽车内部人士告诉笔者，在限牌城市，蓝鲸iDD混合动力系统车型要抢纯电动车的蛋糕，和后者相比，PHEV的优势是不依赖充电桩，没有里程焦虑；在不限牌的城市，蓝鲸iDD混合动力系统要与合资品牌的燃油车竞争。

比亚迪的销售业绩已经证实了这种战略的可行性。在纯电动车和PHEV车型的助推下，比亚迪汽车5月的销量达到45 176辆，其中，插电混动车型卖出12 970辆，相比去年同期翻了近六倍，打破了PHEV车型不受欢迎的格局。

上述长安汽车内部人士同时认为，在本轮头部自主车企混合动力技术的攻势下，自主品牌市占率还有可能进一步提高，并且借助技术的创新实现单车售价进一步上扬。

乘联会的数据显示，今年1—5月中国品牌汽车累计销量为316.78万辆，市场占有率为37.9%；同期合资品牌累计销量为396.8万辆，市场占有率为47.4%；豪华品牌累计销量为123.03万辆，市场占有率为14.7%。今年前5个月，德系、日系、韩系品牌的市场占有率下滑明显，自主品牌和豪华品牌的市占率大幅增加，其中，自主品牌的市占率同比增加了2.1个百分点。

笔者注意到，在智能电动车领域，中国本土车企已经大幅领先欧洲、美国和日本车企，一定程度上实现了“弯道超车”。长安、比亚迪、长城等公司近来推出的“强混”版 PHEV 在商业化时间上大幅领跑于欧洲和美国车企，成本又大幅低于日本车企，进一步提升了自主品牌在车市的竞争力。

2021 年 6 月 14 日

分享链接

理想汽车座椅骨架的锈迹从何而来？

"水银门"事情还没消停，理想汽车最近又惹上"生锈门"。近日，知乎拆解了一台2021款理想ONE，座椅里没有发现水银，但在座椅骨架上发现了较大面积的锈迹。此事一出，网络上又出现了对理想汽车大面积的"口诛笔伐"，并与理想汽车近一段时间以来密集的质量投诉关联在一起，认为理想汽车作为造车新势力在产品工艺、质量上不过关。

一家合资车企的金属材料专家向笔者表示，理想汽车座椅骨架生锈是浮锈，并不影响座椅本身的强度，也不影响使用。但是作为一台新车，出现这样大面积的锈迹实在是有些影响品相。

李尔座椅质量部门工程师表示，座椅骨架生锈其实是很多品牌都存在的情况，在愈加严苛的成本压力下，汽车座椅骨架以及其他座舱内部的钢材（如仪表台支架等部件）取消了类似于电泳等增强防腐蚀能力的工序，这是汽车公司常用的降成本手段之一，电泳是降成本的重灾区。包括丰田、本田、沃尔沃、宝马等许多知名汽车厂商的座椅骨架都出现过座椅生锈的事件。但需要指出的是，降本的前提并不是牺牲汽车钢材的强度，汽车座椅骨架在量产之前，要通过企业的盐雾试验，对钢材的耐腐蚀性进行测试，其测试条件比日常使用更加苛刻。

"相当一部分车企在座椅骨架不外露的部分取消了电泳，这些部分被皮革或塑料包裹，使用条件相对更加宽松。"上述工程师说。

这里面比较"异常"的是，知乎称这台车从购买到拆解不到48小时，在多数人的认知里面，一台车就算是座椅骨架生锈也不至于这么快。

实际上我们要关注的是汽车座椅骨架的生产时间，根据知乎提供的资料，拆解的理想ONE的合格证显示该车的生产日期为2021年7月19日，座椅骨架的生产日期是2021年6月8日，座椅线束的生产日期是2021年7月5日。这也就是说，从座椅骨架生产出来到装上车，用了将近1个月的时间。

理想ONE的座椅供应商佛吉亚的一名人士告诉笔者，在座椅骨架的生产工序中，钢材在焊接成骨架之前需要先进行除锈的工艺，以保证焊接质量，这也就意味着，在座椅骨架刚刚生产出来时，出现大面积锈迹的可能性不大。

“或许是座椅骨架在和泡沫、皮革一起装配前，仓储或者运输环节存在一定的问题。”上述人士表示，在座椅骨架仓储或者从骨架工厂转运至装配工厂的过程中，潮湿的环境或者雨水皆有可能导致生锈。但由于在原材料验收和焊接之前的除锈，此时的锈迹不会太大，能够通过装配前的外观标准验收。

“装配前的小锈迹可能会在一两周之内扩大，但无论是座椅厂还是整车厂都无法再对已经装配好的座椅骨架进行检验。”上述人士说。

就理想 ONE 座椅骨架生锈这件事而言，如果真把它定性为瑕疵，这个问题也应该是座椅供应商弗吉亚的“锅”，不止是理想汽车，几乎任何一家车企都无法在装配好的座椅里面去检测骨架是否有生锈的情况。

此事另一个值得关注的点是，丰田、本田、宝马、沃尔沃也有座椅骨架生锈的情况，但为什么没有像理想汽车一样引发轩然大波？笔者认为，这是因为理想汽车做大了，它处在智能电动车崛起和自身业绩快速发展的双重风口上，一点事情就容易被放大。

这让笔者想起几年前某自主品牌的电动车当街自燃，但并没有太多媒体去关注，一位主机厂的朋友说：“因为它不是特斯拉，不配上头条。”

2021 年 8 月 3 日

分享链接

面对节能汽车“叫好不叫座”，东风日产推出第三种技术路线

节能汽车在中国面向未来15年甚至更久的汽车产业规划中，是一个非常重要的产品种类。

在2016年第一版节能与新能源汽车技术路线图中，政策制定方就提出了在2020年、2025年和2030年三个节点，节能汽车市占率的规划目标分别是30%、40%和50%。在去年10月份更新的第二版节能与新能源汽车技术路线图中，提出了到2035年，节能汽车达到50%市占率的目标。

所谓节能汽车，指的是以内燃机为主要动力系统，综合工况燃料消耗量优于下一阶段目标值的非插电式混合动力汽车。国内市场上，能够买到的节能汽车主要是欧洲、美国和中国本土车企推出的搭载48 V电机的轻型混合动力车（MHEV），以及本田IMMD、丰田THS混合动力系统汽车（HEV）。

然而，现实非常骨感，2020年，国内上百款MHEV和HEV累计销量仅约为74万辆，市占率仅为3.7%。今年上半年，MHEV和HEV的销量并没有明显好转，反而是比亚迪DMI插电式混合动力因为牌照、购置税和购入成本低等原因异军突起。

是节能汽车的技术路线出问题了吗？笔者认为并非如此，在未来很长一段时间内，内燃机仍是汽车不可或缺的关键动力单元，国庆假期纯电动车排队4个小时充电就证明了这一点。

需要说明的是，电动车排队充电看起来是配套措施不健全的问题，但归根结底是技术问题。电动车想要像燃油车一样便捷地补能，不仅仅需要电动车电池、电控、充电技术的进步，还需要配套电网的升级。随着电动车数量的增多，类似的问题还会进一步增加，并且短时间内很难缓解。

为什么节能汽车并没有因为企业密集的产品推出而快速壮大？笔者认为原因在于成本、体验和节油效率三个方面。

以48 V电机为主体的轻型混合动力系统是目前装车量最大的技术方案，

它结构相对简单，增加的零部件不多，主要针对车辆怠速和刚刚起步的时候进行优化。简而言之，车辆在怠速和刚起步的时候用电驱动，之后的行驶状态下用油来驱动。理论上，MHEV 可以比同排量燃油车每百公里节省 0.7~1 升油。

行业内曾非常看好 48 V MHEV 技术方案，研究机构 IHS Markit 曾发布一份报告，称 48 V 会在中国市场迎来高速发展，到 2025 年相关车型销量将达到 1 050 万辆。

但现实中，由于发动机频繁启动和熄火所带来的震动和噪声问题，以及纯电模式下空调制冷效果减弱的问题，许多车主在使用中经常是上车就关闭了 48 V 系统，把发动机启停功能保持在关闭状态。现实的效果是，48 V 系统并没有充分地达到省油的目的，反而增加了车主的抱怨。所以在整个 2020 年，中国搭载 48 V 系统的 MHEV 车型的总销量只有 33 万辆，市占率约为 1.6%。

相比之下，丰田和本田的 HEV 称得上“真香”，无论是本田 IMMD 还是丰田 THS 系统，节油效率都非常显著，也没有发动机频繁启停的噪声震动问题，缺点则在于燃油车和混合动力车的购买价格相差 2~3 万元。折算成油费，相当于 3 年左右的费用支出，这让对成本较为敏感的用户望而却步。

最近，东风日产发布了“100%燃油发电，100%纯电驱动”的 e-Power 技术方案。不同于欧洲车企基于 P2 架构打造的 PHEV，也不同于“两田”殊途同归的混合动力技术，e-POWER 开创了一种完全不同的“机电混合”形式。不同于通过离合器或行星齿轮打造的“两田”HEV 车型，日产 e-POWER 结构非常简单，由汽油发动机带动发电机发电，电力存储到电池中，电池电量通过逆变器直达驱动电机，驱动电机驱动车辆行驶。

在这种工作逻辑下，e-POWER 系统实现了 100%纯电行驶，因为发动机始终处于最经济的工作区间，只需要以恒定的转速为电池充电。同时，e-POWER 不需要充电，省去了充电的麻烦；也不需要一个大的电池包，仅仅配备了容量为 1.5 kWh 的小电池，有效地改善了制造成本。技术上的难点则在于需要一台高效、省油的内燃机、一部高效的电动机以及一个支撑快充快放的电池和能量控制逻辑系统。

在日本 JC08 工况测试中，搭载 e-POWER 的 Note 车型实现了百公里 2.68 升的油耗表现，作为对比同级别的丰田 Vitz，同样是日本 JC08 工况测试，在采用 THS 混动的情况下，百公里油耗为 2. 91 升。

过去数年里，日系混动车在油耗方面的表现有口皆碑，但复杂的机械机构、居高不下的电池成本，让日系混动车的价格并不算亲民，这在一定程度上制约了日系混动发展的速度。e-POWER 由于成本更加可控，有更大的突围机会。

2021 年 10 月 10 日

分享链接

五、秀言城事

李秀中｜第一财经记者，毕业于重庆大学经济学专业，长期关注区域经济与城市发展，“秀言城事”专栏通过对区域发展热点的观察研究，探寻中国经济增长的源动力以及背后的商业机会。
lixiuzhong@ yicai. com

GDP 十强城市领先秘诀！建电子大厂、汽车城

根据成都市今年的政府工作报告，2020 年，其电子信息产业成为全市首个万亿级产业集群。下一步，成都市还将积极培育装备制造万亿级产业集群。

成都市的成绩单和目标显示了其经济增长的动力。当前，各地 2020 年经济数据陆续发布，GDP 十强城市排行榜业已落定。包括成都市在内的 GDP 十强市，它们经济快速增长和领先发展的支撑力量各是什么呢?

十强城市经济增长的两个轮子

2020 年 GDP 总量前十的城市分别是上海、北京、深圳、广州、重庆、苏州、成都、杭州、武汉、南京。

近日，成都市经信局发布消息称，2020 年成都全市电子信息产业规模达到 10 065. 7 亿元，同比增长 19. 8%，其中，规模以上电子信息产品制造业的营业收入同比增长 30. 7%。

对于成都市发布的万亿级“产业规模”的具体统计口径，成都市经信局向第一财经解释，这一指标包括电子信息制造业、软件和信息服务业等行业

的营业收入。

按照这一口径，成都电子信息产业在2008年首次突破千亿元大关，是成都首个千亿级产业，再从千亿产业到万亿产业，成都用了12年。这期间，成都初步建成涵盖元器件、模组、软件、系统整机等较为完整的产业链条，规模以上企业达1 400余户。

电子信息产业是成都重点发展的支柱产业。2019年，成都出台《关于促进电子信息产业高质量发展的实施意见》，提出到2020年其电子信息产业主营业务收入突破1万亿元；到2022年，将成都打造成为全球电子信息高端研发制造基地和世界软件名城。

不只是成都，其他城市的动力源又在哪里呢？第一财经记者梳理GDP十强城市的数据发现，这10个城市都以电子信息产业为重点支柱。根据各地统计年鉴，在十强城市中，电子信息产业作为第一支柱的有5个城市，作为第二支柱的有4个城市。

其中，在电子信息产品制造业方面，深圳和苏州最为强势。统计指标显示，两个城市的计算机、通信及其他电子设备制造业的总产值都已经突破万亿元。继深圳、苏州之后，就是上海、重庆、北京、杭州、成都、广州、武汉和南京。

根据深圳和苏州2020年统计年鉴，2019年，深圳计算机、通信及其他电子设备制造业的总产值为22 373. 77亿元，营业收入为21 513. 7亿元；苏州的计算机、通信及其他电子设备制造业的总产值也高达10 083. 1亿元，营业收入为10 171. 18亿元。

除了电子信息产业，汽车制造业则是牵引十强城市经济增长的另外一个轮子。其中，上海实力最为强劲，2018年，其汽车制造业的总产值达到6 832. 07亿元，营业收入为8 334. 23亿元，实力稳居全国第一位。其次就是广州、北京、重庆、武汉和南京。

据上海市2019年统计公报，全市六个重点工业行业中，电子信息产品制造业、汽车制造业仍然居前两位。

当然也有例外，电子信息产业最强大的深圳、苏州和杭州的第二大制造业并不是汽车制造业，深圳和杭州是电气机械及器材制造业，苏州则是通用设备制造业，而南京的第一大制造业则是化学原料和化学制品制造业。

但从总体而看，十强城市的增长动力源主要来自电子大厂和汽车城。其对城市经济增长的作用十分明显。

根据统计年鉴，2018 年，上海电子信息和汽车制造等六大重点发展工业行业占全市的比重 68.5%，主营业务收入占 68.8%。2019 年，广州汽车制造、电子信息制造和石油化工制造业三大支柱产业工业总产值占全市的 50.47%。

未来新的增长动力在哪里

十强城市的经济增长秘诀加剧了重点城市在这两大领域内的招商竞争，同时也催化了十强城市的差异发展和产业升级，培育了新的增长点。

成都市政府工作报告就提出，成都将大力提升电子信息产业能级，打造全球电子信息高端研发制造基地和世界软件名城。同时，积极培育装备制造万亿级产业集群，打造国内重要的智能制造装备产业集聚区和智能制造示范区。

根据成都市《关于促进装备制造产业高质量发展的实施意见》，到 2020 年，成都全市装备制造产业规模达到 8 000 亿元；到 2022 年，力争产业规模达到 1 万亿元，将成都打造成为具有国际影响力和竞争力的高端装备制造产业基地。

成都市政府工作报告提出，成都将构建“5+5+1”现代化开放型产业体系，即电子信息、装备制造、医药健康、新型材料和绿色食品五大先进制造业，金融服务、现代物流、会展经济、文化旅游、生活服务五大新兴服务业，以及新经济。

其他城市的产业调整也在加快。2020 年 7 月，南京发布了《推进产业链高质量发展工作方案》，明确在“4+4+1”主导产业体系的基础上，聚焦新能源汽车等八大产业，提出全面实施产业链“链长制”，推动八大产业主营业务收入每年增长 20%左右。

今年的重庆市政府工作报告提出持续发展先进制造业，注重差异和升级。在汽车产业方面，加快向高端化、智能化、绿色化升级，强化车辆控制软件、车规级芯片等技术的研发应用。在电子产业方面，坚持研发、制造同步发力，拓展功率半导体、超高清视频、智慧家居等产业的发展空间。

实际上，最近两三年重庆的产业结构调整已经初见成效。以前重庆汽车业主要做中低端产品，去年在中高端以及新能源汽车发力，而且非常适应市场需求。在电子信息产业方面，加快“芯屏器核网”全链条发展，产业链比较完整。

2021 年 2 月 7 日

分享链接

多地规划预留高速磁悬浮通道，“超级高铁”要来了？

近日，广东省自然资源厅公布了《广东省国土空间规划（2020—2035年)》公众咨询版。该规划提出，将预留京港澳高速磁悬浮、沪（深）广高速磁悬浮等六大重要交通廊道，也是首次明确规划高速磁悬浮线路。

在此之前，采用西南交通大学原创技术的世界首条高温超导高速磁浮工程化样车及试验线在成都正式启用，这标志着高温超导高速磁浮工程化研究从无到有的突破，具备了工程化试验示范条件。

第一财经记者梳理发现，一些主要城市群近年来都在规划高速磁悬浮。“超级高铁”真的要来了？

多地规划预留高速磁悬浮线路

2019年，成都市在编制其《东部新城综合交通规划》时就预留了成渝600~800公里/小时超高速磁悬浮建设通道。按800公里时速计，成渝两地仅23分钟直达，超高速磁悬浮将迅速促进成渝两座城市加速融合。

2019年12月，中共中央、国务院印发了《长江三角洲区域一体化发展规划纲要》，第五章“提升基础设施互联互通水平”里提出：“积极审慎开展沪杭等磁悬浮项目规划研究”。

高速磁悬浮对于促进城市群一体化的作用明显。西南交通大学区域经济与城市管理研究中心主任戴宾向第一财经记者表示，超高速磁悬浮适合城市之间有足够客流量的点对点的运输，比如京津、广深、成渝这样的双城之间的客运。

不仅如此，推动高速磁悬浮技术研究应用也是交通强国战略的组成部分。

2019年9月，中共中央、国务院印发了《交通强国建设纲要》（以下简称《纲要》），提出合理统筹安排时速600公里级高速磁悬浮系统、时速400公里级高速轮轨（含可变轨距）客运列车系统、低真空管（隧）道高速列车等技术储备研发。

2020 年 8 月，交通运输部发布的《关于推动交通运输领域新型基础设施建设的指导意见》提出："发展智能高速动车组，开展时速 600 公里级高速磁悬浮、时速 400 公里级高速轮轨客运列车研制和试验。"

"现在推进高速磁悬浮是市场有需求，技术上也可行。"西南交通大学设计研究院副院长、高温超导高速磁悬浮工程化样车及试验线项目组负责人金朝辉向第一财经记者表示，通过实验室模拟，高温超导磁悬浮技术原理是可行的，现在的问题是怎么工程化。

《纲要》提出，到 2035 年，基本建成交通强国。现代化综合交通体系基本形成，基本形成"全国 123 出行交通圈"（都市区 1 小时通勤、城市群 2 小时通达、全国主要城市 3 小时覆盖）。

中国的城市化和城市群一体化在加快推进，比轮轨高铁更高速的磁悬浮，对于客流量大的主要城市之间的联系有更快捷的优势。

金朝辉表示，高速磁悬浮适合点对点的大运量运输，与轮轨高铁不冲突，可以共存共荣。未来可以根据适合的范围和领域选择不同的交通制式。主要城市之间点对点的大运量线路可以采用高速磁悬浮，而高铁在网络上更有优势。

金朝辉还介绍，高速磁悬浮的成本会不断降低，从全寿命周期来看，不见得比轮轨高铁贵，因为磁悬浮磨损小，衰减慢。大体上，高速磁悬浮的成本是 2.5~3 亿元/公里。

中美日德谁会最先推出"超级高铁"?

对于磁悬浮列车作为轨道交通工具的研究应用已有将近 100 年，第一条建成并投入商业运营的磁悬浮线路在上海，这是来自德国的技术，采用电磁力实现悬浮和牵引。

金朝辉表示，目前高速磁悬浮有三种技术，分别是日本的低温超导磁悬浮、中国的高温超导磁悬浮和德国的电磁力磁悬浮。日本技术试验跑出的最高速度为 603 公里/小时，应用德国技术的上海磁悬浮线路最高时速达 430 公里。

高温超导磁悬浮技术是西南交通大学原创的技术。金朝辉表示，其预期运行速度大于 600 公里/小时。

西南交通大学依托牵引动力国家重点实验室在2014年建成了一条真空管道高温超导磁悬浮车环形试验线，2019年又建成了真空管道高温超导磁浮车高速试验平台，最高试验速度可达400公里/小时。

通过校内磁浮列车模型试验台（400+弹射试验台、700滚动试验台），高温超导磁悬浮列车高速化及长期运行可靠性得到了验证，而此次高温超导高速磁悬浮交通工程化样车及试验线项目的建成是推动该技术走向工程化的重要实施步骤。

金朝辉表示，高温超导高速磁悬浮工程化样车已经出来了，由中车唐山机车车辆有限公司开发研制，现在需要更长试验线，也需要集中全国的技术力量，预计3~5年能够解决工程化的问题。

2020年，西南交通大学联合中车公司、中国中铁等单位协同攻关，共同开展高温超导磁悬浮交通工程化样车和试验线的工程化研究，构建了高温超导高速磁悬浮交通系统集成技术体系。

不仅如此，中国另外一条技术线路也在同时推进。2016年7月，中车时速600公里高速磁悬浮车研制项目启动，这是电磁力磁悬浮技术。目前，课题团队成功地突破了高速磁悬浮系列关键核心技术，车辆、牵引、运控通信等核心子系统研发取得重要阶段性成果。

实际上，高速磁悬浮技术正在进行一场国际竞争，究竟谁能率先研制出“超级高铁”出来?

2013年，马斯克提出时速超过1 000公里的超级高铁的构想，希望在旧金山和洛杉矶之间修建一条400公里长的超高速铁路，可以在35分钟内运送乘客。另外两家美国公司也加入到超级高铁的开发研制中。

按照计划，西南交通大学的高温超导磁悬浮技术拟首先在大气环境下实现工程化，预期运行速度目标值大于600公里/小时，下一步计划结合未来真空管道技术，远期向1 000公里/小时以上的速度值突破。

2021年2月22日

分享链接

粮食安全再加压，多地首次将产粮目标写入政府工作报告

中国粮食生产实现了“十七连丰”，但是这并没有降低粮食安全的压力。粮食安全年年抓，今年却有些不同，粮食生产被放在更为突出的位置，一系列约束考核的政策也在升级。

日前公布的今年“中央一号”文件再次强调确保粮食产量，并实行党政同责。最近各地的农业农村局局长会议也陆续召开，分解这些任务目标。

各地立下粮食生产“军令状”

梳理各省份2021年的政府工作报告会发现一个新现象：很多省份首次将粮食产量与地区生产总值、财政收入等指标一起列入其2021年经济社会发展主要预期目标中。少数未列入的省份基本上是农业规模小、粮食生产能力低的省份。

今年最先召开省级“两会”的河南省，其2021年经济社会发展主要预期目标就包括了“粮食产量保持在1 300亿斤以上”。近日刚召开省级“两会”的黑龙江省，其政府工作报告提出“2021年粮食产量稳定在1 500亿斤以上”。

“粮食产量保持在700亿斤以上”也被首次写入四川省政府工作报告。据《四川日报》，对于为何在报告中首次提出粮食产量目标，四川省发改委国民经济综合处处长曾光说：“中央有要求，四川有需要。”

中国社科院农业发展研究所研究员李国祥向第一财经记者表示，有的地方抓粮食生产的积极性比较高，有的地方没有那么高，所以，要压实地方粮食安全责任，加大考核力度。

将粮食产量目标列入地方政府工作报告的年度主要预期目标中，将有力地提升粮食生产在地方经济社会工作中的地位。不仅如此，中央还对“米袋子”省长负责制进行完善。

据《大众日报》报道，山东省委农办主任、省农业农村厅厅长李希信表示："确保粮食面积和产量只增不减是今年的重大政治任务，要实行党政同责，严格奖惩。"山东省提出了确保实现5 000万吨粮食和5 000万头生猪产能"双五千"稳产保供目标。

2月22日，农业农村部部长唐仁健在国新办的新闻发布会上表示，要压实地方党委和政府在粮食安全上的义务和责任，所以，这次中央农村工作会议和"中央一号"文件都明确下一步粮食安全要实行党政同责，以前主要强调的是省长负责制。

2020年，中国粮食产量达到13 390亿斤，创历史新高。今年2月21日公布的"中央一号"文件提出，2021年粮食播种面积保持稳定、产量达到1.3万亿斤以上。强化和升级这些行政约束和考核的举措显示了中央对粮食安全问题的重视。

"三农"问题专家、四川省社科院研究员郭晓鸣向第一财经记者表示，全国粮食连续增产是政府持续高度重视、强化针对性政策等手段的结果，是在比较困难的情况下取得的。粮食产量持续增长保证了粮食安全的基本稳定，但是粮食安全仍然面临中长期矛盾和挑战性矛盾。

不仅如此，中国粮食供给也面临现实的新形势。

李国祥表示，粮食已经由前几年的供给宽松、阶段性过剩向结构性偏紧转变。粮食产量增长的同时，进口也在快速增长，价格也在上升。去年粮食进口量大，增长很快。去年粮食进口量1.4亿吨，主要是大豆，但是玉米超过了1 000万吨。

根据海关总署公布的数据，2020年，中国粮食累计进口额为14 262.1万吨，同比增加3 117.5万吨，增幅达到27.97%，不论是进口量还是增幅都创最近几年新高。其中，玉米进口量达到创纪录的1 130万吨，比上年提高135.7%。

李国祥认为，造成这一现象的原因在于粮食生产能力没有跟上消费的增长，没有满足消费的需求。

粮食生产仍存瓶颈

在确保1.3万亿斤的目标下，农业农村部向各地下达粮食面积和产量指标，无论是粮食主产区、粮食主销区还是产销平衡区，都分配了任务。主产区要巩固提升能力，产销平衡区和主销区要保持应有自给率、面积不减。

作为全国粮食产量第一大省的黑龙江省，2021 年要确保粮食总产量 1 500 亿斤以上，确保粮食播种面积稳定在 2.15 亿亩以上，其中，玉米 9 000 万亩以上、大豆 6 000 万亩、水稻 6 000 万亩。

作为粮食主销区的省份，广东省在其政府工作报告中提出 2021 年的目标是“粮食综合生产能力 1 200 万吨”。而在其稳定粮食生产工作方案中明确全省水稻种植面积稳定在 2 600 万亩以上、产量保持在 1 000 万吨以上，稻谷自给率稳定在 60%左右等。

但要实现这些目标难度不小。郭晓鸣表示，中国的粮食增产基本是以播种面积作为支撑的，没有播种面积的稳定，保供就面临很大问题，但是现在要保证粮食播种面积不减困难很大。

他表示，一是城市化和工业化扩展区都在灌溉条件比较好的地区，城市化推进对粮食生产产生挤出效应，而且建设用地增减挂钩存在质量不平衡，耕地质量不能冲抵；二是因为效益问题，这些年推进的土地规模经营大多种植经济作物；三是偏远、丘陵等地区又存在粗放经营。在这三种因素影响下，保面积的困难很大。

郭晓鸣提到的问题正是耕地“非农化”和“非粮化”。2020 年 11 月，国务院办公厅发布《关于防止耕地“非粮化”稳定粮食生产的意见》。根据国家统一部署，各省份也相继印发有关防止耕地“非粮化”稳定粮食生产的工作方案，重点落实粮食面积和产量任务。

唐仁健在前述新闻发布会上表示，下一步，我们将采取“长牙齿”的硬措施，落实最严格的耕地保护制度，坚决遏制耕地“非农化”和防止耕地“非粮化”，牢牢守住 18 亿亩耕地红线，同时还要确保 15.5 亿亩永久基本农田主要种植粮食及瓜菜等一年生的作物。另外，我们还要确保规划要建成的高标准农田要努力种植粮食。

郭晓鸣还表示，粮食生产的基础条件仍然面临很大问题。中低产田改造进展不大，很多丘陵地区的种粮耕地整治基本上没有覆盖，即便完成中低产田改造的依然达不到高品质田地的要求，因此，要从数量增长到质量增长，矛盾就很尖锐。

不仅如此，粮食效益低使得生产主体缺乏积极性。郭晓鸣表示，农业仍然是弱势产业，大多数规模经营都是“非粮化”，粮食生产仍然是小农户分散经营为主，规模经营远没有成为主要的生产方式，而且依赖政府补贴，粮食生产的市场化进展不大，因此需要精准支持政策。

据《四川日报》，1 月 25 日，四川省眉山市种粮大户李相德作为全国唯一一位农民代表，在北京参加了李克强总理主持召开的座谈会。李相德向总理反映：5 年前，合作社种植每亩田的净利润是几百元，但是，随着人工、农资成本上涨和粮食收购保护价下调，去年他种的 1 200 亩地，不加粮食补贴的话，每亩就只有几十元利润了。

李国祥表示，在前几年粮食去库存时期，农民种粮基本上是亏损的。因此，要确保粮食安全，需要保护和调动农民的种粮积极性，坚持完善最低收购价格制度，向种粮农民给予更多的政策支持。

今年“中央一号”文件明确提出，稳定种粮农民补贴，让种粮有合理收益。坚持并完善稻谷、小麦的最低收购价政策，完善玉米、大豆的生产者补贴政策。

当然，郭晓鸣强调，这些问题并不意味着中国粮食安全矛盾爆发，而是若干瓶颈性因素需要破除。

唐仁健在前述发布会上表示，全社会的库存目前非常充裕，中国的粮食安全是完全有保障的。粮食供求一直是紧平衡的状态。随着人口增长，特别是消费的升级，粮食的需求还会有刚性的增长。再加上外部形势的不确定性、不稳定性明显增加。所以，在粮食安全问题上，我们一刻也不能掉以轻心，而且还必须尽可能地把安全系数打得高一些，尽可能地多产一些粮、多储一些粮。以国内稳产保供的确定性来应对外部环境的不确定性，真正做到手中有粮、心中不慌。

2021 年 2 月 24 日

分享链接

“双城记”建设全面铺开！成渝联手打造两大世界级产业集群

成渝双城经济圈建设今年全面铺开，并进展迅速。

近日，推动成渝地区双城经济圈建设重庆四川党政联席会议第三次会议召开，并集中开工40个重大项目共建具有全国影响力的科技创新中心，总投资超过1 000亿元。6月中旬，川渝两地还将共同举办成渝地区双城经济圈全球投资推介会。

除了在产业上共同发力，川渝还在积极深化毗邻地区合作。专家表示，两个行政区中间的毗邻地区往往是发展的薄弱环节，在毗邻地区从物理和制度上建立合作的桥梁和平台是跨行政区合作的一个重要抓手。

产业合作路线图出炉

此次党政联席会议讨论了川渝联合编制的《成渝地区双城经济圈汽车产业高质量协同发展实施方案》和《成渝地区双城经济圈电子信息产业协同发展实施方案》，为川渝共同打造两大世界级产业集群制定了路线图。

重庆综合经济研究院院长易小光向第一财经记者表示，电子信息和汽车这两大产业在川渝两地都有相当的基础，都是各自的支柱产业，在产业链、供应链甚至创新链上都具备一定的竞争能力。

比如，2020年，四川省规模以上电子信息制造业完成营业收入6 957. 5亿元，同比增长28. 1%，总量居全国第四，在总量前四名中增速第一。2020年，重庆市汽车、电子信息产业的增加值分别比上年增长10. 1%、13. 9%，增速位居全市工业第二位和第一位。

整体上来看，成渝地区共有汽车整车企业45家，规模以上汽车零部件企业1 600家；汽车年产量近300万辆，全国占比近12%，年产值超过6 000亿元。

2020年，两地电子信息（含软件）产业营收规模达2.1万亿元，同比增长18%。

但是，产业结构的趋同也带来同质化竞争。有专家提出，成都、重庆两地产业结构相似系数达到0.96，要深度研究产业的分工协作方式，对内避免低水平重复建设和区域内恶性竞争，对外打造成渝经济圈的规模优势、比较优势，提升带动区域发展、参与全球竞争的实力。

不仅如此，易小光表示，放眼全国、全球，川渝两地上述两大产业的短板也比较突出：一是规模集聚效应不充分，相比沿海地区还有差距；二是产业链、供应链还存在缺链；三是产业能级还有待提升；四是产业的科技支撑能力还有待加强，核心技术存在瓶颈。

因此，川渝两地的产业合作首先就是抓住两个有基础的产业，共同打造世界级产业基地。易小光表示，要提升有竞争力的领域，对一些弱项薄弱环节要增强，同时，要避免低水平的重复竞争，加强集聚、集群效应，在产业链、价值链、创新链上共建共享。

据《重庆日报》，前述两个方案提出，到2025年，川渝两地汽车产量达到300万辆、产值达到6 000亿元，年均增长5%以上；电子信息产业规模将超过3万亿元，带动产业本地配套率大幅提高，全面提升产业竞争力。

其实，今年4月，重庆市经信委联合四川省经信厅、重庆市发改委、四川省发改委四部门共同印发了《川渝汽车产业产业链供应链协同工作方案》，提出强化两地产业链供应链高效协同，共建高水平汽车产业研发生产制造基地，建设万亿级汽车产业集群。

这一方案还设定了具体的目标：到2025年，将实现两地汽车产业每年推出20款以上新车型、新增一批整零对接项目；稳步推进成渝氢走廊建设，实现氢燃料电池汽车产业一体化发展；初步建成成渝智慧高速公路，实现车联网示范和应用一体化发展。

探索经济区与行政区适度分离

在共抓产业协作“一条链”，聚焦汽车、电子信息等重点产业补链强链的同时，川渝合作的另一大亮点在于积极深化毗邻地区合作，辐射带动全域发展，探索行政区和经济区适度分离的改革。

2020 年 12 月，重庆市发改委、四川省发改委联合印发《川渝高竹新区总体方案》。川渝高竹新区位于广安市和渝北区交界的区域，由四川省和重庆市共同建设，总规划面积 262 平方公里，计划以先进制造业、都市近郊现代农业为发展方向。

这一合作平台从诞生开始就承载着改革探索的使命。四川省广安市与重庆市渝北区双方共派干部组建党工委及平台公司，明确出资及利益分享比例，共同开展招商工作。这些做法在川渝合作中前所未有。

易小光表示，毗邻地区合作是成渝地区一体化合作非常亮眼的举措。这也是抓住跨行政区真正协同合作的关键和试金石。

他认为，两个行政区中间的毗邻地区往往是发展的薄弱环节，因为行政区不同，导致市场分割、要素流动不畅，基础设施和公共服务不能互联互通。因此，在毗邻地区从物理和制度上建立合作的桥梁和平台是跨行政区合作的一个重要抓手。

其实，去年两地就联合出台了《川渝毗邻地区合作共建区域发展功能平台推进方案》，提出共建一批各具优势和特色的区域发展功能平台，探索经济区与行政区适度分离，率先在规划统筹、政策协调、协同创新、共建共享等方面取得实质性突破。

从川渝两地今年的政府工作报告可以看到，2021 年双方将在成渝中轴及其南北两翼分别规划建设遂潼川渝毗邻地区一体化发展先行区、万达开川渝统筹发展示范区和川南渝西融合发展试验区。

易小光表示，川渝毗邻地区共规划了 9 个平台，以先易后难的顺序在共同感兴趣的领域逐步推进，减少市场竞争的摩擦。但是，探索行政区和经济区分离有很多问题需要解决，比如，公共基础设施建设、税收和 GDP 分配等很多方面都需要探索。

目前，川渝在一些毗邻合作平台上展开这方面的探索。易小光表示，在相对微观的地区通过这一方式打破分割、降低制度成本、实现共建共享互利互惠，目的不仅在于协调双方的利益分配，更在于通过这些措施打造好的营商环境，最终有利于市场主体的发展。

在区域之间招商引资日益激烈的背景下，今年 6 月中旬，川渝两地将首次共同举行成渝地区双城经济圈全球投资推介会，而且会有两地高层领导参加。这一举动向外界展示了双方合作的意愿以及推进一体化发展的决心。

2021 年 6 月 1 日

分享链接

高铁建设进入政策收紧期，两大财务压力如何缓解？

高铁建设进入新一轮政策收紧期。继3月底发布《国务院办公厅转发国家发展改革委等单位关于进一步做好铁路规划建设工作的意见》（国办函〔2021〕27号）（以下简称27号文件）之后，地方政府开始跟进执行最新的政策。

近日，重庆市政府办公厅发布了《关于深化铁路投融资改革推动全市铁路高质量发展的意见》（以下简称《重庆意见》），要求统筹考虑经济社会发展和财政承载能力等因素，编制全市铁路五年发展规划；未纳入中长期铁路网规划的项目，不得纳入五年发展规划。

政策收紧

《重庆意见》是根据27号文件的有关要求，结合地方实际出台的。目的是进一步规范有序地推进重庆铁路规划建设，提高铁路投资效益和资金使用效率，推动重庆铁路高质量发展。

这个文件要求，严格规划的实施，强化重庆市铁路五年发展规划、城际铁路和市域（郊）铁路建设规划执行的刚性约束。干线铁路需纳入全国中长期铁路网规划，城际和市域（郊）铁路需纳入国家批复的建设规划，方可启动前期工作。

同时，要求市级行业主管部门牵头，会同市级有关部门和有关区（县），切实建立健全铁路债务风险监测预警机制，加强市域（郊）铁路项目出资能力、运营补亏能力等审核，合理控制债务负担较重、超出财政承受能力区（县）的市域（郊）铁路建设。

重庆这一文件的基调就是政策收紧。27号文件是一个风向标，其出台所针对的问题就是："在铁路规划建设工作中，一些地方存在片面追求高标准、重高速轻普速、重投入轻产出等情况，铁路企业也面临经营压力较大、债务负担较重等问题”。

27号文要求，严把铁路建设项目审核关，做深做细前期工作，强化技术经济比选，合理确定建设标准、征拆范围和补偿标准，除国家重大战略需求外，要满足财务平衡的要求，避免盲目攀比、过度超前或重复建设。

这一文件出台对地方铁路规划建设产生影响。西部一位地市发改委副主任向第一财经记者表示，正在筹划将一条规划的普速线路提升为高速铁路，并期望以时速350公里的标准修建，但现在可能生变。根据27号文要求，城际铁路原则上采用时速200公里及以下标准。

调控不只针对中西部地区。7月2日，国家发展改革委员会关于印发《长江三角洲地区多层次轨道交通规划》的通知发布，要求加强该规划指导和约束，未列为规划近期实施的项目不得建设。以客流为基础，以需求为导向，以效益为根本。落实地方政府责任，加大地方财政投入，严格防控地方政府债务风险。

实际上，政策收紧不只在高铁规划建设上，城市轨道交通也是如此。

5月底，有网友询问“衡阳云轨交通什么时候开工建设?”湖南省发改委答复：“考虑到城市轨道交通建设投入巨大，为切实防范化解地方政府隐性债务，国家当前严控城市轨道交通建设”。

经营压力

造成政策收紧的主要原因在于铁路尤其是高铁建设规模扩张之后面临的巨大财务压力，这种压力主要包括两方面：一个是建设资金的筹资压力、债务压力；另一个则是铁路建成后运营的盈亏平衡的财务压力。

对于第一个压力，鼓励社会资本介入多元化筹资是破解融资难题的一个出路。《重庆意见》就提出，积极探索干线铁路地方资本金出资部分引入社会资本合作出资，鼓励通过市场化方式积极吸引社会资本参与城际和市域（郊）铁路投资、建设及运营。同时，鼓励财力受限但有资源禀赋的区（县）以具备开发价值的矿产、旅游、物流等资源特许经营权益作为投资对价，通过市场化方式支持新建城际和市域（郊）铁路项目的社会投资人参与资源开发。对于投资规模大、回报周期长的PPP项目，可探索将特许经营期延长至不超过50年。

实际上，早在2013年，国务院《关于改革铁路投融资体制加快推进铁路建设的意见》就提出，向社会资本放开城际铁路、市域（郊）铁路、资源开发性铁路和支线铁路的所有权、经营权，鼓励社会资本投资建设铁路。但是，社会资本进入铁路领域还鲜有案例。

今年5月，河南省政府办公厅出台的《关于深化铁路投融资体制改革的若干意见》（下称《河南意见》）也提出，强化重大铁路项目公开推介，按照国家有关规定，面向战略投资者推行PPP（政府和社会资本合作）、长期股权投资、“股权投资+EPC（工程总承包）”等模式，通过采取投资补助、配置土地和其他项目外资源等方式，以合理对价吸引社会资本参与铁路投资。

对于运营压力，以土地开发造血成为主要解题思路。27号文件提出，借鉴城市轨道交通开发模式，加强土地综合开发，既有可开发用地可依法依规变更用途，通过转让、出租等方式加快盘活，新增铁路综合开发用地要遵循国土空间规划，与城市建设统一规划、统筹建设、协同管理。

《重庆意见》提出，根据项目方案，合理配置站场周边的综合开发用地，按照单个站场平均规模不超过50公顷、枢纽站场不超过100公顷的标准，在铁路站场周边划定综合开发用地，原则上综合开发用地应在以站点为中心、半径800米范围内选取。站场周边用地条件紧张的，可在当地其他区域配置用地，对纳入项目的综合开发用地，可适度提高容积率。

《河南意见》提出，建立“铁路项目+土地开发”综合回报模式。在新建铁路项目可行性研究阶段，沿线市、县级政府及时对站场周边地区一定范围内的用地实施规划管控，作为综合开发备选用地，不具备开发条件的可在其他区域选址。支持既有城际铁路通过TOD模式开发运营。

2021年7月5日

分享链接

直通印度洋！西南省份开辟新出海口，产业巨头进场布局

继中欧班列和西部陆海新通道之后，西南地区开始尝试打通第三个国际物流通道——通过铁路、公路和海洋多式联运的方式直达缅甸沿海港口，开辟印度洋新通道。

近日，中缅新通道（仰光—临沧—成都）海洋、公路和铁路联运测试货物首次顺利到达成都国际铁路港。该批货物自新加坡海运至缅甸仰光港，经公路运输从云南临沧入境，然后由铁路直达终点成都。

中缅新通道可以经过缅甸出海口直接进入印度洋，联通欧洲、非洲、中东及南亚各国。运输距离大幅缩短，单程运输时间节约 20~22 天，形成比传统物流路径更经济、更便捷的替代方案。

事实上，以通道带动贸易，以贸易促进产业结构调整，正成为西南地区大力开辟国际贸易通道，改变自身发展现状的决策思路。

开辟新的出海口

由于地理环境的制约，内陆地区在对外开放、市场半径、物流成本等方面相比东部沿海地区处于劣势，这影响了内陆地区的产业结构和经济发展水平。

为破解这一难题，2011 年，中欧班列首趟专列从重庆开行，从西南地区直达欧洲中心城市和物流枢纽。在西向中欧班列常态化运行之后，西南地区又探索南向通过广西北部湾出海的西部陆海新通道。两条线路使丝绸之路经济带和 21 世纪海上丝绸之路形成交汇连接。

目前，成渝地区开行的中欧班列成为绝对主力。2020 年，成渝两地中欧班列开行数量近 5 000 列，历年累计开行量达 1.4 万列，占全国开行总量的 40%以上。2021 年 1—8 月，中欧班列（成渝）号开行超 3 000 列，从成都始发的中欧班列和西部陆海新通道国际班列近 3 000 列。

这两条线路已经常态化运营。实际上，开辟印度洋新通道的设想是与中欧班列一起提出的。2012 年，重庆就计划试运行“渝昆缅（越）”国际铁路集装箱，当时希望利用渝黔铁路由重庆经贵阳、昆明到达大理，再由瑞丽出境，在皎漂港出海通达印度洋。

2020 年 7 月，重庆市交通局又与泸州市签订协议，两地将推动重庆经泸州至昭通铁路（沿江铁路）建设，形成西部地区西向经缅甸皎漂港出海的国际贸易新通道。

据测算，与传统的经由华东港口、华南港口和北部湾港口相比，此番中缅新通道海洋、公路和铁路联运单程将比传统物流路径节约 20~22 天，这将极大地优化西南地区国际物流模式、路线，形成“一带一路”新节点、新通道和新路径。

不过，行业内资深专家向第一财经记者表示，中缅新通道目前还是测试阶段，困难较多，尚不成为通道，但打通这条通道是具有战略意义的。

第一财经记者了解到，此次中缅新通道海洋、公路和铁路联运测试还只是首批，中缅新通道试通工作计划将分三批实施，每批试运均为 60 个集装箱（一个专列车皮），运营方将力争 2022 年开始常态化运营。

就在中缅新通道测试的同时，从成都始发的中老国际班列也在积极筹划。预计 2021 年年底，中老铁路将建成通车，届时，成都将开行直达老挝万象的国际班列。

2020 年 11 月，成都国际铁路港投资发展公司分别与老挝磨丁经济专区开发集团和云南洲际班列物流公司签署战略合作协议，各方将共同建设南向铁路联运通道，打造联通内陆，辐射南亚、东南亚的开放物流通道。

近日开幕的 2021 南亚东南亚国家商品展暨投资贸易洽谈会透露，2021 年上半年，中国与老挝双边货物进出口贸易额为 23 亿美元，同比增长 48. 1%。中国已成为老挝的第一大投资来源国、第一大出口市场。

促进产业转移

中缅新通道如果能够打通，将成为我国西部特别是西南部经印度洋通往大西洋、直接对外开展国际贸易和国际物流的一条新通道。

与此前战略构想时的时空背景已经不大相同，目前，开辟中缅新通道，不仅是最短运输通道，而且对于密切西南地区与东盟的联系起到十分重要的作用。

目前，东盟已经成为中国第一大贸易伙伴，而且东盟已经成为国际制造业转移的目的地，经济正在崛起，与西南地区正在发展的产业形成互补。

数据显示，自去年 RCEP 协议正式签署以来，东盟已经发展成为缔约方中四川省的最大贸易伙伴，今年上半年，四川省对东盟进出口值占全省与 RCEP 其他缔约方进出口总值的 60.1%。通过国际班列，再依托 RCEP，可以促进区内形成产业链。

近 20 年前，总部位于四川省绵阳市的家电企业长虹深受物流等因素影响，选择南下在广东省中山市建立生产基地。华南地区因为沿海，成本更为便宜，快速形成完整的产业链，成为世界最大的制造业基地。如今，中欧班列等新通道改变了西部地区的地理劣势，变身开放前沿，也成为产业转移的目的地。

今年 5 月，TCL 与成都市青白江区签署投资协议，总投资 5 亿元的 TCL 出口加工制造基地落户成都国际铁路港综合保税区。该基地一期落地 TCL 彩电机芯板加工制造和彩电模组出口等业务，未来依据 TCL 产能规划以及市场状况筹划二期扩产计划。

康佳则于 2019 年年底就落户青白江欧洲产业城，并以此打造康佳集团欧洲业务中心，成都市成为康佳进军欧洲市场的桥头堡。成都康佳有关人士介绍，成都康佳计划在今年下半年出口 200 多柜、累计 20 万台产品，从 2022 年起，公司预计每年出口 1 000 柜以上。

事实上，开辟中缅新通道最为用力的当属云南省。今年以来，云南省委、省政府作出加快建设中缅印度洋物流大通道的决策部署。要求“千方百计地克服一切困难，尽早打通然后逐步完成”。此次出境口临沧市更期望成为中国与环印度洋经济圈的物流大通道和重要枢纽。

目前，临沧孟定清水河口岸至仰光港仅 1 170 公里。临沧已实现孟定清水河口岸至缅甸仰光港 72 小时公路到达、至成都 72 小时铁路到达的物流布局形态。以阿联酋杰贝阿里港为例，印度洋周边国家货物到仰光港经缅甸进入中国到成渝地区的运输时间将缩短 27 天左右。

2021 年 8 月 30 日

分享链接

多地出台新基建“十四五”规划，这些设施迎大规模“安装期”

新型基础设施建设投资进入快速扩张期。近日，地方版新型基础设施建设“十四五”规划陆续出台，新型基础设施步入大规模“安装期”。

从各地的规划中可以发现，在具体量化指标中，5G基站和新能源汽车充电桩增长最为显著。专家表示，新基建的规划目标要与各地具体需求、发展水平阶段相适应。基础建设重要的是应用，因此，在制定目标时要与需求量相匹配。

各地“新基建”五年规划陆续出炉

国家发改委在3月就已经表示，在新型基础设施方面，今年将出台“十四五”新型基础设施建设规划，大力发展数字经济，拓展5G应用，加快工业互联网、数据中心等建设。

全国规划目前尚未出炉，但地方已经开始行动。在去年多个省份发布至2022年的三年新型基础设施建设行动计划之后，今年各地“十四五”新型基础设施建设规划陆续公布。

近日，四川省政府和江苏省政府分别印发了《四川省“十四五”新型基础设施建设规划》和《江苏省“十四五”新型基础设施建设规划》。

9月13日，重庆市政府常务会议审议了《重庆市新型基础设施“十四五”发展规划（2021—2025年）》；《贵州省“十四五”新型基础设施建设规划》已于近日经贵州省政府批复；安徽省已经结束对其“十四五”新型基础设施建设规划的征求意见期。

今年5月，山西省发布了《山西省“十四五”新基建规划》；7月，《浙江省数字基础设施发展“十四五”规划》出炉；山东省政府则印发了《山东省“十四五”数字强省建设规划》；还有部分省份出台了信息通信产业的规划。

从这些规划来看，在新基建领域，各地事实上展开了一场竞赛，规划建设目标大都期望达到国内领先水平。

四川省和江苏省分别提出，到 2025 年，信息基础设施达到全国领先水平，信息基础设施均衡发展能力达到国内领先水平。重庆市提出，到 2025 年建成全国领先的新型基础设施标杆城市。浙江省要打造全国数字基础设施标杆省份，总体建设水平要达到国际一流、国内领先。

重庆综合经济研究院院长易小光向第一财经记者表示，基础建设是支撑国民经济的基础条件，新技术革命产生新的需求，新的产业对运行基础环境也提出新的要求。因此，一方面，新基建是应运而生，要去适应产业技术革命；另一方面，新基建又是巨大的市场，所以各地都在抓新基建。

去年 11 月，广东省印发了推进新基建三年实施方案。据《南方日报》，广东省发改委会同各地各部门，对全省目前在建及正在谋划的新型基础设施项目进行了梳理，初步汇总了 700 多个项目，总投资超 1 万亿元。经测算，2020—2022 年至少完成投资约 6 600 亿元。

易小光表示，在构建“双循环”新发展格局下，需要扩大内需，其中，投资是重要的抓手。相比传统的基础设施建设，新基建既是新增投资领域，也具有带动性，体现未来的发展方向，因此，未来的需求会更大，体量规模会不断增长，这将带来投资的结构性调整。

重庆市政府常务会议就指出，新型基础设施建设是扩大有效需求、培育壮大新动能、构筑未来战略优势的重要抓手。要加快新型基础设施建设，在信息基础设施、融合基础设施、创新基础设施三个方面持续用力，构建高水平的新型基础设施体系。

近年来，新基建已经成为一个热点投资方向，大量项目落地，带来新基建的增长。四川省在其规划中称，各市要加快新型基础设施建设布局，出台相关政策措施，推动建设一大批重点项目。

5G、充电桩是重点

根据国家发改委的定义，新型基础设施包括信息基础设施、融合基础设施和创新基础设施。各地的规划都围绕这些领域展开，并制定了具体的量化指标，其中，5G 基站和新能源汽车充电桩的增长最为显著。

在 5G 网络上，各地都展现出了雄心。比如，2020 年，四川省共有 5G 基站3.6万个，根据规划到2025年要达到25万个。山东省2020年有5G基站数5.1万个，规划提出到2022年达到16万个，而且将这一指标定为约束性指标。

各地规划都将加快建设5G网络作为重点来推进，形成以5G为核心的信息基础设施空间布局规划。这方面广东省最为领先，广东省2020年5G基站已经突破10万座，根据规划，到2022年，全省5G站址达35万个（含储备站址），累计建成5G基站22万个，全省基本实现5G全域覆盖。

在新能源汽车充电桩方面，各地也是大规模推进。

四川省提出，2025年要达到25万个新能源汽车充电桩。重点在高速公路、国道省道沿线布局建设快速充电基础设施，形成连接全省主要城市的城际快充网络。

江苏省要求，各类快速充电终端从2020年的9万个到2025年提高到30万个。推动高速公路服务区、公共停车场、居民小区、城市商场充电设施全覆盖，在具备条件的物流园、产业园、农贸批发市场、城市闲置土地等建设集中式充电站和快速换电站，形成车桩相随、适度超前、快充为主、慢充为辅的高速公路和城乡公共充电网络，全省中心城区、城市副中心等公用充电设施服务半径小于1公里。

不过，各地的新基建规划目标并不尽相同，也凸显各自特色。

比如，贵州省政府要求，在实施规划中，要以实施大数据战略为主线，以新一代信息通信技术创新为驱动，强力推进信息通信网络整体演进升级，推动支撑经济社会各领域转型提质的融合基础设施发展，全面构建泛在感知、高速连接、协同计算、智能分析、绿色安全的新型基础设施体系。

重庆市政府常务会议指出，要科学有序地推进，聚焦国家战略布局和重庆市产业发展需要，适度超前建设社会亟需、受益面广、带动性强的新型基础设施，健全重大项目滚动实施机制，进一步加大投资力度。

2021年9月16日

分享链接

开足马力保供，这几个产煤大省的经济数据飙升

由于煤炭供需紧张和价格上涨，主要产煤大省开足马力产煤保供，带动经济快速增长。

近日，山西、内蒙古、陕西和贵州等产煤大省的10月份经济数据陆续公布，煤炭工业对区域经济的增长起到显著的拉动效应。

煤炭工业支持经济增长

2020年，全国的煤炭总产量达到38.4亿吨，全国煤炭产量排名前5位的省份分别是山西、内蒙古、陕西、新疆和贵州，产量分别是10.63亿吨、10.01亿吨、6.79亿吨、2.66亿吨和1.19亿吨。

其中，尤以山西、内蒙古和陕西三省区的占比最大。2020年三省区合计产量为27.43亿吨，占全国产量的71.4%，比重较上年提升0.9个百分点；三省区产量合计增加3 687.1万吨，占全国总增量的108.9%。

在中国香港上市的煤炭企业恒鼎实业（01393.HK）董秘徐辉向第一财经记者表示，在这轮淘汰落后产能的过程后，一些产煤小省的产能大幅下降，有的甚至退出了煤炭市场，煤炭生产越来越向主要几个产煤大省集中。

梳理国家统计局发布的各省份2020年的原煤产量，31个省份中有10个省份的产量增长，14个省份的产量下降，7个省份已经没有煤炭生产。其中，产量增长的省份主要是产煤大省，下降的省份中有5个省份的降幅超过20%，最高的是四川和广西，下降了34.4%。

今年1月，重庆市政府批复同意将重庆能源集团所属的14个煤矿列入化解煤炭过剩产能计划，原则上6月底前依法关闭退出。这意味着重庆市国有煤矿煤炭开采历史的终结。今年至今，重庆市的煤炭产量为零。

因此，在煤炭供需紧张的背景下，各地都争相到山西、内蒙古和陕西等主要煤炭大省区找煤。

11月19日，重庆市经信委副主任涂兴永一行到陕煤集团走访座谈。会上，涂兴永表示，重庆市今冬明春的电力电煤保障形势仍然十分严峻，希望陕西省发改委、陕煤集团能进一步加大支持力度，满足重庆市经济社会发展对电力电煤的需求。

各地煤炭的短缺促使产煤大省满负荷生产，产量和产值都快速增长。

山西省能源局有关负责人表示，10月份以来，山西省的煤炭日均产量保持在330万吨以上。山西省统计局的数据显示，10月份山西省规模以上原煤产量10 275.2万吨，同比增长5.2%，已连续3个月产量超亿吨。

内蒙古自治区10月份的原煤产量为9377.5万吨，排名全国第2，低于排名第1的山西省897.7万吨。但是，从增速上来看，全国原煤产量同比增长4.0%，内蒙古自治区同比增长6.8%，高于全国和山西省2.8个和1.6个百分点。

统计数据显示，1—10月，山西省原煤累计产量9.8亿吨，比2020年1—10月的产量多了1.15亿吨，因此，在去年山西省全年10.63亿吨产量的基础上，预计今年全年山西省煤炭产量有望突破12亿吨。

产量的增加和价格的上涨带动产值的增长。今年前三季度，山西省煤炭工业实现利润总额1 300.9亿元，同比增长3.9倍。1—10月，山西全省规模以上工业增加值增长13.5%，增速比全国（10.9%）高2.6个百分点；两年平均增速（8.7%）快于全国2.4个百分点。

在前三季度工业经济趋缓的陕西省，10月全省规上工业增加值同比增长5.8%，较9月加快15.1个百分点，其中，能源工业快速回升。10月，规上能源工业增加值同比增长4.6%，较9月加快20.6个百分点，其中，煤炭开采和洗选业增加值增长5.2%。

贵州省煤炭行业也保持较快增长。在价格持续上涨的拉动下，有条件的煤炭企业满负荷生产，煤炭行业持续实现两位数增长。10月，全省规模以上煤炭开采和洗选业增加值同比增长10.7%，高于规模以上工业1.2个百分点，拉动规模以上工业增长2.0个百分点。

煤炭工业的增长带动了经济的增长。前三季度，山西省实现GDP 15 584.85亿元，按可比价格计算，比上年同期增长10.5%，这一增速使山西省跻身全国第五位，仅次于湖北、海南、北京和浙江；两年平均增长5.8%，这比上半年的平均增速提高了0.6个百分点。

“双碳”目标下的转型

为了缓解煤炭供需紧张，国家加快核增一些地区的煤炭产能，山西省、内蒙古自治区和陕西省是主要的核增产区。

根据官方信息，截至10月底，山西省已经完成39座核增产能煤矿的报告评审和现场核查，预计净增年度产能4 100万吨。内蒙古自治区今年为115处煤矿核增产能1.69亿吨，调增10处建设煤矿规模，增加产能2 160万吨。

能源情报研究中心研究员张立宽向第一财经记者表示，近年来煤炭行业的集中度不断提高，特别是从2016年以来推动的淘汰煤炭落后产能中，5年淘汰了11亿吨左右的落后产能，同时也不断地核准煤炭先进产能，促进了煤炭产业科学发展、安全发展和绿色发展，巩固了煤炭作为能源兜底保障的压舱石作用。

张立宽表示，在“双碳”目标下，势必要降低包括煤炭在内的化石能源的消费比重，但中国的国情和资源禀赋决定了今后较长一段时期仍然是以煤炭为主的能源结构。现阶段中国的煤炭消费基数较大，每年要下降1%左右都是非常不易的，当然，大趋势是一个不断下降的过程，但兜底保障作用会越来越彰显。

徐辉表示，煤炭的代替将带来工业等各方面成本的提升，因此，要根据国情推进减排。

11月17日召开的国务院常务会议决定，设立2 000亿元支持煤炭清洁高效利用专项再贷款。会议指出，我国能源资源禀赋以煤为主，要从国情实际出发，着力提升煤炭清洁高效利用水平，加快推广成熟技术的商业化运用。

会议决定，在前期设立碳减排金融支持工具的基础上，再设立2 000亿元支持煤炭清洁高效利用专项再贷款，形成政策规模，推动绿色低碳发展。此次设立的专项再贷款，按照聚焦重点、更可操作的要求和市场化原则，专项支持煤炭安全高效绿色智能开采、煤炭清洁高效加工、煤电清洁高效利用、工业清洁燃烧和清洁供热、民用清洁采暖、煤炭资源综合利用和大力推进煤层气开发利用。

不过，在“双碳”目标下，这些产煤大省也面临长远的转型挑战，在其“十四五”规划中也都制定了控煤计划和构建多元能源体系。

山西省“十四五”规划提出，加快煤炭绿色低碳清洁高效开发利用。合理控制煤炭开发规模，原煤产量稳定在 10 亿吨左右。促进煤矿智能化发展，推进“5G+”智慧矿山建设，用科技手段实现煤矿本质安全和减员增效。

内蒙古自治区“十四五”规划提出，煤炭产能动态稳定在 13 亿吨左右。鼓励赋存条件好、安全有保障、机械水平高的井工煤矿核增生产能力，增加有效供给。引导 60 万吨/年以下的煤矿及水、火、瓦斯等重大灾害并存的老旧矿井有序退出，煤矿单矿平均产能提高到 300 万吨/年，提高优质产能占比。

陕西省“十四五”规划提出，持续优化煤炭产业结构，推进转化项目配套和资源接续的现代化矿井建设，推动大型煤矿智能化改造，打造绿色智能煤矿集群。到 2025 年，全省原煤产量达到 7.4 亿吨。

作为南方产煤第一大省，酒、煤、烟是贵州的三大支柱产业。截至 2021 年 7 月 31 日，贵州省共有合法生产煤矿 246 处，产能 14 597 万吨/年。贵州省提出，“十四五”期间，加快煤矿改造提升，每年新增产能 2 000 万吨，到 2025 年全省煤炭产能 2.5 亿吨/年，单井平均产能 60 万吨/年。

张立宽向第一财经记者表示，虽然都是产煤大省，但是各自资源禀赋、发展阶段和面临的问题不尽相同。山西省作为传统的煤炭资源大省，一些地区面临资源枯竭、转型发展的问题，而且老矿区比较多，包袱比较重，未来需要智能化改造和生态修复的巨大投入。陕北地区和内蒙古鄂尔多斯地区煤化工、煤制油、煤制气发展得还比较好，但也面临经济性和生态问题。

陕西省也提出，要以清洁化、高端化为目标，以保障能源安全为首要任务，以科技创新和开放合作为根本动力，加强资源绿色开发和高效转化利用，以资源优势向产业优势转变，以产业优势向创新优势转变，促进产业链延伸，实现能源、经济、生态一体化高效发展，构建万亿级能源化工产业集群。

2021 年 11 月 25 日

分享链接

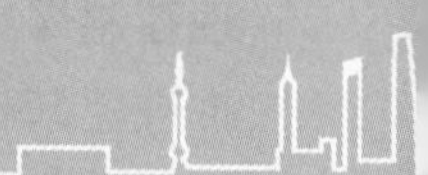

六、婷见影视

葛怡婷|第一财经特稿部商业人文记者。复旦大学新闻学院新闻系硕士。专注文娱产业领域报道。
geyiting@ yicai. com

主旋律扶贫剧成爆款，《山海情》戳破了平台和流量神话

1 月 24 日晚，23 集电视剧《山海情》收官。在五大卫视联播分流收视的情况下，大结局当晚，浙江卫视播出收视率破 2，截至目前，腾讯视频播放量突破 2. 3 亿次，豆瓣评分 9. 4。

30 年前从西海固贫瘠山坳里开始的故事，引发了如今各个圈层、年龄层观众的共鸣。过来人说，这就是他的少年时代，是他的故乡，“00 后”们则感动于当年同龄人身上的理想主义。

《山海情》之所以引人入胜，在于它不仅讲述了一个脱贫攻坚战中的典型案例，也诉说着这片土地上绵延不绝的乡土人情。从一个个最普通的人物生活出发，描摹他们的劳动与爱情、挫折与追求、痛苦和欢乐，回答时代故事中永恒的主题：何为奋斗，何为理想，何为情义。

主旋律扶贫剧破圈

《山海情》的山是宁夏的山，海是福建的海。油彩般的黄土地和湛蓝大海，扑面而来的是漫天黄沙和潮湿海风，耳边萦绕的是朴实乡音。这部剧所营造的时代感和亲切的“土味”，将观众拉回福建省对口协助宁夏回族自治区脱贫的岁月。

从贫瘠的西海固地区搬迁到玉泉营地区的移民们，从无到有地建设着他们的新家园。村干部马得福既操心着通电、灌溉用水等民生问题，也担忧着全村人的命运。在他最迷茫的时刻，福建省对口援助宁夏回族自治区的扶贫事业，建立闽宁村，一批福建干部、技术人员来到闽宁镇与村民同奋斗，村里的年轻人也通过劳务输入、发展庭院经济实现梦想。

区别于过去主旋律题材说教、空洞、虚假等问题，《山海情》的好看在于贴地。剧集一开始便直面贫穷：三兄弟一条外裤轮着穿；扶贫的珍珠鸡被村民们瓜分吃掉；为了一头驴、两口水窖葬送女儿的幸福，在极端贫困下，人们很难用长远目光看问题。

发展始终存在传统与现代、物质文明与精神文明、寻根与断根等矛盾，对于祖祖辈辈生活在这片土地上的人们而言，挑战和转变不断发生着，融合、变迁中也伴随着阵痛。《山海情》中这些根植于现实、取材于真实事件的冲突，通过戏剧的形式表现出来，并以快节奏推进，牵动着观众的心：如何动员村民离开祖辈生存的土地吊庄移民、开垦荒土；如何解决生活的基本难题，如通电、建扬水站；如何改变人们因贫穷而带来的短视观念。《山海情》可以说是千难万险地“闯关”，也因此吊足观众胃口，等着悬念最终揭开。

基层干部马得福、帮扶教授凌一农等剧中的许多人物都有真实原型，故事发生的主要地点闽宁镇是真实存在的。一位来自宁夏的观众说，闽宁镇的发展现在特别快，葡萄酒成了当地的新兴产业。“在宁夏有不少这样的镇子，村民们都是来自西海固，为了能离发达城市近一些，更好地开发戈壁滩、治理退耕还林工程，都默默地付出着，才换来今天闽宁镇、塞上江南和银川蓝。”

没有铺天盖地的热搜与营销，这部脱贫攻坚题材的影视剧却悄悄破圈，主旋律题材也可以引人入胜。正如《山海情》每集片尾的结语所言：“这是一幅荡漾理想主义浪漫、蕴含现实主义真切的画作。从秃山困地到绿色金滩；从一息尚存到生机勃勃；从穷乡僻壤到富饶美好，这不是理想，而是一群人的真实经历，更是时代大潮写给每个人波澜壮阔的史诗。”

回归创作本质

看《山海情》，很难不跟着剧中人用西北方言说一句：“美得很”。村民们的奋斗与劳作结出了果实，戈壁荒滩一步步地变身“塞上江南”，观众也跟着他们一起品尝丰收的喜悦。

剧中人物众多却做到了立体丰满、复杂与柔软共存。有的人一身毛病，却因真挚而可爱。村民的勤劳，扶贫工作者的奉献，基层干部的奋斗，是所有脱贫攻坚故事中不可或缺的一环。如何展现这些人和故事，靠的是制作的细节，从场景、服装、道具、小动作等，力求贴近一代人的真实状态。这些角色生动鲜活，塑造得深入人心，离不开这批演员的演绎。

张嘉益穿着破旧的衣服蹲在村口抽着旱烟；黄轩骑着自行车在飞沙走石的茫茫戈壁穿行；热依扎、黄尧素面朝天，衣着朴素地在田间地头、车间工厂劳作；郭京飞、黄觉操着福建普通话教授村民们技术致富。如果不仔细辨认，可能无法认出陶红、尤勇智在剧中担纲重要角色。

《山海情》是国家广电总局庆祝中国共产党成立100周年展播剧目，由东阳正午阳光影视有限公司出品，这是影视剧创作团队中的金字招牌，2011年成立后贡献了诸多优质作品。导演孔笙是这支团队的王牌，曾执导过《大江大河》《琅琊榜》《战长沙》《北平无战事》《父母爱情》等多部现象级热剧。《山海情》让人联想到山影时代，他曾经执导过《闯关东》，那段波澜壮阔的流民历史也是人民在白山黑水之间与天地抗争。

2019年年底接到拍摄任务，2020年7月底在宁夏开机，于宁夏、福建两地完成拍摄，10月底杀青。9个月筹备，5个月夯实剧本大纲，制作团队花了大量时间调研、采访，制片人侯鸿亮说，为的就是探寻最恰当的表达方式，“亲历者的群体记忆和个人经历太鲜活，我们不断受到心灵的冲击，在创作中放大共情”。

剧中，演员们基本上都是用西北方言进行表演，一方面能够带动观众入戏，另一方面也制造了不少喜剧效果。孔笙介绍，在收集资料的过程中，他们捕捉到福建省对口帮扶宁夏回族自治区的有趣细节：“福建人来了以后听不懂当地话，当地人也听不懂福建话，所以他们一开始首先要过语言关。当我们去了西海固以后，觉得他们的性格、喜怒哀乐更适合用方言。”方言的运用能展现浓郁又深厚的地域文化，丰富人物形象，因此，制作团队坚持使用方言，并起用大量西北演员。这件事情让主创们很感慨，“当年福建省的扶贫工作人员来到这里以后，面对的沟通问题肯定比我们多。”

主旋律作品往往给人一种误解，认为这类作品的宣教性大于审美性，不容易讨好市场，侯鸿亮以过往经验参照，认为真正有广度、有深度、有温度的主旋律作品，能够与包括年轻人在内的社会各个圈层形成良好的对话关系。正如鲁迅所言："无穷的远方，无数的人们，都与我有关。"

十级滤镜下，美得失真的人，梦一般虚浮的故事，被这些黄沙漫天里的粗糙面孔衬得失色。首都师范大学讲师林品认为，《山海情》证明了扎实的剧作、细致的服化道、精湛的演技、真诚的现实关怀，比 IP+流量更能赢得"路人观众"的欣赏与喜爱。事实上，不只《山海情》，同时在湖南卫视播出的脱贫攻坚题材《江山如此多娇》也收获了亮眼的收视成绩，1 月 24 日的收视率破 2，同时也得到了观众的好评。

从流量回归演技，从 IP 回归创作本质，大数据无法左右观众手中的遥控器。在编剧王力扶看来，"粉丝跨界看剧，但观众不一定跨界追星。《山海情》是优质电视剧的基本款，这个时候爆出来，真的令人百感交集、感慨万千。它首先依赖于强悍的、有信念的侯鸿亮、孔笙团队，依靠几年漂亮业绩的积累在平台那里获得了话语权。应该说，平台人造的天被《山海情》戳破了。"

2021 年 1 月 28 日

分享链接

票房突破30亿元，《你好，李焕英》做对了什么？

2021年春节过后，喜剧演员贾玲多了一个头衔：中国影史上首位破20亿元票房的女导演，这个数字将很快刷新为30亿元。

由贾玲自编自导并担任主演的影片《你好，李焕英》在春节假期后半程发力，单日排片、票房、观影人次均超越《唐人街探案3》跃升至首位。截至2月18日18时，《你好，李焕英》的票房达到30.92亿元，反超《唐人街探案3》的票房总量并非没有可能。

根据猫眼专业版预测，《你好，李焕英》的内地总票房或将达到52.8亿元。如果该片票房最终能够突破53亿元，超越《神奇女侠》的全球票房，贾玲则将取代派蒂·杰金斯成为世界票房最高的女导演。

在春节档开始之前，几乎没人会预料到有一部影片能够撼动《唐人街探案3》这部捂盘两年、有IP基础的巨制。《你好，李焕英》是贾玲的处女作。尽管有张小斐、沈腾、陈赫等喜剧明星加盟，上映之前，并没有多少人看好《你好，李焕英》的品质。演员转型导演的案例许多，成功的却是少数。在春节档大战开启之前，多数媒体和数据机构预测该片票房落点在20亿元左右。

之所以能在春节档逆袭，一个相对明晰的原因是口碑与票房的正相关。在各大评分网站上，《你好，李焕英》是春节档七部影片中观众评分最高的影片，在豆瓣上也是唯一一部评分破8的影片。

纵观近年来的春节档，几部翻盘的影片都可被归结为口碑逆袭。2019年，大年初一排片仅位列第四的《流浪地球》凭借口碑接连超越《新喜剧之王》《飞驰人生》《疯狂的外星人》，排片占比从最初的11%跃升至38%，最终以累计票房46.88亿元的成绩成为春节档票房冠军；2018年，大年初一排片仅10.1%位列第四的《红海行动》接连超越《西游记女儿国》《捉妖记2》《唐人街探案2》，排片峰值时达到43.5%。再看《你好，李焕英》，不过一周时间，排片从20.1%上升至40.8%，大年初五单日票房为上映首日票房的两倍，票房占比在大年初六突破半成达到56.5%。

胜在真情实感

《你好，李焕英》基于贾玲主演的同名小品改编而成，灵感源自她的亲身经历，缅怀对已故母亲的思念之情。影片讲述母亲李焕英发生意外之后，贾晓玲穿越回到1981年，与年轻时的母亲相遇，发生一系列啼笑皆非的故事。

2001年，贾玲入读中央戏剧学院一个月后，母亲去世。贾玲曾回忆，当时她还要学习喜剧，这太过残忍。“即便我上了春晚，我能嫁得很好，我再怎么怎么样，我都觉得我始终……晚上躺在床上的时候会想着，我妈不知道。”与她合作过的编剧马驰说，作品里的贾玲可以是剩女、胖子，但绝不可以是一个没有母亲的孤女形象。

2016年，贾玲创立大碗娱乐公司之后，创作的首部作品就是《你好，李焕英》；同名小品首次演出是在综艺《喜剧总动员》上，演出之后被认为是贾玲最好的作品，有较广泛的观众基础，前半段喜剧效果做足，后半段温暖的亲情故事催人泪下。排演完这部小品，贾玲对母亲的思念之情有了纾解的出口。

小品的完整版有近半个小时，由于时间和篇幅原因，许多细节来不及铺垫，有些许前后情绪割裂的观感。电影时长128分钟，基本设定相同，主创对主要情节进行了大刀阔斧的改编，有足够的时间进行情感铺垫，到最后半小时的反转升华才显得动人。贾玲此前在接受采访时坦言，把《你好，李焕英》拍成电影是她这一生为母亲做的最后一件事：“它对得起我对妈妈的感情，我也把自己的心掏出来给你们看。”影片前后历经了三年筹备时间，也是贾玲这几年来的工作重心。2020年1月7日杀青当天，贾玲置顶了一条微博：“妈，电影《你好，李焕英》杀青了。我厉害不？”

穿越过去与年轻时的父母相遇，这样的设定实际上早已不算新鲜。2017年春节档，韩寒执导的《乘风破浪》讲述了儿子穿越回父亲年轻时代的故事，在当年的春节档中也是一匹后来居上的小黑马。关于《你好，李焕英》能够受到观众欢迎的原因，同济大学人文学院副教授汤惟杰向第一财经记者表示，一方面，中国观众对家庭伦理亲情故事有偏爱，放在中国影史的坐标系来看，母爱题材历来非常有市场；另一方面，穿越到20世纪80年代，对旧日时光的复原和怀旧情节也引发了全民共情。与此同时，该片又精准拿捏了当下社会的育儿焦虑、中产阶级焦虑和互相攀比的社会心理，穿越的动力来自当下的焦虑。

《你好，李焕英》谈不上有多高明的电影技巧，有评论认为，不过是几个小品串烧。从设定到拍摄手法，也没有太多新意可言。但影片从始至终流露的真情最终打动了大多数观众。母女之间，义无反顾地奔赴对方，希望彼此过得更幸福、快乐的心愿令人动容，而女导演的镜头下，影片中的女性形象不再是工具人般的存在，而是超越了一般“贤妻良母”的刻板设定，拥有了更丰富的光彩。

影评人谭飞认为，贾玲选择自己最熟悉的人拍处女作是正确的选择：“她对细节的感知力比较准确，对喜剧节奏的拿捏也显然是高手，因此，拍出来显得不费力气又流畅好玩。从结果看，她好像一直在用自己前四十岁的人生准备这部电影，所有流泻出的东西都让人觉得有抓地感。”

对于导演能力，贾玲自己有较为清晰的认知：“我的作品必须要发自内心。其实我没有什么才华，也没有天大的本事，我的才华就在于情感浓度比较高，能够把自己的情感很顺畅地表达给观众，我只能做到这一步。”

笑中带泪春节档

根据灯塔专业版数据，截至2月17日22时，2021春节档累计票房突破78亿元，观影人次突破1.6亿人次。创造中国影史上春节档累计票房、观影人次新纪录，就地过年的大环境下，看电影成了春节最重要的娱乐活动。

春节档成为年度主流档期始于2013年，《西游降魔篇》的热映形成了春节假期全民观影的氛围。此后，春节档成为各大片方的必争之地，高成本、大投资的头部影片往往会瞄准这一档期分食蛋糕。至2019年春节档，七天产生票房占比已全年票房的9.2%。

上海大学上海电影学院教授刘海波向第一财经记者表示，春节档是能够最大限度地拉动观影人次的档期，在这一消费周期中，部分观众不会只看一部电影，当《唐人街探案 3》积累的消费冲动在前半周释放之后，观众会选择口碑不错的《你好，李焕英》，它的票房反超实属正常。

在刘海波看来，观众在电影院里看电影，特别是春节档，首要需求是快乐和放松，其次需求是真诚和情感，关键时刻走心，让情感得到释放，对创作者的真诚有所认同，有所共情，《你好，李焕英》将这两点融合得较好。影片的票房成功也给电影行业带来一个正面的启示："在春节档这个特别的档期，如果想调动全家看电影，调动更多人看电影，快乐和眼泪，笑中带泪，以笑写泪，这是必须要有的配方。观众需要得到充分的释放和满足。"

这一点，和过去春晚中大多数小品的套路是相似的，而今年春晚的小品却和观众的期待产生了些许落差。汤惟杰认为，《你好，李焕英》的确是一个小品连缀色彩比较明显的电影，但能够看到制作团队花了力气，沿着春晚小品的路线，精准地敲击了观众的神经，让观众开怀大笑、热泪盈眶，某种程度上是代替春晚小品实现了全民抚慰的功能。

《你好，李焕英》票房高企的背后，也有部分争议的声音，认为将小品改编为电影将成为一种流行的创作模式，越来越多地"以小博大"，进而影响电影工业发展和产业升级。刘海波认为这种论调属于无稽之谈，"不同的档期、不同的观众有不同的审美需求和类型偏好，对于创作者、出品方而言，也会根据自己的擅长创作作品。至于《你好，李焕英》，多少年才出一个贾玲，这是贾玲才有真情实感，而且这样一个梗用多了就会失去意义。"

不是所有的影片都适合春节档，不同档期的观众口味差异较大。正如《你好，李焕英》的配方适合春节档，不代表它也适合其他档期，比如主流观影人群是年轻观众的暑期档，可能是类似《刺杀小说家》这样主打热血和特效的影片更适合的档期。

从目前的票房走势来看，"两家独大"的格局可能不会产生较大的变化。《唐人街探案 3》《你好，李焕英》占据了票房总量的大多数，留给《刺杀小说家》《人潮汹涌》《新神榜：哪吒重生》的空间很小。尽管另外几部作品口碑尚可，在特效、类型创新等方面有亮眼表现，但被两部巨无霸的光环淹没，声势渐息。

2021 年春节档票房即使能够达到百亿元，也是赢者通吃。在刘海波看来，其余几个片子不错，却受到了挤压。"这就好比过年的时候做一桌菜，好东西拿上来，大家是有消费欲望的，每个人的胃口又是有限的。"

春节档市场很大，但竞争过于激烈，片方或许应该在未来根据影片特质考虑更适合的档期，而不必争得头破血流，每部影片讲究自己的“天时，地利，人和”，只有适销对路，才能获得超出预期的结果。

2021 年 2 月 18 日

分享链接

《鱿鱼游戏》火爆全球，奈飞版“韩流”为何如此成功？

这个国庆假期，没有比《鱿鱼游戏》更火的剧集了。

自9月17日上线以来，《鱿鱼游戏》迅速成为奈飞（Netflix）热度最高的电视剧。截至10月11日，奈飞市值涨幅超过1 000亿元。女配角姜晓的饰演者郑浩妍（Instagram）的粉丝从40万飙升至1 900万，她首次出演影视剧，便拿下了LV品牌全球大使。主角团的同款绿色运动服、白色帆布鞋在电商平台销量激增。魔性又洗脑的主题曲在各个社交平台上病毒式传播。微博上，“鱿鱼游戏”话题的阅读量突破19亿。

奈飞联席首席执行官泰德·萨兰多斯近日公开表示，《鱿鱼游戏》将会成为奈飞历史上最受欢迎的非英语剧集，甚至有可能成为奈飞有史以来最成功的影视剧。该剧的热门程度还引起了亚马逊创始人杰夫·贝佐斯的注意，他在推特上点赞奈飞，称其国际化战略并不容易，他们的努力令人印象深刻并鼓舞人心。

从《王国》到《鱿鱼游戏》的全球风靡，奈飞与“韩流”的合作成功并非偶然现象。奈飞投资主控，本土公司制作，海外输出，其全球策略已经形成了一条明晰的发展路径。在海外布局中，韩国业务是重中之重。韩国娱乐产业多年积淀，加上奈飞的资金与技术支持，如何在本土文化基因中挖掘出世界通行的好故事，《鱿鱼游戏》的成功是又一次绝佳案例。

残酷游戏

在极端的环境中考验人性的生存游戏，在过往的影视剧中已经有过多次实验。《大逃杀》《饥饿游戏》《赌博默示录》以及奈飞去年出品的日剧《弥留之国的爱丽丝》都是类似概念的设定。在这个被反复使用的故事框架下，《鱿鱼游戏》靠什么征服全球观众？

一二三木头人、拔河、弹珠……在看过《鱿鱼游戏》之后，这些曾风靡东亚的儿童游戏被赋予了新的含义。456 个负债累累的人，被召集在一个孤岛上完成相应的游戏闯关，与儿时玩闹所不同的是，455 个游戏失败者将被处决，唯一的赢家将得到全部奖金。这些参赛者多为社会边缘人，如流离失所的脱北者、失败的金融操盘手、嗜赌成性的失业者、打黑工的外来人等。他们的共同点是负债累累，走投无路，只得搏命。

于是，童年游戏变成了杀戮战争。实际上，这个看似超现实的设定背后是韩国高负债率的现状。据韩国银行的数据，今年第二季度，韩国家庭负债增加了 41. 2 万亿韩元（1 亿韩元约合人民币 53. 95 万元），创下单季度历史最高纪录，首次突破了 1 800 万亿韩元。

简单通俗的游戏为这个残酷的生存游戏赋予了一丝童真，并加剧了讽刺与荒诞感。对于曾执导过《熔炉》《奇怪的她》等韩国电影的黄东赫来说，这些游戏是他童年的一部分。“我们所有人都曾在某个时候玩过那些简单而幼稚的游戏。”片名《鱿鱼游戏》是一款 20 世纪 80 年代在韩国流行的游戏，攻击方与防守方在鱿鱼形状的图案中相互对峙。“这对体力要求很高，每次我们比赛都会有人衣服撕裂，受伤或哭泣。”他说，“这将永远是当天的最后一场比赛。”

“长大成人后，回到过去再次玩那些游戏会是什么感觉？”这是《鱿鱼游戏》创作的缘起。两位主人公成奇勋和曹尚佑融合了黄东赫个人的成长经历。他在双门洞的拮据环境中出生，母亲独自一人抚养他长大，他和曹尚佑一样考上了首尔大学，周围的亲友对他寄予厚望。黄东赫说，《鱿鱼游戏》是一个关于失败者的寓言，讲的是那些在生活中挣扎并被抛在后面的人。

如同影片《寄生虫》得到美国影评界与观众追捧一样，《鱿鱼游戏》对阶层固化、贫富差距以及不平等的揭示，还有对人性与道德的拷问，以及财富与权力背后的幻觉与空虚，再一次引发了北美观众的共鸣。在中国，有观众指出游戏背后的隐喻，分别指向韩国教育内卷，高学历贬值，底层人“走错一步、满盘皆输”等社会问题。

在《鱿鱼游戏》热度飙升的同时，观众当中出现了批评的声音。不可否认的是，该剧在节奏、美术、配乐等技术环节上都十分出彩，空间设计与色彩搭配给观众带来了视觉享受，几首配乐配合不同场景，诙谐而又惊悚，操控着观众的情感。但在一些人看来，《鱿鱼游戏》所标榜的社会批判与人性拷问实际上浅尝辄止，在游戏设定烧脑程度上也不及此前的同类型作品。不过，也正是因为简单通俗的游戏设定，使得大多数观众更容易沉浸其中，关注每个角色的命运，同时又能获得置身事外的安全感。

善良、简单的男主人公像是大多数普通人的缩影，不需要超人的智慧和体能，他也能手不沾血、靠运气和别人的牺牲一路“躺赢”，带来的是逃离现实纾解情绪的爽剧体验，符合主流观众的期待。《鱿鱼游戏》有着清晰的结构、明快的节奏、适当的讽刺、个性鲜明的人物，在惊悚和悬疑的尺度上拿捏精准，并添加了娱乐大众的喜剧元素，不会因为过度创新和实验而丧失普通观众，而是让观众在其中看见了自己。

深耕韩国市场

目前，奈飞的大部分付费用户增长来自国际市场。最近一个季度，奈飞失去超过 40 万美国国内用户，而全球会员总数增长到 2.09 亿。公司将在 10 月 19 日公布第三季度收益，将会释放更多信息。

2016 年，奈飞开启全球化战略，在全球 130 个国家和地区上线。2018 年 5 月，奈飞在韩国开设办事处，这是继日本、新加坡、中国台湾、印度之后，在亚洲成立的第 5 个办事处。

在跨文化资本与内容产业的合作中，水土不服而投资打水漂的故事屡见不鲜。奈飞与韩国的合作并非一帆风顺。奈飞出品的首部韩剧《我唯一的情歌》收视不佳，但它持续投资，深耕韩国市场，逐步了解本土观众的喜好，并引入美剧工业化的制作流程，以高资本投入提升内容品质，与本土市场展开竞争。

奈飞的策略是投资当地的内容团队，或是与当地内容出品方合作，在把控全球化方向的基础上，给予对方创作的高度自由。2019 年，《王国》成为奈飞与韩国影视合作的里程碑作品，拍摄经历了超期、超支，奈飞追加投资支持制作。《王国》的主创曾表示，奈飞的投资堪称大手笔，但并不会过度干预影视创作。

《王国》的成功让奈飞加大了在韩国的投资力度。进入韩国至今，奈飞共投资 7 700 亿韩元的韩国内容资源，其间诞生了《人间课堂》《甜蜜家园》等热播剧，《鱿鱼游戏》于 2020 年 6 月至 10 月拍摄，也是疫情期间奈飞完成制作的少数剧集之一，采取了多项预防措施确保演职人员的安全。《鱿鱼游戏》起用了庞大的演员阵容，总投资为 200 亿韩元，约合 1.1 亿元人民币，单集成本高达1 200万元人民币。今年，奈飞计划投资5亿美元来制作韩国内容。

流媒体打破了时空限制，极大地扩张了本土的潜在受众。奈飞全球电视主管贝拉·巴贾里亚表示，奈飞的国际化策略显然是奏效的，自2019年以来，该平台非英语内容在北美的播放量增长了71%。在她看来，尽管北美娱乐产品在全球范围内仍有巨大的吸引力，但奈飞越来越依赖向非北美观众提供本土创作者创作的影视剧，因此投资国际创作者是十分必要的。

作为闯入者的奈飞，某种程度上激发了韩国本土市场的创作潜能。韩剧的品质肉眼可见地得以提升，并在科幻、奇幻、悬疑、惊悚、家庭等多元类型上实现了新的突破，爆款及精品的产出频率加速，随之而来的是演员的身价与影视公司的估值水涨船高。奈飞与韩国影视业的合作，生产出风靡全球的文化产品，给中国影视创作者带来的思考是，在我们的文化中还有哪些没有讲述的故事?

关于《鱿鱼游戏》的第二季，巴贾里亚表示取决于导演黄东赫的日程安排和他的意愿。黄东赫透露，目前正在考虑第二季的事宜，但并没有最终确认。在《鱿鱼游戏》的拍摄过程中，他因为压力较大而掉了六颗牙齿。“负责编剧、制作和导演一个系列是一项艰巨的任务，想到还要经历一次，个人有点担心。但是很多人都对第二季抱以热情，我正在考虑。”

2021年10月12日

分享链接

007 票房折戟不意外，最长寿系列片挽回中国观众不容易

延期一年半之后，《007：无暇赴死》上映了。164 分钟的片长加上乏善可陈的剧情，对于一部名为《007：无暇赴死》的电影来说，实在是过于冗长。这场事先张扬而又拖沓的告别，令观众最终失去耐心：纵然难舍，但终于结束了。

作为第六任 007 丹尼尔·克雷格的谢幕之作，《007：无暇赴死》的全球票房表现不错，截至目前突破 6 亿美元，仅次于《速度与激情 9》的 7.21 亿美元，暂列好莱坞影片年度第二。与中国电影《长津湖》《你好，李焕英》超 8 亿美元的全球票房还有一定距离。

影评人没有观众那么宽容。芝加哥影评人协会主席布莱恩·塔勒里柯给予《007：无暇赴死》两星评价，认为这部影片令人失望，从第一帧到最后一帧都过于熟悉和保守，就像是漫威电影宇宙生产的逻辑一样，从前作中提取一切可能流行的元素按部就班，拼凑成一部新的电影。

《007：无暇赴死》在中国电影市场的表现可以说是惨淡。截至 11 月 3 日 18 时，《007：无暇赴死》票房爬升至 2.24 亿元。根据猫眼专业版预测，内地总票房约为 4.34 亿元。在今年引进片的范畴内，目前排在它前面的除了《速度与激情 9》，还有《哥斯拉大战金刚》和《失控玩家》。

影迷的不舍，更多缘于丹尼尔·克雷格作为本世纪邦德在过去十五年中的陪伴。缺乏创意的剧情，纵使更激烈的枪战、更先进的武器也无法激荡观众的情感。登场的邦女郎依旧香艳，但 53 岁的丹尼尔脸上的沟壑已经无法再让人视而不见。在娱乐方式更多元、超级英雄以各种方式登场的时代，这个电影史上生命力最持久的特工 IP 到了不得不逆转的时刻。

寿命最长的特工 IP

20 世纪 50 年代，英国海军情报部特工伊恩·弗莱明创作了英国军情六处

特工詹姆斯·邦德的形象，代号007。1962年，小说改编的首部影片《诺博士》问世，此后缔造了电影史上寿命最长的特工系列，先后有六位明星出演邦德一角。在即将迎来该系列六十周年的前夜，第六任同时也是本世纪邦德代言人的丹尼尔·克雷格“卸任”。

距离丹尼尔·克雷格确定出演邦德已经过去了16年。2005年，新一任邦德人选公布时，舆论哗然。这个从克里斯·欧文、休·杰克曼等知名影星角逐中被制片人选中的金发男人，不符合大多数人对邦德形象的预期。在出演邦德之前，他通常是古怪文艺片的配角。与之前的几任邦德相比，脸上的皱纹更多些，相貌也较普通。甚至有评论称他“丑到没边”“十足难看”。

制片人芭芭拉·布洛柯里却对她的眼光很有信心，在电影《伊丽莎白》中，丹尼尔披着黑袍步伐坚定地从走廊深处走来的镜头，令她感到这是她所看到的最有魅力的银幕角色：“毫无疑问，必须是他。”

作品成为丹尼尔证明自己的有力武器。抱着去看烂片的消遣心态走进影院的观众，几乎是瞬间倒戈，《007：皇家赌场》一鸣惊人，《007：天幕杀机》破11亿美元全球票房刷新系列纪录，丹尼尔征服了影迷，宣告他就是这个时代最好的詹姆斯·邦德。与过往的风流形象和幻想风格不同，这是一个更真实的、有血有肉的007，在这一系列陷入英雄救美、浪漫幻想的套路之中，他的冷峻、粗犷的形象为007系列注入了新世纪独有的写实风格，他有着更纷繁复杂的情感世界，影片风格也从幻想转向写实，还原了原著中简洁、锋利、残酷的基调。

历时三年制作，成本高达2.5亿美元，英国海陆空三军参演，丹尼尔·克雷格版邦德的谢幕是盛大而隆重的。美剧《真探》导演凯瑞·福永为《007：无暇赴死》保住了它作为收官之作的基本水准，白雪覆盖的林中小屋，一个紧凑、惊悚的开场拉开了这场漫长赴死历程的序幕，异国情调的固定配置通过动作场面设计玩出了新意，古巴的枪战戏如同一场优雅的舞蹈，安娜·德·阿玛斯与丹尼尔的配合打斗增添了影片的娱乐性，片末塔楼里，丹尼尔以一敌十与反派们的近身搏斗也干脆利落。

剧情是《007：无暇赴死》最大的短板，几乎所有的情节都在意料之中谨慎推进。一个反社会人格的反派，试图用纳米生化武器在全球发动大屠杀，拉米·马雷克尽力用演技将反派的阴冷氛围做足，但人物动机自始至终都模糊不清，更令人无法接受的是詹姆斯·邦德最后的牺牲几乎是“强行下线”，这个预谋已久的死亡几乎是狗血而不必要的情节，与家人分别的煽情桥段也未能如期发挥功效。直到最后，导弹在天空中爆炸如同烟花，在丹尼尔标志性的蓝眼球中绽放，观众才真正意识到，他将永远告别这一角色了。回望《007：皇家赌场》给影迷带来的全新感受，借由新邦德的登场创新，拍出了新世纪特工片独特的风格。到了最后一部，却在方方面面落入了流行的套路，这个中规中矩的收官是令人失望的。

好莱坞大片失效

实际上，《007：皇家赌场》是首部引进内地院线的007系列电影。在全年总票房为33亿元的2007年，斩获了9 271万元的票房，位列年度第八名。总体而言，007系列在中国从来都不是卖座影片，2015年上映的《007：幽灵党》斩获该系列在中国的最高票房为5.41亿元，居年度票房第23位。《007：量子危机》与《007：天幕杀机》的票房为1.42亿、3.76亿元，表现平淡。

007系列的声名远大于它所能转换的实际票房。当007如今已经成为高强度工作代名词的时候，《007：无暇赴死》观影人次刚刚突破550万。在漫威超级英雄登场后，007黯然失色了。在鼎盛时期能够带给观众的奇观、科技与幻想，在今天被钢铁侠、美国队长轻松击破。半个世纪积累的情怀与粉丝已逐渐老去。今天，年轻人尤其是中国年轻人已经不会再为这个陈旧的人物形象买单。

自新冠肺炎疫情暴发以来，扛起救市重任的均为国产大片。好莱坞大片对中国观众失效了？在《信条》《花木兰》等多部引进片在中国市场折戟之后，北美媒体也注意到了这一现实。不出意外，目前票房已突破55亿元的《长津湖》将坐稳本年度全球票房冠军的位置，上座率仍然超过刚刚上映六天的《007：无暇赴死》。

从票房的市场占有率来看，好莱坞大片在中国市场的票房占比逐年递减，从2012年的55%下降至今年的11%，从票房上的绝对主力到如今边缘化成为电影市场的佐料。一方面，受到疫情影响，引进片的数量有较大幅度的缩减，北美院线流媒体同步发行的策略，致使部分院线观众流失；另一方面，影片的口碑与质量也不断下滑。更大的爆炸，更激烈的枪战，超出人类极限的追车、搏斗，高技术支持下的动作场面已经无法满足观众的胃口。

过于依赖IP效应而懒于原创的好莱坞，丧失了原创精神。以至于很长一段时间，没有再出现一部在故事上就能打动人心的作品。所有超高成本的大片使用同样的故事框架、同样的动作设计和同样的人物关系，以至于在看完每一部影片之后不久，就会很快混淆不同作品的桥段，它们实在是过于雷同。

国产影片在电影工业水平上的提升有目共睹。好莱坞所能提供的视效与动作场面，一部高成本的国产大片也能够努力实现，在不断逼近的技术水平之下，观众对中国人出演的影片无疑抱有更大的热情，也能引发更大的情感共鸣。《战狼2》《流浪地球》《哪吒》《你好，李焕英》再到《长津湖》，不断地缔造影史纪录。

对于007系列而言，告别的不仅仅是丹尼尔，同样也是这个越发陈旧的系列故事。这个寿命最长的特工系列，需要再一次重塑自我，否则，在娱乐方式越发多样化的当下，这个生命力最持久的IP之一也将迎来它“无暇赴死”的终局。

2021年11月4日

分享链接

百年石库门变身潮流新地标，四川北路能否再现辉煌？

在虹口区四川北路和武进路的交界处，八条里弄、八幢独立建筑、六十幢石库门房子构成的商业街区今潮 8 弄，吸引着往来游客驻足。游客们举着相机在里弄穿梭拍照打卡，沿街的复古集市热闹非凡，兜售着各式各样的商品，音乐疗愈空间则上演着爵士和民谣，供周边白领放松休憩。

到了夜晚，文化艺术圈的小型盛事开始陆续上演。北广场的室外舞台，自 11 月末起开展为期三周的艺享申城 · 海派今潮开幕演出季，女高音歌唱家黄英、国乐演奏家方锦龙、小提琴家黄蒙拉、舞者叶音等古典或潮流艺术家联袂演出。艺术打破剧院的局限，在百年历史建筑前变奏出联结过去、现在与未来的旋律。

在城市更新的脉搏中，如何为修旧如旧的老建筑注入崭新的、独具一格的内容并令其焕发新生？这是地产开发商、门店经营者和文化艺术创业者都在思考的问题。传统的思维模式是时候变革了。今潮 8 弄的区位令它的实践与众不同。

回溯百年历史，文学、历史、出版、美育、商业都在这片土地上留下先锋而光辉的一笔。今潮 8 弄所在的四川北路区域，是 20 世纪 30 年代左翼文化运动的发端之地，鲁迅、瞿秋白、丁玲等曾在此地生活。这里也曾是上海电影院最密集的地带：中国第一家正式电影院、第一次电影放映都在此发生。

那时候的四川北路，商业繁华程度与南京路、淮海路齐名。然而，它却在很长一段时间内陷入沉寂。独立音乐撰稿人墨墨在这一带出生、长大，对这里感情深厚，以至于搬离后每每路过，令他生出一种感慨："这个地方仿佛是被诅咒了。"连年的萧条冷落，令许多人质疑起了四川北路的营商环境。今潮 8 弄推广负责人崔怡怡也曾遭遇过这样的婉拒，理由往往是"四川北路做不成生意"，或者"开店肯定人流不够"。

今潮 8 弄如今的热度，回应了当初来自传统商业的质疑，曾经婉拒过她的商户回过头来洽谈合作，一切似乎正在朝积极的方向前行。不过，在后疫情时代充满变化的营商环境中，新兴的商业体如何持续地吸引并锁定消费者的目光，不仅仅是今潮8弄，也是每个商业体所要思考的问题。

开放式、无边界的街区营建

四川北路的衰落和传统商业中心的分散更迭有着千丝万缕的联系。

作为曾经生活在四川北路海宁路一带的“原住民”，默默熟稔这里繁盛的电影文化。“每个路口的转角都有一家电影院，国际电影院、胜利电影院、解放剧场……这里曾经是上海电影院密度最高的地方，也是中国电影院的发源地。”他告诉第一财经记者，这里也曾是广东人在上海的聚居地之一，“我住的那条弄堂不用讲上海话，只要讲广东话就好了”。作为上海开埠后三大移民群体之一，广东移民把持着的两个行业——电影与商业在四川北路留下了辉煌的印记，成就了一个文商旅融合碰撞的非凡场域。

20世纪90年代，墨墨随家人搬离此地，“从那时开始，那么市中心的地方变得完全没有人气，店面开一家关一家，如同商业百慕大”。

经年累月，人们对这里的印象从性价比商圈变成了兜售廉价商品的街道。“老想着便宜是走不出来的”，崔怡怡认为，被迫改变不如主动求变。由此，不断地“变”成为今潮8弄业态的特质之一，试图以此扭转消费者对四川北路的陈旧印象。

什么样的潮流能适应年轻人猎奇的心理？今潮8弄预留了四成灰空间，以快闪店的形式孵化新业态与品牌。即便是传统租户，也需要贴合在地的内容变化，满足年轻人不断变化的“猎新”情绪。

回到四川北路繁盛的源头，作为海派文化的潮涌之地，百年前的潮流精神对今天的世界也有启发。崔怡怡觉得，海派文化的精髓在于一种创意创想的精神。“百年前，鲁迅先生就是这条街上喝着咖啡的潮人，聊着那些惊世骇俗的故事。”

在商业同质化的今天，今潮8弄折叠式的物理空间也给业态的新生带来灵感，8条里弄无边界的自由穿梭与开放式精神，让创意创想的文化艺术与求新求变的商业碰撞，共创新的消费业态。

商业与文化共创

12月10日，ARK Live House回归今潮8弄，看到原班人马在此地重聚，墨墨感慨万千。

20 年前，正是 ARK 将 live house 这种演出形态带到内地，填补了小型演出空间的空缺，将一批先锋的、实验性的乐队演出带给中国乐迷。更重要的是，它扶持了一批上海本土的地下乐队和独立乐队，扮演了它们的伯乐。“今天它们有些已经很出名了，但当时如果没有 ARK 这样类型的演出场地，它们永远都出不来。”墨墨说，“无论它接下来做什么，做成什么样，至少它回来了，就让人很激动。”

ARK 落地之后，将升级为一家综合 live house，集结餐饮、咖啡、艺术展览为一体。12 月 21 日开始，一出名为《Little Jack》的音乐剧将在这里驻演。

和 ARK 一样，今潮 8 弄中一些已经开业或正在筹备的空间，诸如元宇宙志屋、再造衣银行都并非单一业态，而是综合了多种商业元素的跨界、复合业态。在崔怡怡看来，无边界是里弄的精神，它意味着自由穿梭与不期而遇。“这里的内容应该是活跃的、跨界的，它是活动空间、展览空间，也有零售，代表了一种潮流的生活方式。”

正如 ARK 在二十年前为沪上独立乐队、地下乐队打开一片天地，崔怡怡将今潮 8 弄的商业实践形容为“文化、艺术商业化的最后一公里”。王佩瑜、蔡艺芸等艺术家在这里创作内容，在戏剧、音乐剧等演艺产品走向大舞台的前夜，这里会成为他们孵化作品的平台，与观众交流互动的前站。

从内容、活动成长为新业态，进而推动一个产业的发展，这样的案例并非没有成功先例。崔怡怡介绍，大宁国际的“小不点大视界”儿童剧品牌，起初也只是商圈活动创想的一部分。

看到今潮 8 弄在过去这段时间成了上海的网红打卡地，墨墨也希望四川北路的电影文化以及广东移民文化能在此有所体现。他还观察到，四川北路一带正随着文化艺术品牌的入驻变得热闹起来。ARK 与不远处的爵士音乐场地 Blue Note 将有可能形成联动效应，成为影响沪上 live house 业态的开始。

2021 年 12 月 16 日

分享链接

七、一佳之言

刘佳｜第一财经科技主编。长期观察和研究科技领域，融合科技与财经的多元视角，深入报道科技产业的变化、商业故事等。
liujia@ yicai. com

年轻人不爱看电视了，为什么互联网公司还要抢破头上春晚？

一年一度的几十亿元大项目又来了。没有悬念，抖音接棒拼多多拿下2021年央视春晚独家互动合作伙伴，除夕当晚分12亿元。一年前，拿下春晚合作的快手撒出10亿元。

春晚一刻值千金。过去几年时间里，中国除夕已经成功地被互联网公司改造成“抢红包日”，春晚更是大家争抢的香饽饽。尽管年轻人平时已经不爱看电视了。

一家人晚饭过后、坐在电视机前看新闻和电视剧的场景变得越来越少，有些年轻人的客厅甚至已经没了电视。一项统计数据显示，2016年时电视的开机率是70%，到2019年，这个数字已经断崖式下跌到30%。正是这几年间，移动互联网的发展突飞猛进，在多元化的娱乐方式下，电视的用户时间早已被分流。据说很长一段时间，电视厂商们的聚会总也绕不开一个问题：“年轻人不看电视怎么办?”

疫情影响之下，去年智能大屏电视的开机率、开机时长大幅提升，但电视的零售量面临下跌。客厅里取而代之的场景，可能变成人们一边开着电视一边拿手机不停地刷着短视频、看热搜。甚至过去电视收视的主流人群——中老年群体也越来越多地把大量时间和精力花在抖音、快手上。

电视不再是客厅的 C 位，为什么互联网公司还要抢破头上春晚？

一个年轻人对我说，尽管平时不看电视，但除夕夜还是会和长辈一起看春晚，更主要的是，这样才能跟得上微博里爱豆的热搜和朋友圈里的讨论。

有数据统计，除了传统电视的收视，去年除夕当晚的春晚收视率较往年大幅增长，还有来自新媒体平台直播累计到达 11. 16 亿人次，电视端直播为 5. 89 亿人。

春晚这一超级 IP 从来都意味着超级流量。对于互联网公司来说，春节依然是大家突破阈值的最好机会。过去，“双 11”电视晚会上，林志玲甩出风衣的一刻，淘宝入口瞬间就被猛戳了 2. 38 亿次，电视节目带来的流量转化效果得到验证，更不用提“顶流”春晚。

也有人说，春晚的红包大战简直就是一部移动支付博弈史。2015 年，腾讯以 5 303 万元拿下央视羊年春晚独家合作权，发放 5 亿元现金红包，打响春晚红包大战的第一枪。在此之前的一年，微信依靠春节红包功能一鸣惊人，带来的真正价值在于用户在微信中绑定银行卡并形成微信支付的习惯，被马云形容成一场“珍珠港偷袭”。

为了扳回一局，支付宝不惜重金投入，拿下 2016 年春晚红包独家互动权。就连腾讯董事长马化腾也感慨，今年央视春晚没了微信红包，因为“央视有个投标，我们输了，对方非常拼”。

在红包大战的背后，各方图谋的既有对各自业务的一次强化渗透和集中拉新、促活，也有对竞争对手的制衡，尤其是围绕移动支付的新一轮跑马圈地、应用场景上的“攻防博弈”。

特别是一二线城市的用户早已饱和，加速渠道下沉，布局三至五级市场的需求，如何覆盖自身平台用户以外的长尾用户？最广泛覆盖用户的春晚成了最好的选择。

借助春晚这一渠道下沉和用户拓展的黄金平台，微信和支付宝早已收获一批四线、五线城市的用户，人们的移动支付习惯已经形成。支付背后串联起的是移动电商、移动支付、O2O 等多个环节的打通，也是补足商业闭环的重要一步。在 2019 年拿下春晚合作的百度，第二天旗下四款 App 冲到了苹果应用商店的前四名。

近两年，春晚的红包大战与移动互联网的风口，已从移动支付之争转向了短视频短兵相接。

去年，按照快手 CEO 宿华立下的“2020 春节前冲刺 3 亿 DAU（日活跃用户）”的目标，与春晚合作独家互动、发放 10 亿元现金红包无疑是重要一战，最终获得直播间 7.8 亿次的累计观看人次。

值得注意的是，与今年春晚合作前，抖音 App 正式上线支付功能。尽管看上去国内移动支付格局已定，但有了春晚这一超级 IP 的加持，一方面红包吸引了新用户下载与促进活跃度，另一方面支付业务可借此打开知名度，为抖音直播带货电商、打赏、消费金融等场景打开了更大的想象空间。

接下来的考验是：服务器必须承受住除夕夜来自互动高峰值洪流的压力，以及在砸下数十亿元红包吸引了突然激增的海量用户后，接下来如何真正留住他们？

以百度为例，凭借与春晚合作，百度的日活从 1.6 亿冲上了 3 亿的峰值，但用户来了又走。受大笔投入春晚营销等影响，百度同年第一季度交出一份亏损的财报。快手招股书显示，在 2020 年上半年实现收入 253 亿元，同比增长 48%，但同期亏损也扩大 425%至 63.48 亿元。

这也是所有红包大战参与者思考的问题：利用春节红包，吸引用户引流到自家的各类 App“全家桶”后，如何进一步获取用户价值，最终实现流量的价值变现，才是真正的考验。毕竟，不少用户在抢完红包并完成提现后做的一件事，就是卸载 App。

2021 年 1 月 27 日

分享链接

赴美 IPO 或迎拐点

去哪儿上市？近期滴滴、满帮、BOSS 直聘等中概股企业接受网络安全审查的消息，令部分互联网企业的上市计划正变得更加谨慎。

一家已为上市筹备多时、只差“临门一脚”的科技公司，在高管几经纠结之后，近日对笔者透露，最终决定推迟原本计划提交给 SEC（美国证券交易委员会）的招股书，“不冒险了，先看看形势再说。”

另一家于近月完成赴美上市的科技公司，正经历一轮“过山车式”的股价波动。有内部人士告诉笔者，公司内部已经严禁讨论炒股话题，高管曾专门强调：“谁要谈论炒什么，都给我走人。”

如果把时间拉到更早，曾在年初听到老板对内透露“上市最快也要 6 个月”的一家公司员工发现，没过多久，企业已经准备提交招股书完成上市了。“计划赶不上变化，再等 6 个月，恐怕资本市场已难给到现在的估值。”

据笔者了解，更有部分中概股完成赴美上市后，已经内部同时研究探讨赴港二次上市的可行性。

在这背后，一波波创业公司顶着“破发”压力，密集赴美上市。公开数据显示，2021 年上半年，美股市场共有 35 家中国企业实现首发上市，融资金额为 123 亿美元，IPO 数量和融资额分别较去年同期增长 119% 和 373%。可以对比的是，2020 全年，共有 33 家中国企业赴美上市，合计融资 121 亿美元。

不过各家的表现并不尽如人意。在上述 35 家赴美上市中概股中，超过半数已经破发。例如，每日优鲜在上市首日创下今年赴美上市公司的最大跌幅，水滴公司较 IPO 定价 12 美元已经下跌近半，而创下今年以来 IPO 融资规模最大的中概股滴滴一夜下跌近 20%。

在中概股上市后表现低迷，破发现象频发的同时，近日的网络安全审查令业界更加关注赴美上市中概股的命运。

一种解读认为这与审计环节有关。2020 年 12 月，美国参众两院通过了《外国公司问责法》（Holding Foreign Companies Accountable Act，HFCA），意味着在材料提交和信息披露要求、强制退市要求等方面存在着不确定性，中概股企业审计底稿中，包含大量行业数据和消费者信息，这可能影响部分中企赴美上市的决策。

不久前华兴证券（香港）首席经济学家兼首席策略分析师庞溟在接受记者采访时表示，HFCA目前给予相关公司三年的宽限期，所以，部分满足美国上市标准的拟上市企业可能考虑先赴美上市，待满足香港交易所第二上市或双重主要上市等方式对在美国上市年期的标准后再部署在港第二上市或双重主要上市。

过去因为种种原因，不少业绩亏损、同股不同权的互联网企业选择以VIE架构赴美上市。事实上，自2018年港交所开始接纳持同股不同权后，更多创新类科技企业选择赴港上市或二次上市；2019年科创板开板，持续推进关键制度创新，一批有投资价值的企业已经选择在科创板上市。

从安全审查的角度来看，目前多家企业进行的网络安全审查，是落实《网络安全法》及《网络安全审查办法》等法律法规的具体体现。安全审查并非个例，尤其数字经济发挥的作用越发凸显，成为撬动经济增长的新杠杆，构建未来竞争的新优势，安全审查对推进网络安全、数据安全、行业规范、用户隐私保护都有着积极意义。从全球范围来看，平台型经济在欧美也在经历严格的监管，本身已是世界性趋势。

7月6日，中共中央办公厅、国务院办公厅发布的《关于依法从严打击证券违法活动的意见》中，也提出加强中概股监管，抓紧修订关于加强在境外发行证券与上市相关保密和档案管理工作的规定，压实境外上市公司信息安全的主体责任，切实采取措施做好中概股公司风险及突发情况应对，推进相关监管制度体系建设等。这意味着监管机构正在积极探索和参与跨境审计监管的合作，解决海内外监管部门不同诉求的冲突。对企业而言，合法合规才能走得更加长远。

2021年7月7日

分享链接

偶像选秀节目“散场”，饭圈野蛮生长时代该结束了

捧出无数流量爱豆的偶像选秀节目要散场了。

8月26日下午，爱奇艺方面对第一财经记者表示，将取消偶像选秀类节目和场外网络投票环节，坚守平台责任，抵制饭圈不良风气，为用户创建和维护健康清朗的网络视听环境。

就在一天前的中国视协电视艺术工作者职业道德和行风建设工作座谈会上，中国视协理事、爱奇艺CEO龚宇表态，爱奇艺联合其他平台始终坚持与行业不正之风划清界限，抵制不合理片酬，抵制行业不正之风，抵制偷税漏税，并取消了未来几年的偶像选秀节目和任何场外投票环节。

其他头部长视频平台腾讯视频、优酷针对偶像选秀节目与场外投票是否有类似计划，截至记者发稿时尚无回应。

“聚光灯下只一人，打灯台下千万人。”火爆多年的“偶像养成”选秀节目造就一批又一批的偶像，粉丝经济崛起；平台与资本获取商业收益。但与此同时，娱乐圈乱象频发，饭圈经济早已陷入畸形状态。

今年4月底，一则“倒奶视频”将爱奇艺选秀综艺《青春有你3》推到了风口浪尖，平台陷入巨大的争议，最终平台发表致歉文章并公布整改措施。

在《青春有你3》事件之后，曾有分析师问及选秀节目打投规则改变对于广告收入的影响，龚宇表示还在评估中，初步分析对广告收入“有影响，但不会很大”。但事实上，选秀节目带给平台的价值远不止来自广告的收益。

经纪公司“流水线式”造星，粉丝为自家爱豆应援、打榜，早已成为粉丝经济中重要的一部分。从最早的《偶像练习生》到《青春有你》《创造营》等大热选秀综艺，选手能否出道走花路，粉丝的打投是关键。对于视频平台而言，既可以借此实现会员拉新，也可以通过售卖周边、虚拟商品、线上演唱会以及广告招商等形式实现商业化变现。将投票与销售直接绑定、打榜，看似是借助粉丝的投入来检验选秀选手的大众接受度和商业价值，实际上等于变相拉动销售。

这些选秀选手背后也不乏资本博弈，一档选秀节目，上百名练习生、近50家影视娱乐公司，其中包括乐华娱乐、华策影视、丝芭传媒、字节跳动投资的泰洋川禾、匠星娱乐等。

此前，一位关注文化产业的投资人对第一财经记者算了笔账，每个顶流偶像的产值大概在3亿~5亿元，毛利率超过50%，利润则由公司和偶像根据经纪合约进行分成，偶像团体的产出也达到了几亿元的规模。例如，作为韩国老牌的偶像经纪公司，SM、YG和JYP三家的收入规模均达到10亿美元左右。

事实上，视频平台信奉“流量为王”的做法由来已久。“唯流量论”“唯商业化论”，自制网剧、网综更为看重的是流量艺人带给平台的超高人气与商业回报，演技与德行反而放在其次。

但与此同时，各种“饭圈”粉丝互撕、拉踩引战、挑动对立、侮辱诽谤、恶意营销、水军刷榜、诱导未成年人应援打榜等乱象不在少数。

尤其是饭圈粉丝应援打榜、控评集资等行为，衍生出一条灰色的产业链。此前有数据显示，国内市场相对主流的追星App有近20款。这些App的功能主要聚焦在集资、明星资讯、应援打榜和周边购买等方面。

更有一些明星偶像作为公众人物，自身素质不高，涉嫌嫖娼、吸毒、代孕、强奸等违法乱纪行为，频频“塌方”，不仅造成极为恶劣的社会影响，严重冲击社会主流价值观，也给青少年群体造成了不良影响。

《2020年全国未成年人互联网使用情况研究报告》显示，通过互联网进行粉丝应援成为未成年网民一种新的网上社交与休闲娱乐活动。被调查的所有学历段中，初中生网民在网上进行粉丝应援活动的比例达到11%，高中生网民达10.3%，小学生网民达5.6%。

整治畸形“饭圈”文化需要立规矩、树红线；平台和资本也应当承担相应的社会责任，推动“饭圈”向善而行。

最新数据显示，“清朗·‘饭圈’乱象整治”专项行动目前已累计清理负面有害信息15万余条，处置违规账号4 000余个，关闭问题群组1 300余个，解散不良话题814个。

2021年8月26日

分享链接

爱奇艺会员费又涨了，用户会不会继续“用脚投票”？

继去年11月宣布黄金VIP会员费涨价后，时隔一年，爱奇艺宣布再次提价会员费。

根据爱奇艺VIP会员官微透露，从今年12月16日零时起，对爱奇艺黄金VIP的订阅价格进行更新。其中，黄金VIP会员年卡价格不变，连续包月卡从19元涨至22元，连续包季卡从58元涨至63元；非连续包月卡从25元涨至30元，非连续包季卡从68元涨至78元。涨幅最大是非连续月卡，涨幅为20%。

对此爱奇艺回应：“视频平台的会员订阅价格一直偏低，这一现象已影响到行业的健康发展。为了建立更加良性的产业生态，让优秀的内容生产者有所回报，最终为会员提供更多、更好的内容，我们决定对会员价格作出调整。”

对于未来长视频行业是否会像Netflix的做法那样连续多年提价，此前爱奇艺会员及海外业务群总裁杨向华在接受第一财经记者采访时称还没有定论，“这要看看我们提供的内容的数量、质量，消费者对我们的满意度以及消费者对我们提供服务价格的接受度，综合调研来决定。”

今年以来，宣布涨价的视频网站不只爱奇艺一家。今年4月10日零点起，腾讯视频对VIP会员价格进行统一调整。升级后的腾讯视频会员价格为连续包月15元、包季45元、包年178元，非连续月卡20元、季卡58元、年卡198元，在此次价格调整中，涨幅最小的连续包月价格上涨5元，涨幅最大的非连续年卡价格上涨达到了55元。

会员收入一直是长视频网站最主要的收入来源，其次是广告。与此同时，中国视频行业面临自成立以来一直处于亏损的残酷现实。作为长视频领域里摸爬滚打至今的优爱腾，打过了版权大战，经历了向移动互联网转型，再到视频会员付费模式的探索，再到有的选择亏损上市有的退市，不断产出“破圈”的网剧、网综，但直到现在行业还是普遍处于亏损状态。

尤其在高企的内容投入下，营收仍难以覆盖成本，而整体视频领域的竞争持续胶着，靠二次元起家、亚文化圈层的 B 站在加速出圈，越来越多的用户把碎片化时间花在抖音、快手等迅速崛起的短视频平台上。

压力之下，不久前，爱奇艺员工对第一财经记者透露目前正在裁员的消息。从美股表现来看，爱奇艺过去一年里股价最高达 28.97 美元，目前仅为 4.69 美元。

事实上，网络视听行业的市场构成已经发生变化。根据《2021 中国网络视听发展研究报告》显示，市场构成中短视频占比位列第一，市场规模为 2 051.3 亿元，同比增长 57.5%；以“爱优腾”等为代表的综合视频屈居第二，市场规模为 1 190.3 亿元，同比增长 16.3%。

从“爱优腾”三家的情况来看，尽管优酷被阿里收购后未披露具体数据，但阿里的财报显示，2021 财年阿里大文娱运营亏损为 103.21 亿元，经调整 EBITA 为亏损 61.18 亿元；腾讯今年第三季度财报未单独透露腾讯视频的亏损情况，但表示《扫黑风暴》《你是我的荣耀》仅为腾讯视频带来 400 万的新增会员。

爱奇艺最新公布的第三季度财报显示，总营收达到 76 亿元人民币（约合 12 亿美元），同比增长 6%；但归母净利润为亏损 17 亿元，去年同期亏损 12 亿元，同比扩大 41.6%。其中，该公司占据大部分营收成本的“内容成本”支出达 53 亿元人民币（约合 8.245 亿美元）。

2021 年第三季度，爱奇艺的经营活动现金流为-20.81 亿元，较上年同期再一次扩大。

与此同时，截至三季度末，爱奇艺的订阅会员规模达到 1.036 亿，较去年同期的 1.048 亿有所减少，但会员服务收入同比增长 8%。

上述数据也意味着在经历去年第一波涨价之后，用户已经“用脚投票”：爱奇艺的会员数有所减少，但因为会员费提价，该业务营收总体仍有增长。今年再次涨价后，爱奇艺或将面临类似的情况。

在涨价的背后，持续生产优质内容才是视频行业的核心竞争力。可以对照的是，此前 Netflix 能够连续涨价的底气，是通过巨额投入成功打造高品质内容，以吸引付费用户，再用付费收益继续投资优质内容，进而反哺用户和行业。

事实上，除了应对短视频冲击，长视频行业自身也有“内容注水”“唯流量论”等问题待解。例如，对于网剧节奏太慢、剧情拖沓、注水戏太多的质疑持续存在，还有的用户已经习惯倍速看剧，对注水作品不再买单，这些都给长视频行业敲响了警钟。

不久前爱奇艺 CEO 龚宇曾提到，从供需关系来讲，目前长视频行业遇到的最大问题是内容供应出现严重短缺，原因包括疫情影响进度，传统电视剧比例变小甚至只有往年三分之一，新的网剧因为审核原因延迟上线、网剧质量打折扣……内容供给出现比较大的问题；客观原因则是短视频对于用户时长的争夺。

可以看到的是，长视频行业正在经历从商户付费到用户付费主导的过渡，用户逐渐掌握了直接评判内容质量的话语权。

一位长视频从业人士告诉第一财经记者，从商业模式看，过去长视频行业在广告模式主导下，更多的是看广告主买不买单；但现在营收占主导的会员制下，内容创作者更直接地面向消费者，满足消费者的需求，“好不好观众说了算”，之所以要进行这些商业模式的变革，核心是要做大整个市场，在消费者能够接受的情况下，让产业链的各个参与方都受益。

对于仍处亏损的视频行业而言，涨价只是解决了内容成本问题中的一环。当人口红利逐渐消失，互联网广告和流量增长放缓，在短视频的冲击下推动会员增长的影视行业受疫情影响面临挑战，仍处亏损的视频网站想象空间在哪儿？是需要长视频行业不断探索的所在。

2021 年 12 月 15 日

分享链接

八、文艺吴疆

吴丹｜第一财经日报特稿部商业人文记者，专注于泛文化与文化消费领域
wudan@ yicai. com

推动自然教育的中国妈妈，昆虫、鸟和植物是孩子的老师

经历疫情最艰难的一年，人与自然如何和谐共生成为全世界关注的话题。4月22日，第52个世界地球日的主题是“修复我们的地球”，这是疫情后的深刻反思，如何减少对自然和环境造成的负面影响，如何对自然有更多亲近与了解，是人类共同面对的课题。

对中国自然教育行业从业者来说，疫情带来的并非只是坏消息。“疫情是大自然的一次警告，经历这一次，自然教育会变成一种‘全民需求’。”百家游学会常务董事青梅告诉第一财经记者，过去一年，她非常明显地感觉到自然教育的市场趋势，从政府体系到民间机构，从学校到家庭层面，都掀起了一场自然教育的浪潮，“社会和学校教育的融合已经在实现了。”

青梅在此行业浸淫了十年，见证了自然教育在中国的十年发展，“这十年，很多热爱自然、有眼光、有素养的人走到一起来。”全国各地越来越多的环境机构、教育机构、自然保护区开启自然教育的学习和公众普及实践，试水市场化经营，探索自然教育的盈利模式。

2016年，青梅参与创办百家游学会，次年发起上海自然教育论坛。据第五届上海自然教育论坛今年1月发布的《2020上海自然教育行业调查报告》显示，2020年，运营1~2年的自然教育机构相比去年增加8%，持平和盈利的机构超过六成，整个行业正朝着正向发展。

据《全国自然教育行业调查报告》显示，2010 年以来，中国的自然教育呈现井喷式发展，中国目前的自然教育机构主要集中在北京、上海、浙江、福建、广东、云南和四川，超过半数的自然教育机构拥有自行管理的自然教育场地设施。

中国自然教育的兴起，源于美国作家理查德·勒夫出版于 2008 年的畅销书《林间最后的小孩》。随着城镇化进程的加速，生活在钢筋水泥城市中的孩子离山川、溪流、森林和原野越来越远。他们一方面接受着科技时代的馈赠，另一面也被网络和电子产品包裹，很多孩子的日常生活就像书中一个美国孩子所描述的：“我更喜欢在屋里玩，因为只有屋里才有电源插座。”

理查德·勒夫第一次提出，美国日益增长的儿童肥胖率、多动症和抑郁症等各种心理疾病，都与“在大自然里玩得太少”这件事有关。这本书在 15 个国家的出版都引起了各国对儿童与自然关系的密切关注。2010 年，“自然之友”将这本书翻译到国内，书中提到的“自然缺失症”第一次被国内关注，也由此掀起中国自然教育的浪潮。

中国妈妈推动自然教育

“什么是自然教育？这个词其实没有明确的定义。”青梅说，自然教育的概念出现在一百多年前，在西方被称为环境教育。中国的自然教育吸收了欧美、日韩等国家的经验和理念，但又根植于中国传统文化和习俗。

早期的自然教育主张人们从体验生活中获取学习经验。随着全球变暖、各种环境问题出现，自然教育被放在环境教育和可持续发展教育中解读。

王西敏是中国自然教育的先行者，他于 2008 年获得美国环境教育及解说硕士，他不仅翻译了《林间最后的小孩》《生命的进化》，也发起全国自然教育论坛，推动中国自然教育发展。

身为上海辰山植物园科普部部长，王西敏认为，所谓自然教育，更像是中国当下语境产生的词汇，也可以称为环境教育和可持续教育。

他发现，中国自然教育领域有一个特点，吸引的是各行各业的爱好者，而且中国妈妈是很重要的推动群体，不仅带孩子参加，自己也组织举办社区活动，积极组织志愿者做自然教育。这股教育力量几乎是自下而上的。

身在广东省中山市的吴娟就是从母亲身份转向自然教育领域的从业者。曾经做了十年记者的她之所以投身自然教育，发起荒野学堂，最初更多是想满足儿子的成长，“大自然是他们这一代孩子特别缺失的点。”2017 年，她创立中山市第一家自然类书店，以书店为平台推广自然教育。

疫情让吴娟看到来自家庭的旺盛需求，她们组织的活动总是吸引来自全国各地的家长，经常人满为患，“我们最大的困境在于，自然课程开发的速度跟不上家长的需求。”

吴娟的儿子从幼儿园中班开始，跟随她创办的自然教育机构叮咚荒野学堂在大自然里四处行走。“面对野外复杂多变的环境，他特别大胆。”吴娟说，儿子今年 10 岁，从未上过课外补习班，却因为喜欢读书，兴趣和知识面都很广，常把自己从书上读到的内容拿到自然中去印证，把二手经验转化为一手体验。在自然教育中，她只是引导，大自然中的昆虫、鸟和植物才是孩子的老师。

青梅创立于 2015 年的陌上堂，意为一座流动在阡陌之上的讲堂。田间导赏活动“说稻做稻”包括“初秧”和“归仓”。她和自然导赏员带着孩子到田间地头，卷裤脚，撸袖子，赤脚体验从插秧到收割、脱粒到碾米的生产流程，追踪一粒健康的大米从田里到碗里的过程，引导孩子们探讨从田间演变而来的“水”和“稻”字。劳动过后的每一顿百家饭，孩子们都会把碗里的饭吃得精光。“我们把劳动教育、自然教育和品德教育融会贯通，节约粮食不再仅仅是口号。”青梅说。

作为生态旅游的一种新业态，自然生态体验教育的发展态势可谓迅速。越来越多的营地教育机构推出自然体验、自然探索、野外生存等一系列自然教育类活动。在中国各大城市则活跃着或大或小的自然教育民间组织，以不同的方式开展规模大小不一的自然教育。

目前，中国自然教育从业者具有高学历、中青年为主体的特征。以百家游学会为例，在该机构担任过领队或接受过培训的一百多名自然导赏员中，具有本科学历的占 99%，985 大学的毕业生占 37%。在《中国绿色时报》2019 年年末的一份调查问卷中，94%的一线城市和 88%的二线城市受访者至少每月到大自然中活动一次，八成以上的受访者有意愿参加自然教育活动。

“自然教育除了具有‘人与自然和谐相处’的大目标之外，形式和手法可以无限多，承载方式可以不受限。说白了就是‘大家都需要，人人都能做’。”北京盖娅自然学校副校长冬小麦认为，自然教育并非只是看看花、认认鸟，也不是单纯的户外玩耍，其核心还是“教育”的本质。

自然教育不仅让孩子们学习自然知识，建立与自然的联结，尊重生命，更是建立一种自然观，学会遵照自然规律友善地生活。

唯有盈利才可持续

“在中国的教育体系中，目前没有自然教育的专业。很多从业者是学了其他专业后再回过来做自然教育。”王西敏说，他的美国同学在本科毕业后，很多进入国家公园、保护区、自然中心，因为对生态和教育都有专业背景，这批人才从事起自然教育工作势必得心应手。在中国，自然教育最迫切的问题就是缺乏专业人才培养。

日本的自然教育体系经过数十年发展，成为亚洲领军者，也是中国自然教育从业者学习的对象。日本最早的自然教育可追溯到20世纪60年代的野外教育，带领孩子战胜自然，偏向冒险和探索。20世纪70年代，高度发达的日本出现很多“三无”现代儿童——那些对周围一切事物无兴趣、无感动、无气力的孩子。30年来，自然教育在日本被广泛关注，并相继诞生4 000多家自然教育机构。

日本的自然教育以“自然学校+社会+社区”为中心，加上日本自然保护协会、日本野鸟会等环保教育中心的助力，形成规范化的行业体系。中国大部分自然教育机构都在大城市，而大城市往往缺乏自然环境，人才、经费和市场都是目前存在的问题。

青梅观察日本和韩国的自然教育，发现日本虽然有那么多机构，但覆盖面依然很窄，自然教育依然属于小众领域，“日本的自然教育有很好的盈利模式，坚持以公益性质面向公众，通过周边售卖、特色产品形成有效的产业结构。自然教育只有形成商业生态，才能吸引更多人来支撑。”

王西敏也认为，中国的自然教育机构只有盈利，才能改变之前公益机构只能依靠捐赠开展项目的局限，保障自身的可持续性。

就目前而言，中国的自然教育行业依然存在很难盈利或盈利少、从业者专业性不强、薪酬相对偏低的问题。如何提高团队的商业能力、怎么研发课程建立课程体系成为很多机构未来几年面临的挑战。

说到人才的专业化，冬小麦想起自己的研究生导师说过的话，“一件事你如果做上15年，你也是专家。”她坚信，所谓“专业”，就是那些因为热爱、专注，愿意持久投入的人，这批不同视角和背景的人进入自然教育领域，也会更有建树。

从 2000 年开始，王西敏成为上海野鸟会发起人之一，也曾在国内不同城市工作过。作为资深的自然爱好者，他认为上海的自然资源是最为匮乏的，这也是他们做自然教育的劣势，加上上海的家长普遍更重视学习和升学，自然教育势必被边缘化。

青梅相信，越是条件有限，上海的自然教育从业者的动力就越大，“贫瘠倒逼我们不断地研究设计课程，在有限的资源里做出最好的教育效果。”今年她已经明确感受到来自政策、政府和学校的认可和支持，未来，百家游学会将面向上海中小学进行自然教育的培训和孵化。

什么样的自然教育是比较好的？王西敏也很难说出统一的标准，“但很重要的一点是，带孩子到户外玩耍。国际上有个非常重要的理论，叫‘重要生命经验’。”他相信，拥有自然经验，也许十几年后，参与自然教育的儿童成长起来，中国的自然教育行业又将发生巨大变化。

2021 年 4 月 15 日

分享链接

今天你听播客了吗？中文播客大爆发，但商业之路仍不明朗

从2020年到2021年，中文播客领域正在发生翻天覆地的变化，很多观察者感叹：中文播客元年来了。播客作为一个新蓝海，吸引越来越多的创作者入场，也成为互联网巨头争夺的目标。

“去年疫情期间，大家都宅在家里，有很多空闲时间需要打发，于是，很多人开始听播客，做播客。”去年7月，电台主持人方舟做了一档音乐播客节目《周末变奏》，两年前，他与京沪两地的音乐从业者朋友开始了一档以分享歌单为主的播客《Music ONLY Podcast》。他对第一财经记者分析，中文播客之所以在2020年蓬勃兴起，疫情占了不小的因素。

据播客搜索引擎ListenNotes的数据显示，去年4月，中国播客数量达到10 000个，到12月31日，播客数量增至16 448个。打开喜马拉雅FM、蜻蜓FM、荔枝FM三大音频平台，播客入口都十分醒目，小S、黄磊、马家辉等名人都受邀在喜马拉雅做独家播客，以名人效应拉动流量。

中文播客的另一个趋势是，许多媒体人开始入场，看理想、新世相、GQ等专业媒体、出版机构也纷纷上阵，成为这个赛道的优质内容生产者。一群驻美记者创立了《声东击西》，前文化记者程衍樑创立《忽左忽右》，三位女性媒体人傅适野、张之琪、冷建国则创立《随机波动》。纵观媒体人的播客，虽关注的话题各有不同，几乎都在口碑与流量上获得双赢。

互联网平台更是围绕播客开启新一轮抢占赛。去年3月，即刻推出泛用型播客客户端“小宇宙”，迅速成为播客领域的流量代表。之后，快手推出播客产品“皮艇”，百度播客客户端上线“随声”，荔枝推出有别于荔枝FM的“荔枝播客”，网易云音乐从“电台”改版而来的“播客”版块，都纷纷将播客视为新的流量增长点。今年3月，阿里也宣布进军播客市场。

中文播客的风靡，就像是传统广播的一次“文艺复兴”。人们开始讨论，播客是否能像2012年微信公众号初登场、2016年知识付费兴起那样，成为下

一个风口和下一世代的媒体主流。

播客能不能商业化？变现是否有可能？只有解决这些疑问，才能决定中文播客是否能摆脱“小众”标签以及能走多远。

播客，“小众”乌托邦之地

播客不算新鲜事物，早在 2004 年，英国媒体就以 Podcast 来定义互联网音频，所谓 Podcast，是由 iPod 和 broadcast 两个词合并而成的全新词汇。

很长一段时间，播客都以极其缓慢的速度发展。直到 2014 年，一档名叫《Serial》的播客节目诞生，主播以美剧般的节奏讲述一桩 15 年前的谋杀案，层层递进的悬疑引来无数听众追捧。

人们发现，播客也可以做得生动、有趣而充满个性。许多美国传统广播电台从业者开始进军播客，无论节目的制作质量与数量，都大幅增长。据 2019 年的数据统计，半数以上的美国人听过播客，12 岁以上的美国人每月平均有 9 000 万人收听播客，这个数字占据全美人口的 32%。

在中国，中文播客的发展较为缓慢。2013 年，中文播客数量不到三位数，2017 年之前，几乎没有人在全职做播客。随着网络听书、音频直播、知识付费等业务模式为主的网络音频模式不断酝酿，中文播客终于在疫情这一年迎来爆发期。

方舟既是传统广播行业的从业者，也是播客主理人，他能清楚地感受到两者的区别。广播 24 小时不间断，更像是一种公共服务，陪伴人们的日常生活，随开随听，节目内容调性平稳，强调持续而中性的信息量输出；播客的订阅则是反公司化的，往往以话题为主导，听友对播客内容的兴趣、喜好和认可是收听的先决条件，也意味着播客内容的自由度、信息浓度都更高。

他认为，播客通过 RSS 分发的方式来传播，是去中心化的。这使得播客更像是一个小众的乌托邦之地，每个人都可以像一位专栏作家一样，在这片自由领地做自己想谈论、想输出的内容。他从播客上体会到互联网时代早期的平民主义，入门门槛低，人人都可以做，无论是话题内容还是时长、频率都没有任何限制，“虽然播客是以语言为主要载体，但只要是声音呈现，无论对话、独白、聊天，都可以被纳入进来。”

“小宇宙”每日会有三条推荐内容，往往都围绕着艺术、人文历史、文化观察、性别、都市白领、内卷等社会议题。在喜马拉雅播客频道，则可以看到人文艺术、影视娱乐、生活方式、科技商财、体育和职业成长的细分栏目。无论是热门话题还是冷门内容，都能在播客上找到涉猎。

尽管中文播客产生的时间不长，但已形成了不同的风格。小众的播客圈如同一个小江湖，南北方播客被归纳为两派风格。以北京和天津为主的北方播客偏向“闲聊派”，《大内密谈》《日谈公园》等都以拉拉杂杂的聊天谈话形成强烈风格，突出主播的个人风格，把聊天做成节目。以上海为主的南方播客则偏向“网课派”，这类播客往往有准备，有知识点和话题讨论，听感更有节奏、更精致，信息传播的效率更高。

不同主播的自由化表达，不仅让播客内容百花齐放，更能让不同价值观的输出筛选出高黏性听众。

像《日谈公园》这样的播客，从一开始就决定以聊天的方式自由发挥，不需要过多准备，要的就是随意，聚集起气味相投的人群。而方舟的《周末变奏》往往需要写详尽的文稿，在《乐队的夏天》热播时邀约热门乐队来对谈，也需要漫长的沟通期，时间成本极高，他认为，“现在做播客还没有一套约定俗成的体系，没有规范与模板，每一个播客节目的定位、构想、投入的精力都没有可比性。”

摸索中的商业化

在美国，播客早已实现商业化，成为发展最快的广告媒体之一，仅 2020 年播客广告收入就接近 10 亿美元。而中文播客的商业之路仍十分漫长。

2013 年上线的中文播客《大内密谈》直到 2018 年才摸索成一家为以盈利为目标的公司。另一个商业化道路走得最早、也是连续五年拿到苹果播客年度精选的中文播客《日谈公园》，获得头头是道基金的数百万元天使投资，单期贴片广告报价最高达到 30 万元。

程衍樑与朋友创立的 JustPod，旗下有《忽左忽右》《杯弓舌瘾》《去现场》等 16 档原创播客节目，月度听众超过 200 万，仅今年上半年，JustPod 的广告营收已达千万元，不依靠投资，就能养活 15 位全职员工。

但现实是，除了头部的几家播客公司开始自负盈亏，主流播客都是不赚钱或是亏本的。

“许多人在焦虑商业化的问题，在蜜月期之后也在犹豫要不要继续。”资深产品经理刘飞是播客《三五环》的主理人，他做播客的目的，更多是想留下自己与朋友聊天的过程，把有价值的观察和思考分享出去。他认为，目前中文播客的商业化依然在缓慢探索中，大多数播客的商业化之路很可能是 to B 而非 to C。

方舟发现，目前播客的商业化路径与微信公众号、直播带货和 Vlog 相比，并没有太多变化，就算主播在节目中做电商直播，带货效率也会很低，“我们瞥一眼文字就能获得很多信息，15 秒短视频也比播客更有效。播客是线性的，是看不见摸不着的，只能听，从信息传递的角度来说，效率很低。它的用户黏性更多来自一种气味相投。”

尽管中文播客看起来热闹，但据他观察，很多播客主凭兴趣入门，节目做不过三期就放下了。除了头部几个播客可以全职，中腰部播客主都凭着一腔热忱“用爱发电”，用业余时间做播客。从长远来看，播客一旦缺乏盈利模式，仅凭兴趣难以长期稳定地持续做下去。这几年，一些很受欢迎的播客在主理人的新鲜感过了之后，就因各种原因相继停播。

从专业角度来看，方舟认为不少播客在制作上缺乏专业度，有时连最基本的声音质量、剪辑逻辑与语言表达都存在很多问题。随着今年各种资本、互联网平台的入局，他相信，商业化的过程也会是规范化的过程，播客的火热会吸引越来越多的专业人士进入，逐渐提升起播客的技术标准。

从某种程度上，现在的播客就像 2012 年微信公众号刚诞生时那样，大家都能做，但还不知道怎么做才是最好的。这个逐渐摸索、完善的过程也是令人期待的。

刘飞认为，播客不太可能变成大众市场，但这个垂直领域足以养活一个中等规模的产业链，也能让几十个头部播客团队破圈。他很期待“小宇宙”能成为播客的头部平台。

跟视频相比，播客无论是质量、体量还是用户渗透率都相差甚远。尽管很多人把 2021 年称为“播客元年”，但它还远未到“风口”的程度。播客先要靠时间建立起行业标准，做出足够的质量和数量，之后才能谈论播客产业链与播客商业化。

2021 年 5 月 17 日

分享链接

废弃矿坑变身网红打卡地，造一座自然教育的伊甸园

距北京一个多小时车程的古城蓟州，一个由废弃矿坑改造的生态教育社区正成为城市孩子们的天然乐园。

下午时分，洒满阳光的草坪上，一群孩子在沙坑里玩沙、荡秋千。不远处，四五个戴着安全帽的小学生正跟着老师一起，用木条、螺丝和六角扳手搭建微型木屋。在这堂课之前，另外一些家庭已经合力完成了各自的“一米菜园”，孩子们用手钻制作一米长的种植箱，再往里面倒满种植土，种上菜苗，撒进种子。远处的山坡上，由无数家庭亲手种下的小树苗布满山野，树枝上挂着孩子们歪歪扭扭的字。

来自北京、天津的孩子们正在跟老师上建筑课，用木条、螺丝和六角扳手搭建微型木屋。

这个名叫 eden 春山里的生态教育国际生活示范区，是创始人崔巍花费 5 年多时间打造的自然乐园。5 年前，这里还是一片荒芜的矿坑，沙石裸露，满目疮痍。“山体被削掉一半，一个个巨坑横亘在荒凉的大地上，每一个都有二三十米深。”崔巍用“触目惊心”来描述当时的情景。

天津市蓟州区是联合国命名的“千年古县”，也是矿产资源大区。20 世纪 60 年代起，大规模的开山采石导致山体植被被毁，生态破坏严重。2008 年，当地山区的矿山开采和加工企业全部关停，留下大量废弃矿坑。

当崔巍决定改造废弃矿坑时，身边朋友都不看好。蓟州经济落后，矿坑的修复又耗资巨大，他们觉得这太过理想主义，也太冒险。

但崔巍有他的初衷和坚持。有一年在国外考察项目时，他路过一处工业废水排放后的滩涂地，黑黢黢的烂泥里漂浮着死去的水鸟，腥臭味挥之不去。这个废弃之地让他惊讶，人类对环境的破坏力竟如此之大。做一个生态恢复的项目成了他的心愿。

他去英国考察由矿坑改造的著名景点伊甸园（Eden Project），又回国勘察

了十几个废弃矿坑，最后确定改造蓟州的矿坑。这 5 年，他从一个立足一线城市的行业老兵，变成一个长时间住在山里、整天在工地里与工人和农民打交道的践行者。

今年 3 月以来，他每周都呼唤城市里的朋友带孩子来种树，来参加 eden 春山里的各种生态课程：一米菜园、昆虫旅馆、雨水收集、三明治式堆肥……有一次，小朋友们把蝴蝶蛹带回北京耐心呵护，一周过去，蝴蝶破茧而出。

孩子们把放飞蝴蝶的照片发给崔巍，描述着自己的快乐，这让他感同身受，"他们把课本上看到的都亲自实践出来，这样的自然生态教育会给他们一生带来微妙的影响。"

做中国的伊甸园

"中国的孩子为什么不是那样的?" 2014 年 10 月底，英国初冬时节，崔巍第一次走进英国伊甸园，冒出这样的疑惑。

那天是周一，园区的人却很多。在巨型温室花园里，不同年龄的英国孩子围拢在 4 500 多种花草树木之间，三五成群地认真观察植物，热烈讨论，稚气的脸上写满求知欲和欢乐。

"英国是博物学的发源地，博物学在英国近代科学文化史上占据很重要的位置，这造成英国民众喜欢自然科学。"他看到这些快乐学习的英国孩子时就在设想，如果这样的自然生态园区能落地中国，也能影响很多中国大城市孩子的成长。

英国伊甸园位于康沃尔郡，是英国经济最不发达的地区之一。创始人提姆·施密特既是音乐家，也是一个坚定的环保主义者。在他和众多英国专家的努力下，用两年时间将康沃尔郡 50 米深的矿坑改造为世界上最大的温室花园，于 2001 年开放。

开业第一年，英国伊甸园就吸引了 200 万游客。2005 年开始，它每年举办夏季音乐节，吸引了英国女王、安吉丽娜·朱莉等名流到访。原本与世隔绝的废弃矿坑，成为后工业时代环境再生的经典案例，变成国家环保的名片。

这里有让游客惊叹的穹顶状建筑物、品种丰富的植物、艺术装置和音乐节，也有面向孩子的博物馆、自然教育中心。这些年，来自全球的上千万游客为英国伊甸园带来 16 亿英镑的收入，也为数千个当地人解决了就业。

从世界经济史来看，很长一段时间以来，传统矿业都会造成矿山地质灾害、矿区含水层破坏、地形地貌毁损、水土环境污染等严重问题。

20世纪中期，国外就开始矿山的生态修复。这种修复从最初的简单绿化变为生态再造，将矿山打造成地质公园、湿地公园等。

到了今天，在高科技的支持下，地质修复又升级到3.0版本。废弃矿山作为环境再造和产业再生的承载地，可做成教育基地、观光酒店等。宁波将废弃矿山打造成全球唯一的高山台地赛车场，上海佘山的世茂洲际酒店也成为世界首个建造在废石坑内的自然生态酒店。

考察矿坑时，崔巍首选北方，“（改造）矿坑在南方相对容易，但北方缺水，植物养护的成本特别高，导致过去很多矿坑改造半途而废。”

做生态修复的过程漫长艰辛，且无捷径可走。崔巍说，矿坑修复最难的，一是地形整理，二是长久绿化，“最难的就是种树，一旦养护不好，很快就会变回荒地。”

他们与蓟州区政府成立联合工作组，找到林业专家，针对当地环境与土壤状况来改造，用高科技手段辅助植被的后期养护。

无论是矿坑体量规模、生态群落还是经济实力，蓟州都与康沃尔郡相似，他看好这里的地理优势，距离北京、天津、唐山的车程都在一个多小时，“一旦建成，可以辐射三地的千万人口，也能为当地提供更多的就业机会，有利于振兴乡村。产业的核心是带动周边区域经济的发展，社会效益也会更高。”

自然教育基地

在eden春山里走一圈，满眼的绿色植被，简洁前卫的建筑，园区内的Tree Coffee咖啡馆、矿坑主题的酒吧以及儿童读书馆等，都让这里看起来像一个国际化的艺术园区。

英国伊甸园项目的原班团队为eden春山里做了整体设计和运营规划。但伊甸园的IP不是简单的复制，而是中国版的升级。

后山上的eden永续农场未来也会成为自然教育基地。农场推行“朴门永续”的理念，依靠自然法则生产天然食材，孩子们可以在这里学习农作、园艺，把新鲜采摘的蔬菜做成一桌健康的美食。

这里每周都会组织不同类型的生态教育课程和自然实践活动，至今已经吸引了上千个家庭。每个月，这里都会办一场围绕历史、美学、科学的大师课，前故宫“掌门人”单霁翔、中国探月工程首席科学家欧阳自远、法律学者皮艺军教授以及生活美学方面的专家，都曾到访讲课。

“我们想要形成一种教育的氛围，形成一个知识的平台。”崔巍说，从去年8月至今，已经有上万人在这里上免费大师课，接受自然教育。他希望人们通过在大自然中的娱乐、学习和体验，对环境、资源产生新的认知。

“中国自然教育机构有2 000多家，但很多都是凭热爱在做，缺乏抗风险的能力，也缺少一个航母级的自然教育机构。”崔巍认为，自然教育是一件庞大而漫长的事业，需要考虑的不仅仅是盈利。在他的规划里，eden春山里将建成博物馆集群，未来这里就像英国一样，住在城市里的父母会带着孩子来学习型度假。

eden春山里被列为2021年天津市重点工程，一个非首都功能的代表性文旅项目。随着生态、科技、教育等产业的导入，已解决当地500多人的就业，带动周边数十个农民合作社售卖农产品。

这里既是一个小众的乌托邦之地，也是一个新晋的网红打卡地。对后一种，崔巍态度谨慎，“我不希望成为网红，网红意味着昙花一现。我们要留出更多的时间思考和设计，用口碑进行传播。”

到现在，仍有朋友担心困难太多，但他却越来越清晰目标，“今年已经出现了很多跟我志同道合的人一起推动生态教育，未来生态教育肯定会迎来爆发。”

2021年6月12日

分享链接

从养生咖啡到牛舌饼抱枕：北京老字号集体“逆袭”成网红

仿佛是在一夜之间，诸多老字号摇身变成了网红。

2019年，上海冠生园的“大白兔香水”上线，10分钟售出上万件。同年，走过350多年历史的同仁堂在北京开出咖啡店“知嘛健康”，将“中药草本+咖啡”作为主打产品。在小红书、大众点评等社交平台，年轻人举着一杯枸杞拿铁打卡拍照，标签是“朋克养生”。

就在“知嘛健康”热度持续一年多还未降温时，今年夏天，北京老字号稻香村零号店和北冰洋体验店“北平制冰厂”的开幕，又接踵火爆网络。

8月26日，稻香村零号店开业当天，上午时段只有十几位客人。稻香村营销部负责人王树文告诉第一财经记者，到了中午，客流突然增加，人最多时，长长的队尾甩进了东四十二条胡同。那天，他一直忙着维持秩序，帮忙打包餐食，人手依然不够。总部从各个分店紧急调来员工，所有人从中午忙到晚上关店，“一口饭都顾不上吃。”到现在，稻香村零号店开业一个月，人流仍然不断，哪怕工作日或者雨天，排队时长还是动辄一两个小时。

“我们完全没想到，会成一家网红店。”在稻香村工作了16年，王树文第一次在门店见到这样的情景。他透露，零号店店铺面积不大，但日销售额达十万元以上，远超稻香村其他220多家门店。更大的不同是，其他门店都是中老年顾客居多，这家店几乎全是年轻人。

同样的场景也出现在“北平制冰厂”首家旗舰店。这家门店深藏在文创园区，并非传统意义上的热门去处，但开业当天还是人满为患。网红博主举着手机来探店，家长带着孩子来打卡，门口的北冰洋白熊旁边总有等待合影的人。

“从8月28日正式营业至今，这里成了海淀区的网红打卡地，日均人流量都是四五千人。”“北冰洋·北平制冰厂”项目负责人陈帅对此也很意外，他们今年2月才成立品牌创新部，确立北平制冰厂项目，大大小小的会议开了103场，也面临过很多质疑和艰难，而今，“北平制冰厂”旗舰店能火，既是惊喜也是欣慰。

刚过去的中秋，北京环球影城位列全国排名第一的最热景点。许多从环球影城出来的游客，都会顺道光顾北京有礼环球度假区站店。店内聚集了近30家老字号，包括全聚德、东来顺、北京稻香村、北冰洋、八喜、知嘛健康、六必居等，琳琅满目的商品如同一场产品设计大展。传统点心、茶叶包装全都焕然一新，古典的、雅致的或萌趣时髦的包装，纷纷颠覆了老字号的旧有记忆。有网友在社交平台感叹，“做酱菜的六必居出了黑蒜味的冰激凌，现在的国货厉害了，让人大开眼界。”

一杯咖啡，抓住养生的“90后”

“知嘛健康”在环球度假区有一个门店，从外观上看，它跟百年老店同仁堂的关联很难一眼分辨。金色系拱门、金色咖啡杯、冷柜里的“熬夜水”“神仙水”，以及餐牌上的枸杞拿铁、益母草玫瑰拿铁、罗汉果美式，都符合年轻人的审美和好奇心。

“做店铺设计的时候，我们就在考虑，怎么才能让中医的传统文化与年轻人产生共鸣，所以这家店就以‘盗梦空间’为主题。”同仁堂集团党委常委、副总经理张荣寰告诉第一财经记者，这是“知嘛健康”的第四家门店，他们并不走快速扩张的步伐，而是力求把每一家店都做出特色，稳固客群。

诞生于1669年的同仁堂颠覆了“卖中药”的形象，用一杯养生咖啡撬动“90后”00后”的消费热情。

2019年，“知嘛健康”零号店在北京大兴落地时，拔草“草本咖啡”就成了年轻人打卡的目的地。近5 000平方米的旗舰店内，卖得最火的是将中药草本与咖啡结合的枸杞拿铁、罗汉果美式、陈皮拿铁与益母草玫瑰拿铁。

“‘知嘛健康’这个名字，不是芝麻，而是‘你知道嘛？’”张荣寰说，这四个字背后隐含着对年轻人的召唤：你知道同仁堂吗，你知道怎么养生吗？

“同仁堂的品牌在中老年人那里是认可的，但我们一直在思考，怎么吸引年轻人，怎么符合当下的流行元素，提升品牌价值。”他认为，养生并不是中老年专属，“90后”“00后”因为工作压力大，作息不规律，也很注重养生。

据易观智库发布《“90后”健康养生大揭秘》显示，脱发、失眠、肥胖、熬夜、缺乏运动，是很多“90后”的亚健康状况，这个群体选择的养生产品主要是保健品、食品和中药饮片。40%的“90后”对养生的态度是“有意识”，但却缺乏渠道和入口。

怎么让年轻人带着养生的意愿走进同仁堂？张荣寰认为，年轻人在意的不是一个品牌的年代是否久远，而是消费体验。只有向年轻化、时尚化靠近，从生产制造企业向服务转型，才能让同仁堂拥有新的生命力。

同仁堂的研发团队大多是硕士、博士学位，其中有不少人也是“90后”。团队在做调研分析时，就把“喝杯咖啡养生”当作贴近年轻消费者的入口。

“同仁堂的创新就是尊古不泥古，创新不离宗。”张荣寰说。

店铺设计上，“知嘛健康”零号店的三层空间打造得既现代又科技。亚洲首台24小时自助售药机、亚健康解决方案草本长廊、科技养生抗衰设备以及各式文创产品和咖啡餐食，让这里成为可以待上一天的健康体验空间。

一楼以“食”为主，御膳房、茶饮区、咖啡区、烘焙坊，甚至还有红酒区。全透明的烘焙坊随时出炉粗粮面包和甜品，御膳房提供四季不同的养生餐。楼上则是传统同仁堂的新面孔，36米长的传统中草药斗柜装了上千味中药，融合老字号中医诊疗和健康检测等现代科技设备，为不同人群提供健康解决方案。

“这几年，‘知嘛健康’的客群一直呈几何级的增长。”张荣寰说，咖啡业务对同仁堂来说是全新产品线，已经开始盈利。对于“网红”店的提法，他既不排斥，也保持理性，“我们不是在炒作一个概念或噱头，而是打造品牌，用年轻人喜欢的新方式赋予传统新的文化内涵，这样才不会昙花一现。”

“人生五味全，酸甜苦辣咸”，是“知嘛健康”推出五味人生创意苦咖啡的slogan，直指年轻人打工的苦、爱情的苦、脱发的苦、发福的苦、加班的苦。这种戏谑与自我调侃，搭配着“上班过瘾”“秃如其来”“熬夜成瘾”的标签，成了同仁堂打通年轻人渠道时最心知肚明也最有趣味的交流密码。

搭上国潮怀旧风

对稻香村和北冰洋这两家快消老字号来说，开一家店就能火爆网络的原因正是搭上了怀旧“国潮风”。

据百度发布的《2021国潮骄傲搜索大数据报告》显示，最早掀起“国潮风”的，就是一众食品、服装和日用品等老字号重回大众视野。在全民关注国潮的趋势下，“90后”是国潮消费的主力，而北京是最具国潮特色的城市。

近五年，中国品牌搜索热度占品牌总热度的比例从45%提升至75%，是海外品牌的三倍。食品作为搜索热度增长最快的六大品类之一，品牌关注度比五年前上升了38%。

始创于1936年的北平制冰厂，是几代北京孩子的童年记忆。20世纪90年代，可口可乐和百事可乐强势占领中国汽水市场，北冰洋于1999年退市，直到2010年才宣告复出。也正是在那个时期，国内最早一批国潮品牌逐渐迎来复苏。北冰洋重返市场两个月就实现盈利，去年首次尝试直播带货，销量达48万瓶。

如果仅靠情怀，这个地域性极强的老字号很难往其他城市扩张。这也是大部分老字号面对的问题。加上“Z世代”接收的信息碎片化，品牌获取流量的成本变得很高。也许“80后”能为情怀买单，但要抓住“90后”和“00后”，依然需要更多的创新和战略升级。

陈帅记得，今年2月19日，北平制冰厂项目正式确立，4月1日，才有第一名团队成员加入。早期，他自己写策划案、项目书、产品方案，与设计团队对接VI、SI设计工作，不断修改方案。随着团队逐渐扩充，产品研发、文创产品和概念店的设计同步推进。7月1日，花园路旗舰店开始装修，8月28日开门迎客。

当“北平制冰厂”这个年代感十足的老字号开出首家旗舰店时，自然触发了一股集体“回忆杀”。在小红书上，关于北平制冰厂旗舰店的探店帖子里，总有巨型汽水瓶装置和大白熊，橘白蓝三色的视觉设计也极为醒目，“时隔85年，北平制冰厂变新潮”“超级可爱的老字号”“情怀MAX”，无数的评论都带着怀旧情怀。

60多款北冰洋IP的文创产品，囊括了T恤、手机壳、咖啡杯、鼠标垫、袜子在内的日用品。全新研发的北冰洋鲜果茶饮、气泡饮、瓷瓶酸奶，熊掌造型的冰激凌，现场烘焙的欧包，1915年曾获巴拿马国际博览会金奖的“星牌巧克力”复出，以及北平制冰厂的精酿啤酒，将整个店铺的消费体验变得丰富。

陈帅说，北冰洋选择进军4 000亿元市场规模的茶饮赛道，更多地是在寻找自己的特色，“我们没有想过成为网红，把传统快消品做成实体店，是想尝试跟年轻群体直接对话。”他透露，在首家旗舰店成功后，他们已经开始紧锣密鼓地推出五六家店铺的计划。

老北京第一家稻香村，相传是 1895 年由金陵人郭玉生创立的。事实上，稻香村并不是第一次搭上国潮快车，在传统糕点上加载中国传统文化，是这家百年老店早就开始尝试的。

早先，稻香村推出过特制生肖小圆饼。2007 年，消失了半个世纪的“京八件”经过重新研发面世，时至今日，在电商平台上销量超千万盒。稻香村跟故宫的合作也数次成为话题，福兽糕点、酥酥乎乎糕点、宫廷风月饼以及跨界安慕希合作的酸奶口味月饼等产品，都成了网红级爆款。

稻香村打造的零号店，不仅售卖 24 款现烤点心和 12 款饮品，也是北京民俗和城市记忆的呈现空间。旧时点心纸盒、月饼模子、顶盅、糕点戳、花棍、走锤等老物件，都是老北京的旧记忆。

“在南方，现烤现卖早就是标配了。北京老字号走得太慢了，稻香村这次算是找到了消费者的痛点。”一位网友在分析稻香村零号店火爆的原因时说，现烤应该纳入稻香村其他门店。

“现烤模式肯定会在其他门店推广。”王树文当然看到了这种趋势和需求，他坦言，过去稻香村都是服务于中老年客群，工厂化生产，再到门店以称重方式售卖。

为零号店开幕做调研时，他们特地去了上海考察，发现奶茶+现烤点心几乎成了标配。于是，用稻香村自己的产品研发奶茶，做出牛舌鲜乳茶、枣泥鲜乳茶，成了零号店的创新。消失多年的眉宫饼和萝卜丝饼以及“文房四宝”“胡同门牌”等糕点，只在这家门店销售。

他没想到，很多年轻人来打卡时，总是冲向店里摆放的枣泥酥抱枕。他们也迅速立项，设计出牛舌饼抱枕、枣泥酥抱枕和书签，变成稻香村的文创衍生品。不久，这些文创产品就可以在店内售卖了。

王树文明白，年轻人喜欢老字号都有追求怀旧的心理。尝新可以，但要保证长久的消费，还得依靠过硬的品质，“我们更追求的是，随着新鲜感的过去，如何回归到稳当的销售。”

2021 年 9 月 27 日

分享链接

九、晓说消费

刘晓颖|第一财经资深编辑，关注商业公司，期望挖掘出新闻背后的故事。
liuxiaoying@ yicai. com

中国人到底需要多少家咖啡馆？

雨天的周末下午，咖啡馆成了人们小憩的好去处。午餐后与朋友想要喝一杯，一连去了三家店皆人满为患，好在如今想要在上海找一家咖啡馆实在是太容易的事情，我们最终还是在不远处的第四家找到了空位。

在过去两年里，除了星巴克和COSTA这两家，一些新品牌连锁咖啡馆如雨后春笋般地冒出来：本土的Manner、seesaw等，外来的则是Peets、TimHortons等，后者来势凶猛，比如TimHortons自2019年进入中国市场，如今已开出了150家店，据称，2021年公司计划开200家，未来几年的计划则是1 500家。即使是瑞幸也没有停下步伐：公司CEO郭谨最近在其发布的员工内部信中透露，目前瑞幸门店总数近4 800家，今年1月，新开门店数超过120家。管理层给出的规划是3年里将开出2 100家，平均每年新开700家。

我咨询了一些做商业地产的朋友为什么这些新晋的咖啡店开得如此迅猛。他们给出的答案是：如今的购物中心新业态里最能吸引人流的是吃喝玩乐这几项，购物中心需要可以引流的店铺。此外，他们还提及了一点，对于商业街和商场来说，当年第一批签下的店铺这两年纷纷过了年限租约，当老大哥星巴克不再是唯一的“网红”后，再觅新的合作者对双方来说或是更好的选择（后者在租金议价上远不如老大哥来得强势，这对于商业地产商来说是个好消息），而且消费者永远需要新面孔和新鲜感。

资本的嗅觉如此灵敏。去年年底，Manner拿到了HCapital、Coatue的投资，这算是其在2018年拿下今日资本8 000万元A轮后的第二笔融资；腾讯则瞄准了TimHortons，继去年5月亿元投资这家加拿大咖啡品牌后，最近又增持，在新一轮的融资中，还出现了红杉资本、钟鼎资本的身影。值得一提的是，红杉资本在去年9月与星巴克中国合资成立了新的公司。拿到资本的品牌无疑会加快步伐抢占市场再下一城。

瑞幸在赴美上市前曾给外界画过一张饼。它说：中国人均咖啡消费量为5杯/年，美国则高达400杯/年，因此，中国的咖啡市场潜力无限。这家公司以培养国人养成一日起码喝一杯咖啡这样的习惯为己任，可惜目前看来离革命成功还遥遥无期。

一个做投资的朋友习惯于观察不同群体的消费日常。最近闲聊时，他说起自己过年回浙江老家时注意到多年来县城里只有一家星巴克。在好奇心的驱动下他让在咖啡店里工作的小表弟给算了下，春节生意好时店里一天可以卖掉600杯，可其中有50%是不含咖啡因的饮品。平日里，就卖不到那么多了。表弟还说，县城里的人不爱喝咖啡，夏天来买咖啡的只占20%~30%，其余的都是来买星冰乐解暑的。而在那个小县城里，一些连锁的茶饮倒是开得如火如荼，一条20多米长的商业街，连续开了6家奶茶铺，除了古茗、蜜雪冰城、茶百道，其余三家是不知名的小店。他在假期某日的晚餐后近7点的时候去古茗排队买了一杯10元出头的百香果茉莉茶，当时拿到的号数将近480，由此可以看出一家小店一天500杯的销量应该没什么问题。

就在今年的大年三十，六年里融资五轮的奈雪披露将赴港上市。中国到底是茶饮国度啊。

随着国内年轻人消费习惯的养成，喝咖啡的人也许会越来越多，可无法否认的是这个市场的竞争也变得灼热化起来。虽然头部的两家老牌咖啡品牌一直将国内的咖啡价格维持在三四十元一杯，但不少会员顾客明显感受到去年开始收到优惠券的力度增加了。也许让它们感到焦虑的是，差不多口味的咖啡，新加入的竞争对手在价格上更有优势。这分流了原有的客户，毕竟，在正常情况下，一个人一天能喝的也就一两杯咖啡罢了。

众所周知，激进的开店最终只会导致此后的关店潮，如同当年那些动辄几千家连锁店铺的服饰品牌一样。在一二线大城市里，高企的租金是个始终绕不开的话题，新晋者显然无法再享有当年先进入者的那波红利了（以零租金或者很低的租金拿到黄金铺位）。业内流传的那个笑话不是传说，最不赚钱的零售是咖啡馆、书店和花店。前者的客单价和翻台率实在太低了，不足以支撑每月的房租，运营者最终沦为给房东打工。如何将这些成本转换为经营业绩，是玩家们必须思考的问题。

2021 年 2 月 28 日

分享链接

逸仙能借并购破国货美妆“天花板”吗?

2020年年末，路透社报道称，中国的一家名为逸仙电商（YSG. NY）（以下简称逸仙）的美妆公司正有意与高瓴资本携手竞购日本知名的护肤品公司FANCL。

不过，此消息还未有结果，逸仙电商却“出乎意料”地在日前宣布收购英国高端护肤品牌EveLom，该交易未透露具体金额。

说起逸仙，更广为人知的另一个称呼是完美日记母公司。成立不到五年，在2020年11月赴美上市前，逸仙共融了5轮资、估值超120亿美元，成为过去几年里国内发展最为迅速的美妆公司。

不得不说，逸仙旗下的主力品牌完美日记确实成功。2017年8月，完美日记开设天猫店，一年后的“双11”，其凭借90分钟突破1亿元销售额的成绩成为美妆行业的黑马。

完美日记的成功建立在性价比和营销上。与国内的许多美妆品牌一样，其销售最好的口红类产品售价在百元以下，这样的定价也是最为大众接受的。在市场营销上，其此前公布的招股书显示，完美日记合作的KOL数量多达1.5万人，其中有800多位是拥有百万粉丝的量级。2018年逸仙电商营销费用占其总收入的48.7%，2019年为41.3%。这是一个什么水平呢?我们可以对比一下其他的国际美妆巨头：2019财年欧莱雅集团的全年销售额为298.7亿欧元，期内营销成本为92.1亿欧元，在其总营收中所占的比例约为30.83%。雅诗兰黛和资生堂的营销费用在营收中的占比分别为23.8%与34.3%。

高价品牌喜欢讲故事，而平价品牌显然很难做到这一点，只能始终保持高频率的更新。但随着入场玩家的增多以及同质化日趋严重，如何从红海中脱颖而出?这是IPO后的逸仙需要考虑的问题。

在创始团队的规划里，逸仙将会发展成为一个多品牌的美妆集团，这同目前世界上那些大型的美妆巨头诸如欧莱雅、资生堂、雅诗兰黛一致。公司董事长兼CEO黄锦峰曾说，未来逸仙会并购更多的品牌，因为单一品牌单一品类在面对市场竞争的时候会受到很大的限制。

梳理其此前旗下的品牌，除了自创的完美日记和完子心选，还有一个是收购来的小奥汀。从价格方面看，几个品牌都算是平价亲民类的产品。而这一类定位也是被业内认为最难做的。中高端市场的竞争相对并不那么激烈，但对于国内的品牌来说，想要孵化出一个成功的、被市场认可的品牌实在太难。上海家化（600315. SH）曾经试过，当年花重金重启双妹，可此后因为各种原因也不了了之。

本土品牌要冲击高端市场目前乃至未来很长一段时间里看来不太可能。这是笔者在与多位资深业内人士咨询后的结果。

所以，对于逸仙电商来说，想要扩充自己的产品线、补上中高端的空白，最迅速的方式便是寻找现有的已经有一些市场知名度的品牌。好在，在如今这个小众品牌遍地的市场，这样的标的并不难找。在 EveLom 之前，逸仙其实还收购过一家法国的 Galenic。从价格来看，这两个品牌符合中高端定位，明星产品的价格定价在 500~1 000 元。

并购海外品牌也许可以帮助逸仙在短时间里突破本土美妆品牌在价格上的“天花板”，它后续面临的问题是如何运营好这些新加入的品牌，对于一家上市公司来说，一定不会只满足“小众”。

此外，作为一家日化用品公司，逸仙的产品皆为代工，算是轻装上阵。招股书显示，2018 年、2019 年及 2020 年前三季度逸仙的研发投入分别为 264. 1 万元、2 317. 9 万元、4 090. 2 万元，在营收中的占比仅为 1%左右。对比同行，欧莱雅的研发占比超过 3%。

上市后逸仙手握数十亿元融资，可谓不差钱。如何花这些钱是管理团队必须考虑的问题。

2021 年 3 月 7 日

分享链接

十年增长十倍后，科颜氏能迈过 50 亿元这个坎么？

专业护肤品牌科颜氏去年在中国市场的表现不错，甚至还超额完成了任务。2020 年，该品牌的零售额接近 40 亿元，与其 12 年前在中国市场从 3 亿~5 亿元零售体量起步，如今增长了 10 倍。

据了解，目前科颜氏线上销售主要来自天猫旗舰店、官方微信和官网，线下则拥有 170 家以上的专柜和精品店，平均每个专柜或精品店的年销在 1 000 万元。“目前线上线下销售占比基本持平，各占 50%。”科颜氏中国品牌总经理李琳日前在一个公开活动上透露，即使在疫情年，科颜氏也新增了 10 家线下专柜。

有人认为，科颜氏在中国的“乘风破浪”多少得益于背靠大树好乘凉。该品牌隶属全球最大的美妆公司欧莱雅集团，尽管去年因为疫情全球美妆市场出现颓势，但欧莱雅集团依然蝉联世界第一美妆集团头衔。相关数据显示，其在中国市场的销售额逆势同比增长 27%。

“我们今年在中国这个全球第二大美妆市场上进一步扩大领先优势。”欧莱雅集团董事长兼首席执行官安巩在此前的财报会上对集团 2021 年在中国的表现充满自信。

毫无疑问，对于这个美妆巨头来说，目前发展强劲的中国市场确实是值得加以挖掘的。或许出于这一方面的考虑，去年年底，欧莱雅集团宣布重新规划各市场的地理范围。重新规划后，北亚区（The North Asia Zone）包括中国、日本和韩国。对此，欧莱雅北亚区总裁兼中国首席执行官费博瑞认为，“中日韩这三个国家加在一起是非常大的市场，几乎占到世界 1/3 的美妆市场，所以，把这三个国家整合起来是非常有必要的，能更好地创造区域内协同增值效应。”

“为什么把上海作为新北亚区的总部呢？我们认为这三个国家之间互相影响的力量非常大，在这个过程中，‘中国潮’扮演着很重要的角色，我们说的

‘Z 世代’，也就是 1995 年到 2009 年出生的这一群人，他们非常专业，要求也非常高，并开创了新的国潮趋势。我们希望通过这一次整合能够很好地抓住这个新趋势，更好地利用中日韩之间互相影响、互相启发的作用，在市场上奠定更好的基础，从而更好地启发全世界。”费博瑞说，“对于 2021 年的美妆市场尤其是中国美妆市场，我们充满信心。该信心来源于中国国内消费升级以及一系列消费方面的新现象、新场景，尤其是直播等新领域的兴起，我们不断作出相应的调整，并且不断抓住新领域崛起过程中诞生的新机会，给我们带来更多的增长和发展。”

中国市场毫无疑问已经是多家国际美妆集团的必争之地，目前来看，这一市场的规模依旧呈不断上升之势。艾媒咨询的数据显示，2012 年中国化妆品市场规模仅为 2 484 亿元，2019 年则迅速飙升至 4 256 亿元。2020 年，疫情导致民众出行比例大幅降低，大部分快递商延期开工以及居民社交性化妆品需求的减少等，化妆品行业规模有所下降，为 3 958 亿元。预计 2021 年市场规模将增至 4 553 亿元。

按照科颜氏的计划，2021 年其目标是保 40 亿元，争 50 亿元。这意味着如果科颜氏要实现理想销售，起码得完成 25%以上的同比增幅。

要完成这一增长并不是件容易的事。虽然科颜氏背后有大集团的各种资源支持，但如今中国的美妆市场已经不同以往。回顾科颜氏当年进入中国市场，主打起家于药房，成分安全，适合敏感肌肤。彼时，国内化妆品市场在这一块儿几乎为空白。十多年过去后，这一细分领域的竞争品牌已冒出来不少，消费者的选择更多了，且对于消费者来说，当年品牌的新鲜感已经不再，品牌老化也是科颜氏需要面对的问题。

2021 年 4 月 12 日

分享链接

牵手南极电商，C&A试图找回存在感

提及南极电商（002127.SZ），公司旗下的南极人与恒源祥等品牌为人熟知。十多年前，产能过剩的南极人关掉了所有自营工厂的生产线，开启轻资产品牌授权的商业模式，即将旗下品牌授权给其他客户进行生产和销售，市场俗称“卖吊牌”。2015年，南极人借壳登陆A股，完成了向电商企业的转型。

今年年初，南极电商公司曾因高于行业正常水平的毛利率等问题被媒体质疑财务造假。如今半年过去，南极电商又有新动作。

公司日前发布公告称，与西雅衣家商贸集团有限公司［以下简称C&A（中国）］就其拥有的C&A品牌在中国线上业务达成合作，并签订了《股东投资协议》。双方拟共同出资设立公司，其中，南极电商占注册资本的60%，C&A（中国）占注册资本的40%，合资公司将享有C&A商标在中国地区的线上商标。

南极电商方面称，南极电商将拥有C&A商标（中国区）的线上使用权，并全盘接收、重新再造C&A线上旗舰店。

如今C&A选择牵手南极电商，或许是出自线上流量的考量，毕竟，后者在经销商、渠道商方面有充裕的资源。财报显示，截至2020年年底，南极电商合作供应商为1 612家，合作经销商为6 079家，授权店铺7 337家，渠道优势非常明显。同时，南极电商在包括拼多多、抖音等渠道全面布局，在直播电商渠道发力。

按照南极电商董事长兼总经理张玉祥的说法，南极人的路径是从单品商品到借助别人的渠道再到慢慢建立自己的渠道，C&A本身已经是一个终端零售品牌，它需要的是把每一件商品的竞争力做起来，“也就是C&A有‘面’，它缺的是中国的‘线’和‘点’，南极人有‘点’，但它缺的是‘面’”。

但南极电商能否运用过去打造南极人的方式来重塑C&A让人心存疑问。毕竟，两者的定位不尽相同，且后者的势头也早已大不如前。

荷兰服饰品牌C&A创立于1841年，经过多年发展，业务遍及全球。近几年，C&A 开始收缩战略，逐渐出售海外业务，专注欧洲本土的生意。中国市场是 C&A 欧洲以外的最后一个国际业务。在去年 8 月出售中国业务于一家私募公司前，C&A 在中国的 22 个城市仅剩 66 家门店。

2007 年 4 月，C&A 正式进军中国市场。同其他几家海外品牌一样，C&A 获得了早期进入市场的红利，在北京、上海、广州等大城市的商场里开出不少店铺。但时过境迁，中国消费市场在经过几轮更新迭代后，人们对于这些海外品牌早已不再趋之若鹜。

实际上，此前曾被追捧过的国际时尚服饰品牌这几年里在中国市场“节节败退”的不在少数。2018 年，英国时尚品牌 TOPSHOP 及高街服饰品牌零售商 New Look 相继宣布退出中国市场；从去年开始，Zara 母公司 Inditex 集团则陆续关闭旗下 Bershka、Pull & Bear 和 Stradivarius 三个品牌在中国的实体门店。在中国线下商场仅保留 Zara、Massimo Dutti、Oysho 和 Zara Home 的运营。

这些洋品牌最初带着“光环”进入中国市场，但在此后的经营中却并不太接地气。不少公司的核心团队是派驻的老外，且在中国遇到大大小小的问题都要上报到欧洲总部，决策流程太长让这些品牌水土不服。

不过，对于南极电商来说，与 C&A 合作也许只是一次未来战略规划的试水。张玉祥在接受媒体采访时称，合作是检验南极电商是不是有能力让国外的品牌来接纳，能不能拥有更大的平台，占领更多的市场份额。

2021 年 7 月 6 日

分享链接

进击面膜市场，美即押注中高端

中国医美市场的规模快速扩张，其中，非手术类的轻医美占比持续提升。

据《2020年中国医疗美容行业洞察白皮书》预计，随着医美人群的扩大化，到2023年医美市场的规模将达到3 115亿元，其中，轻医美市场规模增速将高于手术类医美，成为市场主流。

伴随而来的是，宅家可享、价格更亲民、操作更便捷，以轻医美项目的功效和安全为灵感而开发的院线级护肤品，受到越来越多消费者的关注。

这也让不少美妆公司看到了商机，比如欧莱雅旗下的美即近日就宣布要进军院线级护肤市场。

说美即曾是“国货之光”不为过。这家创立于2003年的公司开启了国内平价面膜的先河，并由此引导面膜走向大众快消的轨道。

公开数据显示，2009年，美即已占领了面膜市场15%左右的市场份额，一跃登上面膜老大的位置，并连续5年蝉联桂冠。2010年，公司凭借着单品类登陆港交所，因超额认购784倍，成为当年港交所的“股王”；2012年，美即销售额更是突破了10亿元大关，并占据国内面膜市场26. 4%的份额。

彼时风头强劲的美即被国际美妆巨头欧莱雅集团相中。2013年，欧莱雅集团宣布以65. 38亿港元（约54. 33亿元人民币）将美即全资收购，是当时外资收购中国国内日化品牌之最。2014年，美即在港交所退市，正式成为欧莱雅集团旗下的一员。但在高光十年后，即使有欧莱雅这样的国际集团“撑腰”，美即在中国的面膜市场也风光不再。

相较之下，当时的市场依旧在快速发展。中商产业研究院的数据显示，2012—2017年中国面膜市场的年均复合增长率高达15. 8%。2017年中国面膜市场规模已经顺利突破200亿元大关，并且保持着继续上升的趋势。当时平价单片面膜已被大众接受，成为高频次消费品。一方面，受到韩风影响，丽得姿、美迪惠尔（原可莱丝）等韩系品牌在国内热卖；另一方面，本土的新兴品牌也涌现出来，韩束一叶子、小迷糊、膜法世家等诸多后起之秀出现在面膜市场，面膜品牌的竞争越来越激烈。

当然，公司也不是没有努力过。自 2015 年开始，欧莱雅就对美即进行了一系列战略调整。2016 年 8 月，美即通过冠名网络红人 Papi 酱短视频节目，重回大众视线；2017 年开创膜液分离式面膜，这一系列的产品也成为推动美即业绩增长的主要动力之一；2018 年，美即请了“95 后”流量女星关晓彤成为品牌代言人；2019 年，美即推出了首个高效原液产品线，这意味着美即开始推出面膜以外的护肤品类，从美即面膜成为美即品牌。

今年美即的调整则是押宝在“院线级家用护理”概念。相较于过去十多元一片面膜的单价，新品将价格定在单片 30 元左右。美即欲从大众市场转型至中高端护理市场。

不过，这也是较难突破的一个市场。如今中国面膜市场已经进入成熟阶段。中商产业研究院预测，2022 年中国面膜零售市场的规模将超过 300 亿元，到 2023 年市场规模将突破 450 亿元，但仅以贴片式面膜来看，目前在淘宝上销量过万的产品中，主流品牌面膜的单片价还集中在十多元。由此可以看出，国内贴片面膜的低价竞争已成为主流。

对于美即而言，老品牌想要再创新并非易事，其消费者对品牌本身的印象已固化，想要扭转过去再定位，比创立新品牌的难度还大。不过，如果可以借助集团背后实验团队的研发技术支撑，拿出好产品，再开拓新市场也并非无可能。

2021 年 8 月 18 日

分享链接

二手奢侈品交易的春天来了

二手奢侈品电商只二的线下门店近日在上海黑石公寓正式开张。公司创始人祝泰倪奇认为，成立六年后，如今开线下门店是水到渠成的事。

二手奢侈品交易并不算新行业。早在十多年前，中国香港的米兰站就进入了内地市场，日本知名的中古店 Brandoff 十年前也在上海开店掘金，但此后并未掀起大浪花。究其原因，有说是国内对于二手交易本就不信任，也有说彼时的二手消费市场还未成熟。

直至五六年前，互联网的兴起带起了一波垂直细分领域电商公司的热潮。彼时的共享经济大热，二手奢侈品又搭乘共享经济的快车迅速进入消费者的视野。

据祝泰倪奇透露，只二成立后每年的交易量以至少三倍的速度增长，2020 年的 GMV 已突破 10 亿元。

客观来说，二手奢侈品真正火起来也就是这两年的事情。《2021 年中国二手奢侈品市场分析报告》显示，2019 年，我国二手奢侈品行业的市场规模为 117 亿元，较上年同比增长 37.6%；2020 年，我国二手奢侈品行业的市场规模为 173 亿元，较上年同比增长 47.9%。可见，疫情下的二手奢侈品交易规模不降反增。

行业热起来有几方面的因素，一方面是供给端。贝恩咨询的研究报告数据显示，2012—2018 年，全球奢侈品市场有超过一半的增幅来自中国，2019 年中国消费者买走了全球 35%的奢侈品。哪怕在 2020 年疫情下，全球奢侈品市场萎缩 23%，但中国境内奢侈品消费逆势上扬 48%，达到 3 460 亿元。于是，中国有了一批奢侈品卖家。

另一方面则是消费端。那些原来想要出去旅游购物的消费者因疫情不能出境，许多奢侈品门店也进入暂时关闭状态，与之相对的，消费欲、购物欲却依旧存在，急需找到宣泄的出口。

此外，去年的直播潮也促进二手奢侈品发展。二手交易是建立在买卖双方的信任基础上，如果说之前纯线上的图片展示让部分买家依然存有顾虑，直播里动态的全方位展示或许能打消购买者的迟疑，从而更快地作出购买决策。

不同于其他平台，只二在重视买家的同时，同样重视卖家的体验。祝泰倪奇认为，其背后的逻辑在于交易难点是服务卖方——留住高质量的、靠谱的卖家，可以吸引更多买家。“我们的运营重心也在卖家。实际上，奢侈品二手交易平台的买家不太需要额外的运营，大多数买家来这里就是为了性价比。”他说，“但并不意味着我们不重视买家，我们对买家最大的负责就是靠商品本身的质量说话。”

这也让只二省去了不少“打广告”的营销费用。据只二方面给出的数据，其用于广告营销的费用仅为行业平均水平的25%。

目前只二平台上C端的卖家占到80%以上，剩余的20%是B端商户，而通常同业C端卖家的平均比例在60%。“两者的区别是，B端商户以获利为主，C端的个人则是以出售闲置为主。”祝泰倪奇认为，“对于买家而言，在后者这里才更有可能买到性价比高的货品。”

如何吸引到源源不断的卖家？“我们是目前市面上唯一一家让卖家完全自主定价的平台。”祝泰倪奇觉得，不做低买高卖的回收模式，会让卖家的感受更好。此外，加快流转也是一大利器，一个包曾经需要两到三周才能卖出，经过平台运营的优化升级，现在平均一周即可售出。卖家一旦觉得平台效率高、货品出手快，就会再光顾，也会将这个平台介绍给周边的人。卖家也可能会转换为买家，良性循环就此建立。

为了不压库存，只二几年前进行了交易的调整，将早期的买断模式转型成纯寄卖模式，并收取一定的服务佣金。今年年初，这家公司将原本的佣金比例从15%提高至20%，一件货品的佣金上限是4 988元。

市场趋热让几家国内的头部二手奢侈品交易平台在融资寒冬下反而拿到了投资。去年12月，红布林宣布拿到数千万美元的B2轮融资；今年5月，只二宣布拿到数千万美元的C轮融资；6月，胖虎则称完成五千万美元的C轮融资。

《2021中国二手奢侈品电商平台消费洞察报告》认为，二手奢侈品从商品的鉴定保真、新旧级别区分，到价格设定、售前售后服务等，是一条相对复杂的产业链条，在大平台无法兼顾的情况下，这种复杂性带给二手奢侈品垂直领域的创业公司巨大机会。未来，二手奢侈品行业的核心竞争力是供应链+服务。

这让只二这样的创业公司在纵向探索更多的可能性。据祝泰倪奇透露，未来，只二还会继续挑战新的服务场景。

2021 年 9 月 12 日

分享链接

十、快消栾谈

栾立|第一财经产经频道记者，长期关注乳业、酒水、食品等快速消费品领域。“快消栾谈”专栏希望在纷乱的市场中为读者提供不一样的行业观察。
Luanli@ yicai. com

今年奶粉生意增长更难，乳企急寻第二战场

经过了难熬的2020年，不少母婴店老板却发现，2021年的春天似乎更难熬一些。

近期，国内外主要奶粉企业陆续举行了财报说明会或经销商大会，从这些大会中传递出的信息来看，乳企一方面把增长放在存量竞争中如何进一步抢夺中小奶粉品牌的市场空间；另一方面，寻找第二增长点的工作也变得更加急迫。

2020年年初，随着新冠肺炎疫情暴发，国内各行各业都受到了不同程度的冲击，作为刚需的婴幼儿配方奶粉行业受到的直接影响并不大，不过，对于大多数奶粉企业而言，2021年的日子也未见得更加好过。

从主要奶粉上市公司2020年的财报可以看到，大多数奶粉企业都呈现收入维持增长，但增速逐步放缓，净利润增速大于收入增速的趋势，部分头部品牌的收入还有不同程度的下滑。

相比于其他行业受到疫情的短期影响，2021年市场就快速回暖，奶粉市场的表现在2021年依然疲软，特别是在今年前几个月。

有山东奶粉经销商告诉笔者，由于终端店里新消费者数量减少，奶粉生意反而比去年同期更加困难一些，原本行业大多在“五一”节日才会举行促

销活动，今年春节后各种促销活动就没有停过，但依然“不起量”。

奶粉一向是门店的引流产品，奶粉新客的减少又带来了新的连锁反应，影响到门店母婴营养品、辅食、小食品等业务的整体下滑，也让不少运营成本较高的门店的生存变得更加艰难。

终端急，奶粉商也急，厂商更急，据介绍，今年头几个月，各奶粉厂商的业务代表到店率可能是近几年来的新高。

2020 年奶粉上市公司财报业绩增速集体放缓，与市场竞争的加剧密切相关，因为增长来自存量竞争中对其他品牌市场份额的挤占；净利润表现则受到产品价格提升和产品结构向高端调整带来的帮助。

新生人口数量减少的局面还在持续，可以预见的是，婴配粉行业的苦日子或许还在后面，因此，2021 年各奶粉企业也加快了战略调整的进程。

一方面，在本轮存量竞争上，对渠道的争夺成为下一轮的热点。

近期，健合集团、达能等多家奶粉企业都提到对 3~5 线市场经销渠道和母婴门店的进一步渗透，继续挤压中小品牌的市场空间。

由于中小奶粉品牌主要集中于 3~5 线市场，在这一市场传统母婴店的渠道约占半壁江山。一直以来，这一渠道和强势品牌厂商在利益分配上还有诸多博弈，卖通货不赚钱，因此在 2018 年前后行业上一轮集体渠道下沉时，很多奶粉大品牌都折戟于此。

奶粉企业也意识到了这一点，比如在 2021 年合作伙伴大会上，健合集团董事长罗飞提出了要扩大本地经销商的数量，并与渠道建立共生型组织关系，推动两者的利益融合。这一变化如果常态化，也将改变渠道生态，进一步加快国内奶粉品牌化、集中化的进程。

另一方面，在婴配粉各品类整体竞争饱和的情况下，奶粉企业正在急切地寻找新的第二增长点，业务逐渐向横向或纵向延伸。

一部分企业选择纵向发展，即以延长产品消费周期为方向寻找增量，如飞鹤、雀巢、贝因美等，飞鹤在年报分析师会上透露，未来将重点发力儿童奶粉和成人奶粉业务，并希望两者在 2028 年占到飞鹤收入的 50%；雀巢则从 2020 年开始，在哈尔滨和青岛莱西的两个生产基地，密集新增婴幼儿辅食领域的投资。

也有一部分企业转向集团化发展，以健合集团和澳优为代表，前者在尝到了收购国际营养品品牌 Swisse 的甜头之后，又在 2021 年 3 月完成了对美国知名宠物食品品牌 SolidGold 的并购，希望抓住国内宠物食品快速增长的红利期，并进一步向全家营养方向发展；澳优也在加大益生菌品牌业务布局，并计划在今年推出一系列孩童及成人营养产品。

不管是横向还是纵向扩张，都要面临着激烈的市场竞争，这也到了真正考验奶粉企业战略应变能力、品牌打造能力和人才组织能力等综合实力积累的时刻，因为前路漫长，而且并非坦途一片。

2021 年 4 月 25 日

分享链接

爱奇艺、蒙牛道歉，快消品牌投综艺应换个打开方式

一场声势浩大的选秀节目《青春有你3》，因为“倒奶”事件被曝光，最终变成了青春散场，一地鸡毛。

5月6日深夜和5月7日清晨，主办方爱奇艺和赞助方蒙牛旗下的真果粒双双公开道歉。

爱奇艺在声明中表达了对“倒奶”视频带来的不良影响而内疚自责，深深致歉，并表示为忽视价值观导向和社会责任以及节目应有的合理规则带来的负面影响负全部责任。当天公告中也公布了三条后续处置方案：第一，暂停后续节目的录制和直播，研究并调整节目规则；第二，关闭所有助力通道；第三，平台和商家在协商，对已经购买“活动装产品”但尚未使用的用户提供解决方案。

真果粒在致歉声明表示，将支持并积极配合整改，确保妥善处理，并表示坚决反对一切形式的食品浪费。对于由此产生的不良社会影响深表歉意，并将深刻反思，积极整改，切实履行社会责任，避免此类事件再次发生。

两者的道歉并没有让这一事件就此平息，对于后续责任和赔偿，都引发了网端更大范围的争论。

在网友关注的后续操作和赔偿方面，笔者在多方询问后了解到，因为情况复杂，目前平台方和赞助商对于规则的调整和如何赔偿尚未形成确定的方案。对于尚未使用的产品，或许赔偿更容易实现，但对于已经投票产生的投入是否要解决以及如何解决，都是个难题。

网端对于这一事件背后到底谁该负主要责任的讨论则更为激烈。

一部分网友指责，投票的设置与销售直接绑定，打榜看似借助粉丝的投入，以市场的方式检验选秀选手大众接受度以及商业价值，实际上等于变相拉动销售。

《青春有你3》除了在视频网站上直接投票外，还需要通过购买乳制品获取箱中的投票卡扫码投票，这也是主要的投票方式；但也有少部分类别产品的二维码印在瓶盖内，需要开瓶扫码才能投票，也诱发了“买票倒奶”事件的发生。

也有一部分网友认为，氪金打榜背后是国内“饭圈”经济陷入的畸形状态，如今在网上依然可以看到大量出售《青春有你3》投票资格的产品链接，公然明码标价“1票2.5元，100票起批”。但反过来说，部分粉丝为了偶像近乎“失去理智”的热情也应该值得反思。

值得注意的是，从2004年选秀节目《超级女声》开始，快消品特别是乳品、饮料品牌一直是综艺、娱乐节目的冠名大户。在2005年的《超级女声》节目之后，更是在行业中留下了蒙牛用1亿元赞助费和广告投放费，撬动酸酸乳产品年销售额超过25亿元的传奇商业故事。

广告费用一向是快消品营销费用中的大头，2020年，蒙牛的广告及宣传费用为68亿元，占到总收入的8.9%，热门娱乐综艺节目更是快消品牌的“心头肉”，因为借助热门综艺节目，快消品的品牌广告能够直接触达更多消费者，从而对产品销量起到拉动作用。

在蒙牛发布的2020年年报中也提及，2020年借助冠名赞助《创造营2020》和《青春有你2》等大型综艺娱乐节目，带动了品牌年轻化和相关产品销售的增长，相关产品在电商平台多次售罄。据外界报道称，蒙牛为《青春有你3》付出了1.8亿元的赞助费用。

以往，快消品牌赞助综艺节目并不主要追求单一节目能够带来直接销售量，更在意因为综艺节目带来的品牌曝光对渠道销售的整体拉动。

但有业内人士猜测，目前国内快速消费市场的竞争日益激烈，疫情下快消企业承担着更大的增长压力，因此，不排除企业内部在斥巨资赞助综艺娱乐节目时对销售等指标也有更加明确的要求。

快消品牌赞助综艺娱乐节目的营销操作无可厚非，但对于节目制作方和赞助方而言，面对国内目前饭圈存在的畸形追星行为，不应该将其利用和放大，也不应该过分地追求经济效益，而应该合理地疏导和教育，引导粉丝理智地追星。

从粉丝的角度来说，在粉丝经济时代，粉丝为自家明星应援、打榜已经成为粉丝经济中重要的一部分，因此，也不可能完全靠“堵”来解决这一问题，笔者以为，“氪金打投”等粉丝热度需求一种更健康、合理的释放和打开方式，比如是否可以与助老助学、营养扶贫等社会公益项目相结合，让平台和品牌方在收获品牌和流量的同时，将粉丝的热情用在更有意义的地方。

2021年5月7日

分享链接

低温鲜奶大战，区域乳企逐渐摸到了破局的关键

疫情的出现让国内低温鲜奶品类进入快速增长期，但一向以低温鲜奶业务为主的区域乳企却高兴不起来。

由于市场的快速升温，让原本对低温鲜奶品类并不感冒的伊利、蒙牛两大全国化乳企改变策略，加入低温鲜奶的竞争之中，引发了行业鲜奶品类大战，挤占了大量市场份额，让区域乳企倍感压力。在近期的行业论坛和企业走访中，笔者发现，区域乳企正试图通过产品和精细化运营重建差异化，摆脱目前一味被动防守的局面。

疫情下，低温鲜奶品类的热度确实让乳企难以拒绝。

凯度消费者最新调研数据显示，2020 年以来，国内快消品行业中大健康概念快速走红，牛奶也成为其中快速增长的品类之一，特别是低温鲜奶，2020 年的品类渗透率增长了 7 个百分点，这意味着更多的消费者在购买低温鲜奶，这样的渗透率增幅在快消品行业中并不多见。

但随之而来的市场竞争也异常激烈。

此前，国内的低温鲜奶市场大多是由当地区域乳企把持，全国化乳企则侧重常温奶业务，形成一种差异化竞争的格局。但疫情下，蒙牛、伊利的入局则打破了低温鲜奶的市场平衡，特别是两大巨头利用自身品牌和渠道的优势，迅速地从区域乳企的市场中切走了相当可观的一块蛋糕份额。

从 2021 年的半年报就可以看到，两大乳企的低温鲜奶业务市场份额均快速增长，蒙牛的低温鲜奶收入同比增长超过 120%，市占率提高到 13. 1%；同期伊利低温鲜奶业务市占率也提升了 5. 7 个百分点。

与此同时，在目前低温鲜奶产品同质化的情况下，价格竞争也成为抢地盘时最有效的手段，让市场竞争刺刀见红。在此前的市场走访中，笔者看到北京部分超市的超巴低温鲜奶的实际销售价格只有 6~7 元/升，这甚至接近于同期牛奶的成本价，这一轮价格大战陆陆续续到 2021 年年初才

结束。

在业内看来，这一轮鲜奶价格大战只能算是中场休息，主要是由于国内原奶供给不足，导致奶价不断上涨并突破历史新高，倒逼价格战暂停，据国家奶牛体系的预测，到 2022 年国内原奶供需即将恢复平衡，随着奶价回落，不排除鲜奶大战还有下半场的可能性。

虽然鲜奶尚属于增量与存量并存的市场，但品牌、渠道和资金实力更强的全国化乳企优势现阶段更为明显。在近期举行的一次乳业论坛上，新乳业董事长席刚就曾提出，行业内卷之下，目前区域乳企面临着“资源被集中、流量被分化、市场被挤出”三大痛点。

笔者注意到，今年以来区域乳企也在避免和全国化乳企“肉搏”，转而集中有限的资源进一步差异化竞争。

一方面，区域乳企在密集增加新奶源和工厂的布局，希望通过提升硬件及精细化管理，进而推动产品品质升级来建立产品差异。

其中，新乳业在今年完成了对宁夏夏进乳业的并购和低温业务改造，并在宁夏新建 2 家大型牧场；在近期举行的行业论坛上，光明乳业董事长濮韶华透露正在银川市投建首个万头牧场，并在选址准备投建新工厂；卫岗和风行乳业透露正在其核心市场南京和广州新建牧场或工厂的计划。笔者注意到，目前主流区域乳企推出的鲜奶产品的营养指标均有明显提升，比如高端鲜奶的蛋白含量普遍在 3.8～4 克/100 毫升，远高于此前的 3.2～3.6 克/100 毫升的行业水平。

另一方面，区域乳企不再简单地追求业务规模的大，转而在细分产品、本地供应链和服务上实现“专精”，打法也更加“网红化”。比如，新乳业的高端鲜奶产品采用凌晨生产、当天销售、当晚回收和销毁的模式，从而突出新鲜的概念；光明乳业则希望通过数字化增加更多个性化、定制化的服务，进而建立产品的差异化；卫岗乳业则建立前置仓，缩短鲜奶配送时间。

如今，随着“90 后”和“00 后”逐渐成为市场的核心消费群体，其对产品的需求和消费的理念都不同以往，其消费更加个性化、情绪化、悦己化，而且移动互联网和内容电商的高度发达，正在逐渐推动乳制品消费的去中心化，也留给区域乳企更多通过小而美的产品差异化竞争的机会。

在笔者看来，全国化乳企和区域乳企的博弈才刚刚开始，中国有句俗语，叫“一力降十会，一巧破千斤”，也正应了当下低温鲜奶市场竞争的现状，但究竟是实力强劲的全国化乳企一力降十会，还是运营灵活的区域乳企一巧破千斤，让我们拭目以待。

2021 年 10 月 3 日

分享链接

坐拥高毛利率，高端白酒屡闻涨价声为哪般？

今年以来，随着原材料、人工等成本的上涨，消费品行业正在迎来新一轮涨价周期，油盐酱醋、零食牛奶等行业都加入到涨价的行列。春节前，酒行业同样涨声一片，近期，多家白酒、啤酒、黄酒企业都陆续公布了涨价方案。

对于部分酒种而言，确实面临成本上的压力，但对于大多数白酒企业而言，本身坐拥高毛利率但却频频涨价，背后是怎样的考虑？

从公告中不难发现，啤酒和黄酒企业的涨价理由大多与成本上涨有关。笔者此前在市场走访中了解到，今年以来，国内纸箱、玻璃、铝材、大麦、玉米等原料大多有20%~60%的涨幅，给酒企的生产成本带来了不小的压力，特别是部分本身利润不高的酒种。

比如近期宣布涨价的黄酒企业古越龙山，对旗下果酒、浮雕、花色品种、状元红等其他产品提价5%~20%，2020年上述产品的平均毛利率为29.88%，WIND数据显示，今年前三季度，古越龙山的销售净利率为11.54%。

同期陆续涨价的啤酒企业情况也类似，在今年上半年的业绩说明会上，华润啤酒管理层曾透露，上半年包装材料等原材料成本大幅上涨，至少带来了4%的成本增长。数据显示，国内两大啤酒巨头青岛啤酒和华润啤酒2020年的销售净利率分别为8.38%和6.45%，因此，啤酒行业的集体涨价不难理解。

今年一直屡闻涨声的白酒行业在年末也迎来了一波集体涨价。

近期，五粮液就公布了对旗下核心产品第八代五粮液的提价计划，将计划外价格从999元/瓶提升到1 089元/瓶，计划内价格889元/瓶不变，计划内外的合同量为3∶2。经测算，综合下来，第八代五粮液的出厂价从889元提升到969元，增幅近9%。

泸州老窖随即跟进，对华北等地区的52度和38度的核心产品国窖1573的终端渠道计划内配额供货价格进行上调；同期，舍得酒业、剑南春、古井贡酒等知名酒企都对旗下的主流产品进行了调价。

与上两个酒种相比，白酒提价与成本增长之间的逻辑关系并没有那么密切。

笔者注意到，白酒酒企提价的大多是旗下核心的中高端产品，这一类产品并没有很高的成本压力，而且渠道议价能力很强，可以将成本转移到渠道、终端和消费者层面消化；同时，白酒企业的销售毛利率大多在70%~80%，销售净利率则为20%~40%，特别是头部名酒企业的毛利率和净利率水平更高，日子过得并不艰难。

事实上，从2015年白酒行业复苏开始，“小步慢跑”式的涨价已成为白酒行业的常态，像这样节前高端白酒集体涨价也是司空见惯。

一方面，虽然白酒行业整体供大于求，但近年来随着国内消费升级，酒类消费正在向头部品牌集中，头部白酒企业也从中受益，由于其产能有限，“稀缺性”成为助推高端白酒涨价的一个原因。头部白酒企业在通过提价增加业绩收入的同时，利用资源的不对等性，根据自身的战略需要，不断推动控货、涨价，进一步制造“稀缺性”。

另一方面，则与白酒产品的特殊性有关，特别是高端白酒，并不仅仅是酒饮产品，更多发挥的是社交媒介功能，即人情往来、商务交流的聚饮和礼品消费。长久以来，中国的人情社会中消费白酒更多的是消费其社交属性，因此，对白酒的品牌和价格标杆更有明确的要求。

白酒是一个信息不对称产品，消费者很难通过产品来确定其价值，更多则是通过白酒的品牌和价格来判定白酒的价值，因此，白酒企业频频提价也是抢占价格带、巩固渠道和维护自身品牌价值的一种市场手段。

值得注意的是，经过多年的价格持续上涨，国内高端白酒价格再度进入历史高位，从近两年的市场看，部分区域白酒品牌的品牌力已经出现透支，难以支撑其不断提高的价格，业绩增长明显放缓。但出于惯性，今年以来白酒行业依然延续着小幅持续涨价的市场策略。

笔者认为，高端白酒虽然有其特殊性和市场红利，但依然是消费品，终究跳不出供需关系的市场规律，如果一味地利用价格影响市场而忽视市场环境，可能会面临消费群体断层带来的泡沫与经营风险，特别是疫情下，消费者正在变得更加理性，假如白酒的价格最终超出了消费者的认可和消费能力，消费者就会用脚投票。

2021 年 12 月 26 日

分享链接

十一、宁可直说

宁佳彦｜第一财经科技频道副主编，毕业于东北财经大学，获新闻学（经济新闻方向）、金融学双学士学位。从2012年起进入媒体工作，关注科技行业领域报道，侧重技术对产业的影响。“宁可直说”专栏坚信，科技与商业无需粉饰，有话宁可直说。
ningjiayan@ yicai. com

又一次年中大促，平台和商家的热情在哪里？

“上半年的大促是不是有点儿多呀？妇女节刚过没几天，已经买了一波。现在各家又在打折，有点儿买不动了。”“95后”的妹妹有一丝丝“抱怨”。

目前看来，各家公布6·18战报时成绩大概率依然喜人，毕竟以前才是一天的销售额，现在前后算上预售延长不止两周。不过，在一片繁荣背后隐隐地能感觉到各家陷入了增长的困境之中。

活跃用户数是最直接的体现。

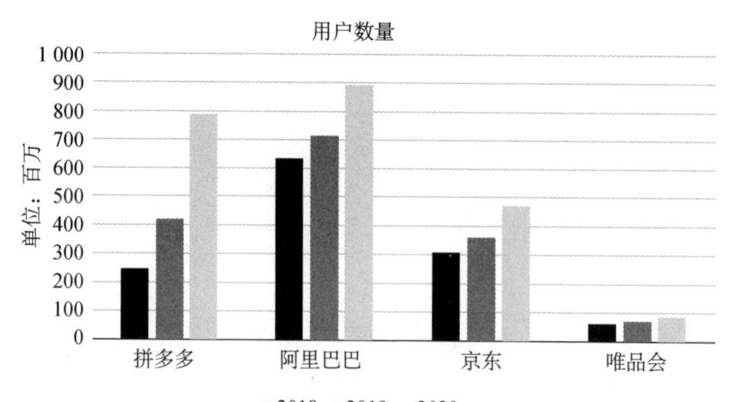

翻了翻财报，靠总量取胜的是阿里巴巴。阿里生态体系全球年度活跃消费者（annual active consumers，AAC）是跨平台的统计概念，已超过 10 亿，其中，8.91 亿来自中国零售市场、本地生活和数字媒体及娱乐平台，约 2.4 亿来自海外。截至 3 月 31 日的过去 12 个月期间，阿里在中国零售市场的 AAC 为 8.11 亿。

单就国内来看，最出挑的当数拼多多。截至 2021 年一季度末，拼多多平台年活跃买家数（active buyers）为 8.238 亿，环比增长 4.49%，比阿里多 1 000 万国内用户。即便如此，这一数字相比三年前第一季度 16.51% 的环比增速下滑惊人，可见到了一定规模后增长不易。

京东的活跃购买用户数（active customer accounts）已接近 5 亿。从 2018—2020 年，活跃购买用户数分别为 3.053 亿、3.62 亿、4.719 亿。

此外，新型的电商渠道也在崛起，比如快手、抖音电商以及社交类电商平台。

运营的比拼已经打响。现在的目标就是对用户实现筛选和分层。“之前我们在做那种 App 应用、小程序的追踪和分析、埋点和数据收集。以前买量的时候，大家都挺专注买量的效率，现在已经有了很大一部分客户开始关注用户进站的转化率和它的复购率，对用户要进行分层，和不同商品之间需要进行关联和匹配，然后让用户能产生复购。”GrowingIO 创始人张溪梦举了个例子，比如复购率比较低的商家能否在第一次交易里让用户能买到他需要的商品组合，而不是某个单品；而复购率比较高的需要考虑如何让用户能再回来产生新的消费。

电商平台也需要判断：出售流量工具在商家范围内成为广告营销公司可以维持多久？对于商家而言，核心和根本的诉求是获得终端消费者，而不是靠补贴和买量来产生的消费。

现在电商去中心化的趋势非常明确。用户们似乎分散隐藏在更多的渠道中，提高了商家的辨认难度，也因此让商家有了主流平台之外的销售选择。显然，平台的增长不能单纯依靠商家进行大幅促销拉新而实现。另一方面，一旦流量工具的费用超出平台能为商家带来的利润，商家就会转移到新的平台重新开店。这个临界点究竟在哪里？大促或许是个一窥究竟的契机。

梳理购物流程成为关键，数据分析成为核心能力。张溪梦把数据来源分成三方：一方的数据是商家直接进行交易的会员；二方数据来自平台；三方数据是其他的外购数据，这些数据需要能够分析出整个社交链的传播路径，可以帮助客户去检测整个结构里的 KOL 是谁，可以帮助商家来提升在社交的链路里传播的效率，实现增长模型的裂变。“商家怎么能抓到这些机会？这就需要通过数据来帮他们做这些判断，提升 LTV（lifetime value），就是客户的生命周期价值，而不是一次交易的价值。”

今天大部分企业还停留在新数字化的触点建设上面，但这会很快完成。还有一部分开始了数据基建，做内部的数据平台的建设，但说到分析和数据智能，每家的路线图还存在显著差异。

究其原因，数据之间流通存在障碍，形成孤岛是一方面，另外一方面是难以打破用固有思维去思考数据的使用价值。这些挑战不完全是技术。“今天要完成一个企业数字化转型，需要很多人来配合，因为缺的东西太多了。中国很多企业同时要做很多的事，而且还要对各种供应商进行把握，难度蛮高的。”张溪梦不无感慨道。

从这个角度上来说，年中大促能唤起平台和商家的热情所在的一点就是短、平、快地检视自己的数字化转型程度，然后想一想，如果不靠价格优惠，还应该做点什么获得消费者的青睐。

2021 年 6 月 14 日

分享链接

直播间越来越接地气，正在渗透本地生活服务

不仅仅是在直播间里售卖商品了，餐桌旁、乐园里，抖音正在开拓带货直播新场景。

一场餐饮带货直播的所见之处，主播一边瞄着手机直播间里的最新回复，一边口播新的优惠；摄像师既要负责场外捧哏，还要拿提示板近景展示优惠；负责推流的同学时而举起白板提醒主播哪一些优惠可以再重复一遍，还得想着后台要把直播继续推送给什么标签的用户——这让躲在灯光之外的我有点儿紧张了起来。回头看看，摄像机后面还坐了两排同学，他们刷着抖音的同场直播，人在现场，又仿佛远在云端，身边有几页散落的脚本。

在看不见的地方，商家已经与巨量引擎确认过优惠的力度和范围，思考过现场的网络环境是否支持直播，甚至包括对店内承载客流量的预估，而这些参与直播的品类是抖音结合后台数据和其他第三方数据的筛选和调研精心挑选的。

这一切，就像地上的插线板已经贴好了黑色胶布固定位置一样——发生得都那么自然，却无不是经过了周密安排。这是“美好生活直播节——吃喝玩乐看抖音直播”的一个缩影。

此次抖音美好生活直播节，全国 15 个城市近千个商户同期直播，直播节可以强化抖音生活服务商户—用户的双侧感知。从接触到的餐饮类合作方的市场部负责人处得知，他们都是第一次尝试品牌直播，大部分人是抖音的重度用户，有人说自己刷深夜美食，有人用抖音分享身边日常——对他们而言，抖音作为媒体早已经进入了视野，唯一的区别就是什么时间、什么形式的合作。

鸿姐火锅的品牌负责人并不掩饰前期的顾虑：“有折扣力度务必会增加排队的人数和等待的时长，给顾客的用餐体验感就会大大降低，我们做服务行业最主要的就是用户体验感。每天的营业时间是有限的，翻台次数也有限，

折扣对我们有各个方面的影响。”

这也得到了高老九市场部总监高颖的认同，但这些终被拉新的吸引力打消，“流量、日活跃度，还有整个平台的背书，我们觉得可以是一次全新的尝试。很多年轻人在就餐和衣食住行方面更注重从新媒体选择，我们之前主要进行图文形式的投放，很难判断究竟有哪些能有效转化。”

有效转化是商户们强调最多的一点。投放少量的流量工具并非不可接受，重点是带来了多少新用户，连盈利都是次要的——商户们只是不愿意接受过高的成本。于是，直播的即时反馈就成为商户满意度最重要的指标。主打夜宵的沪小胖和高老九都提到了抖音用户“当晚有人到店核销优惠”的细节。这让人不禁回忆起最早地方频道上的美食达人探店栏目：从大屏走向小屏，媒体间的融合会出现吗？未来联动的方式又会有哪些？

上海海昌海洋公园营销部部长郭欣欣表示，慢直播、云直播、云逛园和带货的坐播都可以考虑，“我们会在常规门票基础之上释放一些额外的权益。这个也是针对平台粉丝群体的，也是第一次做专场的活动，我们也希望能够通过一些额外的权益让这些网友感觉到抖音就是不一样。”然而，由于购票的实名制特性，公园的入园情况还不能得到非常及时的反馈，抖音技术上还有待解决之处。

可以看到，吃喝玩乐是商户们提供的基础的本地生活服务，采取新的推广方式，为的是种草、转化和增加粉丝黏性的“三管齐下”。只是，为什么抖音渠道的客流可以被认定是新用户？是不是原有的推广渠道带来的流量增长曲线已经进入平缓的阶段？这和营销费用一定的情况下投放在渠道的性价比更高有没有关系？

巨量引擎上海本地直营中心相关负责人表示，现阶段是一种“双向奔赴”的过程，商务会选择商家定向邀约，配合度高的商家也会获得一定的流量扶持。“短视频和直播有业态的区别，我们强调的是形式和内容创作的关系，希望通过用户和一部分商业流量的结合共同完成，而不是单纯的广告属性，这对创作素材的定义和区分是有影响的。”

“我们的用户基于内容产生兴趣，进而产生需求，不会纯价格导向。对商户来讲，我们也不会让商家有冲榜单的竞争压力。”巨量引擎上海本地直营中心销售总监戚爱银还举出一个案例，某家商户之前的千元套餐无人问津，但在抖音上打开了局面。她现在的工作一边跟着每一场重要的直播，同时也是直播训练营的讲师，向商家们传授使用抖音营销的方法论。

本地生活的商业化价值是丝毫不用怀疑的。可以看到，一些 App 已经开始增添短视频和直播展示的功能。不过对商家而言，关注的并非多媒体形式的丰富，而是投入产出比。看起来在线新经济的发展和迭代可能不仅仅是来自细分市场，而是后来的玩家打法能不能获得买单者的认可。

不知道这会引发新一轮巨头间的相互“围剿”，还是圈出一片新天地。

2021 年 7 月 7 日

分享链接

中国游戏出海：绕不开监管，放不下钱袋

每一次国内监管的风吹草动都会让游戏公司的股价如惊弓之鸟。

由于电子游戏有可能引发青少年过度沉迷，资本嗅到了危险气息并反映在二级市场的股价上。在关于“精神鸦片”的讨论告一段落之后，8月4日，长江证券游戏指数微跌0.73%。从个股来看，腾讯控股（0700.HK）收盘涨2.42%，还传出了知名投资人段永平加仓的消息；吉比特（603444.SH）、三七互娱（002555.SZ）微涨，完美世界（002624.SZ）、掌趣科技（300315.SZ）微跌。

相比之下，出海似乎是更为理想的选择。

根据App Annie的统计数据，中国移动游戏持续成长，现已占全球用户支出的近25%。

中国移动游戏再创新高是多方面的体现：海外用户在中国游戏上的支出增长喜人（47%），其中，2020年后发行的187款新游戏进入头部用户支出榜单；同时，中国游戏开发商在头部海外游戏市场的份额超过23%，在海外市场成为全球第一。头部用户支出市场保持增长，如美国、德国和英国继续保持高增长的规模，此外，智利和埃及等新兴市场同样增长迅速。

国家也在鼓励游戏企业出海。7月底，商务部公布的《2021—2022年度国家文化出口重点企业和重点项目名单的通知》显示，共有369家企业和122个项目入选，其中就有58家游戏公司入选了国家文化出口重点企业名单。

“我们看到很多的游戏厂商其实从两三年前开始就陆陆续续招聘了很多外国同事在国内工作。我跟一个游戏公司的朋友一起吃饭，在座的就有三位是老外，全部会讲中文，他们的目的就是在内地协助整个游戏的开发总队与他们的运营厂商分享他们国家的法规，而且可以跟当地运营团队更好地沟通。”App Annie大中华区负责人郑伟达说。

这或许是给游戏公司提了个醒：监管是各个国家都会进行的，无法逃避，

可是出海能够分散风险，至少可以让游戏公司的钱袋子不受到剧烈冲击。更何况，出海的“钱景”依然十分广阔。

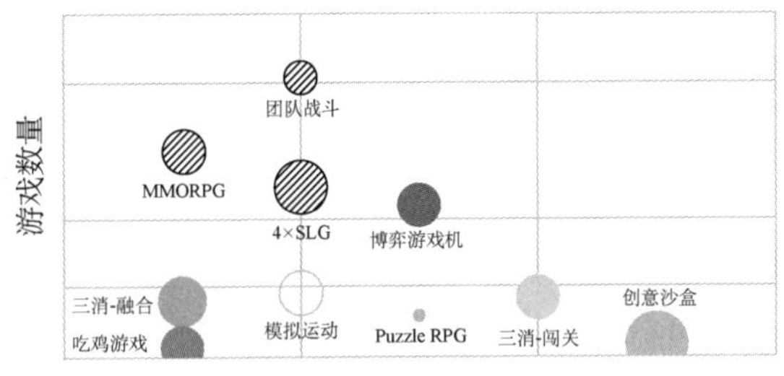

“以中国游戏公司目前的投入和质量，在国外还是很有竞争力的。”同一家上海的游戏公司创始人表示出海仍是一片蓝海，“当然，也不会总是蓝海，但现阶段没问题。”

数据显示，中国海外下载量在 2021 年上半年达到 17 亿，印证了全球对手机游戏的需求依然强劲。疫情期间，海外玩家在移动游戏的支出高达 620 亿美元。2021 年上半年，80 亿美元消费在中国移动游戏，同比增长 47%。

从用户支出前十的游戏品类来看，排名同 2020 年相比没有明显变化；用户下载前十榜单中有新品类比如创意沙盒（模拟）和音乐（超休闲）进入，可以看出玩家的偏好有一定变化。

“从我们的数据里面看到，中国的出海游戏在创意沙盒和三消闯关的参与度低于 10%，也就是说，目前中国出海游戏在这个领域里并不是太多，我觉得这或许未来是一个发展的机会。”郑伟达把这类游戏归为蓝海探索品类，意味着游戏数量相对较少，具备较高的用户时长，且用户支出增长较快。

在出海时，有三个要素是分类的关键：密度，即该品类当中有多少款游戏，以及平均的用户支出排名；用户支出的增长率；代表用户忠诚度的用户总时长。

蓝海探索品类意味着初期需要投入更多的资源和承担相对更大风险才能切入这些细分品类，但将这些细分游戏品类功能添加到游戏中可能有助于提升变现能力。

稳健成长品类的特点是用户时长相对居中，用户支出增长较为稳健，未来可关注品类融合创新及用户获取的新渠道，变现相对稳定且平均用户支出排名较高，表明创新风险和投入成本相对可控，而且积极创新可以帮助这些品类达到更显著的增速。

差异竞争品类中不乏一些高用户支出品类，但整体用户支出的增长和用户时长均低于平均值；富有创意的效果营销和持续的游戏玩法优化可刺激增长。

从运营能力来看，出海的游戏公司要针对游戏当中的不同特点，到各个国家做更好的运营服务。通过混合不同游戏的玩法扩大游戏受众，是提升变现效率和用户沉浸度的关键。未来，游戏的分发也被纳入长远的考量之中。

“大家在思考如何用更创新的方式去获取更多用户的关注，无论是下载或者是玩法。跳出过去分发的模式之外，还可以跟另外工具类的 App 相结合，比如在用户使用的流程当中，怎么样把我的游戏元素放在里面，然后彼此结合，无论是利润分成或者是代运营等等都可以去谈，重要的是找到一个不同的分发渠道。”郑伟达说。

绕不开监管，放不下钱袋，要找新渠道——这三件事正是出海游戏公司需要考虑的现实。

2021 年 8 月 4 日

分享链接

十二、晋观医养

郭晋晖｜第一财经新闻中心政经部资深记者，毕业于中国人民大学，长期关注就业与社会保障、养老等民生领域，“晋观医养”专栏立足于打通养老政策和产业的全链条，瞄准养老产业的堵点痛点，为业内人士提供有价值的投资参考。
guojinhui@ yicai. com

养老保险第二支柱积累超3万亿元，企业年金何时人手一份？

是否拥有一份年金，将成为决定未来退休者养老生活水平的一个重要变量。与后来居上的职业年金相比，我国企业年金面临着增长停滞的困境，这种状况若持续下去，今后企业职工和机关事业单位人员的养老待遇可能会继续拉大。

“十四五”规划纲要提出“发展多层次、多支柱养老保险体系”。第一财经记者从相关部门了解到，发展多层次养老保险制度有两个重点：一是重点完善企业年金制度；二是加紧建立个人养老金制度。

近日，人社部印发《关于调整年金基金投资范围的通知》（下称《通知》），对年金基金投资范围作出调整。这项扩围政策受到了年金投资界人士的普遍欢迎。

然而，该政策并没有触及企业年金制度所存在的职工参与率过低的核心问题。职业年金制度只用了4年就基本覆盖了机关事业单位人员，而企业年金制度用了16年只覆盖了2 700万企业职工，仅占到企业职工的近10%，绝大部分参保人难以享受到补充养老保险的待遇。

中国社科院世界社保研究中心执行研究员张盈华对第一财经记者表示，

当前养老保险第二支柱发展的关键问题是如何拔高企业年金这块“短板”。其中最为重要的一项改革是引入“自动加入”机制，同时还需同步配以减轻税费的政府让利举措，对企业的社保负担进行结构性调整。

为资本市场释放 3 000 亿元的增量资金

我国的多层次养老保险体系包含三大支柱，其中，第一支柱是基本养老保险，第二支柱是企业年金和职业年金，第三支柱包括个人储蓄型养老保险和商业养老保险。第二支柱是补充养老保险，与职业关联，由国家政策引导、单位和职工参与，市场运营管理，政府行政监督。

人社部的数据显示，截至 2020 年三季度末，年金制度已覆盖近 6 600 万职工，基金累计规模逾 3.1 万亿元。2007—2019 年企业年金基金平均年化收益率达 7.07%。

《通知》首次在政府文件中整合了企业年金和职业年金基金投资规定和要求，并统一强调年金基金投资管理的原则。

武汉科技大学证券研究所所长董登新对第一财经记者表示，《通知》做了三方面的扩围：一是扩大了资本市场投资范围，允许投资境外市场，这与全国社保基金保持一致的市场投资方向；二是扩大了投资品种，新增优先股、资产支持证券、同业存单、永续债、国债期货等金融产品和工具；三是提高了权益类投资的比重，从 30%提高到 40%，与社保基金理事会保持一致，这可以为资本市场带来更多的长期资金。

人社部基金司有关负责人在答记者问中称，此前，年金基金仅限于境内投资，本次允许年金基金通过股票型养老金产品或公开募集证券投资基金投资港股通标的股票，是年金基金实现全球范围资产配置的初步尝试。

《通知》提出，将年金基金投资权益类资产比例的政策上限提高 10 个百分点，合计不得高于投资组合委托投资资产净值的 40%，理论上将为资本市场带来 3 000 亿元的增量资金。

财政部社保司司长符金陵此前在中国社科院的一个论坛上表示，近年来，企业年金和职工年金的规模快速增长，并积极地通过适当的方式进入资本市场，作为重要的长期资金，年金基金不仅实现了较好的收益，也成为稳定资本市场的重要压舱石。

年金内部“苦乐不均”

虽然从总体来看我国年金基金已经积累超过 3 万亿元，呈现出良好的发展势头，但其内部存在着发展不均衡的状况。

董登新表示，同样作为第二支柱，企业年金是自愿实施，职业年金是强制实施，这导致企业年金覆盖的范围非常狭窄，职业年金则实现了一步到位。“从第二支柱的情况来看，确实出现了新的不公平，职业年金可以强制，为什么企业年金不能强制呢，这对于职工来说是制度上的不公平。”董登新说。

数据显示，在第二支柱中，面向机关事业单位职工的职业年金因具有强制性，2019 年覆盖率达 82%，面向企业职工的企业年金覆盖率才近 10%。

职业年金的覆盖面在短时间迅速超过了企业年金，目前建立年金的单位户数约为 100 万户，其中，企业年金只有 10 万户，其他 90 万户为机关事业单位。建立企业年金的企业也只限于垄断行业以及一些央企国企，过去很长一段时间内，企业年金被诟病为“富人俱乐部”。

中国社科院世界社保研究中心主任郑秉文认为，企业年金的职工参与率早在五年前就出现“断崖式停滞”，从两位数增长率降至个位数。虽然 2019 年情况有所好转，但仍受到外部环境的极大制约。

与企业年金停滞不前相比，随着机关事业单位养老改革的深化，职业年金的规模还会继续稳步上升。符金陵表示，为了支持各个地方机关事业单位养老保险制度的改革，财政近期还拨了 612 亿元到各地方，来解决中央驻各地单位参加保险的缺口问题，2021 年还将继续安排一部分资金来保证，这就使得包括职业年金在内的投资规模会进一步增加。

2015 年，我国启动了养老保险制度的“并轨”改革，机关事业单位人员加入城镇职工养老保险，但企业职工的不同之处在于机关事业单位同步建立了职业年金制度。职业年金的初始作用是平滑“双轨制”并轨后公共部门退休金断崖下滑。

张盈华认为，不应该用“不公平”来对企业年金和职业年金进行比较，因为公私部门制度框架是无差别的，区别在于“雇主”履行责任。职业年金制度建立，其“强制性”特征使参与率在短期内达到“全员参与”，这对发展第二支柱以及培育第二支柱成长环境是有好处的，对私营部门的企业年金制度发展也是有带动作用的。

从职业年金内部来看，也存在着较大的差别。职业年金分为记账运行和实账运行两种模式。记账运行是指由于财政全额拨款单位的职业年金要由同级财政承担，这给地方财政带来很大的压力，权衡后职业年金选择对该部分缴费采取记账运行的办法，在职工退休当年再一次性记实。

目前，我国大部分地区均采取记账运行的模式，有少数地区已经实行了实账运行的模式。根据有关测算，我国约有40%的地区有能力采取实账运行，主要分布在北京、上海、山东、江苏、浙江和广东等地。

张盈华认为，实账化最大的好处是可通过投资获得制度外收入，即增长造血功能，我国职业年金制度是确定缴费型制度，投资是制度存在的根基，记账运行会不断侵蚀这个根基。

一位资深社保人士对第一财经记者表示，记账运行虽然可以大大减轻当前的财政负担，但等于是将当前的财政压力转为未来的财政负担，这一方面难以确保代际公平，另一方面也为这些机关事业单位人员领取退休待遇增加了变数，若地方财力不支，这部分人的补充养老待遇同样是难以保障的。

从“十四五”规划来看，扩大企业年金的职工参与率已经成为建立多层次养老保障制度中一件迫在眉睫的事情。虽然有专家认为由于企业负担过重，当前并不适合推行“自动加入”机制，但这个机制仍然是有效扩大年金覆盖面的不二之选。

张盈华表示，企业年金的“自动加入”是一种准强制机制，企业可以选择退出。减轻企业负担不是减少这个员工福利或补充保障，而是减轻税费，是政府让利，所以，推出“自动加入”必定会与政府让利同步。

郑秉文认为，当前必须尽快引入“自动加入”，这是目前第二支柱的一项重要改革选项，同时要辅之以开放个人投资选择权，建立合格默认投资工具，提高税优比例等配套政策，旨在大大提高参与率。

2021年1月6日

分享链接

三年大赚850亿元！养老金入市规模为何仍难达预期？

2020年的疫情并没有对基本养老金投资运营的业绩造成不利影响。在2017—2019年赚了850亿元的基础上，2020年的投资收益还会上一个新的台阶。

然而，投资收益的大涨并没有带来投资规模的大幅增加。在基本养老保险基金累计结余只有4万亿元的2015年，官方曾预期基本养老金入市的规模可以达到2万亿元。现实的情况却是，在此后的五年间，基本养老金累计结余曾一度达到6.2万亿元，但入市资金仍然只有1万亿元左右。

全国社保基金理事会养老金部主任陈向京近日公开表示，受疫情的影响，减费措施出台，养老金委托投资规模的增长面临很大的压力。过去一年间，该会与31个省份进行了沟通，再加上监管部门通过正式发文的形式扩大委托规模，除了个别省份之外，到2020年年底大部分省份都能完成委托签约。

第一财经记者采访的业内专家均表示，在社保降费、全国统筹尚未实现以及老龄化加速的大环境之下，基本养老保险基金入市的增量不会太大。

武汉科技大学金融证券研究所所长董登新对第一财经记者表示，扩大养老保险投资运营规模的唯一路径是尽快实现全国统筹，让全国31个省份的资金汇到中央，才能形成规模效应。2020年，全国各省份都已经宣布实现了省级统筹，从省级统筹到全国统筹既没有政策障碍，也没有技术障碍，只差临门一脚了。

疫情拉慢养老保险投资的“进度条”

按照国务院2015年8月印发的《基本养老保险基金投资管理办法》，2016年基本养老金正式开展委托投资运营，社保基金会作为目前唯一受托机构，对基本养老保险基金进行单独管理、集中运营、独立核算。

当前的委托模式是每个委托省作为独立委托人，根据各自实际情况预留一定的支付费用后确定委托金额，分别与社保基金会签署合同，开展固定期限，以一定收益要求为基础的委托投资。到期后，先完成前一笔委托期的结算，然后再根据支付需求选择是否开展新的委托。

截至2019年年底，已有22个省份与社保基金会签约，委托规模达10 930亿元，占我国当年基本养老保险基金结余比例的17%，这一比例并不是很高。

全国社会保障基金理事会发布的《基本养老保险基金受托运营年度报告（2019年度）》称，2019年，基本养老保险基金权益投资收益额663.86亿元，投资收益率9.03%。基本养老保险基金自2016年12月受托运营以来，累计投资收益额850.69亿元。

陈向京表示，2017—2019年的年化收益率是5.58%，2020年的总体收益水平还是不错的。可以预期，如果加上2020年的业绩，基本养老保险基金历年年均投资收益率将上一个新的台阶。

虽然基本养老保险基金投资取得了不错的业绩，但从数据来看，2020年前三季度委托投资的进展较为缓慢。人社部的数据显示，到三季度末，有24个省份启动基金委托投资，只比2019年年底增加两个省，委托规模从1.09万亿元增长到1.1万亿元，到账金额尚未超过1万亿元。

疫情下社保费大幅减收是去年养老金投资滞缓的重要原因。为了保市场主体和保就业，中央在疫情期间实施“减免缓”养老保险缴费政策，企业养老金基金缴费全年减收将超过1.5万亿元。

人社部养老保险司司长聂明隽曾表示，企业养老保险基金2019年年底累计结余为5万亿元。实施减免政策后，会有较多的省份出现当期收不抵支，但绝大部分省份都能通过动用历年结余确保发放，预计到2020年年底还能保持3.8万亿元以上的结余。

董登新认为，养老保险“减免缓”政策影响到养老金当期的收支平衡，在这种情况下，地方首先要考虑保发放，这会影响到地方参与养老保险基金运营的积极性。

为了推进基本养老保险基金投资运营的进程，2020年全国社保基金理事会在2019年22个省份的基础上，和31个省份以及新疆生产建设兵团进行了沟通，除了个别省份2020年签约无法落地之外，大部分省份估计都能完成委托签约。

陈向京说，委托规模上，随着新增委托省份的增加和城乡居民保新增的签约，2020 年委托规模仍然是稳步增长的。

什么制约了养老金入市的规模?

疫情只是影响养老金运营规模的原因之一，还有其他方面的原因。

自 2015 年《基本养老保险基金投资管理办法》出台之后，业内就认为入市规模不会像官方预想的那么乐观，五年来的实践也证明了这一点。

地方政府的积极性是非常关键的一个因素。华中师范大学公共管理学院副教授孙永勇接受第一财经记者采访时表示，基本养老金投资运营存在一种内在矛盾，对于“有钱”的省份来说，养老金支付压力不大，投资的动力不足；对于“穷”的省份来说，也没钱去投资，这两种类型的省份对于投资的积极性都不高，只有那些有点钱又有较大支付压力的省份才有动力去投资。

“虽然富裕的省份存在养老金增值保值的压力，但对于政府来说，按时足额地发放养老金才是第一要务，投资虽然有收益，但也是与风险相伴的，地方政府会权衡之间的关系。”孙永勇说。

董登新认为，虽然我国的企业养老金累计结余有 4 万亿元，但分布并不均衡，大部分都是东部沿海和经济发达省份。对于累计结余的大省来说，这些资金都存在当地的银行，属于当地的金融资源，在地方本位主义的影响之下，参与投资运营的积极性不高。

养老金支付压力也是制约养老金投资规模的一个客观原因。在“统账结合”的制度模式下，由于制度转轨成本没有得到及时解决，养老金支付压力逐年增大，各省份出于保发放的审慎考虑，只能将较低比例的结余资金进行固定期限的委托，这使得基本养老保险基金实际开展委托投资运营的规模偏小。

陈向京也表示，截至目前，各省份都选择了理事会需要承诺保底的合同，各个省份对收益波动的容忍度还是非常有限的。如何在风险容忍度较低的情况下拉长投资期限、提升风险容忍度和获取较高的收益率，对社保基金理事会来说确实是一个挑战。

提高养老金的投资效益是实现我国养老保险制度可持续发展的重要一环。中国社科院世界社保研究中心主任郑秉文认为，如果不考虑通过积累、储备和增值来建立真正可持续的养老金制度，必将在未来陷入老龄化的集体困境中。20 年来，我国的养老保险资金一直处于低收益率的状态，这些长期基金难以分享到经济发展的成果，是一种极大的浪费。

去年年末发布的《中国养老金发展报告 2020》建议，尽快推进养老保险全国统筹，是深化养老金体系改革的重要措施。只有在全国统筹的基础上建立专业的定期精算报告制度，并根据精算结果实现缴付政策和投资管理的更好联动，才能促进基本养老基金形成适当的投资规模，并通过投资收益“反哺”养老保障支付，助力我国养老金体系的长期可持续发展。

2021 年 1 月 12 日

分享链接

“家底”超十万亿元，中国的养老金还有多大缺口？

即使在2020年的疫情冲击之下，中国的GDP仍逆势增长，总量首次突破百万亿元大关。然而，“三支柱”养老金储备的资金量却与这GDP的“段位”并不相称，“未富先老”正在倒逼养老财富储备提速。

国家层面已经行动起来。截至2020年年末，符合条件的央企和中央金融机构划转工作全面完成，共划转93家央企和中央金融机构国有资本总额1.68万亿元，养老金的“家底”日渐丰厚。

2019年，包括基本养老保险收支结余、全国社保储备基金以及划转国资在内的第一支柱养老保险基金及储备的总规模约有10万亿元。虽然受到社保费减收的影响，去年累计结余会有一定的下降，但在划转国资以及财政补助之下，第一支柱的规模仍有望保持在10万亿元的量级。此外，再加上我国已经实账积累的3万亿元的企业年金和职业年金，我国“三支柱”的养老金“家底”约有13万亿元。

上海财经大学公共经济与管理学院研究员张熠对第一财经记者表示，从绝对规模来看，我国是养老储备最大的国家之一。如果换算成国民人均，这样的规模还是远远不够的。无论是国家、企业和个人，都需要对未来老龄化带来的养老收支压力进行更多的储备。

养老金“家底”大盘点

中国在20世纪90年代建立了“三支柱”的养老金体系。第一支柱是国家举办的强制性基本养老制度，第二支柱为补充性养老保险，后来发展为企业自愿举办的企业年金和机关事业单位强制加入的职业年金，第三支柱是个人和家庭为单位自愿建立的账户制养老金制度。

中国现在“三支柱”养老金的家底有多少？不同机构的口径有所不同，有的将国有股划转的部分算入，有的则不算，只计算基本养老金结余、全国社保基金、第二支柱年金的总额。

中国社科院世界社保研究中心近日发布的《中国养老金发展报告 2020》（下称报告）称，截至 2019 年年底，全国社保基金为 2.1 万亿元（去重后）；第一支柱城镇职工和城乡基本养老保险基金为 6.3 万亿元；第二支柱企业年金为 2.5 万亿元，职业年金为 0.7 万亿元。由于第三支柱税延型养老保险只有几亿元的保费收入，因而忽略不计。

按照可比口径，2019 年各类养老金总计大约 11.6 万亿元，在 99.1 万亿元的 GDP 总量中仅占 11.7%。这个比重远低于 OECD（经合组织）国家的平均值。2019 年 OECD 的 36 个成员国中，养老基金占 GDP 的比重平均为 49.7%，有 8 个国家超过 100%。其中，丹麦为 198.6%，荷兰为 173.3%，加拿大为 155.2%，美国为 134.4%。

中国养老保险“三支柱”体系的储备不仅存在总量问题，还存在结构问题。中国养老金总量构成中大约有 3/4 来自战略储备基金和第一支柱养老金，第二支柱、第三支柱占比很少，而发达国家正好相反。

张熠表示，一些发达国家第二、三支柱积累的养老基金规模非常惊人，庞大的养老基金为资本市场的发展提供了丰富的资源，成为最重要的机构投资者，第三支柱个人养老金储蓄也极大地促进了理财业的繁荣。

从全国社保基金的口径来看，国有资本划转社保基金的股份是基本养老保险基金储备的一部分。截至 2020 年年末，共划转 93 家央企和中央金融机构国有资本总额 1.68 万亿元，中央层面划转工作全面完成。按照财政部等部门 2019 年提出的要求，地方层面应于 2020 年完成划转工作。受到疫情等影响，目前地方层面的划转尚未完成，但也在紧锣密鼓地进行之中。

全国社保基金理事会养老金部主任陈向京等撰文指出，划转国有资本为社保基金多渠道筹集资金提供了重要途径。截至 2019 年年底，中国第一支柱基本养老基金及储备的总体规模为 10 万亿元，未来随着参保人群继续扩大以及国有资本划转社保基金力度的进一步加大，这一规模有望持续扩张。

按照这个宽口径，2019 年中国养老金“家底”可以分为四部分，一是基本养老保险基金的结余；二是全国社保基金；三是国有资本划转的股份；四是企业年金和职业年金，四项总计约为 13 万亿元。

受到疫情的影响，与 2019 年相比，我国养老储备在结构上发生了一些变化。为了保市场主体和保就业，中央在疫情期间实施“减免缓”养老保险缴费政策，企业养老金基金缴费全年减收将超过 1.5 万亿元。人社部的数据曾预计，企业养老保险基金到 2020 年年底还能保持 3.8 万亿元以上的结余。在养老保险基金结余减少的同时，国家加大了国资划拨的力度，能在一定程度上弥补结余减少对养老储备的不利影响。因此可以预估，2020 年我国养老金储备不会出现大规模的缩小，仍能与 2019 年基本持平。

此外，第一财经记者采访的业内人士称，社保减收确实会影响基本养老保险基金的结余，但减少的情况还要看中央财政的补助情况，如果中央财政加大对于养老保险基金的补助，养老保险基金的累计结余就会高于政府部门的预期。

从 GDP 大国走向养老金大国

中国社科院世界社保研究中心主任郑秉文表示，中国是一个 GDP 大国，却不是一个养老金大国。从中国 GDP 和养老金分别占全球 GDP 和全球养老金的比重来看，相差悬殊。中国 GDP 总量位于世界第二，占全球 GDP 的 16.3%，但中国各类养老金占全球养老金的比重仅为 2.8%，与中国经济总量排名第二的地位很不匹配。

从人口结构的变化来看，中国有限的养老金储备显然难以应对不久之后的老龄化高峰。上述报告称，未来 10 年，我国领取养老金的人口将大幅增加，2019 年为 1.02 亿人，2025 年、2035 年将分别上升到 1.37 亿、1.90 亿人。相比之下，我国养老保险基金储备却很不成比例。

一个不容乐观的事实是，人口老龄化程度的加剧将直接导致基本养老保险基金结余总量增收下降。从 2020 年开始，1960 年出生的人陆续退休，并将在未来 10 年内全部退休。21 世纪前期将是中国人口老龄化发展最快的时期，中国的人口老龄化呈现出速度快、规模大、“未富先老”等特点，受此影响，基本养老保险制度下的抚养比持续走低。2019 年中国企业职工的抚养比只有 2.6∶1，辽宁省为 1.5∶1，黑龙江省为 1.3∶1。

未来若仅靠基本养老保险基金来应对严峻的人口老龄化，结果只能是“独木难支”。面对这样的形势，《国家积极应对人口老龄化中长期规划》已将加强养老财富储备、应对人口老龄化上升为国家战略。

张熠认为，中国是一个储蓄率极高的国家，国民储蓄率约为 20%，政府和企业储蓄率也有 20%以上，合计超过 40%。在应对人口老龄化方面，从总量上来说并不缺乏资金，根本问题在于结构，增加养老储备并不是说要改变现收现付制，而是要将社会财富用于应对老龄化。

中国银保监会的数据显示，目前，储蓄存款、理财、保险资金三项加起来规模合计已经超过150万亿元，可以转化为长期养老资金的金融资产非常可观。当前需要通过有效的引导和改革，将个人储蓄和个人投资的一部分资金转化为商业养老资金。张熠称，可以通过发展税优型第二、三支柱，引导企业和个人将一般储蓄转化为养老储蓄。

大力发展第三支柱的私人养老金是增加养老财富储备的一条必由之路。国际经验表明，一个国家的私人养老金越充分，这个国家的养老金制度的整体可持续性就越强，目前，我国第三支柱的顶层设计还未出台，税优试点仅限于商业养老保险，试点已经延期，扩围方案还未出台。报告建议，尽快推出一个完整的、容纳所有金融产品的账户制第三支柱设计方案，让第三支柱成为真正的账户制养老，成为第二支柱的“蓄水港湾”。

张熠认为，将社会财富用于应对老龄化除了引导储蓄向养老转化之外，可以通过国资划转社保来充实社会基金，以战略储备的眼光考虑国有资产管理；还可以将外汇储备进行一定的改造，加入应对人口老龄化的需求，使其具有主权养老基金的功能。

2021年1月25日

分享链接

进得了医保目录却进不了医院，什么阻碍了谈判药落地？

在患者的热切期盼之中，119 种药品通过谈判纳入了最新版国家药品目录。然而，从 3 月 1 日目录正式实施这一个多月来，全国多地患者反映一些谈判药品在医院里开不到，这项惠民政策落地在“最后一公里”出现了阻碍。

这不是一个新问题，自从 2018 年我国启动药品谈判以来，谈判药“进得了医保，却进不了医院”的情况就一直存在。

是什么阻碍了谈判药进医院？公立医院首当其冲地成为众矢之的，医保卫健部门的监管不力也屡被提及，但真实的情况更加复杂，其中涉及公立医院的用药规范和改革动力、医保基金的承受力和保基本的原则、卫健部门多重考核指标的制约等因素。

在 3 月 9 日中国医疗保险研究会召开的“畅议谈判药品落地”研讨会上，首都医科大学国家医疗保障研究院副研究员曹庄表示，2020 年国家谈判药品在医疗机构的配备会有一个逐渐增加的过程，但要保证所有谈判药品短期内有很高的配备率或最终全部配备并不现实。

谈判药进医院要过几道关？

2020 年年底的新一轮医保谈判共有 162 种药品参与，其中的 119 种药品谈判成功，成功率为 73. 46%，谈判成功的药品平均降价 50. 64%。

国家医保药品谈判和集中带量采购是国家医保局成立以来在医药改革上推行的两大举措，与带量采购在谈判时就直接规定医院使用量不同，药品经过谈判进入医保目录之后，并不代表可以直接进入医院的药房。

北京协和医院药剂科副主任赵彬表示，药品纳入医院目录，业内称之为药品遴选，是药事管理与药物治疗学委员会的重点工作。一个药品要想顺利地进入医院目录，需要经过五个步骤。

首先，临床医生需要一段时间来评估药品的风险和收益，确认需要提交用药申请后，其所在科室会组织科内专家进行初步遴选，再提交给委员会。

随后，委员会秘书会对药品生产许可证、药品注册批件、GMP 证书、企业法人营业执照、物价批文进行形式审核，并逐一补充药品相关信息。

之后，医院会定期召开新入院药品遴选会。遴选会上，申请人围绕药品申请理由、与现有药品的比较、不可替代性等方面着重进行介绍。专家进行提问讨论并独立投票，赞同票数超过参会专家人数 2/3 时视为通过。

接下来，药品供应商遴选小组从中标的供应商中遴选该药的供货单位。

最终，在医院院内网公布过会药品和暂停药品情况，药剂科执行下一步的采购任务。

至此，药品才算完成了入院流程。

赵彬认为，药品进入医院目录首先要满足临床的治疗需求。尤其会对疾病治疗的不可替代性、安全性、与现有药品比较等方面进行重点考量。药品的降价等经济因素则不会成为药品进院遴选的主导方向。

什么阻碍了谈判药进医院?

从医保部门对 2019 年谈判药品中的西药在部分三级甲等综合医院和肿瘤专科医院的配备所做的调研来看，2020 年 1 月政策执行后，大部分谈判药品的配备在纳入医保报销后的第一季度出现大幅增长，并呈稳定增长的趋势，在第三、四季度趋于稳定。其中，通过谈判新增准入的抗肿瘤药的配备会高于其他种类的药品，特别在肿瘤专科医院配备情况较好。

从中可以发现的规律有三条：一是药品通过谈判进入医保后，医院的配备率一般会有显著提高；二是药品在医院配备率的提升有一个过程，并逐渐趋于稳定；三是药品的类别会影响其在医院的配备情况。

曹庄表示，药品在医疗机构的配备受其自身价值、医疗行为选择、市场供求关系等主要因素的影响，要保证所有谈判药品短期内有很高的配备率或最终全部配备并不现实。

从医疗机构来说，在全面实行“药品零差率”政策后，药品配备、储存、损耗等都成为公立医院的成本，药品对医疗机构来说从盈利因素变为成本因素，这严重影响了医疗机构配备药品的意愿。

同时，医院药品管理规定还要求，800 张以上床位的公立医院配备药品的品规数不得超过 1 500 种（其中，西药 1 200 种，中成药 300 种）。

“所以一些已足额配备的医院，如要新增药品，需同时调出相应数量的药品，难度和阻力较大。同时，医疗机构药事管理委员会审核程序的设定也对药品能否进院和进院过程时间长短有重要影响。”曹庄说。

赵彬认为，2020 年国家医保目录中药品总数共 2 800 种，而目前大型三甲综合医院的药品品种数通常不超过 1 500 种，医院会依据其功能定位、临床科室需求筛选所需要的药品。因此，不同医院的药品目录也存在较大的差异，不是每一家医院都能够配备所有谈判药品。

北京大学药学系主任史录文对第一财经记者表示，谈判药品落地的原因需要具体问题具体分析，有些医院看不了这种病，也就不需要配这种病的药，有些医院某些专科比较强，配备的这类药品就会比较多。

当前医院还普遍存在药事管理与药物治疗学委员会开会频率过低的情况。据了解，目前，大部分医院一般一年一次或是半年一次，而谈判药品的有效期只有两年，这就导致现实中常常出现有些谈判药品还没有进医院就过了谈判协议期。

史录文说，现在缺失相关规定明确医院药事管理委员会一年开几次会议，医院的药品遴选程序确实需要进一步进行规范。

中国医药创新促进会执行会长宋瑞霖认为，医院没有动力打开“大门”是创新药落地难以打通“最后一公里”的重要原因。现在中国医药创新的态势已经发生了重大变化，药监部门、医保部门都在改，但公立医院的改革还远远不够。

“双通道”能解决落地难吗?

史录文认为，医药产业界特别希望谈判药能够尽快落地，但医院在选择落地药品时存在着很多方面的考量，比如药占比、高价药的限定、地方医保基金的承受度等。我国的医保基金统筹层次很低，有些地区的医保基金难以承受这类高价药进入。

曹庄表示，医院面临着考核指标的压力。从全国来看，除 2018 年准入的 17 种抗癌谈判药外，针对其他国家谈判药品，仍有地区将其纳入药占比、次均费用增幅等指标考核范围，影响了公立医院配备药品，特别是费用较高的创新药的积极性。

从地方来看，有些地区已经开始尝试为医疗机构配备谈判药品提供支持。

如云南省为做好国家谈判药品落地，医保联合卫健部门通过取消药占比、门诊次均费用增幅、门诊次均药品费用增幅、住院次均费用增幅、住院次均药品费用增幅等5项考核指标，一定程度上解决了谈判药品入院难的问题。

宋瑞霖认为，医生都想治好患者的病，希望患者能够少花钱，也想让这些药进医院，但因为药占比等考核限制了医生。所以，医保部门只能另辟蹊径，以“双通道”绕过医院，通过药房来解决谈判药品的落地难题。

据不完全统计，我国已有多个省份的医保部门出台针对部分谈判药品实行“双通道”的保障政策，即对参保人员使用和报销部分“高值”或“特殊”药品实行定点医疗机构、定点药店共同保障的办法。

曹庄认为，“双通道”在很大程度上解决了谈判药品医院供应不足的问题。对于通过医院渠道不能完全解决药品保障的地区，此做法可以予以鼓励。

2021年4月10日

分享链接

疫情叠加新政：昔日“宇宙补课中心”，如今恍如空楼

曾经被称为“宇宙补课中心”的海淀黄庄，近两年来在监管与疫情的双重影响下，往日的喧嚣已不复存在。

黄庄毗邻人大附中、北大附中，一直以来都是北京教培行业的风向标。学而思、高思、精锐等连锁培训机构在黄庄都有装修豪华的示范校区，众多知名或是不知名、有资质或无资质的中小型培训机构也跻身于此地。

第一财经记者近日实地探访了黄庄核心区的海淀文化艺术大厦、银网中心和高思理想大厦。这些大厦中的教培机构自2021年1月23日因大兴疫情紧急停课之后，一直没有恢复线下培训。大部分机构只有少量工作人员值班，还有机构在门上贴了封条“闭门谢客”，一些机构则干脆选择了离开。

一位经历了黄庄最“鼎盛”时代的培训老师近日再回银网大厦时感慨称，当初人山人海的超级无敌补课中心，如今变成了一座空楼。

记者走访的黄庄学而思爱智康（从事一对一业务）、精锐教育、新东方、杰睿等机构都有前台人员值班，他们表示该校区尚不能开展线下培训业务，暑假是否能开课还需要等待进一步通知。

等待进一步通知

2021年1月23日，北京市暂停了所有培训机构的线下培训和集体活动，3月份开始按照“自查自评、书面申请、全面整改、公开承诺”的程序，对提出复课的校外培训机构进行多部门联合检查。截至6月12日，相关部门总计批准了六批83个教学点恢复线下培训和集体活动。第一财经记者查阅名单发现，办公地址位于黄庄上述三座大厦的教学点没有一个获批。

精锐教育的工作人员在咨询时表示，相关部门已经对校区进行了多次检查，对校区有严格的要求，需要提供包括人均面积、民办教育资格证、教师资质、第三方监管账户等几十项资料。这些材料放在校区入门处，随时等待有关部门检查。“目前黄庄地区一对一机构，都没有获准开展线下培训。”这

位工作人员表示。

银网大厦二层的学而思培优校区门口贴着一大张醒目的疫情防控提示，并明确要求“除必要工作人员外，其他人员均不得进入教学区”。学而思对门的启德留学则“人去楼空”，搬到了附近的新中关大厦。

另一家大型连锁机构高思教育的理想大厦校区甚至贴上了封条。第一财经记者致电高思总部了解到，贴封条的原因是“还没有接受相关部门的检查，校区员工暂时全部线上办公，短期内开不了业”。

5 月 20 日，高思教育在其官网上发布规范办学声明，承诺绝不组织或变相组织中小学生学员开展学科类考试、测试及排名；绝不组织或变相组织中小学生学员参加各类学科、语言类等级考试及竞赛；绝不组织、参与中小学校的招生入学各项工作，也不将本校学员的培训信息提供给中小学校。

海淀区教委 5 月 19 日在微信公众号“海淀教育”上再次重申所有机构要严格落实“减负”要求，依法依规办学，并对违规机构进行通报，暂停其已批准恢复的 3 个校址的线下培训，并将其违规情况移送市场监管局进一步处理。

杰睿教育的工作人员表示，黄庄培训机构太多，复课难度比较大，如果有线下需求可以到其他被批准开展线下教育的校区。

行业风向已变

教育培训领域的野蛮生长早在 2018 年就引起了相关部门的重视，当年多部门曾联手对黄庄的教培乱象进行了多轮整治，一部分地下的、小作坊式的培训机构因此搬离了黄庄核心区。

然而，面对强烈的市场需求，2018 年整治的效果有限，黄庄培训机构鱼龙混杂的局面并没有得到根本改观。在 2020 年疫情冲击之下，黄庄培训机构才迎来一次彻底重整。

2021 年两会之后，规范管理校外培训机构的措施接连出台。5 月 21 日召开的中央全面深化改革委员会第十九次会议强调，要全面规范管理校外培训机构，坚持从严治理，对存在不符合资质、管理混乱、借机敛财、虚假宣传、与学校勾连牟利等问题的机构，要严肃查处。要明确培训机构收费标准，加强预收费监管，严禁随意资本化运作，不能让良心的行业变成逐利的产业。

一位资深的教培从业者对第一财经记者表示，虽然黄庄的教育培训机构数不胜数，但有资质、合规的并不多，他们持有的是咨询公司等执照而不是民办教育资格证。这次复课申请必须提交民办教育资格证。“没有正规证件的培训机构连提交申请的资格都没有，就更谈不上复课了。”

教培行业的老师们也感到了阵阵寒意。上述经历过黄庄“鼎盛”时代的培训老师对记者表示，疫情之后，他所在的银网中心教室被整顿，实验器材锁在机构的仓库里，后来机构搬家也没有提前通知他取回，导致他的电脑、器材至今还不知道存放在哪里。

高思教育的一个老师告诉记者，校区贴封条之前也是给了老师很短的时间拿私人物品，如果没有拿出来，就必须等到解封之后才能取回。

培训机构的老师们都在感慨今年春节之后的人员流动，虽然市场传出了多家机构裁员的消息，但并没有机构确认这一消息。

“春节之后，我周围的同事陆陆续续被优化，有的是因为没有教师资格证不得不走，有的干脆是整个部门被裁，很多刚来没多久的人就走了。”一位知名连锁机构的老师对记者表示。

新冠疫情让培训机构经历了冰火两重天的境地。疫情导致线上教育火爆，众多线下机构转战线上，重金投入线上教育。但今年以来，线上教育监管趋严，线下机构的线上部门成为“重组优化”的重点。

资本市场对教培行业的热情也在消退。高瓴资本在 2021 年 2 月就已经全部清仓了好未来（2013 年“学而思”更名“好未来”）。好未来股价从今年的高点 90.96 美元，下跌到了 6 月 21 日的 23.25 美元，跌幅超过 70%。

摩根士丹利近日在向客户和投资者发布的研究报告中，下调了新东方、好未来的股票评级和目标价，以及整个中国课后辅导板块的评级。

业内预期：重磅监管将出台

精锐教育的工作人员表示，今年以来相关部门已经出台了一系列监管措施，培训费用的管理方面推出了托管账户，家长交的培训费要进入政府的托管账户，培训机构每上完一节课，课费才会转到机构的账户中。

海淀区教委已联合海淀区金融办向各校外培训机构、各有关银行和相关单位下发《关于加强校外培训机构预付费资金监管的通知》，要求在海淀区全面实施校外培训机构预付费资金监管，培训机构预付费必须 100%接受监管。

6 月 15 日，经中央编委批准，教育部成立校外教育培训监管司。教育部提出，以“钉钉子”的精神推动“双减”（减轻义务教育阶段作业负担和课外培训负担）工作落地见效，以优异成绩迎接党的百年华诞。业内因此预期，新机构会出台重磅的监管政策。

传闻中的“假期禁补令”最受培训机构关注。第一财经记者从培训机构了解到，相关部门目前还没有向培训机构传达这些消息。对此，接受第一财经记者采访的黄庄培训机构的态度分为两类。

乐观派认为，相关部门出台监管政策的目的是整顿资本乱象和恶意营销，而不是“一刀切”关闭教培机构。暑假是可以补课的，只是会限制补课时间长度。在清除线下无证机构以及规范线上教育的情况下，有实力的、大型线下连锁机构将迎来新的增长。

悲观派则认为，教培机构的黄金时代一去不复返了。一位资深的培训老师对记者表示，要做好机构转型的准备，可能的方向是从教培转向教辅。

当记者问及教辅图书市场已经饱和的情况下，转型是否还有可能成功时，他说：“成不成功都得试试。”

中国教育科学研究院2020年度院级重点项目“基础教育阶段学生校外学习情况调查”的阶段性研究成果显示，校外学习逐渐出现的学校化、补习化、阶层化等特征，既影响到校外学习自身存在的合理性，也导致“逃避学习”、扩大教育不平等问题，更在深层次上危及我国立德树人根本任务的落实。

中国教育科学研究院基础教育研究所牛楠森发表在今年第五期《上海教育科研》上的相关论文建议，借鉴国际经验，参照韩国治理影子教育的经验，政府的角色可能要逐步从影子教育的管理者，发展成为校外教育活动的合作者和资助者，将校外学习纳入政府公共服务范畴，使其不再是无人能管的“法外之地”。

中央全面深化改革委员会第十九次会议提出，要完善相关法律，依法管理校外培训机构。各级党委和政府要强化主体责任，做实做细落实方案，科学组织、务求实效，依法规范教学培训秩序，加强权益保护，确保改革稳妥实施。

2021年6月23日

分享链接

养老保险第三支柱渐近，税优力度、普惠制待突围

延期两年多的个税递延型商业养老保险试点虽然结果不及预期，却为我国养老保险第三支柱的正式诞生积累了宝贵的经验。

第一财经记者从相关人士处了解到，以人社部为主、多部门参与的养老保险第三支柱改革方案已经递交到中央相关部门，方案凝聚了一定的共识，但在一些关键点上尚存在争议，还需进一步完善。问及是否会于9月底出台，一位保险业资深人士对第一财经记者表示：“不会那么快。”

个税递延型商业养老保险从2007年开始酝酿，已经走过了14年的破茧之路，虽然我国养老保险第三支柱距离正式出台尚需时日，但从目前的进展来看，确实只差“临门一脚”了。

“规范发展养老保险第三支柱，推动个人养老金发展”已被写入了《人力资源和社会保障事业发展“十四五”规划》，“十四五”时期，我国多层次、多支柱养老保险体系将迎来新的发展期。

试点情况不及预期

我国个人养老金制度建设于2018年5月1日启动，国家决定在上海市、福建省（含厦门市）和苏州工业园区试点实施个人税收递延型商业养老保险（以下简称税延型养老险），期限暂定一年。截至目前，这项试点已超期两年四个月。

相关数据显示，截至2020年年末，共有23家保险公司参与个人税收递延型商业养老保险试点，19家公司出单，累计实现保费收入4.3亿元，参保人数4.9万人。

从数据来看，该试点的效果很有限，原因包括以产品制为中心、税优力度小、操作不便捷等。“试点在上述地区推广得非常吃力，监管部门好意设计了很多规则，但这些规则远离了市场，没有回应普通消费者的需求，流程太

复杂，力度也不够。”上述保险业资深人士称。

个人税收递延型商业养老保险试点是我国建立第三支柱的重要尝试。

20世纪90年代中期，在世界银行的推动之下，我国建立了“三大支柱”组成的城镇职工养老保险制度，第一支柱为“社会统筹+个人账户”的基本养老金，第二支柱为企业年金，第三支柱为自愿性个人养老储蓄。

目前，我国已建立比较健全的基本养老保险制度，但不同支柱之间严重失衡。第一支柱“一支独大”，第二支柱是“一块短板”，而作为第三支柱的个人养老金制度建设则还是“一棵幼苗”。

据中国社科院世界社保中心主任郑秉文测算，截至2020年年底，我国“三支大柱”养老保险总规模合计约为8.8万亿元，其中，第一支柱基本养老保险（城镇职工基本养老保险和城乡居民基本养老保险）基金约5.8万亿元，占GDP的6%左右；第二支柱企业年金和职业年金约3万亿元，占GDP的3%左右；第三支柱养老保险基金可忽略不计。

在人口老龄化的趋势之下，建立和完善完全积累型的第二、第三支柱是我国应对人口老龄化的重要举措。如果仅靠第一支柱，人们将难以达到预期的老年生活水平。

22日，中国养老金融50人论坛发布的《中国养老金融调查报告（2021）》（下称报告）显示，46.79%的城镇职工基本养老保险参保者预期的养老金水平为在职工资收入的40%~60%，这与基本养老金的目标替代率（59.2%）基本持平，但高于目前的实际替代率（45%左右）。

报告称，由此可见，基本养老保险的待遇水平不及预期，保障压力大，应逐步完善多层次、多支柱养老金体系，大力发展第二、三支柱养老金制度，提高老年人的养老保障待遇水平，满足人民群众多样化的养老保障需求。

第三支柱的共识与分歧

从试点的情况来看，第三支柱税优政策赋予实施的机构对象针对的是各个金融行业，目前只面向保险业，属于产品制。第一财经记者了解到，第三支柱实行个人账户制为中心而不是产品制是业内共识。

在日前举行的“养老金国际经验与最新养老金政策展望”研讨会上，泰康养老保险股份有限公司助理总裁兼首席投资官丁振寰表示，养老保险第三支柱的税优政策载体是个人账户，与税收关联福利与可以纳入个人账户中，个人账户制度的设立对于整个第三支柱的拓展是非常关键的一步。

从国际经验来看，税收优惠对于建立第三支柱非常关键。美国信安金融集团执行副总裁兼信安亚洲区总裁张维义表示，第三支柱在大部分的国家都有税收优惠，因为养老账户是长达几十年不能动用的账户，税收优惠是激励一个人愿意长期把钱放到一个账户里的很重要因素。

五道口金融学院中国保险和养老金研究中心研究总监朱俊生认为，试点中税优存在的主要问题有：税前扣除 1 000 元（或 6%）额度过低，不足以提升消费者需求；税延额度计算方式较为复杂，不便于操作；领取阶段 7. 5%的实际税率大幅度减少了税收优惠政策的覆盖人群；税延操作流程复杂，增加了参保的难度。

朱俊生建议，在正式出台的方案中进一步完善税收优惠政策，在新个税提高起征点、增加专项扣除的背景下，适当提高税延养老保险税前抵扣标准。例如，每月抵扣额度可提高至 2 000 元或 3 000 元。将税延型养老保险税前抵扣纳入个人所得税专项扣除项目，进一步简化税前抵扣流程。

业内的另一个共识是，通过个税 App 等技术手段实现“无感抵扣”，这是税优简便操作的一个方向。

第一财经记者还了解到，如何实现第三支柱税优的普惠性，吸引更多的人加入制度中来，也是第三支柱面临的一个难题。因为个税起征点提高之后，我国缴纳个税的人口只有 6 000 多万，而我国养老保险的参保人数近 10 亿，这也就意味着绝大多数参保人难以享受第三支柱的税收优惠政策。

朱俊生表示，我国采取税收递延政策（EET）的递延征税模式，对于高收入群体有一定的激励作用，但中低收入群体可能因收入达不到起征点而无法享受，不利于提升制度的公平性和覆盖面。

在如何提高制度的普惠性方面，国际上有一定的经验。张维义表示，如果想把第三支柱做得较为宽泛，让中等收入群体以下的人士也能参与，可能需要考虑政府的补贴了，如果参保人愿意未来 10 年不把这笔钱拿出来，政府可以在账户中给予一些补贴。

“中国是人口大国，老龄化的过程会给第一支柱带来很大的压力，让收入较低的人有更多养老的储蓄，能够缓解这种压力。”张维义表示。

如何让更多人享有养老保险第三支柱？处理好第二支柱和第三支柱的关

系也非常关键。郑秉文近日撰文表示，第三支柱的2.0版本顶层设计应尽快出台，在吸取前期经验和教训的基础上，加大税收优惠比例，简化个税抵扣手续，完善产品线，覆盖保险、基金、银行理财等产品，“个人申请建立第三支柱必须要参加第二支柱”的限制条件应该取消，使之成为真正的中国版“个人养老金”。

2021年9月22日

分享链接

7种罕见病药“地板价”进医保，这套支付机制仍待建立

高值罕见病药物以“地板价”纳入医保是今年医保谈判的一大亮点。包括曾以“70万元一针”著名的天价药诺西那生钠注射液在内，今年共有7种罕见病用药通过谈判方式进入医保目录中。

12月3日，2021年国家医保药品目录调整工作结束，共计74种药品新增进入目录。国家医保局在对医保目录调整的解读中称，新纳入药品精准补齐肿瘤、慢性病、抗感染、罕见病、妇女儿童等用药需求，共涉及21个临床组别，患者受益面广泛。

罕见病患者的用药保障是我国医保制度建设的一块短板，也是每年国家医保谈判中备受关注的热点。蔻德罕见病中心（CORD）创始人及主任黄如方对第一财经记者表示，高值罕见病药物第一次成功地纳入国家医保目录是一次突破，体现了政府以及药企对罕见病群体用药保障的重视，但“地板价”对于药企未来对罕见病创新药的研发以及对中国市场的评估会有何影响，还需进一步观察。

第一财经记者在采访时了解到，罕见病“天价药”愿意以“地板价”进入医保是有多方面原因的，国家医保局的“灵魂砍价”是一方面，此外还有其他更加确切的原因，比如本是独家的药品有了竞争品、出现了替代药物、企业看重我国更大的市场等。

“多‘雪中送炭’、少‘锦上添花’”是此次国家医保药品目录“保基本”的原则之一。在3日举行的国家医保药品目录调整新闻发布会后，2021年国家医保谈判药品基金测算专家组组长郑杰接受记者采访时表示，罕见病患者的用药保障不是仅靠国家谈判就能解决的，未来还需要综合的措施。医疗保障不仅仅是医疗保险，还包括商业保险、慈善救助等共同形成一套完整的保障体系。

“70万元”降到低于3.3万元

国家医保局医药服务管理司司长黄华波表示，在调整中，国家医保局牢牢把握“保基本”的功能定位，将基金可承受作为必须坚守的“底线”，防止天价药、昂贵药进医保。

在此次药品目录谈判中，罕见病脊髓性肌萎缩症（SMA）用药诺西那生钠注射液经历8轮价格协商，最终以低于3.3万元/针（具体价格受保密协议保护未公布）的价格谈判成功。

2019年上市之初，诺西那生钠注射液的价格高达70万元一针，后在今年年初降至55万元一针，在今年启动的全新援助计划之下，使用诺西那生钠注射液的患者第一年的药物治疗自付费用从原来的约140万元降至55万元。同时，该药在全国一些省市被纳入当地医保或商保报销范围。

东南大学医疗保险和社会保障研究中心主任张晓对第一财经记者表示，由于有了竞品上市，出现了替代品，诺西那生钠注射液已经大幅降价，这就是市场的力量。

2021年6月16日，中国国家药品监督管理局正式批准了罗氏重磅神经创新药物利司扑兰口服溶液用散（商品名：艾满欣），用于治疗2月龄及以上患者的SMA，这是首个在中国获批治疗SMA的口服疾病修正治疗药物。相关资料显示，罗氏艾满欣的上市价格为每瓶（60 mg）人民币63 800元，服用方式为口服，每日一次。

在国家谈判之前，诺西那生钠注射液年自付费用已经降到了50万元之下。根据央视披露的谈判视频显示，企业首次报价即53 680元一支，首年治疗费用约为32万元，经过国家医保局“灵魂砍价”之后，降到了每支3.3万元之下，首年治疗费用低于20万元，医保报销后，患者个人自付费用只有几万元。

渤健生物4日在其公众号上称，全国首款治疗SMA用药诺西那生钠注射液被纳入2021年版国家医保药品目录，中国SMA诊疗正式进入医保时代。

渤健的数据显示，根据中国香港和中国台湾的发病率，结合中国2019年全国总人口数和新生儿数估算，SMA中国每年新发患者850人，总患者人数为25 000人左右。

对于罕见病来说，25 000人是个庞大的市场，这也是国家医保局能够作为战略购买者和企业博弈的砝码。

黄如方表示，罕见病药出现“地板价”是业内对今年医保谈判有争议之处，也有企业担忧未来医保谈判是否都要以这么低的价格才能进入中国市场。黄如方认为，应该从两个方面去看“罕见病”药品的地板价：“一方面是罕见病药物由于市场人数有限，高价策略是符合市场逻辑的，如果罕见病药都卖得这么便宜，会导致没有企业愿意去研发。”

“另一方面也要看到全球药物定价的逻辑。这些天价罕见病药品的主要利润中心不在中国市场，而是靠美国、欧盟、日本等国家和地区，也就是中国市场本身就是它的增量，有就多挣一点，没有也关系不大。”黄如方说。

渤健生物称，截至2021年8月，诺西那生钠注射液已在44个国家和地区纳入报销范围。

如何补上罕见病用药的短板?

黄如方认为，今年医保谈判实现高值罕见病药品突破的另一个原因是国家医保局出了待遇清单，未来地方有可能不会单独探索罕见病的医保支付问题，特别是建立专项基金等，这也就要求国家层面做出相应的预备。

罕见病发病率虽然不高，但对社会的负面影响比较大，“天价药”超出绝大部分人的支付能力，群众一旦不幸罹患罕见病就会处于无助的境地。我国对于罕见病及“孤儿药”一直都在出台相关的政策，《中共中央国务院关于深化医疗保障制度改革的意见》明确提出“探索罕见病用药保障机制”。

业内已经达成的共识是建立多方筹资的罕见病用药保障机制。张晓表示，医疗保险只是多方机制中的一方。对于罕见病“天价药”来说，医疗保险所做的就是在控制的范围内把规矩定下来，如果企业能够适应这些“规矩”，药品就有可能入医保。

张晓认为，这主要包括三个方面：一是要有非常好的适应症，疗效要特别确切，这是进目录的条件；二是价格要合理，在医保基金能够承担的范围之内；三是必须受到严格监管，无论是走医院通道还是药店通道，都必须经过专业医生，因为如此贵的药品，医生要参与承担责任，不能医保“一报了之”，必须对疗效进行定期评估。

何为合理的价格？此次医保目录谈判，国家医保局向企业释放了明确的信号：现在医保目录中的近3 000个药品中没有一个药品超过30万元，医保基金能够承受的最高限额是年治疗费用30万元。

中国药学会科技开发中心近日发布的《中国医保药品管理改革进展与成效蓝皮书》显示，2020年版医保目录包含45个罕见病用药，覆盖22个病种的罕见病。相关药品调入医保后，金额和用量多有较大幅度的增长，提高了相应罕见病患者用药的可及性。

解决罕见病用药保障机制不仅要靠国家医保目录谈判，也要靠集中带量采购。今年1月，国务院办公厅印发《关于推动药品集中带量采购工作常态化制度化开展的意见》，特别对治疗罕见病的“孤儿药”采购作出特殊安排，通过国家采购和谈判来降低高额的罕见病药品价格，提高“孤儿病”患者的用药可及性。

“罕见病用药保障最终还是要多层次的医疗保障制度来解决，政府、社会、家庭、个人、企业都要承担相应的责任，要建立多方多元的支付机制，对于患者的负担要进行封顶，浙江等地已经在进行探索，医保待遇清单实施之后，罕见病保障是国家层面来做还是各个省来做，都需要进一步明确。”张晓说。

2021年12月5日

分享链接

十三、财税益侃

陈益刊 |《第一财经日报》资深记者，长期关注财政税收领域，聚焦财税政策、财税改革、地方债管理、减税降费、税收征管等相关话题。“财税益侃”专栏剖析财税热点事件，解析政府调控意图，帮助更好地读懂财政话题。
chenyikan@ yicai. com

“十四五”财税改革官方划重点：每年40多万亿元怎么花？

财政是国家治理的基础和重要支柱，财税改革的一举一动事关百姓生活、企业利益。“十四五”时期，财税体制改革将有哪些重点？是否还有大规模减税降费？一年四五十万亿元的财政支出重点在哪？

4月7日，财政部相关负责人在国新办贯彻落实“十四五”规划纲要、加快建立现代财税体制发布会上解答了上述问题。

“十四五”稳定宏观税负

对企业等市场主体来讲，“十三五”时期减税降费明显，中国宏观税负也有明显下降。

财政部部长助理欧文汉表示，“十三五”时期累计减税降费超过7.6万亿元，其中，减税4.7万亿元，降费2.9万亿元，减税降费有效地减轻了企业负担，使广大市场主体享受到实实在在的政策红利，对激发创新活力、优化经济结构、促进居民消费和扩大就业等都发挥了重要作用。

官方数据显示，中国宏观税负（税收收入占国内生产总值比重）从2015年的18.13%降至2020年的15.2%，“十三五”时期宏观税负下降约3个百分点。15.2%宏观税负水平在世界经济体中最低，体现了惠企利民。

企业十分关心，“十四五”时期还会出台大规模的减税降费政策吗？宏观税负会进一步下降吗？

欧文汉在会上表示，“十四五”时期，为保障重大战略和重点任务的实现，需要保持宏观税负总体稳定，更好地发挥税收筹集财政收入、调节分配格局、促进结构优化和推动产业升级的作用。在此基础上，国家将综合考虑财政承受能力以及实施助企纾困政策需要，精准地实施减税降费，激发市场主体的活力。

中国政法大学施正文教授告诉第一财经记者，中国小口径宏观税负已经是全球较低水平，再降低的话财政难以承受，未来没有特殊情形，不会再出台新的万亿元级别的大规模减税新政。维持在现有宏观税负水平，意味着税负不会提高，体现了政府尽最大努力来支持企业等市场主体发展，稳定了社会预期。当然，未来依然会有新的结构性减税政策出台，重点在于支持制造业、小微企业，促进科技创新。

欧文汉介绍，下一步将着力完善减税降费的政策，优化落实机制，提升政策实施的效果，让企业有更多的获得感。比如，继续执行制度性减税政策，阶段性的减税降费政策有序退出，突出强化小微企业的税收优惠，加大对制造业和科技创新的支持力度，继续清理收费基金。

为支持小微企业和制造业发展，今年中国将小规模纳税人增值税的起征点从月销售额10万元提高到15万元，并将制造业企业加计扣除的比例提高到100%。

40多万亿元花钱重点明确

根据今年中央与地方预算报告，政府“四本账”财政总支出约为44万亿元。“十四五”时期巨额财政资金花钱重点明确。

欧文汉表示，“十四五”时期在支出方面，重点是在保持合理支出强度的同时，做到有保有压、突出重点。财政支出将在聚焦构建新发展格局上持续发力。

这包括支持科技自立自强；推动产业结构优化升级；支持突破产业瓶颈；推动脱贫攻坚与乡村振兴有效衔接；加力保障和改善民生等。

在科技支出方面，欧文汉表示，财政部将着力强化国家战略科技力量。比如切实保障国家重大科技任务经费，支持打好关键核心技术攻坚战，集中解决一批“卡脖子”问题。按照“成熟一项、启动一项”的原则，加快推进“科技创新2030重大项目”组织实施。加大财政对基础研究的投入力度等。

根据今年的预算报告，中央财政在基础研究（约662亿元）投入同比增长10.6%，这主要是国家自然科学基金、科研院所基础研究项目等支出增加。

“十四五”时期，保基本民生、保工资、保运转（以下简称“三保”）依然是财政工作的一条底线。

欧文汉表示，加强对基层的保障，最大限度地下沉财力，完善县级基本财力保障机制，兜实兜牢基层“三保”底线。

比如为了支持“三保”，今年在实际新增财力有限的情况下，中央本级继续带头过紧日子，腾出资金增强地方财政保障。

今年中央对地方转移支付（约8.3万亿元）剔除特殊转移支付后增长7.8%。其中，均衡性转移支付、县级基本财力保障机制奖补资金以及革命老区、民族地区、边境地区转移支付的增幅都在10%以上。

粤开证券研究院副院长罗志恒表示，从今年预算报告财政支出的各项重点任务看，主要集中于稳定经济（扩大内需）、科技创新、保民生、保基层财政运转、化解风险、污染防治和乡村振兴，均指向新发展格局。

强化收入分配调节　推动共同富裕

“十四五”规划纲要提出：“共同富裕要迈出坚实的步伐”。财政的一大职能是调节收入分配，因此，财政部门在推进共同富裕中扮演着重要角色。

欧文汉表示，“十四五”时期，财政部将重点从三个方面来发力，推进共同富裕，包括大力支持高质量发展，做大经济“蛋糕”；改革完善收入分配政策，分好经济“蛋糕”；进一步规范收入分配秩序，推动形成公正合理的收入分配格局。

施正文告诉第一财经记者，目前政府调节收入分配的主要抓手是财税政策。推动共同富裕首先要做大经济“蛋糕”，然后才是分好“蛋糕”。在分“蛋糕”中，市场初次分配起着基础性作用。但由于每个人的机遇、禀赋、资源等不一，初次分配后个人收入的差异较大，因此需要政府履行好再分配调节职能，这是收入分配调节的关键。慈善等第三次分配可以改善收入和财富分配格局。

在改革完善收入分配政策方面，欧文汉表示，首先要推动完善以市场为基础的初次分配制度，促进机会均等。支持强化就业优先政策和建设高质量教育体系，推动健全各类生产要素参与分配的机制，提高劳动报酬在初次分配中的比重，丰富通过资本市场分享发展成果的渠道。

施正文表示，在初次分配中，政府作用的关键在于保证效率的前提下，促进机会均等、公平竞争。在影响个人收入的众多因素中，教育和就业是两大关键因素，因此是政策支持重点。目前，中低收入人群的收入主要来源于劳动报酬，为提高低收入群体的收入，扩大中等收入群体，就需要提高劳动报酬在初次分配中的比重。

欧文汉表示，其次要履行好政府再分配调节职能，缩小收入分配的差距，加大税收、社会保障、转移支付等调节力度和精准性。优化税制结构，适当提高直接税的比重，合理调节城乡、区域、不同群体间的分配关系。健全多层次的社会保障体系，建立稳定的公共卫生事业投入机制，编密织牢社会安全网。

施正文表示，从收入端来看，直接税比重的提高可以更好地充分发挥政府再分配的职能，比如应该继续推进个人所得税改革，减轻中低收入群体税负，合理调节过高收入；持续推进房地产税立法等。从支出端来看，通过转移支付来支持欠发达地区发展和乡村振兴，推进基本公共服务均等化等。

财政部税政司司长王建凡在上述发布会上表示，下一步将健全以所得税和财产税为主体的直接税体系，逐步提高其占税收收入的比重，有效发挥直接税筹集财政收入、调节收入分配和稳定宏观经济的作用，夯实社会治理基础。进一步完善综合与分类相结合的个人所得税制度。积极稳妥地推进房地产税立法和改革。

欧文汉表示，支持发挥慈善等第三次分配的作用，发挥好慈善组织在扶老、救孤、恤病、助残、扶贫、济困、优抚等方面的作用，改善收入和财富分配的格局。

施正文表示，目前税收政策在支持慈善事业方面的力度还不够，下一步应加强支持力度，更好地支持慈善事业发展。与此同时，可以进一步研究开征遗产税，防止贫富悬殊。

2021 年 4 月 7 日

分享链接

严打空壳公司、不当避税天堂！海南省拿出这些严厉措施

海南自由贸易港建设已有一年，力度空前的税收优惠等政策正相继落地，这吸引着几十万户企业扎堆海南，但其中也混杂了一些利用海南税收优惠来逃避税的空壳公司，对此，海南省释放严打信号。

6月21日，海南省省长冯飞在国新办举办的《海南自由贸易港法》有关情况发布会上直言，当前进入海南的企业类型繁杂，鱼目混珠，也有个别市场主体钻空子。他强调，钻空子的空壳公司一个都不要，坚决不让海南自贸港成为“避税天堂”。

就在前一天的海南省新闻发布会上，海南省委副秘书长王磊也就风险防控方面表示，坚持实质性运营标准，防止空壳公司出现，防范税基侵蚀和利润转移，坚决避免海南成为“避税天堂”。

紧盯企业注册　不要空壳公司

海南自贸港吸收国外自贸港的成功经验，正朝着税制简、税负轻的方向迈进。6月10日，经过全国人大常委会通过并实施的《海南自由贸易港法》，从法律角度确定了这一方向不变。

全国人大常委会委员王超英在上述国新办发布会上介绍，《海南自由贸易港法》在税收制度方面，按照简税制、零关税、低税率的原则，明确海南自由贸易港封关时、封关后简化税制的要求，免征关税的情形、货物在内地与海南自由贸易港之间进出的税收安排及对符合条件的企业和个人实行所得税优惠。

比如，国家发改委、财政部、税务总局等部委出台海南自由贸易港鼓励类产业目录、三大产业企业所得税优惠目录、鼓励类产业企业所得税和高端紧缺人才个人所得税15%优惠等政策。相比于内地现行25%企业所得税税率和最高45%个税边际税率来说，海南的所得税税负较低。

海南低税负等一揽子优惠政策相继落地，吸引大批企业入驻。

根据《海南自由贸易港建设白皮书（2021）》，从 2018 年 4 月 13 日中央宣布建立海南自贸港以来，海南新增市场主体 83.8 万户，超过过去 30 年的总和。其中，《海南自贸港建设总体方案》公布的一年时间里，全省新设市场主体 39.05 万户。

冯飞表示，《海南自贸港建设总体方案》公布后，部分优惠政策相继出台，进入海南的市场主体井喷式增长。应该说，企业类型繁杂，鱼目混珠，也有个别市场主体钻空子。我们研判要从一开始就做好防范税收风险的文章，坚决不让海南自贸港成为“避税天堂”。

北京国家会计学院教授李旭红告诉第一财经记者，某种程度上，极具吸引力的税收优惠政策加大了海南自贸港成为“避税天堂”的风险。

为了防止空壳企业钻海南税收优惠政策的空子来逃避税，海南强化源头管控，把好登记注册关，建立和完善风险识别和发现机制。

冯飞介绍，从企业登记环节开始，海南建立风险识别指标体系，细化到行业、到市县。在招商引资过程中，纠正急功近利等思想认识上的偏差，对招商引进的企业，既讲清讲透税收优惠政策，也讲清享受的门槛和条件。

比如，当前能否享受 15%的企业所得税优惠政策，一大关键就在于企业在海南实质性运营。

所谓实质性运营，是指企业的实际管理机构设在海南自贸港，并对企业生产经营、人员、财务、财产等实施实质性的全面管理和控制。

为了进一步细化实质性运营的判断标准和管理要求，海南发文细化为四种情形。冯飞举例，对于企业注册在自贸港且在自贸港之外未设立分支机构的，海南要求居民企业的生产经营、人员、财务、资产全部在自贸港。换句话说，就是四要素当中任何一项不在自贸港，就不属于实质性运营。

所谓生产经营在自贸港，是指居民企业在自贸港有固定的生产经营场所，且主要生产经营地点在自贸港，或者对生产经营实施实质性全面管理和控制的机构在自贸港。人员在自贸港，是指居民企业有满足生产经营的从业人员在自贸港工作，并且与居民企业签订一年以上的劳动合同或聘用协议等。

“这里面非常关键的就是要实现信息共享，比如税收信息、财务信息、薪酬工资方面的信息、人员就业信息等，在实现信息共享的基础上作出综合研判。”冯飞说。

他介绍，在防范海南自贸港税收风险方面，海南把好政策制定关。海南发文明确，一律不得签订或出台与企业缴纳税金直接挂钩的扶持政策等事项。同时，海南加强日常监管，通过建立完善预警机制，依托社会管理信息化平台和税务信息化平台，对企业运营的一些苗头问题及时预警。

另外，一些团伙利用海南离岛免税政策，收购他人离岛免税额度、套购离岛免税商品，并向市场出售、牟取非法利益。对此，海南保持高压严打的态势。

冯飞介绍，2020 年 7 月 1 日以来，海南联合海关开展了 12 轮专项打击行动，打掉套购团伙 80 个，对违规旅客实施三年内不得享受离岛免税购物政策的“资格罚”，将严重失信主体录入信用信息共享平台。另外，海南加强与上海、杭州等地的异地执法协作机制，希望借此斩断离岛免税商品违规销售的渠道。

内地货物到海南明确退税

《海南自由贸易港法》明确，货物由海南自由贸易港进入内地，原则上按照进口征税。货物由内地进入海南自由贸易港，按照国务院有关规定退还已征收的增值税、消费税。这是官方首次明确了货物从内地进入自贸港退税。

中国政法大学施正文教授告诉第一财经记者，海南岛相当于境内关外，虽然在我国境内，但是属于海关监管特殊区域，货物从内地到海南自贸港相当于出口，因此需要按规定退还增值税、消费税。

冯飞表示，海南全岛封关运作以后，内地和海南自由贸易港将实行不同的税制安排。届时，如果货物由内地进入海南自由贸易港，不退还已征收的增值税和销售税，其价格中仍然含有这两个税，这些货物在海南自由贸易港无论是直接零售还是加工后再进入零售环节，都将再次被征收销售税，从而造成了重复征税。

“这样的制度安排也有利于内地货物进入海南自由贸易港之后，与零关税进口货物以相同的不含税价格公平竞争，还有利于降低海南本地的生产生活成本。”冯飞说。

《海南自由贸易港法》明确，海南全岛封关运作时，将增值税、消费税、车辆购置税、城市维护建设税及教育费附加等税费进行简并，在货物和服务零售环节征收销售税；全岛封关运作后，进一步简化税制。

《海南自由贸易港建设白皮书（2021）》称，海南省全岛封关运作研究专班已积极启动简税制改革研究，以销售税改革，降低商品服务价格，推动贸易自由化便利化，建立地方主体税种，促进经济增长方式转变。

海南省税务局局长刘磊曾在《国际税收》杂志上撰文表示，销售税的优点在于消除生产环节的层层征税，减轻生产者纳税负担，有利于企业生产。从税制设计理念上来讲，在当前增值税征管基础上以纳税人分类管理的方式来实现最终零售环节销售税，可以实现改革的平稳过渡。海南自贸港销售税与内地增值税如何衔接，则需要全面考虑海南自贸港与内地的货物流通关系。

刘磊认为，海南自贸港的销售税设计在征税范围和税率上要与全国协调一致，由此，销售税与内地增值税才可以实现无缝衔接。

2021 年 6 月 21 日

分享链接

碳税将至？中央明确“双碳”财税政策四大支持方向

中国计划 2030 年二氧化碳排放量达到峰值，2060 年实现碳中和，用历史最短时间完成“双碳”目标。

近日，中共中央、国务院印发了《关于完整准确全面贯彻新发展理念做好碳达峰碳中和工作的意见》（下称《意见》），提出 10 方面 31 项重点任务，明确了碳达峰碳中和工作的路线图、施工图。

完成“双碳”目标离不开财税政策的支持，此次《意见》给出四大要求，包括各级财政要加大对绿色低碳产业发展、技术研发等的支持力度；完善政府绿色采购标准，加大绿色低碳产品的采购力度；落实环境保护、节能节水、新能源和清洁能源车船税收优惠；研究碳减排相关税收政策等。另外，财政部正牵头起草《关于财政支持做好碳达峰碳中和工作的指导意见》。

10 月 26 日，国务院发布关于印发《2030 年前碳达峰行动方案》的通知，其中提到要建立健全有利于绿色低碳发展的税收政策体系，落实和完善节能节水、资源综合利用等税收优惠政策，更好地发挥税收对市场主体绿色低碳发展的促进作用。

多位财税专家告诉第一财经记者，实现“双碳”目标，财税支持政策至关重要。目前，各级财政投入生态环保等领域的资金近万亿元，未来新一代信息技术、生物技术、新能源、新能源汽车等战略性新兴产业和低碳前沿技术研发，将获得更大的财政支持，政府千亿元级的绿色低碳产品采购力度也将加大。加快研究碳税等碳减排相关税收政策。

财政资金支持“双碳”力度加大

为应对气候变化，解决资源环境约束的突出问题，实现人与自然和谐发展，促进中国经济高质量发展，中国提出“双碳”目标。财政税收作为国家治理的基础和重要支柱，在促成这一目标中扮演着重要角色。

中央财经大学财政税务学院院长白彦锋告诉第一财经记者，在碳达峰和碳中和工作中，财税政策要发挥好弥补市场外部性的作用，奖惩并举，对具有正外部性的、有助于碳达峰和碳中和的经济行为进行适当激励；反之，在财税政策上则应该有所抑制。

此次《意见》在完善财税政策中提出四大要求，其中的第一项是各级财政要加大对绿色低碳产业发展、技术研发等的支持力度。

中国政法大学施正文教授对第一财经记者表示，目前碳排放量大的都是一些传统产业，因此，要实现“双碳”目标，就必须深度调整产业结构，大力发展绿色低碳产业。另外，绿色低碳重大技术也是实现“双碳”目标的关键。因此，财政资金未来将加大对这些领域的支持力度。

《意见》在大力发展绿色低碳产业部署中，明确要求加快发展新一代信息技术、生物技术、新能源、新材料、高端装备、新能源汽车、绿色环保以及航空航天、海洋装备等战略性新兴产业。另外，智能电网技术、新型储能技术等也被要求加快研发进度和推广。

白彦锋表示，制约我国绿色低碳发展的一些核心技术和关键环节，需要财税加大支持力度，解决好“卡脖子”的问题。另外，在绿色低碳产业完善基础市场条件方面，如在新能源汽车充电桩、充电站的建设方面，需要财税加大对绿色低碳基础设施的支持力度，对绿色低碳产品的推广应用“架桥铺路”。

《意见》的第二项要求是，完善政府绿色采购标准，加大绿色低碳产品的采购力度。

白彦锋认为，政府部门办公过程中涉及大量楼宇、车辆等相关碳排放领域和产品，而且使用强度高。政府部门从自身做起，以上率下，政府绿色采购在碳达峰和碳中和当中对全社会起着引领性和示范性作用。由于我国政府采购的规模和市场较大，对相关行业和领域的支持带动作用不可小觑。

中国已经建立起政府绿色采购的制度框架。财政部的数据显示，2020 年在支持绿色发展方面，全国强制和优先采购节能、节水产品 566.6 亿元，占同类产品采购规模的 85.7%；全国优先采购环保产品 813.5 亿元，占同类产品采购规模的 85.5%。

目前，财政支持“双碳”工作最直接的方式，就是加大财政资金的投入力度。财政部的数据显示，2016—2020 年，全国财政共安排了生态环保资金

44 212 亿元，年均增长 8.2%。

研究碳税等税收政策

此次《意见》在完善“双碳”财税政策中的另外两项部署分别是：落实环境保护、节能节水、新能源和清洁能源车船税收优惠；研究碳减排相关税收政策。

施正文表示，目前中国已有部分碳减排相关税种或税收优惠政策，但要实现“双碳”目标，仍需要完善相关政策，包括探讨是否开征碳税等，打造一套绿色税制，充分发挥碳减排的作用。在税收优惠政策方面，目前中国对风电、光伏发电等清洁能源、节能设备项目实施增值税、消费税和企业所得税等税收优惠政策。新能源汽车、公共交通车辆和节能车船等也享受车辆购置税等相关优惠政策。

在碳减排相关税收方面，中国早已对原油、天然气和煤炭等化石能源征收资源税，对成品油开征消费税，对大气污染物等开征环保税，对小汽车等开征车辆购置税等，在降碳减排和促进低碳发展上发挥了重要作用。

在碳减排相关税收政策研究中，碳税比较受关注。碳税是专门针对碳排放且以二氧化碳排放量为征收对象的税种。前些年环保税立法时，曾有人建议将二氧化碳纳入征税范围，不过最终并未纳入。

施正文告诉第一财经记者，目前相关方面在研究是否开征碳税。碳税和碳排放交易都是碳减排政策的手段。目前国际上有的用其中一种手段，有的则是两个手段并用。今年全国碳排放权交易市场上线交易已经启动，目前主要覆盖发电行业等重点排放单位。碳排放权交易主要针对大企业，以固定排放额度交易这一市场手段，来控制和减少温室气体排放。碳税则是通过增加碳排放税收成本，来促进碳减排。

“碳排放权交易很难覆盖所有市场主体，而且欧盟提出碳边境调节机制，对进口商品征收碳边境税等，在中国实现‘双碳’目标下，可以考虑征收碳税，企业碳税可以抵扣碳排放权交易额，避免重复增加企业成本。”施正文说。

中国财政科学研究院研究员许文曾撰文表示，中国开征碳税有两种实现路径：第一种是改造现行税种，通过对化石燃料相关税种的改造，以二氧化碳排放量为依据进行附加征收，以达到征收碳税的目的；第二种是在现行对化石燃料征收的税种之外，直接以二氧化碳排放作为征收对象，开征名称为“碳税”的新税种。

白彦锋表示，我国现行的税制体系当中也有资源税、成品油消费税、车船税等与绿色低碳内容紧密相关的税制基础，在整合的基础上开征碳税，对于理顺政策体系、进而加快我国碳达峰和碳中和的进程，减轻一些发达经济体拟开征的碳边境调节税可能对我国贸易发展的影响，都具有一定的积极作用。

许文认为，碳税开征需要权衡好实现碳减排目标与碳税的经济社会影响之间的关系，合理选择改革时机。需要做好碳税与碳排放权交易调控力度的协调，为碳减排提供一个相对明确的碳价，并使不同政策调控下的碳排放适用相对公平的碳价，从而能够对碳排放进行全面调控。

2021 年 10 月 26 日

分享链接

地方卖地收入大降，一些基层财政的收支矛盾加剧

“今年前10个月地方土地出让收入同比下降70%左右，对我们当地财政的冲击很大。”西部一位地方财政人士告诉第一财经记者。

在严格的楼市调控和房企资金紧张购地意愿下降等多重因素的影响下，越来越多的地方政府国有土地使用权出让收入（下称土地出让收入）开始明显减少，这对那些依赖土地出让收入的地方不是件好事。

尽管前10个月全国土地出让收入依然维持个位数增长，但下半年以来收入持续负增长让不少地方财政承压，机构数据显示，前10个月有23个省份土地出让金收入与同期相比下滑。一些土地出让收入下滑明显的基层政府，财政可支配收入减少，收支矛盾加剧，当地政府城市投融资平台公司（以下简称城投）的融资能力也将下降，偿债风险上升，基础设施建设投资受影响。

土地出让收入有一定的滞后性。粤开证券研究院副院长罗志恒对第一财经记者分析，明年土地财政形势会更加严峻，大概率是负增长，具体情况取决于房地产调控的节奏和力度。

为了应对土地出让收入下降，不少地方挖潜增收，削减不必要的各类支出，暂停或压减项目投资，盘活各类存量资金，以实现今年财政收支平衡。

土地财政受冲击，明年更明显

近些年税收增长相对乏力，地方政府越发依赖卖地收入，以维持支出，这也被称为土地财政。

财政部最新数据显示，今年前10个月，地方政府政府性基金中的土地出让收入为59 371亿元，同比增长6.1%。

今年以来土地出让收入规模依然处于历史高位，且保持增长。但实际上土地出让收入的增速快速回落，一些基层财政受冲击较大。

国盛证券研究所首席固定收益分析师杨业伟表示，年中以来，土地出让

收入增速转负，同比增速下滑逾 10%，8 月甚至接近 20%。高频数据显示，目前百城供应土地占地面积同比跌幅 50%左右。

中泰证券研究所的数据显示，2021 年 31 省（自治区、直辖市）前 10 个月成交地块的土地出让金中，只有江苏、浙江等 8 个省份的土地出让金同比正增长，其余 23 个省份的土地出让金同比下降，其中，云南、新疆、海南、黑龙江等省份的降幅超过 50%。

罗志恒表示，今年土地出让收入同比增速持续下滑，与去年基数前低后高有关，但更主要的是土地市场已经遇冷，房地产强力调控导致土地流拍、撤拍率上升、土地成交溢价率快速下滑。

他进一步分析，从供给端看，重点城市通过调整溢价率上限至 15%、严查资金来源等举措，优化土拍规则，延迟供地，整体供地节奏后移。比如北京、上海、杭州、深圳等多地推迟了第二批集中供地时间。

“从需求端看，金融机构对房企惜贷、商品房销售持续下滑，限制了房企的购地能力。房地产调控政策持续，高负债、高杠杆经营的激进经营模式已成过去式，房企拿地意愿下降。”罗志恒说。

央行的数据显示，2021 年三季度末，人民币房地产贷款余额 51.4 万亿元，同比增长 7.6%，低于各项贷款增速 4.3 个百分点，比上季末增速低 1.9 个百分点。

前述西部某市财政人士告诉第一财经记者，在贷款收紧后，房地产开发商资金链紧张，拿地意愿下降。另外，《土地管理法实施条例》实施后，土地审批等政策有调整，一定程度上影响了供地。

杨业伟告诉第一财经记者，土地出让收入下滑主要是由于房地产企业资金紧张，拿地意愿和能力不足。房地产销售第三季度以来快速回落，同时，恒大等风险事件导致房企融资环境恶化，债务净偿还。资金不足情况下拿地增速快速回落，房地产土地购置面积目前单月跌幅在 20%以上，导致土地出让收入增速回落。

财政部土地出让收入数据存在一定的滞后。因为房企签订土地出让合同价款到实际将资金缴入国库需要一段时间，因此，不少专家认为下半年土地市场遇冷对收入的影响会在明年甚至后年得以体现。

杨业伟表示，土地出让收入今年全年将依然能够接近正增长，对地方财力的主要冲击在明年上半年。

财政收支、城投承压

中部一位地方财政局局长告诉第一财经记者，今年以来当地土地出让形势不好，给当地财政造成较大压力，地方政府投资项目的资金来源更窄。

“土地出让收入对地方的影响较大，能够占到地方综合财力的四成左右。土地出让收入下滑将导致地方财力不足，进而降低地方政府的偿债能力，城投风险将有所上升，特别对土地财政较为依赖地区的城投来说更是如此。”杨业伟说。

罗志恒认为，根据地方土地财政依赖度和债务率高低，土地出让收入下滑造成的影响有所不同。

他表示，高土地依赖度、高债务率地区，以天津、贵州、湖南、广西、福建为代表。土地市场降温主要影响地方政府的融资能力，财政压力、城投信用风险上升。土地财政收入不仅是地方政府举借债务的担保，也是偿还地方政府债务的重要资金来源，对于高土地依赖度、高债务率的省份，土地市场降温的主要影响在于地方政府以及辖区内城投的融资能力下降，债务还本付息的压力上升。

对浙江、江苏、山东、广东等高土地依赖度、低债务率地方来说，罗志恒认为，土地出让收入减少对当地基建投资的影响更大。这些省份土地财政收入的用途，更多是直接用于城市的基础设施建设或者注资成立地方融资平台，为城市的基础设施建设向金融机构融资，因此，土地市场降温对这些省份的影响更多体现在投资端。另外，罗志恒表示，对于辽宁、云南、内蒙古等低土地依赖度、高债务率地区，无法通过卖地为地方政府“输血”，可能通过发债缓解收支压力。而土地依赖度和债务率都较低的江西、甘肃、山西等地，受土地市场降温的影响相对较小。

目前，为了应对土地收入下降带来的冲击，不少地方主要通过增收减支来做到收支平衡。

在增收方面，在依法依规的前提下，强化税收征管，实现应收尽收。加快土地收储进度，提高供地规模，催收欠缴地块成交价款。另外，还要盘活存量财政资金，加快部分资产处置增收等。在减支方面，继续坚持政府过紧日子，压减一般性支出和项目支出，暂缓安排相关支出等，将资金重点用于保民生。

罗志恒建议，地方政府要进一步改善营商环境、推动当地产业转型、持续吸引人口流入来优化税基，进而提高财政的可持续性。同时，还要优化支出结构，压缩一般性支出，实施全面预算绩效管理，提质增效。

“未来地方政府比拼的不再是土地多寡和政策优惠程度，而是地方政府统筹治理的能力、筑巢引凤的能力，以及激活企业和高技能人口积极性的能力。”罗志恒说。

杨业伟认为，应对土地出让收入下滑，一方面需要拓展地方政府的财力，适当地增加中央转移支付和地方债规模，特别对财力较弱又依赖土地财政的区域；另一方面，要保障房地产市场平稳发展，避免土地出让收入在较长时期内失速下滑。

2021 年 11 月 24 日

分享链接

十四、如数家珍

王珍｜第一财经高级记者，毕业于中山大学中文系，跟踪家电行业新闻超过十年，对家电业上下游及显示面板行业有深入了解，重点关注物联网时代智慧家庭、智能制造等话题，剖析跨国公司的模式与经验，并为中国家电企业成长为世界巨头鼓与呼。
wangzhen@ yicai. com

LED 芯片业进入新景气周期，资本战升级

1 月 22 日晚，华灿光电（300323. SZ）公告透露，珠海国企华实控股已签约收购华灿光电 24. 87%的股权，交易完成后将成为华灿光电的第一大股东。在 Mini/Micro LED 市场爆发的前夜，具有雄厚实力的国资企业入主中国大陆第二大 LED 芯片公司，意味着 LED 芯片业进入新景气周期，资本战升级。

首先，Mini/Micro LED 和第三代化合物半导体“钱景”看好，已经成为 LED 芯片业的新赛道。过去两年，LED 芯片行业由于产能过剩、普通照明用 LED 芯片价格持续下跌而陷入低潮。不过，新一代显示技术 Mini/Micro LED 和第三代（化合物）半导体正在开启 LED 芯片业新一轮的成长曲线。

业界预计，2023 年全球 Mini LED 背光终端设备出货量达 8 070 万台，2019—2023 年的年复合增长率达 90%；Mini LED 背光模组市场规模为 5. 3 亿美元。2023 年 Mini-LED 显示器件市场规模有望达 6. 4 亿美元。2025 年 Micro LED 高端电视机、手机、手表等模组的出货量可达 3. 3 亿只，产值将超过 100 亿美元。

中国第三代半导体也迎来发展的窗口期。预计到 2025 年，5G 通信基站

用 GaN 射频器件的国产化率将达到 80%；第三代半导体功率器件在高速列车、新能源汽车、工业电机、智能电网等领域规模应用；到 2030 年，将形成 1~3 家世界级龙头企业，带动产值超过 3 万亿元，年节电万亿度。

2021 年，苹果、三星等消费电子巨头都扩充了 Mini LED 背光产品阵营。苹果 Mini LED 背光产品 2021 年、2022 年的出货量有望增至 1 000 万~1 200 万部及 2 500 万~2 800 万部。三星今年 Mini LED 背光液晶电视的出货量计划达到 200 万台。Mini LED 已成为资本市场热捧的概念。

其次，Mini/Micro LED 正处于产能扩张的关键期，第三代半导体也处于重要的孵化期。目前，LED 芯片业持续迎来投资热潮。面对新一轮的成长曲线，如果投资不足，将会错失机遇，甚至有掉队的风险。作为国内行业“老二”的华灿光电，在十字路口迎来了更具实力的新大股东。

LED 芯片业过去两年已经经历了优胜劣汰，像德豪润达 2019 年因难以承受亏损压力、已经退出了 LED 芯片领域。在行业转型升级的关键期，上下游、业内外纷纷加码投资 Mini/Micro LED 芯片和第三代半导体，或扩大产能，或加强研发，或合纵连横，谁跟不上节奏，谁将会成为新的淘汰对象。

高工产研 LED 研究所的数据显示，2020 年 Mini/Micro LED 等领域新增投资已接近 430 亿元，较 2019 年实现了数倍的增长。高工 LED 董事长张小飞认为，随着 LED 行业集中度的提升，企业要把握住 Mini/Micro LED 的机遇，强者会越强。因为这将是巨头的战争，小企业则需在特殊市场快速成长。

华灿光电的劲敌三安光电早已深入布局。三安光电在湖北鄂州的 Mini/Micro LED 芯片基地将在今年 3 月投产。三安光电去年在湖南长沙还开建了新基地，聚焦第三代半导体碳化硅（SiC）的研发及产业化，拟建设从长晶、衬底制作、外延生产、芯片制备到封装的全产业链，以满足能源芯片等的需求。

相比之下，华灿光电去年也募资 15 亿元，其中的 12 亿元投入 Mini/Micro LED 的研发与制造。面对三安光电与 TCL 华星联手研发 Micro LED，华灿光电则与另一面板巨头京东方在 Mini/Micro LED 上合作。但是，华灿光电无论 LED 芯片产能还是 Mini/Micro LED 项目投资规模，均与三安光电有差距，需要尽快赶上。

第三，各种国有资本和产业资本加快在第三代半导体领域跑马圈地，因它涉及 5G 通信、新能源汽车、智能电网等的关键部件，以及新一代显示技术 Mini/Micro LED。近年来，珠海国资从一般竞争性行业淡出，转而加码第三代半导体产业，为地方经济的新腾飞抢占上游核心部件资源。

中国企业在贸易摩擦中已经吃到了“缺芯”的苦头，第三代半导体成为突破的重点方向。化合物半导体的生产也用到LED芯片的生产设备MOCVD，三安光电2014年便开始延伸到集成电路领域，累计投入超50亿元。去年上半年三安集成实现营收3.75亿元，同比增长680.48%。

可见，第三代半导体需要重金长线投入才能逐步见效，三安光电背后有国家安芯公司的支持。鸿利汇智持续扩大Mini/Micro LED的封装产能，背后是泸州市国资旗下泸州老窖集团的全资子公司金舵投资已成新大股东，提供了强大的资金支持。康佳Mini/Micro LED项目则得到重庆市政府的支持。

空调巨头格力电器2020年年初完成混合所有制改革，珠海市国资委不再是其控股股东。套现约400亿元的珠海国资如今押宝到上游的芯片领域。即将“入主”华灿光电的华实控股，为珠海国资委的全资子公司。有意思的是，格力电器去年已完成对三安光电20亿元的战略入股。

在国家粤港澳大湾区的战略规划中，珠海将与澳门特别行政区联动，实现原有产业的转型升级。第三代半导体是原有产业转型升级的关键依托之一，比如，格力电器计划推出体积更小的高能效空调柜机、小米推出手机快充产品，都需要用到第三代半导体，所以，华实控股拿下华灿光电是顺理成章。

2021年1月24日

分享链接

OLED 面板积极向 IT 领域渗透，行业尚处培育期

2 月 2 日，三星官方对将在韩国新建一条笔记本电脑用 OLED 屏生产线的传闻没有作出正式回复。受 OLED 产业利好传闻的影响，当天京东方（000725. SZ）的股价微涨 1. 12% 至 6. 3 元/股、深天马（000050. SZ）微涨 1. 3%至 17. 18 元/股，维信诺（002387. SZ）仍微跌 1. 91%至 9. 78 元/股。

OLED 面板继在手机、电视机领域应用之后，现正加速向 IT 领域渗透，以多元化的产品应用来壮大产业规模。群智咨询预测，全球电视机、IT 用大中尺寸 OLED 面板的出货量 2021 年将达到 900 万片，2025 年会扩大到 2 000 万片以上。而眼下，国内 OLED 产业尚处于培育期。

随着中国大陆成为全球最大的液晶面板生产基地，包括三星、LGD 在内的韩国面板企业正在淡出液晶（LCD）面板业务，转而更加聚焦 OLED 面板业务。三星已是全球最大的小尺寸 OLED 手机屏供应商，今年积极推动 OLED 屏渗透进入笔记本电脑（NB）高端市场，以巩固行业地位。

从需求端看，IT 行业受益于疫情期间居家消费而高速增长，为 OLED 面板切入提供了良好的时机。像全球 NB 的年出货量疫情前约 1. 7 亿台，疫情发生后约 2. 1 亿~2. 2 亿台，有 4 000 万台左右的增量，群智咨询预计可持续到 2021 年。显示器、平板电脑的出货量也有明显增加。

OLED 面板切入 IT 领域，从高端入手，瞄准苹果、惠普、联想、戴尔等头部品牌。像苹果 NB 的售价一般在 800 美元以上，即便如此，其去年在全球市场仍销售了约 2 000 万台，比 2019 年增长了 40%。IT 行业除了电竞产品，专业色彩产品也增长明显，因设计师、教师、动漫、研发等专业人员有需求。

相比于 LCD 面板，OLED 面板由于是自发光，可实现高色彩饱和度、高色域、高动态范围，色彩表现更加精准，因此，可以更好地满足专业人员对专业色彩 IT 产品的需求。

从供应端看，无论是韩国还是中国的面板企业，都在扩张 6 代柔性 OLED 面板生产线的项目和产能。而目前柔性 OLED 面板的需求尚没有跟上产能扩张的节奏，OLED 面板厂增加新应用有很强的自驱力。不仅三星，京东方（BOE）、维信诺、和辉光电等今年也有把柔性 OLED 屏应用于笔记本电脑市场的规划。

作为 OLED 行业的龙头，三星的策略有示范带动作用。今年三星在韩国大部分的 LCD 面板生产线将关停，三星在苏州的 8.5 代 LCD 面板生产线的控股权也已卖给 TCL 华星、今年将完成交割，所以三星要加快 OLED 业务扩张的步伐，布局 OLED 新产线、强化 OLED 行业领军地位也将顺理成章。

韩国另一面板巨头 LGD 是全球大尺寸 OLED 电视面板的主要供应商，今年也有计划把 OLED 面板的应用扩大到 IT 领域，将推出 OLED 显示器面板。作为 LGD 的战略合作伙伴，创维今年也将扩大 OLED 终端产品线，除了大尺寸 OLED 电视外，还将推出 48 英寸的 OLED 电视和 OLED 显示器。

其实，由于 IT 行业的景气较好，结合了 Mini LED 背光的 LCD 面板今年也在积极向 IT 领域渗透。可以预见，应用柔性 OLED 面板的 NB 将属于更加高阶的产品线，甚至可以做成可折叠产品。

柔性 OLED 面板在 IT 领域有很大的拓展潜力，然而当下柔性 OLED 产业尤其是国内柔性 OLED 产业，从盈利的角度来说，仍然承受着较大的压力。因为一条 6 代柔性 OLED 面板生产线的投资高达 400 多亿元，像京东方成都、绵阳项目都处于产能爬坡期、去年出货大幅增长，新增折旧短期承压。

京东方、深天马 2020 年的归母净利润分别预增超 150% 和 75%，主要还是依靠液晶面板业务，而不是新兴的 OLED 面板业务。维信诺 2020 年归母净利润预增超过 120%，但是扣除政府补助、专利转让等非经常性收益后，其扣非归母净利润亏损超过 7 亿元，因它只有 OLED 面板业务。

和辉光电 IPO 今年 2 月 1 日获得上海证券交易所科创板上市委员会审议通过，但被要求补充行业头部企业在 AMOLED 等的相关技术、产品方面的战略布局及现有产能利用率，并进一步说明和辉光电募投项目的产能消化能力、预期风险及持续经营能力。柔宇科技拟在科创板 IPO 还在申请中。

总之，产品线丰富、多元化的供应商、多元化的品牌加入，会共同推动OLED市场未来两三年的加速成长。当下，产能爬坡、良率提升、新应用开拓都是OLED行业要努力的方向。

2021年2月2日

分享链接

格力电器董明珠交接班是个“伪命题”

格力电器（000651. SZ）董事、执行总裁黄辉请辞的消息一出，2月22日格力电器的股价下跌4. 18%至58. 48元/股。不过，格力电器当天的股价跌幅相比于美的集团、海尔智家是最小的。

有声音认为，格力电器业绩与美的集团差距拉大，黄辉是替公司董事长兼总裁董明珠“背锅”，格力电器陷入了青黄不接、无人接班的被动境地。而笔者认为，董明珠交接班是一个“伪命题”。

因为格力电器已完成混改，董明珠今年年初被评为抗击疫情民营经济先进个人，格力电器一定程度上已私有化，所以，不存在董明珠到一定年龄必须交班的问题，这跟国资控股格力电器时已不同。

董明珠在资本层面、管理层面有更多的话语权，完全可以培养、提拔一批年轻的嫡系部队，现在的事实正是如此。剩下最关键的问题，依然在于董明珠如何带领格力电器将多元化这一步走稳走好。

从股权结构看，据格力电器2020年三季报，在格力电器前十大股东中，香港中央结算有限公司、珠海明骏、京海担保分别为格力电器的前三大股东，董明珠持股0. 74%，位列第九大股东。

据2020年1月21日格力电器的详式权益报告书，以前董明珠持有公司0. 74%股权，她的一致行动人珠海明骏增持了格力电器15%的股权，珠海明骏与董明珠合共持有格力电器15. 74%的股权。

另外，由格力空调核心经销商合资设立的京海担保，也被外界视为董明珠的一致行动人，毕竟，这些经销商都是由董明珠扶植起来的。所以，董明珠能够影响的格力电器股权至少为24%。

从治理结构和决策机制看，格力电器混改后的大股东珠海明骏的最高决策机构珠海毓秀董事会，由珠海高瓴/HH Mansion、Pearl Brilliance和格臻投资各委派一名董事，形成三足鼎立的局面。

珠海毓秀董事会的决议需由三分之二及以上成员审议通过，但有一个附带条件，珠海明骏对格力电器提名的三名董事候选人中，应保持至少两名为格臻投资（董明珠控股95. 2%）的认可人士。

表面上，董明珠不是格力电器的大股东，但上述股权和决策机制的安排意味着，格力电器完成混合所有制改革后，董明珠拥有更多的话语权，高瓴资本充分尊重以董明珠为首的管理团队的主体地位。

从经营活动看，董明珠的声量越来越大，去年她领衔格力电器全国巡回直播带货活动，以“格力董明珠店”为核心的格力电器新零售模式也逐步推开。从台前到幕后，董明珠牢牢地把握住控制权。

有意思的是，在2019年年初的格力电器临时股东大会上，当被问及未来接班人时，在主席台上的董明珠曾望了一下分别坐在她左右两边的黄辉和前格力电器董事、副总裁、董秘望靖东。

如今，传闻中的这两位“接班人”都已辞职，人们还在谈论董明珠交接班的话题。今年董明珠67岁，但只要她愿意且资本方没有更好的选择，她就可以一直干下去，如她所言“没有年龄规定”。

她手下并非没有人才。格力电器有一批年轻的高管人员，如分管研发的副总裁、总工程师谭建明和分管质量的副总裁方祥建、分管营销的总裁助理胡文丰、分管智能制造的总裁助理文辉等。

技术专家出身的黄辉，几年前被升任为执行总裁，其实是虚职，不再负责研发业务，他这次辞职对格力电器没有什么影响。2月22日，三大家电龙头的股价因铜价上涨而大跌，格力的跌幅最轻。

格力的根基是空调业务，尽管美的暖通空调收入规模去年上半年首次超过格力空调，但从品牌溢价、产品均价、全球出货看，格力空调的龙头地位还在。而其多元化之路，仍需企业家不断探索。

正如董明珠所说，格力电器的多元化依托于核心技术创新，而技术创新必然有“试错”成本。民营化后的格力电器，可以更大胆地去“试错”，还有赖于董明珠的企业家精神发挥。

不过，一旦她达不到投资者的要求，逼她交接班的就不再是原格力电器的实际控制人珠海市国资委，而是包括高瓴资本、董明珠本人在内的资本方，届时，她对选择交班给谁仍然有相当的话语权。

2022年2月22日

分享链接

用户触点碎片化，家电渠道商如何端好“饭碗”?

格兰仕集团董事长兼总裁梁昭贤在 3 月 28 日的公司年会上给每位渠道商送了一只饭碗。现在有的家电渠道商经营困难，他希望大家能端好自己的“饭碗”。

在上周结束的 2021 中国家电及消费电子博览会（AWE）上，家电业的渠道变革也成为热议话题。GFK 的数据显示，过去十年，白电（空调、冰箱、洗衣机）线上市场零售额占比由 2012 年的 4%扩张至 2020 年的 50%，线上渠道占比大幅提升，占据家电市场渠道的半壁江山。

尤其是去年疫情对线下实体店的经营造成严重冲击，门店普遍面临客流减少的挑战。与此同时，渠道多元化、触点碎片化、用户圈层化成为新常态。家电渠道商如何端好“饭碗”呢?

梁昭贤的建议是，首先不要老羡慕别人，不要总是认为别人的花更好，花有自己的周期，只要用心呵护，看着自己的花一天天成长，何尝不是一种幸福? 所以，要辩证地看自己的“饭碗”。其次要“看菜吃饭”，学会分析产品、分析客户、分析竞争，从而决定如何“吃”。只要措施落地、资源匹配、强化执行，渠道商的那碗饭才能吃得好、吃得香。

当下，消费分层明显，品牌也需多样化，才能满足用户的多样化需求。随着格兰仕要约收购惠而浦中国控股权事宜的推进，以及成为日本象印公司的单一最大股东，格兰仕的多品牌战略已更加清晰，今年，其在线下渠道实施“一地（级市）一代（理商）”策略，尽量去掉中间环节，顺应线上线下渠道融合、消费者一站式采购的趋势，以提升“全渠道”的效率。

线上平台的流量也逐渐从集中到分散，社区团购、拼购、直播等促销方式快速兴起。“Z 世代”（1995—2009 年出生的人）消费力量的崛起，催生消费需求和渠道变革。GFK 的数据显示，国内白电线上市场的零售量、零售额 2020 年上半年分别增长 14%和 7%，2020 年下半年分别增长 4%和 11%。这意味着，线上消费者也不再单纯地看低价来买家电，他们的消费需求也在升级。

据 GFK 在 2020 年 12 月做的智能设备购买者调研，启发购买产品的线上平台及信息来源百花齐放，京东、天猫、淘宝等电商平台的广告或展示占 55%，微信公众号、朋友圈、新浪微博等社交媒体发布的文章或推送占 34%，抖音、快手、B 站等短视频占 29%，腾讯视频、爱奇艺、优酷等网络平台综艺节目及电视剧片头或植入广告占 26%，直播测评类视频占 23%，百度、搜狗等搜索引擎广告推送占 21%，线上新闻占 16%，头条、兴趣推荐类占 16%。

所以，格兰仕在快速增长的烤箱品类上，今年计划在各大社交平台、短视频平台、内容社区平台、烹饪类垂直平台、直播平台、电商平台、资讯平台及其他平台都进行“内容种草”。

华帝今年也积极与快手、小红书等生活分享平台合作。比如，除了引流曝光，华帝还将与小红书联手进行达人合作、IP 共创、产品定制，将相关数据引入华帝的产品研发体系，逐步实现从研发、“种草”到销售的完整商业化闭环。在产品上市后，华帝也能借与平台的合作收集到海量分享反馈，为产品迭代优化提供重要参考。

家电制造商的线下渠道和商业模式在变，线上渠道和促销模式在变，电商平台卖家电的方式也在因时而变。京东在 AWE2021 与索尼共同发布了定制游戏电视新品，通过与多个家电品牌开展 C2M（消费者到制造商）反向定制，来激活消费者潜在的个性化换新需求。京东还在线上尝试用 VR/AR 技术让用户感知，在线下通过体验店、旗舰店来增强用户体验。

经历去年国内家电市场零售额下降 10%的冲击之后，GFK 预计 2021 年中国家电市场的零售额将同比增长 10%至 8 929 亿元。国内家电市场的“大蛋糕”还在，但是产品结构、零售渠道、消费行为正发生着深刻的变化，只有瞄准细分人群、满足差异化需求、精准触达、一站服务，家电渠道商才能吃好“这碗饭”。

2021 年 3 月 29 日

分享链接

创维品牌也要“造车”，家电企业的“车望”是否成奢望？

“创维也要造车了?”近日家电圈疯传一张“创维智能汽车的未来”的海报。翻看创维集团（00751. HK）的公告，原来是创维集团大股东黄宏生旗下的开沃新能源集团获得创维集团的品牌授权，可以在开沃的天美新能源车上贴创维品牌。

十多年前，美的、奥克斯、春兰等曾在造车路上折戟。近年，格力电器（000651. SZ）董事长兼总裁董明珠参股银隆新能源；美的集团（000333. SZ）布局新能源汽车产业链，与华为研发辅助/自动驾驶技术；海信家电（000921. SZ）控股日本三电，切入汽车空调领域。

如今，创维品牌也借助大股东的资源在汽车领域扩张。智能家居与智能汽车未来将互联互通，但是智能汽车也有不低的门槛、且分食者众，家电企业“造车的愿望”会否是奢望呢?

表面上看，做彩电的创维集团没有直接“造车”，但创维集团的大股东及子公司，已经在做智能时代“家空间”与“车空间”的衔接布局。黄宏生日前曾表示，开沃集团今年上半年将推出“创维天美”电动车，走中档路线，依托创维彩电全国3万家专卖店铺向市场。

天美新能源车利用创维酷开AIoT（智能物联网）的技术，打造Skylink智能网联系统，用户可在车内操控家庭设备、在家中查看汽车新动态，实现车与家的无缝链接。此外，创维集团控股子公司创维数字（000810. SZ）也在加快开拓汽车车载显示系统业务。

美的在汽车领域已是“二进宫”。美的于2003—2006年先后收购云南客车、湖南三湘客车，首次“试水”汽车制造业，不料“水土不服”，于2008年停产。2020年，美的卷土重来，收购合康新能（300048. SZ）的控股权，进入电车动力总成、充电桩等新能源领域。

不仅机电事业群进一步深入新能源汽车领域，美的集团的智能家居事业群也正在展开与新能源汽车的深度合作。目前，美的已经与全球5家汽车品牌建立车家互联系统，以实现车载系统远程控制智能家电，下一步还将踏入新能源汽车的能源管理系统。

因为新能源汽车将成为重要的物联网入口，是人们在家、办公室之外的“第三空间”，车与家之间的连接，不仅可以为消费者提供更多价值，也将重新定义汽车与家的未来新形态。不过，合康新能已预告2020年归母净利润将亏损5—6亿元。

新能源汽车的“水”很深，董明珠也领教过。2016年，格力电器收购银隆新能源未获股东大会通过，董明珠投资10亿元，在银隆新能源占股17.46%，成为第二大股东。没想到，2018年银隆新能源被曝大股东通过关联交易涉嫌侵占公司利益，IPO也搁置了。

格力与银隆的合作几经曲折，目前已在新能源汽车产业链扎了根。格力电器2019年年底发布了新能源客车用无稀土磁阻主驱电机系统。格力的无稀土主驱电机及驱动器，搭载银隆钛酸锂电池，已为新能源汽车提供全套动力系统解决方案，可用于公交车、物流车等。

新进入者接踵而至。海信家电2021年3月公告拟斥资约13亿元人民币控股日本三电控股株式会社，拓展汽车空调压缩机、汽车空调产业。汽车正向电动化、智能化、网联化、共享化方向发展，海信预计新能源汽车热泵空调及电池快充技术将会迅速普及。

三电控股受新冠疫情影响而资金链紧张，海信家电能否让其扭亏为盈仍是挑战。但无可否认，新能源汽车空调已成为白电巨头竞逐的新赛道，此前格力已展示过汽车空调。

汽车空调、新能源车动力系统、车家互联……家电企业在新能源车产业链“分羹”有多个切入点，但如果要涉足整车制造还需慎重，毕竟，十多年前已有“前车之鉴”。

创维集团今年3月28日公告以2 800万元将创维汽车的品牌授权给开沃集团使用时表示，鉴于进入汽车制造和销售业务会遇到许多挑战，包括市场竞争、技术和人才需求以及大量的资本投资，创维集团短期内没有进入中国汽车制造业的计划。

黄宏生2011年开始二次创业，开始并不顺利，连亏三年，亏了5亿元，开沃新能源客车才站稳了脚跟。他预计做新能源乘用车要50亿元，研发要

20 亿元，生产要 30 亿元，还有推广、渠道、品牌投入。贴牌创维可使天美乘用车迅速提高知名度，也会促进创维家车互联。

最终能否产生“1+1>2”的效果，尚需时间检验。德国博世、日本松下等既可以做汽车机电产品，也可以做家用电器。面对增长放缓的家电市场，中国家电龙头向新能源汽车产业链寻求新增长点无可厚非。“闯关”成功与否取决于底层技术够不够扎实，否则，只能是奢望。

2021 年 4 月 15 日

分享链接

维信诺遭深交所问询，折射国内柔性 OLED 产业盈利之痛

维信诺（002387. SZ）5 月 27 日收到深交所的问询函，询问维信诺 2020 年超 10 亿元政府补贴是否可以持续、归母扣非净利润连续亏损的原因、境外收入毛利率缘何为负等问题，这折射出国内柔性 OLED 产业尚未盈利之痛。

中国大陆已经在全球液晶面板领域领先，无论是产能规模还是新技术迭代，但是在柔性 OLED 面板领域仍然处于跟随者的地位，落后于韩国企业。中国大陆的液晶面板生产企业由于液晶面板连续 12 个月的涨价而利润大增，但它们的柔性 OLED 面板业务仍没盈利。

维信诺与京东方（000725. SZ）、TCL 科技（000100. SZ）旗下华星光电、深天马（000050. SZ）不同，不是从液晶面板生产起家，而是源自清华大学 OLED 项目组，只有柔性 OLED 面板业务，因此不能像京东方、TCL 华星、深天马那样用液晶面板业务的利润来反哺 OLED 业务。

2020 年，维信诺的营业收入为 34. 3 亿元，同比增长 27. 7%；归母净利润为 2 亿元，同比增长 217. 9%；归母扣非净利润为亏损 7. 4 亿元，同比增长 21. 3%。2021 年一季度，维信诺的营业收入为 6. 2 亿元，同比增长 49. 3%；归母净利润为亏损 4. 6 亿元，同比减少 77. 7%。

维信诺今年一季度还发生了控制权变更，原大股东西藏知合资本受累于华夏幸福的债务问题，将维信诺 11. 7%股权转让给合肥建曙投资。合肥建曙投资与维信诺原有股东昆山经济技术开发区集体资产公司成为一致行动人，两者合同持有维信诺 21. 33%的股权。

从这个角度看，维信诺目前由地方国资支撑着。事实上，维信诺近年从生产基地所在地的政府获得大额补贴。所以，5 月 27 日深交所对维信诺下发 2020 年年报问询函提出询问，维信诺 2020 年获得政府补助 11. 44 亿元，是否

对政府补助严重依赖，是否具有可持续性。

经过今年一季度的股权变更，维信诺已变为无实际控制人。在原大股东无力支援资金、柔性 OLED 业务尚未盈利的情况下，维信诺资金相对紧张。今年 5 月 24 日其公告透露，维信诺及控股子公司对外担保总额为 178.6 亿元，是公司 2020 年经审计净资产的 117.5%。

维信诺的核心团队现已接管企业，原副总裁张德强出任公司董事长兼总经理，原大股东的影响削弱。但是，由于维信诺的股价受业绩等因素拖累而连续下跌 8 个月，从 18 元跌到今年 5 月的 8 元多，公司在资本市场承受较大的压力。维信诺的柔性 OLED 业务还处于高速发展期，如何在获取资金、维持经营、稳定投资者上取得突破，考验着新的董事会和高管层。

尽管维信诺的营收、利润在上述四家中国主流液晶和 OLED 面板供应商中不占优，但它有技术积累和客户资源，客户包括荣耀、小米等，并已在华北、华东、华南初步完成了生产基地的布局。它能否圆进入全球柔性 OLED 前三的梦，还是成为被整合的对象，尚需观察。

维信诺目前碰到的困难提醒整个中国大陆的显示面板产业，不要陶醉于液晶面板产能全球第一的光环，不要沉迷于液晶面板持续涨价、行业整体盈利今年大增的形势，国内柔性 OLED 面板产业如何实现盈利及可持续发展，需要大家携手突围，并非只是维信诺的事。

中国已是全球最大的智能手机面板供应基地，但是在全球智能手机面板行业的利润中，三星占了超过一半。因为中国供应的以液晶面板为主，柔性 OLED 面板供应急起直追；三星以柔性 OLED 面板为主，目前仍占全球柔性 OLED 手机面板市场约六七成的份额。

中国大陆柔性 OLED 面板产能近年持续扩大，但在可折叠手机售价较高、下游其他应用有待拓展的情况下，柔性 OLED 面板产能出现阶段性的供过于求。这需要产业链上下游共同努力，才能打破柔性 OLED 上游设备、材料瓶颈，降低面板成本，同时加快技术和应用创新。

集微咨询的数据显示，中国大陆 AMOLED 面板的年产能面积已达 895.4 万平方米，其中，6 代 AMOLED 面板线的年产能面积 795.6 万平方米；规划、在建的 6 代 AMOLED 面板线的年产能面积为 620.5 万平方米。国内已有 6 代 AMOLED 面板线 6 条，还有 5 条规划在建。群智咨询的数据显示，维信诺在 2020 年第三季全球 AMOLED 智能手机面板出货量中排第四位，仅次于三星、京东方、LGD，在中国企业中排第二位。

总之，中国要从显示面板大国变为显示面板强国，还有很长的路要走，国内第二大柔性 OLED 面板供应商维信诺就是一面镜子。

2021 年 5 月 28 日

分享链接

屏下摄像能否成为中国 OLED 产业盈利的突破口？

屏下摄像头已成为 2021 年智能手机的时尚潮流。步入 8 月，三星、小米、OPPO、中兴等品牌商轮番发布新品或新技术，屏下摄像头手机的热度如夏天的气温一样节节升高。

这背后，中兴、小米、OPPO 的屏下摄像头手机 OLED 面板分别来自维信诺、TCL 华星、京东方。今年上半年全球 OLED 智能手机屏出货同比增加 50%，正在扩张的中国 OLED 面板业迎来大好机会。不过，中国 OLED 面板业尚未盈利，屏下摄像产品能否成为盈利的突破口呢？

智能手机的屏幕迭代一直是重要的卖点。为了给前置摄像头留位，兼顾外表美观，OLED 手机屏从刘海屏、水滴屏演变到打孔屏。由于全面屏才是终极追求，屏下摄像头技术被寄予厚望。

屏下摄像头技术的大致原理是：在前置摄像头的位置，覆盖透明 OLED 屏，这一小块透明屏平常显示手机信息；用户需要拍摄的时候，透明屏变为透明，屏下摄像头启用拍摄功能。

它最大的难题在于，屏幕需兼顾显示时的清晰度和拍照时的透过率。像中兴手机目前屏下摄像头 OLED 面板的透过率约 20%，其合作伙伴维信诺已明确下一步的透过率目标是 30%，未来仍需持续改善屏下摄像头区域的显示效果。

随着技术提升，屏下摄像技术的渗透率会持续上升。群智咨询（Sigmaintell）预计 2021 年全球屏下摄像头手机的出货量约 260 万台，2022 年会超 350 万台。CINNO Research 预测，2025 年中国智能手机市场屏下摄像头的渗透率有望提升至 5%，将有三四千万台的空间。

较高的成本增加了推广的阻力。今年中兴联手维信诺推出了屏下摄像头手机的升级产品，由于采用了特殊的部件和线路设计，加上研发费用，屏下摄像头的成本比普通产品高 50%。

即便这样，全面屏的大潮仍席卷而来，小米 Mix4 的预售价为 4 999 元，中兴 Axon 30 的售价为 2 198 元起。今后，屏下将变为一个基础技术，除了放屏下摄像头，还可放屏下人脸识别、屏下环境光感应等部件，手机的集成度更高。随着透光率提升、功能丰富，进一步降本增效。

作为国内屏下摄像头技术先行者之一的维信诺，上周公布半年报透露，上半年营收增长逾两成至 14 亿元，归母净利润为亏损 7.4 亿元。与京东方、TCL 华星、深天马相比，维信诺没有液晶面板业务，只有 OLED 面板业务，这折射出国内 OLED 面板业务仍承受着盈利的压力。

群智咨询的数据显示，2021 年上半年全球 OLED 智能手机面板的出货量约 2.9 亿片，同比增长约 52%，其中，维信诺位列全球第四、国内第二。据 CINNO Research 的报告，维信诺 2021 年第二季度 OLED 智能手机面板的出货量位居全球第三、国内第二。

维信诺在半年报中称，上半年 OLED 产品的收入同比增长超八成，OLED 产品的毛利率上升 19.11 个百分点，实现新一代屏下摄像技术解决方案、165 Hz 刷新率 AMOLED 产品方案量产交付。此外，维信诺 8 月 23 日还宣布其合肥 6 代柔性 OLED 生产线投产。

为什么还亏损呢？维信诺上半年 OLED 显示业务的毛利率仅为 2.06%。目前，中国已成为全球最大的智能手机 OLED 面板购买市场，但 OLED 面板产业链上游材料和设备的国产化程度仍亟待提升，需要面板企业通过规模投资来提升技术、降低成本。

中国 OLED 面板产业在全球市场的份额正不断提升，上游材料和设备也在逐步突破。据 CINNO Research 的数据，2021 年二季度，三星 AMOLED 手机面板的全球份额占比首次跌破 70% 至 69.5%，LGD 的出货量也环比一季度下降，京东方、维信诺的 AMOLED 手机面板出货量则分别环比一季度增加 36% 和 44% 至 1 428 万片、980 万片。据奥来德的半年报，它已向维信诺、TCL 华星、京东方、深天马等提供有机发光材料和蒸发源设备。

如今，屏下摄像产品仍处于成长初期，技术工艺难度较高。尽管主要厂商都有屏下摄像产品规划，能否赢得消费者的青睐仍然充满不确定性。一方面是屏下摄像技术的应用场景要进一步丰富，如扩展到平板电脑等其他领域；另一方面还要挑战极致的前摄影像与显示兼容的体验。

当然，不足也意味着有空间。在维信诺屏下技术总工楼均辉看来，屏下摄像技术将给中国 OLED 产业链带来更多的新机会，包括透明胶等新材料的需求增加、显示驱动芯片的要求提升、需要匹配透明屏的新摄像头，以及屏下摄像头的算法公司也会纷纷冒出来。

屏下摄像技术不会让中国 OLED 产业一下子盈利，但它是中国 OLED 产业通向盈利路上的一块跳板。

2021 年 8 月 24 日

分享链接

家电企业纷纷涉足光伏新能源产业为哪般？

本周，格力电器（000651. SZ）竞拍获得银隆新能源的控股权成为热点，外界称格力电器董事长、总裁董明珠“造车”一去不回头，其实这位铁娘子最早看中银隆，是因为其储能技术可以与格力的光伏空调搭配，构建家庭能源互联网系统。

创维集团（00751. HK）近日在半年报中也披露正式进军光伏产业，其光伏业务2021年上半年的收入为8. 29亿元，去年同期还没有此项业务。TCL科技（000100. SZ）去年通过收购控股中环股份（002129. SZ），从而切入光伏领域，今年上半年其半导体光伏材料收入倍增。

为什么家电企业都纷纷热衷涉足光伏新能源产业呢？

首先是传统的家电产业已经进入存量竞争阶段，无论是彩电还是空调，整体市场规模都基本摸到了“天花板”。据产业在线发布的最新数据，2021年7月，家用空调的市场产量下滑，销量微增，其中，内销986. 45万台、同比增长2. 25%，出口480. 45万台、同比增长1. 15%；彩电产销量同比依然大幅下滑，其中，出口646. 8万台，内销271万台，分别下滑36. 2%和22. 1%。

格力、创维的多元化都需要进一步破局。从今年的半年报看，空调业务在格力电器上半年的营收中仍占比超过七成，以彩电为主的多媒体业务在创维集团上半年的营收中还占六成。格力电器上半年营收910. 5亿元，创维集团上半年营收225. 7亿元，均同比恢复性地大幅增长，但是它们如果要分别实现自己年营收2 500亿元和千亿的梦想，多元化必须加快步伐。

国家“2030年碳达峰、2060年碳中和”的战略目标，无疑给清洁能源行业带来了巨大的机会。光伏与家电一样都是万亿元级的产业，而且在用能侧与家电业相通，两者都涉及大规模制造、大规模零售、大规模服务，因此，光伏成为家电龙头企业多元化扩张过程中的热门选择。

笔者留意到，尽管都看好光伏新能源产业，但是家电企业切入的角度和重点各不相同。格力重在太阳能发电、储能、与空调联动及能源互联网；创维重在发展户用光伏业务，形成从金融、安装到售后的解决方案；TCL 科技则在做半导体光伏材料和组件。

格力的新能源板块业务包括光伏储直流空调系统、工商业储能、新能源直流电器、能源互联网系统和新能源汽车零部件等。本周，格力电器斥资 18.3 亿元收购银隆 30.47%的控股权后，银隆的储能产品与技术、新能源公交车业务将扩大格力新能源业务的版图与实力。

面对潜力巨大的清洁能源行业，创维经过几年考察，决定把最商业化、标准化的光伏系统集成行业作为切入点。在光伏行业中，分布式光伏作为最贴近终端下沉市场及创维客户端零售领域的行业，成为创维光伏的早期主营业务选择。创维计划以户用光伏为开端，逐步开拓工商业光伏、用电侧综合智慧能源管理等业务，“逐鹿”用电侧清洁能源互联网行业。

TCL 科技今年加大了光伏领域的投资，上半年半导体光伏材料产能较 2020 年末提升超过 55%，今年 3 月还在宁夏开工建设新的太阳能级单晶硅材料智能工厂。未来，TCL 科技将在全球范围进一步拓展电池、组件的制造体系和地面式电站、分布式电站业务。

除了格力、TCL 科技、创维，海尔 2017 年 5 月收购了奥地利平板太阳能制造商 GREENonTEC 公司 51%的股权，也已切入光伏领域，海尔借此强化了其太阳能热水器业务的行业地位。

可以预见，未来光伏产业将与智能家居、新能源汽车产业嫁接，打造出更加智能化、低碳化的生活方式。董明珠就曾憧憬利用光伏发电和储能系统，让智能家居实现“零碳排放”。创维光伏今后也将结合创维智能家电、创维新能源汽车业务，提供“光伏+”的解决方案。

想象一下，居民在屋顶铺上性能、成本优异的太阳能发电装置，家里有储能设备，支持全屋智能家电的能源消耗；新能源汽车的车顶，也可以变为一个小型的移动光伏发电站，为新能源汽车提供动力；分布式的能源互联网与智能家居、智能汽车融合，低碳生活成为时尚。

梦想很美好，落地并不易。银隆上半年还亏损 7.6 亿元，家电企业搭上光伏新能源的快车，必须“扶稳”啰！

2021 年 9 月 2 日

分享链接

中国彩电业拿什么来坚守?

9月23日晚，创维彩电秋季发布会刚好与华为手机新品发布会的时间相撞。其实，手机正抢去人们更多的时间，今年上半年中国市场彩电销量同比下滑。如今，彩电价格战在液晶面板价格回落之际又有重燃之势。中国彩电业拿什么来坚守?

在发布会舞台上激情演讲的创维彩电董事长王志国，回到幕后仍然要面对这个冰冷的问题。他认为，主要是手机获取内容比彩电更便捷，彩电仍有大屏、画质的优势，需与大教育、大健康联动，带给人们除娱乐内容之外更多的价值，才是激活彩电的正途。

从2013年率先在国内推出OLED电视起，创维作为中国本土彩电品牌的三强之一，对推广OLED电视经历了很多磨炼，至今仍没有放弃。23日晚的秋季发布会上，创维的“头炮”便是一款更加纤薄、更高色准的OLED电视，同时，创维携手京东方加码Mini LED背光液晶电视。

所以，首先坚守的是画质。这不是靠请人代工就可以做到的，创维继形成OLED电视模组自制能力之后，今年又宣布将投入65亿元在武汉建设Mini LED显示科技产业园。该项目集Mini LED芯片制造、Mini LED背光封装和模组、超高清显示终端的研产销于一体。创维还将生产Mini LED直显产品，以Mini LED拓展继OLED之后的高端彩电市场新增长点。

无论是创维还是海信，在多个场合都毫不忌讳地直言，力争取代索尼在高端彩电市场的地位。索尼作为日本彩电业的代表，虽然没有自己的面板厂，其保持高画质的关键在于芯片，以算法优化画面。因此，进军芯片领域是中国彩电龙头坚守的不二选择。

做芯片有很多需要突破的专利。创维从早期定制画质芯片开始，到定制SoC芯片，再到做一些简单的设计等，逐步在探索、强化芯片的链路。前段时间，创维在江西赣州宣布要做一个芯片封测厂，负责存储芯片的封测。存储的核心是安全，以此保障消费者的数据安全。

此外，靠运营来坚守。以往电视卖出去，彩电厂家就完事了；现在电视卖出去是彩电运营的开始。所以，不但要把彩电卖出去，还要让消费者在购买之后把彩电用起来，尤其是高端彩电的用户，这需要把服务做好。

操作系统是产生运营价值的支撑。前不久，创维在海外发布了 Coolita OS，基于 Linux 构建一套自己的生态体系，正将海外一些国家的内容应用迁移上去，后面还有智能化的云端系统做支持。在打磨这套系统的过程中，爱奇艺影视资源、央视海外资源也会一起“上路”，进入“一带一路”沿线国家市场。创维彩电在中国市场的部分产品也开始切换到这套系统。

海信 9 月 23 日下午发布了新一代璀璨智能家电套系，以 ULED 电视、激光电视领衔，涵盖新风空调、保鲜冰箱、蒸烫洗衣机等，还推出云屏遥控器作为全屋智控中心。面对华为、小米等来自手机业的彩电跨界玩家，海信用云屏“对垒”手机。云屏通过 Wi-Fi、蓝牙、红外三种连接方式，触控、语音、NFC、按键四种控制方式，促进智能家电互联、跨屏服务流转。

既要产品升级以稳住现有用户，又要提防对手打价格战“挖墙脚”。王志国坦言，坚守高端彩电市场“过程确实很苦”。他同时反问，就算跟着去打价格战，就一定有更好销量吗？打完价格战后，拿什么再去提升 OLED 的高端价值？更何况，创维和海信们不仅面对价格战，新进入者如华为不断强调“他是电视行业中最牛的”，所以，一切都要回归到做好自己，包括创新产品、向用户传递价值。彩电销量不可少，更关键的是卖出去的电视能带来未来可用的流量。

奥维云网（AVC）的数据显示，2021 年上半年，中国彩电市场的销量为 1 781 万台，同比下降 14.7%；销售额为 594 亿元，同比增长 15.1%；均价为 3 332 元，同比增长 34.9%。奥维睿沃（AVC Revo）预判，液晶电视面板连续涨价 14 个月后，今年三季度价格急速回落，四季度面板市场因“双 11”“双 12”等促销节点相继到来而有望趋于平稳。因面板价格抬升而使彩电业“量降额增”的前提也在消退，如何守住彩电业的市场蛋糕，正在考验着从业者的智慧与定力。

2021 年 9 月 24 日

分享链接

家电市场“十一”遇冷，消费升级与购买力减弱如何协调？

家住广州的姚阿婆在刚刚过去的“十一”假期，给已用了十年的滚筒洗衣机换了一个电机，花了600元。她去大商场看了一下新出的滚筒洗衣机的价格，动辄5 000元以上，这让她选择了先修一下旧洗衣机、继续用一段时间再说。

这是今年“十一”假期家电市场遇冷的一个缩影。据奥维（AVC）数据罗盘，2021年第40周（9月27日至10月3日），中国国内线下渠道家电销售额比去年同期减少1. 94%，销量同比减少18. 42%。从销售额、销量的对比看，家电的销售均价同比大幅攀升。

在国家“房住不炒”的指导方针下，各地严控房价涨幅，但总体来看，房价仍然较高，加上限购政策，老百姓购房、换房并不容易。房地产是家电相关产业链的龙头，房地产不旺，家电消费需求也受到拖累。

新冠肺炎疫情已逐步得到有效控制，但还有一些地区出现零星疫情，令各地疫情防控的神经继续紧绷。疫情令人员流动受到限制，市场活力削弱，老百姓整体的收入受到一定影响，购买力减弱。

加上今年以来，铜、钢、塑料等大宗原材料的采购成本大幅上涨，使家电产品的终端零售价明显提升，也抑制了部分需求。据奥维数据罗盘，2021年第40周，在国内家电市场的线下渠道，冰箱、洗衣机、彩电的均价分别同比增加908元、579元和1 437元。

“十一”黄金周含金量的减退，还跟全年促销节点过于频密有关。曾几何时，就五一、十一两个黄金周；现在，元旦、春节、三八、五一、520、618、818、中秋、国庆，还有母亲节、父亲节等，月月有节、周周促销，消费者都“疲”了。国庆后，不是还有“双十一”吗?

所以，如今单纯依靠噱头已经很难再打动消费者。像上文提到的姚阿婆，她既要产品功能升级，又要经济实惠。在此情况下，家电厂商要真正捕获消费者的芳心，不妨通过以下几条路径。

首先，梳理供应链，把不增值的环节去掉，让利给零售终端的消费者。大宗原材料涨价是实实在在的，消费者受疫情影响购买力减弱也是客观现实，工厂要赚钱，消费者要买到实惠的产品，双方同时得到满足的解决之道，就是把两者之间不产生价值的环节废除。为什么格力电器各地销售公司被削权，也是这个道理，不能再坐收地区“总代”之利，未来渐渐走向“工厂—零售商—消费者”的新零售模式。

其次，用科技的力量消化成本上升的压力，提升效率、优化产品，使消费者受惠。像做家电制冷配件的康盛股份，主要产品是冰箱冷凝管，今年在铜价创近十年新高的情况下，进一步加快“以钢代铜”“以铝代铜”的新材料技术革新，协助家电厂降低冰箱、空调等的制造成本。又如，海尔、美的通过工业互联网，加快企业的数字化转型，发展大规模定制，减少库存、加快周转，满足个性化需求。

最后，抓住细分市场的需求，适度、合理地开发，培育结构性的增长机会。据奥维数据罗盘，干衣机、集成灶、洗碗机今年“十一”促销季（第40周）在国内线下的销售额和销量都逆势增长。干衣机、洗碗机的热销受益于“懒人经济”和消费升级，集成灶可帮助消费者提高厨房空间的利用率。值得注意的是，尽管洗碗机的销量同比增长6.48%，但增速已放缓。笔者曾听到身边的亲戚朋友抱怨，洗碗机洗得不够干净。因此，这些消费升级类的家电，一方面价格要越来越亲民，另一方面仍需着力解决消费者的痛点，市场才可健康、持续地发展壮大。

“十一”黄金周期间旅游、餐饮消费旺盛，但家电市场却很冷淡，不少家电厂商甚至不愿意谈及黄金周市场的情况，似乎已习惯了消费平淡的局面。其实，当一扇门关闭的时候，另一扇门正在打开。一些家电零售商已经转型为“家居定制+全屋家电”的服务商，还有一些家电零售商拓展电动汽车或电动单车的销售业务。智能家居时代，家电、家装、家居行业正在融合，提供一体化的解决方案也是商家、消费者共赢的选择。

2021年10月9日

分享链接

燃气热水器行业从“两万”之争到“两万”焕新

燃气热水器行业两大龙头企业万和、万家乐，曾几何时一度上演激烈的“两万”之争，如今面临错综复杂的外部环境及智能化时代的机遇，“两万”早已把目光从对手转向用户，开启从品牌、产品到商业模式的“焕新”之旅。

万家乐燃气具有限公司在刚刚过去的这个周末，于10月16日正式搬入全新的万家乐智慧科技产业园，采用智能制造的生产线和全自动立体仓库，预计生产效率将提升30%。万和则在10月15日发布了中国暖科技的新战略。

相比十多年前，热水器市场已发生很大变化，增速放缓，转向品质消费，线上占比增加。据奥维数据罗盘，截至2021年10月10日，国内燃气热水器市场的线下销售额同比减少0.81%，销量同比减少7.55%，均价上升258元至3 307元；线上销售额同比增长31.67%，销量同比增长19.22%，均价上升159元至1 681元。今年“十一”国内燃气热水器线上和线下零售额均下降，线下渠道降幅更大，同时16升、零冷水等大容量和新技术产品占比持续增长。

一方面，房地产调控使厨卫电器市场的整体规模有所回调，其中，燃气热水器还需面对储水式电热水器的市场侵蚀；另一方面，洗碗机、集成灶、嵌入式蒸烤箱等厨卫电器新品类保持良好的增长势头。所以，“两万”的劲敌早已不是对方，过往的血拼低价、排名之争、宣传“过招”已经没有意义，如何共同做大燃气热水器及整个热水器市场的“蛋糕”，如何提升产品、行业的附加价值，如何在智能家居产业中重新找准自己的定位，更加重要。

对于未来的增长空间，万家乐瞄准了三条突围的路径。第一是通过技术创新，打造差异化产品；第二是渠道下沉，一二线城市燃气热水器、壁挂炉等产品的渗透率已超过九成，但农村烟机等厨电的渗透率才约20%，所以，未来要深耕农村市场；第三是新渠道的拓展，除了稳定与大连锁、专卖店、天猫、京东、苏宁易购等的合作，还要构建私域流量，微商城、小程序等已开始启动，还会积极拥抱抖音、小红书、拼多多等新兴电商渠道。

顺应厨卫电器集成化的方向，万家乐未来五年将聚焦七个品类，包括燃气热水器、壁挂炉、灶具、抽油烟机、电热水器等，未来将打造洗净中心、集成烹饪中心。“老本行”燃气热水器会继续挖掘创新空间，一来燃气变化会带动产品革新，从煤气到天然气，今后可能还会变换到氢气；二来热水行业过去几十年侧重于安全、舒适，下一步将进入健康沐浴时代，水质创新是研发方向。厨电产品未来则会追求舒适，如增加空气调节功能，创新空间还很大。

万家乐的转型，在内部是以智能制造提升产品品质；在外部是通过数字化营销，从2B企业变为2C企业。家电企业原来多是批发思维，经过批发商、零售店与消费者沟通，现在需要构建直接面向消费者的能力。现在消费者更加在线化、年轻化，万家乐的线上销售收入占比现已提升至35%。今年大宗原材料涨价，通过直面消费者、调整产品结构，万家乐今年的毛利率比去年提升三个百分点。之前，万家乐燃气具业务曾从上市公司剥离，今后不排除重新上市的可能。

公司总部同在顺德的万和，也在拓展更宽的赛道。万和电气（002543. SZ）“创二代”、CEO卢宇聪对转型的理解是：围绕高端化、智能化方向进行技术和产品升级，并推进线上和线下渠道融合的营销变革。所谓暖科技，就是提供全屋智能化、套系化的供暖和厨卫整体解决方案。万和正在研发富氢天然气家用燃气具，包括燃气热水器、燃气灶、燃气烤箱。在消费升级的浪潮下，万和还推出颁芙套系（涵盖烟机、灶具、洗碗机、蒸烤箱等），满足个性化年轻用户的需求。

制造智能化、产品高端化、品牌年轻化、渠道在线化、业务多元化，是“两万”焕新的共同选择。万和、万家乐都有三四十年的历史，老一辈创业者早已退居二线或转入其他领域，现已由新一代创业者执掌。他们深知，中国燃气热水器市场一年的销售额约350亿元（中怡康的数据），即使“窝里斗”，空间就这么大，更何况目前还有来自综合性家电品牌渗透的压力。如果放眼整个厨卫电器行业，那将是约三千亿元的蓝海市场。瞄准消费者而非对手，才是取胜之道。

2021年10月18日

分享链接

"碳中和"目标下机电企业如何打造绿色竞争力?

珠三角企业受到限电的影响已经一个多月了。有的企业在综合成本上升、用电不足的情况下，收缩战线、减少产能；有的企业瞄准"碳中和"的目标进军低碳、环保的新领域。进与退之间，产业的竞争格局和企业的业务模式正在"低碳"时代酝酿着新的变化。

一家在中山做出口风扇的工厂老板告诉笔者，工厂用电已没有像9月底限得那么多，10月也从"开四停三"变为"开五停二"。原材料涨价是更大的压力，铜价飙升到7万多元一吨，海运货柜运费翻倍，所以，他向客户提价15%~30%，客户下单谨慎，因此，今年订单比去年减少一半，他已把部分仓库出租。

美的集团开启了绿色战略。定下2030年前实现碳达峰、2060年前实现碳中和的目标，拟打造绿色设计、绿色采购、绿色制造、绿色物流、绿色回收、绿色服务的全流程绿色产业链，争取2030年绿电占比达30%。美的依托产品销售维修服务网络构建废旧家电逆向回收体系，计划2022年建设一个年处理量100万台的废旧家电拆解工厂，2023年完工。

这既符合国家"2030年前实现碳达峰、2060年前实现碳中和"的愿景，也是面向全球新贸易规则的积极应对之举。欧盟将于2023年实施碳边境调节机制（CBAM），过渡期是2023年至2025年，到2026年将正式向进口产品征收碳关税，以提高进口产品的"碳成本"，使之与欧盟产品相同。涉及的行业包括水泥、电力、化肥、钢铁和铝，不排除今后扩大范围向下游延伸。

一方面是中国的"双碳"目标，另一方面是外贸的减碳要求越来越高，所以，国内外的机电企业都在进行战略调整，适应新的形势。在10月27日举行的中国机电商会绿色低碳国际合作委员会成立大会暨第一届碳中和国际合作论坛上，中国通用技术（集团）控股有限责任公司的代表透露，公司投资建设了匈牙利的光伏电站项目，今后将聚焦分布式能源等领域。

施耐德的代表透露，目标是运营层面2025年碳中和、2030年零碳排放，供应链2040年整体碳中和，2050年端到端零碳排放。150家工厂的绿色产品占比将达50%，新能源利用率将占90%。1 000家供应商占其碳排放量的70%，所以，施耐德计划帮它们减少碳排放量50%。其中，200家供应商在中国，90%的企业正在通过接受培训等方式逐步达到减排目标。

有人完善减碳的布局，有人加快抢食新能源的“蛋糕”。天合光能正积极拓展亚太地区的新能源投资，因为菲律宾、印尼、越南、马来西亚等国都出台了支持新能源发展的有利政策，这些地区的用电量正在稳步增加。创维集团在三季报中透露，新的光伏业务增长迅速、今年前三季的收入达21.9亿元，去年同期收入为800万元。

在中国机电产品进出口商会会长张钰晶看来，加快绿色低碳转型、实现绿色复苏发展已是行业共识。目前已有68家中外企业报名加入中国机电商会绿色低碳国际合作委员会，让其成为中外对接、经验交流、技术创新、融资合作的平台。中国机电企业宜打开“双碳”领域的国际视野，共享全球绿色发展的机遇和技术。

可以预期，机电行业在“低碳”的潮流之下将发生多方面的变化。首先是节能产品走俏，随着商业和居民用电价格的抬升，节能家电、节能电动车等会受到欢迎。其次是产生新商业模式，像美的与国家电网合作推出节能产品，如在空调里放入国家电网的智能模组，计量用电情况，一旦电网超负荷，可建议用户降低使用功率，省下的电费可奖励给用户。

此外，行业会加快优胜劣汰，在节电、低碳方面领先的企业将获得相对较大的空间，能耗较高的企业生存空间将受到压抑，机电行业的一些高能耗产能将会被迫出清。还有，储能、光伏、新能源等成为投资热点，如TCL收购中环股份（核心业务是光伏材料）、格力收购银隆新能源、美的布局绿色能源解决方案、万和研究开发富氢天然气家用燃气具。

在限电及碳中和目标之下，高能耗、低效率的产能将减退，新能源、环保等循环经济的机遇将增加。审时度势，进退之间，重新定位，打造绿色竞争力是机电企业的明智选择。

2021年10月28日

分享链接

格力难言出现“关键先生”，董明珠交接班是没下完的棋

有自媒体猜测格力电器（000651. SZ）出现了“关键先生”，11 月 19 日晚公告提拔方祥建做副总裁，他有可能是接班人。最近，董明珠还曾公开表示把秘书孟羽童培养为“第二个董明珠”。究竟谁才是董明珠的接班人？格力电器的交接班是否会走与美的、海尔不同的模式呢？

格力电器上周公告已完成第一期员工持股计划，下一步还将再推一期员工持股计划或股权激励计划。据此前公告，董明珠在第一期员工持股计划中拟出资 8 亿元约占三成份额。由于员工认购缴资规模约为计划一半至 15.3 亿元，董明珠有可能在第一期员工持股计划中占约一半的份额。

按目前的情况看，董明珠未来有可能成为投资型职业经理人，其交接班模式可能与众不同。

去年 8 月、今年 2 月，格力电器原董事、副总裁、董秘望靖东及原董事、执行总裁黄辉相继请辞，引发业界对董明珠接班人的讨论。在此情况下，今年 11 月 19 日晚，格力电器公告提拔新的副总裁就容易让人产生是否接班人的联想。

方祥建一直分管格力电器的质量管理业务，为华中科技大学硕士，正高级工程师。2004 年 7 月至 2016 年 12 月，方祥建历任格力电器筛选分厂厂长助理、副厂长、厂长，质量控制部部长；2016 年 12 月至今，任格力电器助理总裁；还曾获广东省五一劳动奖章等奖项。

质量是格力空调的立身之本，尽管劲敌美的空调提高了产品创新的速度、供应链运营效率，在格力原来有明显优势的线下渠道抢去了不少份额，但是今年格力空调凭借对自身质量过硬的信心而推出十年免费包修的承诺，还是稳定了市场份额，尤其是提升了线上市场的占有率。

不过，处于转型升级关键时期的格力电器，现在最需要的是多元化产业的突破。提升产品质量、完善质量管理标准体系，只是企业稳健发展的一个

方面。格力电器的接班人需要对核心技术、市场营销、产业发展等方面都有深刻理解和独到见解，方祥建还需进一步历练。

从这个角度看，孟羽童一夜之间被董明珠打造为网红，但离真正的接班人之路还相当遥远。今年“双十一”，董明珠22岁的秘书孟羽童回应走红的话题登上了微博热搜；当晚孟羽童的抖音账号涨粉超70万，粉丝数量暴涨至80多万，在“孟”字开头的搜索中排首位。

孟羽童在今年董明珠参与的一档综艺节目《初入职场的我们》中被赏识，后入职格力电器。董明珠最近还曾公开表示有意把她培养为“第二个董明珠”。但是，上综艺节目与做工厂运营是完全两回事，不排除董明珠把孟羽童打造为继她之后又一个格力直播带货IP的可能性。

2021年11月5日，72岁的海尔集团创始人张瑞敏辞任集团董事局主席兼首席执行官，由周云杰接任，同时梁海山被聘任为海尔集团总裁。去年营业额超3 000亿元的海尔集团完成了交接班的平稳过渡。一方面，张瑞敏创立的“人单合一”管理模式传承了下去；另一方面，海尔集团变为一个由数千个小微企业构成的生态公司，旗下还有海尔智家等四家上市公司和一批拟上市企业。张瑞敏在青岛海创客管理咨询等企业中持股，会继续分享企业成长的红利。

美的集团的交接班更早。2012年8月，70岁的美的集团创始人何享健把公司董事长的“权仗”交给了职业经理人方洪波，开创了民营控股企业非“父传子”交接班的新模式。

与源于集体所有制企业的海尔集团、民营控股的美的集团不同，格力电器原来为国有控股企业，2020年年初完成混合所有制改革，变为股权分散、无实际控制人的上市公司。所以，格力电器现在也是民营企业。从这个角度看，格力电器的董事长没有明显的任职年龄限制，现年67岁的董明珠再干三五年也是有可能的。董明珠2012年接棒朱江洪成为格力电器的董事长，目前董明珠没有明确的交接班时间表，今年7月还笑言自己的心态只有25岁。

格力电器“混改”前，由董明珠领衔的高管团队成立了格臻投资来参与“混改”，董明珠在格臻投资中控股95.482%。格臻投资与接手格力电器15%股权、成为格力电器新大股东的珠海明骏的上层权益持有人签署了协议。借此，格力管理层能影响珠海明骏对格力大股东权利的行使情况。另外，董明珠在格力电器一期员工持股计划及未来新的员工持股计划或股权激励计划中会进一步增持格力电器的股权，她的交接班方案还是“一盘没有下完的棋”。

今年是中国“入世”20 周年，也是格力电器成立 30 周年。中国家电产业取得的成就与前两代企业家的奋斗分不开。今天的格力电器作为世界 500 强企业，是中国制造业的代表之一，其未来新的领军者一定是一位全球资源的布局者，而不仅是传帮带的继承者。

2021 年 11 月 23 日

分享链接

合并手机与消费电子业务，三星、索尼为什么这样做？

三星电子 2021 年 12 月 12 日正式把 IT 移动通信与消费电子业务合并的部门命名为 DX（设备体验）部门，此前，索尼合并了电视、相机和手机业务。为什么两家消费电子企业动作相似，做出合并举动？

它们的相同之处都是为了进一步强化新的竞争力，如三星的芯片业务、索尼的娱乐业务，因此，把智能硬件业务进行整合。两者的差异之处在于：三星是手机业务强，智能家电业务受到崛起中的中国企业的挑战；索尼是高端彩电强，手机业务偏弱。

翻看三星电子 2021 年第三季的财报，其消费电子部门的营业利润明显下降。消费电子部门包括视觉显示和数字家电业务，今年第三季的综合收入为 14.1 万亿韩元、营业利润为 0.76 万亿韩元。而三星电子的半导体、显示面板、IT 与移动通信部门当季的营业利润分别达到 10.06 万亿韩元、1.49 万亿韩元、3.36 万亿韩元。

由于材料和物流成本大幅上升，三星的消费电子业务三季度的营业利润环比及同比均下降，不到 IT 与移动通信业务营业利润的四分之一。今年四季度，三星预计电视的季度需求将有所增加，然而疫情将使全年的需求量减少。2022 年，三星预计消费电子业务的增长趋势将继续放缓。此次合并消费电子和 IT 移动业务，三星希望创造差异化的产品与服务。

从投资看，三星电子 2021 第三季度的资本支出达 10.2 万亿韩元，其中，半导体支出为 9.1 万亿韩元，显示面板支出为 0.7 万亿韩元。截至三季度，三星电子 2021 年的总资本支出为 33.5 万亿韩元，其中，半导体支出为 30 万亿韩元，显示面板支出为 2.1 万亿韩元。很明显，三星电子把未来“押宝”在芯片和面板上。

继成为全球最大的内存芯片生产商之后，三星电子的下一个目标是 2030 年前取代台积电成为全球最大的芯片代工厂，为建立逻辑芯片晶圆厂计划投资约 1 500 亿美元。三星要同时保持小尺寸 OLED 面板的领先地位，大尺寸面板转向聚焦 QDOLED。这次三星把业务架构从四大板块精简为三大板块——半导体、显示面板和设备体验，上游部件业务维持两个部门，终端电子业务部门“合二为一”，相对提升了部件业务的地位。

2019 年 4 月（2019 财年开始），索尼正式把影像产品事业部、家庭影音事业部和移动产品事业部合并为消费电子和解决方案事业部。索尼把手机业务与消费电子业务合并，则是因为手机业务连续多年亏损，希望与消费电子业务整合，保留 5G 手机业务的“火种”，让手机与相机、电视之间的技术相互协同，以打造差异化的竞争力。

合并背后，电子硬件产品在整个集团中的地位相对变弱。与三星要冲击全球芯片老大的目标不同，索尼想增强娱乐业务的“软实力”。在 2019 财年的新业务架构中，索尼的业务板块从八大板块精简为六大板块——游戏及网络服务、音乐、影视、电子产品及解决方案、影像及传感解决方案和金融服务，娱乐业务维持三个部门，终端电子业务部门“合三为一”，相对提升了娱乐业务的地位。

事实上，娱乐业务已成索尼营收、利润的最大来源。2021 财年第二季度（今年 7 至 9 月），索尼的游戏、音乐、影视业务的销售收入分别为 6 454 亿日元、2 716 亿日元、2 607 亿日元，营业利润分别为 1 388 亿日元、506 亿日元和 316 亿日元；电子产品及解决方案的收入为 5 819 亿日元、营业利润为 727 亿日元，约为娱乐业务总体收入、利润的一半和三分之一。

今年，索尼继续加码娱乐领域的投入。继去年战略入股中国凝聚二次元人群的视频网站 B 站（Bilibili）之后，2021 年 9 月，索尼又宣布拟收购印度娱乐公司 Zee。索尼影视娱乐网络印度公司（SPNI）和 Zee 娱乐公司（ZEEL）将各自旗下的线性网络、数字资产、制作业务和节目库进行合并，合并后的公司将成为印度一家上市公司，推动付费电视迈向数字化娱乐。

当然，索尼还在加强上游影像传感器业务，今年 11 月宣布将与台积电在日本合建芯片厂，作为双方合资公司的少数股东和新工厂 12 英寸晶圆的大客户。索尼和三星都明白，上游核心部件比下游终端电子产品更赚钱、竞争更少，营业利润率更高，且涉及核心竞争力。

索尼与三星的差异之处在于，在整体终端电子业务中，“肥”和“瘦”的业务结构并不相同。三星是全球智能手机、智能电视的最大供应商，彩电业务利润在减少，空调、冰箱、洗衣机等家电业务正受到不断壮大的中国家电企业的挑战，所以是手机业务“带”家电业务。索尼在全球高端彩电市场有话语权，手机业务偏弱，今年索尼推出可当微单相机用的智能手机新品，手机销量有所回升，所以是电视、相机业务“带”手机业务。

中国现在已是全球最大的彩电、手机、电脑、白色家电的生产基地，还是上游液晶面板的最大生产基地，未来两三年还有望成为中小 OLED 面板的最大生产基地，供应链不断完善将助力中国品牌的消费电子业务在全球竞争力的持续提升。三星、索尼的终端消费电子业务通过高端化、定制化寻找细分市场的优势，是必然的选择。

2021 年 12 月 13 日

分享链接

十五、娜姐笔记

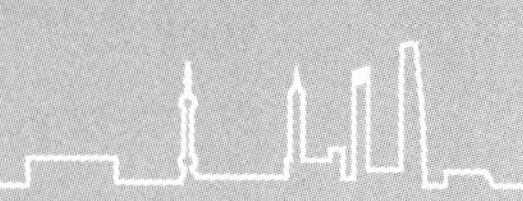

李娜|第一财经高级记者，关注科技行业，在手机、通信以及芯片领域具有超过十年报道经验。
lina@ yicai. com

手机厂商年中大促落幕，补位与抢食谁在狂欢？

手机行业之竞争格局，三年河东，三年河西。

由于华为受制于芯片供应以及荣耀货源储备不足等因素影响，今年618线上市场新增蛋糕变得“肉眼可见”，这场促销也成为众多手机厂商年中“抢位”的关键一战，从各家的备货数量来看，更是远高于去年。

从各大平台公布的手机最终销售数据以及榜单情况来看，依旧是寡头之间的激烈碰撞，新晋选手的丛林突围之战也可圈可点。

以线上手机的“主战场”京东手机竞速榜为例，安卓阵营的TOP排名已出现新的变化，小米、苹果以及realme真我位列榜单前三，其中，小米在京东的高端旗舰销量同比增长500%，苹果则凭借单品iPhone12夺得累计销量第一，realme真我手机销量同比增长30倍，成为过往安卓手机电商大促中第三家销量破七位数的国产手机品牌。

在曾经的“华为系”阵营中，荣耀和华为分列第四和第七。面对竞争对手的“围剿”，两家企业仍处在供应链重整之际，在芯片供应紧缺的情况下，所能推出的机型明显有限。

榜单变化的背后无不显现当下竞争的残酷：一方面，竞争的维度正面向不同的细分市场和不同的档位散开，甚至蔓延至手机外的战场；另一方面，传统势力的反攻，OPPO 与 VIVO 增强线上，苹果降维笼络市场。此外，小米、realme 等品牌多维度发力，以求分食更多的市场。

可以说，在手机行业格局变阵的窗口期，年中大促既是一场检验行业真实水平的“年中大考”，也同时折射出当下智能手机厂商残酷的生存镜像。

从大盘来看，近两个月手机销量的下行给行业带来了巨大压力。

信通院最新发布的统计显示，今年 4—5 月份，国内手机整体出货量分别下滑 34.1%和 32%，与今年以来最高时期 2 月份 240.9%的同比增速相比，下滑幅度已经超出了大多数人的预判。

除了消费者的换机周期逐步延长外，海外市场疫情影响以及芯片紧缺依然是最重要的两个因素。从整体行业来看，目前紧缺的正是那些看起来毛利率并不算高的小部件。如今主芯片已经不再如此前那般紧缺，反倒是由于小器件的紧俏，导致厂商无法配齐一套终端所需的完整器件，这是目前面临的核心难题。

但从年中各厂商的备货以及此次电商大促来看，仍然可以看到积极的信号。

一方面是中小品牌或者头部厂商子品牌在备货上展现出的积极性。据统计，这次专门推出的机器就有 Redmi Note10 系列、真我 Q3 Pro 狂欢版、真我 GT Neo 闪速版、努比亚 Z30Pro、iQOONeo5 活力版、OPPO Reno6 系列、腾讯红魔游戏手机 6R 等。

“特供”系列成为中小品牌攻破市场采用的新方式。

realme 中国区总裁徐起在此前的一场采访中表示，在战略规划中，中国市场将进入 5G 爆发之年，虽然接下来的大盘可能会受到芯片供应制约和供需关系变化带来成本的上涨，但为了实现销量目标此次补贴额度达到 7 亿元，其中，骁龙 888 旗舰产品首次击穿 2 500 元档位。从最终的战报结果来看，realme 排名第二，代替荣耀与小米形成了“真米”两强格局。

另一方面是逐步向高端机迈进的信号。

在今年的中高端市场上，苹果成为华为“跌倒”后线下市场的最大受益者，但此次电商促销中，苹果并不是唯一的赢家。从京东的数据来看，小米的高端旗舰机同比增长了 500%，OPPO Reno 数字系列实现了超 400%的销量增长，VIVO 的高端机型销量达到了去年 618 同期的两倍。

当然，市场唯一不变的就是变化，从目前的发展来看，无论是中低端市场还是高端市场，供应链的节奏控制都非常关键。同时，随着荣耀下半年的回归，线上市场的王者之争将会重新启动，谁能笑到最后考验的是厂商的综合实力。

2021 年 6 月 20 日

分享链接

一场诉讼让多年盈利清零？专利布局如何应对全球化战场？

10月18日，海能达发布公告称，公司近日收到美国伊利诺伊州法院通知，针对公司与摩托罗拉、摩托罗拉马来西亚公司之间的商业秘密及版权侵权诉讼案件一审判决后双方提交的部分动议作出决定：判决公司支付对方3 424.44万美元律师费。

海能达表示，公司于2021年9月8日向美国第七巡回上诉法院提起了上诉，其中，关于公司需支付律师费的判决包含在上诉内容中。

据了解，海能达成立于1993年，被外界称为通信市场的“小华为”，2011年在深圳证券交易所挂牌上市。2017年，海能达成为全球专用通信终端市场仅次于摩托罗拉的第二大供应商，也正是在这一年，摩托罗拉起诉海能达十年前开发的DMR数字对讲机产品侵犯其商业秘密和版权。

这一诉讼案在当时引发了业内外的广泛关注。在一审判决中，海能达要向摩托罗拉支付的损害赔偿金达到53.34亿元，虽然金额随后有所缩减，但对比海能达的盈利状况，赔偿金额依然堪称“庞大”。据财报显示，海能达2020年的营业收入为61.09亿元，净利润为9 530万元，此次赔偿金额远高于该企业每年赚取的利润。

但这不仅仅是海能达需要面临挑战。

由于对全球专利布局的节奏以及知识产权管理、运营的经验缺乏，近年来围绕在中国企业身上的“专利战”挑战愈发明显。如何进行全球化的专利布局？如何避免在国际专利战上“未打先输”，是所有企业共同面对的问题。在业内人士看来，专利布局有几个核心点。

首先，专利的价值核心在于市场价值。

从海外来看，大公司走的是一条类似的路线，即知识产权先发挥其竞争价值，在竞争价值之后，运营价值开始独立，从而衍生出来一系列新型运营模式。而在国内，企业过去申请知识产权更多是为了国家高新技术企业认定以及各项政府补贴，不过这一情况在近年有所变化。

紫藤知识产权集团副总裁文明在一场知识产权保护与创新论坛上表示，“原来（中国）企业对待知识产权的态度更多是被动的、防守的，现在企业的知识产权观念变得更加主动、积极。这是时代发生深刻变迁的一个缩影，是我国知识产权观念普及和制度建设日趋走向完善的一个重要体现。”

其次，设立知识产权团队，提前预防风险。

全球化市场下，知识产权布局也面临着来自技术迭代、激烈竞争、专利许可等方面的风险压力，设立知识产权团队的最主要功能便是提前布局，预防这些未来可能遇到的风险，助力企业抢占领先优势。

工业富联认为，知识产权拥有“资产”与“武器”的双重特质，也就是法律赋予专利权人的排他权，如何实现知识产权价值的最大化，是企业的探索方向。

“我们很早就开始组建知识产权团队，2018—2020 年，核心授权专利数量分别达到 558 件、770 件、889 件，布局覆盖中、美、德、法、日等全球 13 个国家及地区。”工业富联副总经理、首席法务官解辰阳对记者表示，目前该公司的专利布局已经从硬件逐渐走向软件，在 5G 相关领域的专利申请年增长率已超过 70%。

再次，强化知识产权新的运营模式。

知识产权的布局，不应该只关注专利，著作权、商标和商业秘密均应涉及。举一个例子，在美国有一家公司把开源软件打包卖给客户，虽然所有软件都是开源免费的，但依然具有专利价值，中国企业在布局时应对这些专利加强申请。

最后，管理专利生命周期。

专利生命周期管理包括准备阶段、申请阶段、运营阶段，在周期管理中应该提前做好时间规划，在中后期找到货币化对象，即谁会用到、谁是被许可方、谁是受让方，让专利价值最大化。

此外，在公司的并购重组甚至是招聘中，对于专利所属权的调研也十分重要。

在上述与海能达的诉讼中，摩托罗拉表示，一名工程师在摩托罗拉工作期间下载了数千份机密文件并携带出公司，在此期间，海能达还在摩托罗拉不知情的情况下向这名员工支付薪酬。

海能达方面则认为，产品均有自己的设计原型，并且在雇佣这些摩托罗拉前雇员之前已完成了75%。摩托罗拉没有在这些员工离职时就立即起诉，而是等到海能达的产品获得成功后才提起诉讼，目的是获得更多的赔偿金。

在最新的公告中，海能达表示，公司不认可一审判决的金额，不认可基于一审判决结果已作出的后续动议判决，同时，也不认可本次关于律师费的判决。

不管最终诉讼结果如何，中国企业需要对知识产权有全面的认识，并构建更加广泛的国际视野，从而在国际贸易中掌握更多的主动权。

此前，中共中央、国务院印发了《知识产权强国建设纲要（2021—2035年）》，明确到2025年，专利密集型产业增加值占GDP的比重达到13%，版权产业增加值占GDP的比重达到7.5%，知识产权使用费年进出口总额达到3 500亿元，每万人口高价值发明专利拥有量达到12件。

2021年10月19日

分享链接

手机厂商交战“双 11”，全场景已成下一个战场

“双 11”的数据又成了任人打扮的小姑娘。在 11 月 12 号零点刚过，来自各大安卓手机品牌的各类“战报”最后一轮比拼开始。

从各大平台手机公布的最终销售数据以及榜单情况来看，依旧是寡头之间的激烈碰撞，新晋选手的丛林突围之战也可圈可点。

荣耀的回归以及苹果的高热度让小米不再舒服地收割线上手机红利，而新晋选手 realme、iQOO 以及 OPPO 的线上机型在这一轮给出了最猛的火药。

IDC 中国研究经理王希表示，各大安卓品牌集中发布了众多 2 000 元以下的产品，主要是希望通过线上市场，在“双 11”之际，重点激发前三季度抑制的需求。

但从另一方面，千元芯片紧缺、手机成本压力整体上涨以及越来越贵的流量运营也让今年的“双 11”打得极其惨烈。

一位国产手机厂商的负责人对记者表示，此轮“双 11”的整体营销费用几乎到了 8 亿~9 亿元，抖音、微博、各类社交平台的加码，到了后期，可以说没有哪家赚到了钱。“应该说看看哪家亏得最少。”该人士调侃道。

每年都说手机厂商竞争激烈，但华为芯片受制后的手机市场竞争却没有因此变得容易。相反，市场腾出的空间让原本沉寂的中国手机市场又重新热闹了起来，久未出现的品牌以及各类新生品牌纷纷放出豪言，“拿下国内市场”变成了相同的 KPI，但明年的这个时候却不知道又能剩下多少。

从竞争态势来看，未来只靠手机活下去会越来越难。“双 11”其实已经给出了一个明显的信号，包括可穿戴、PC 等在内的 IoT 逐渐成为华为、苹果、荣耀等多家手机厂商在这一阶段的“战略标配”

对于它们而言，生态之战既是扩展盈利空间的一战，也是长久活下去的一战。

记者注意到，在“双 11”战报中，小米突出了电视、新风空调、显示器

以及手环的战绩。OPPO 则将重点战场放在 TWS 耳机和智能手表上。OPPO 方面表示，IoT 全品类全渠道销量同比增长 270%。

作为重返市场的第一场电商大战，荣耀也将 IoT 的突围视为此次 PK 的重心。根据其官方公布的战报显示，荣耀平板 7 斩获本月前 11 天累计安卓平板单品销量和销售额冠军，荣耀平板系列斩获前 11 天累计安卓平板品类销量和销售额冠军，荣耀商城的销售额和销量环比提升 21 倍。

这样的成绩对于独立后的荣耀来说实属不易。一家国内手机厂商的相关人士曾对记者表示，现在还没有见到在手机市场中，谁在经历了一场“生死战”后能顺利回到原位的。“在生态战中，我们也在观察荣耀的打法。”该人士说。

在荣耀的规划中，不仅仅只有手机，“1+8+N”产品的打造将是荣耀未来全场景战略的重中之重。当前，手机和单产品创新出现了一定的瓶颈，除了不断突破和创新外，实现手机、PC、平板、智慧屏、手表之间无缝连接，即多设备之间的协同开始成为消费者关注的新方向。

但也可以看到，IoT 时代的竞争逻辑与手机品类并不相同，这是一场技术与创新的竞赛，所有的手机厂商都意识到了这点，并开始构建自己的护城河。但无论是手机厂商还是其他互联网企业，IoT 市场缺乏统一标准导致整个市场处于高度碎片化状态的情况都在阻碍物联网产业链参与者的发展，如何解决这一问题是 IoT 产业能否进一步发展的关键。

2021 年 11 月 12 日

分享链接

十六、滴水成海

王海｜第一财经科技部记者。关注电商、新零售、大数据、AI 等新赛道，擅长基于财务数据的商业逻辑分析报道。
wanghai@ yicai. com

为何电商巨头都盯上了“田间地头”?

在打通 1688 平台，聚集了一批产业带源头工厂之后，今年 1 周岁的淘宝特价版将目光伸向农产品。

淘宝特价版一直着力开拓下沉市场，阿里巴巴最新的财报显示，2020 年 12 月，淘宝特价版的月度活跃用户首次破亿。如果说过去一年平台的重点在于将工厂货源卖到农村，接下来一段时间的重点将是把农村的农产品卖到城市。

与工厂端连接进驻工厂直营店模式类似，淘宝特价版针对产地直供推出了生鲜直营店模式——淘宝特价版生鲜直营店。对于货源，淘宝特价版将整合阿里供应链体系，链接全国 8 000 多个乡镇、数万个农产品原产地，数字化打通农产品从采摘、分拣、入仓、分装、打包、分运到销售等全链路。目前，淘宝特价版已接入全国 5 000 个农产品直采基地，计划年内再翻一番。

这意味着，淘宝特价版将进入其竞争对手拼多多的“老巢”。

众所周知，拼多多是以农产品起家的，过去几年，拼多多通过提升流通领域的效率，去中间、补两头，让农民和消费者获益。2020 年，拼多多来自农（副）产品的成交额为 2 700 亿元，规模同比翻倍，占全年成交额的 16. 2%。截至目前，有 1 200 多万农业生产者通过拼多多对接全国的消费者。

借助在农产品领域的根基，拼多多已成为中国用户规模最大的电商平台。

截至2020年年底，拼多多平台年活跃买家数达7.884亿，较上一年年底的5.852亿同比增长35%。同期，阿里巴巴年活跃买家数为7.79亿，京东为4.72亿。

对于与拼多多之间的竞争，淘宝特价版运营总经理文珠对记者回应称，阿里在农产品领域推出过农村淘宝、特色中国等，“整个集团有23个部门在做跟农产品有关的销售”。

事实上，在服装、家电等品类被瓜分殆尽之际，农产品或许已成为阿里、拼多多、苏宁、京东等互联网巨头争抢的最后一块疆土，以同城零售、社区团购等模式的小平台相继涌现。

然而，无论是互联网巨头还是小平台，其运作模式都是围绕规模、效率做文章。在年度活跃用户数超过阿里之后，拼多多的未来走向如何，令人关注。

拼多多创始人黄峥在2021年度致股东信中表示，流通效率的提升毕竟不能从质上提升农产品的附加值，也不能实质性地大幅提升人们的身体健康水平。黄峥下一步思考的是，往纵深走还能做些什么。他举例称，通过对农产品种植过程和种植方法的控制，是否有可能对马铃薯、番薯、西红柿等的潜在有害重金属含量进行可靠有效的控制？同时对其可能有的、有益的微量元素进行可控的、可标准化的提升？

对于阿里、拼多多、京东等互联网巨头相继涌入农产品，笔者认为，互联网的嫁接至少让农产品的流通环节不再拥堵，至于是否将从效率、规模层面的竞争提升到附加值的竞争，尚待时间检验。

2021年4月1日

分享链接

中小电商平台放弃自建流量阵地

电商平台的本质是撮合买卖双方达到交易，一手连着流量端、一手连着供应链。

过去相当长的一段时间里，几乎所有的电商平台都在流量端、供应链端同时发力，用流量投放来吸引更多的买家到平台进行交易，用商品种类丰富、物流完善、支付快捷等优势来强化供应链。

然而，随着流量成本的高企，越来越多的中小电商平台开始放弃用流量投放来吸引买家进入自己的平台（如自有的 App）进行消费，而是选择与抖音、快手等流量平台进行合作。

以洋码头为例，过去其更多的是依靠自身的 App 来做，在 App 引流、留存成本太高的情况下，现在更多的是通过直播来做。“过去十年，跨境电商进口更多的是基于电商 App 来做购物，未来十年，中国用户对于 App 的依赖度会越来越低，但购物的需求还在，洋码头将不再拘泥于 App 来做资源整合，更多的是发力直播、供应链。”洋码头创始人兼 CEO 曾碧波告诉笔者，公司 2020 年 8 月开始与抖音洽谈，今年 3 月开通；与快手、淘宝直播的合作正在洽谈。

谈及合作的原因，曾碧波认为，一方面是平台货品的品类多；另一方面是运营多年积累的海关通关、物流、仓储、支付结算等底层基建能力。

“当前用户的行为被短视频、直播吸引过去了，基于短视频、直播的电商生态也应该建立起来，再通过与短视频、直播的合作为自己 App 和生态导流的时代已经过去了。”曾碧波表示，中国的电商要回归本源，经营的不是 App 的流量，而是商品链路的流通效率。

笔者认为，随着抖音、快手等流量平台在电商领域布局的深入，以及互联网巨头之间生态的开放，流量分布将呈现多元化的态势，中小电商平台要想将流量聚集到自己的领地将变得更加困难，与这些把持着流量的企业进行合作不失为一种策略。

事实上，不只是中小电商平台，面对高昂的流量成本，中小商家、一些毛利率较低的产品销售商自然是无法接受的，他们更多的选择是进一步推高商品价格来弥补自身利润的不足。因此，在流量红利几乎已经枯竭的背景下，入驻平台的商家与广大的消费者成了为流量成本买单的主要群体。

不过，一些商家也在寻找新的流量入口，例如利用短视频、直播为自身店铺进行引流，其次就是做好客户维护，通过精准的客户维护、运营提高客户的忠诚度，例如建立微信群、朋友圈等社群运营来维护商家与客户的关系，提高粉丝的黏性，增加客户的复购率，由电商平台的单次购买转化成社群中的二次购买、三次购买，并且通过介绍、分享等形式进行裂变扩大，打造社交电商体系，以降低电商平台高昂的流量成本。

笔者认为，在商品种类极其丰富的当下，中小电商平台、商家都需要找准自己的定位，理性地投放广告，用产品的特殊性以及供应链服务的优化来吸引用户，进而运营用户；而非用钱狂打广告进而带动销量，一旦广告费用撤下，剩下的只能是“一地鸡毛”。

2021 年 9 月 9 日

分享链接

中国制造迎来“觉醒年代”

在过去相当长的一段时间里，中国制造给人的印象停留在“代工厂”“低价”“劣质”等，伴随着实力的增强，当前的中国制造正撕掉旧的标签，向价值链上游爬升。

“以前我们是学大牌、仿大牌，当时做一件衣服 100 多元，国际品牌卖几千元、上万元，我们跟他们有差距。”柒牌创始人兼董事长洪肇设告诉笔者，公司提出“比肩世界男装”，意思是要跟国际大牌学习，要取长补短，现在已经做了几十年了，有的地方已经超过他们，不像以前差那么远，以前是学大牌、仿大牌，现在要创大牌和做大牌，要跟他们竞争。

洪肇设认为，国际大牌之所以管理比较好，效率比较高，关键在于有完善的流程标准，所以，柒牌也要将所有流程制度化、标准化、在线化。对于一家企业而言，管理不稳定的劣势需要通过信息化、数字化的方式把业务化流程固化下来，管理依赖于制度和流程，而不是依赖于人，人可以优化这个流程，但不能推翻这个流程。

以门店开业为例，一家门店开业过程极其繁琐，从设计图纸、人员配比到施工，流程往往要 3 到 6 个月。使用钉钉后，柒牌将开店的 60 多项事宜标准化，将分工、计划和责任人统一管理，任务进展和成果清晰透明，还打通了总部和分公司在新开店筹备时跨地域的信息联动和反馈。在数字化后，一周内实现了 18 家门店的顺利筹备。

不只是鞋服企业，笔者在走访产业带的过程中，无论是浙江的塑料制品加工厂，还是山东的纺织出口大户，他们对于数字化大多持积极态度。

持积极态度的原因，主要在于数字化能够帮助他们解决生产、销售、研发过程中遇到的难题。例如，2011 年以前，台州市黄岩华萍生活用品有限公司（下称华萍公司）主要生产针线盒、果盘、纸巾盒等日用塑料产品，内外贸销量占比为 5：5。2012 年年底公司的销量开始出现下滑，次年，公司开始尝试做垃圾桶的细分品类。

“原先产品的下滑是不可避免的，材质单一，门槛太低，创新不足，想象空间不大。”2017 年，华萍公司负责人周挺开始接手父辈的生意，决心不再局限于塑料，而是将五金压铸、不锈钢工艺引入，再加入微智能的芯片、电机、马达、齿轮等，形成了当前的智能感应垃圾桶。

现在，华萍工厂不仅是贴牌代工，而是有了自己的品牌洁安惠。公司经营模式也从原来的贴牌生产或者市场经销为主的状况，转变为以品牌、电商渠道销售为主的模式。2020 年，洁安惠是拼多多智能家居类目的销售冠军，与之合作的还有京东京造、天猫家装等，贴牌客户包括美的、格兰仕等。“通过拼多多的大数据反馈，我们对传统垃圾桶进行了改良，颜色从冷冰冰的不锈钢色改为香槟色，功能升级为感应，容量根据家居场景进行了细分”，周挺说，“在拼多多上，这款反向定制款垃圾桶目前累计已售出 15 万台”。

当前，华萍每年研发投入 600 万~800 万元，占营业收入的 6%~8%。“芯片是我们自己做的方案，贴片由于需要在无尘车间进行，所以委托外面的公司来做。”周挺认为，产品需要不断更新，跟得上市场的需求才行。

“我们不想回到过去的那种贴牌、代加工的模式，虽然扩大产能，但是生产出来的产品要更多地给到自有品牌。”周挺表示，贴牌代工的毛利率在 15%~25%，自有品牌的毛利率则可达 35%左右。

在中国，还有无数个像柒牌、华萍这样的企业在尝试数字化转型。

笔者认为，伴随着大数据、AI（人工智能）等新型生产要素的加入，中国制造不再局限于发展规模，更加注重发展质量，开始利用数据作为生产力，影响研发、生产、组织流程、销售等环节，从而迎来属于自己的“觉醒年代”。

2021 年 9 月 16 日

分享链接

十七、科技心语

钱童心｜第一财经资深记者，毕业于上海外国语大学法语系和法国政治学院新闻传播系。2010 年加入第一财经，先后任职于第一财经电视国际栏目和第一财经科技频道，报道全球前沿科技发展和大公司的动向，擅长商业领袖专访和撰写人物报道，尤其擅长跨国企业高层专访。
qiantongxin@ yicai. com

金融交易成社交平台监管“盲区”，法规仍待完善

过去一周，Reddit 的交易论坛搅乱了全球股市，并引起监管机构对相关帖子的审查。在 Reddit 平台上，数十万散户投资者在平台上交流交易技巧。Reddit 的平台上总共有约 500 万会员交流投资想法，他们通过购买游戏驿站（Game Stop）和其他被大型对冲基金做空的公司股票，获得了可观的利润。

这给全球的监管者带来了新的挑战。过去的法规仅对社交平台在涉及仇恨言论、武器贩卖或者毒品交易等非法活动方面进行限制，但技术的快速发展使得监管的滞后效应更加显现出来，金融交易正在成为社交平台监管的“盲区”。

事实上，投资者利用社交平台交流投资经验并不是新生事物，在加密货币的炒作中，这些社交平台就助长了大量的买卖交易。但此前，监管机构对这一晦涩的市场介入的审查较少。随着监管者开始越来越多地要求社交平台对其发布的内容负责，未来股票交易论坛也面临更加严格的监管风险。

目前适用于美国互联网社交平台监管的是 1996 年颁布的《通信规范法》“第 230 条法规”，这项法律赋予了社交媒体的豁免权，使它们不会因出现在其平台上的内容、或删除部分内容而遭到起诉，也给了平台广泛的自由度来

清理不当内容。

美国司法部在去年9月下旬曾向美国国会提交了一项议案，要求改革“第230条法规”，意在限制脸书、谷歌和推特等互联网公司享有的豁免权保护，迫使它们承担更多管理平台上内容的责任。三家公司高管已经于去年10月参加了有关法律修改的听证会。

根据现行的“第230条法规”，尽管社交媒体公司通常不对用户的活动负责，但是仍然被规定禁止非法行为，比如助长枪支和毒品交易或散布仇恨言论等。针对社交媒体用户大量买入被做空的薄弱企业股票是否涉及非法操纵市场。目前该法律并没有明确的规定。

从理论上讲，“第230节法规”也有一些例外，可能会导致科技公司因用户生成的不当内容而受到惩罚，包括违反联邦刑法的行为。美国网络安全法学者杰夫·科塞夫（Jeff Kosseff）表示，企业受到惩罚的门槛仍然很高，一个前提是社交言论本身是明确违反法律的。此外，根据第一修正案的先例，公司必须意识到在其平台上发布犯罪言论才能对此承担责任。

基于科塞夫的观点，要判定社交媒体平台上关于金融交易的言论违法并不容易，需要投入大量的专业知识和人力。大多数法律人士认为，网友在股票论坛上讨论交易是合法行为，尽管这种行为导致了一些业余投资者非理性的过度购买，也存在一定程度上网络欺诈的可能性，但要起诉网络用户欺诈其他用户是相当困难的。

对于作为互联网企业的社交平台而言，要求它们具备与券商同等的专业能力，以干预阻止涉嫌非法操纵市场的行为，从客观上来讲很难实现。除了目前已经拥有金融产品和服务能力的巨头公司，比如脸书等，大多数互联网平台并不具备大量的金融专业资源。

面向投资者的社交平台Stocktwits的首席执行官Rishi Khanna表示，该平台上的绝大多数流量似乎都是来自普通的散户投资人，并没有证据显示他们操纵市场。因此，平台对于这些讨论活动从未采取任何额外的审核措施。

目前，包括Reddit在内的社交平台的交易服务很大程度上都依赖于基于网络社区的审核，充当“主持人”的用户制定并执行有关细则，规定哪些内容可以发布，并将非法操纵市场以及涉嫌内幕交易的信息删除。但是过去当出现审核的灰色区域时，他们很难明确划定界限，大多数时候会采取放任的策略。

但这样的“灰色地带”可能无法长久持续。Reddit 发言人在本周早些时候已经表示，未来将“根据需要审查和配合有效的执法调查和行动”。

Facebook 也拥有类似的金融交易论坛。在 Reddit 平台发生“金融暴乱”后，Facebook 已经开始加强审查，并移除了一个受欢迎的华尔街讨论组罗宾汉（Robinhood）股票交易员，从而抵制市场操纵的行为。

除了 Facebook，Instagram 和 Snapchat 等平台也都曾拓展了金融服务。笔者认为，作为新兴科技的社交平台，要满足符合金融交易服务导向的监管要求，科技企业就必须放慢脚步，投入更多资源应对合规性的挑战；同时，法律监管者也应与金融以及科技行业配合，共同制定和完善相关的法律法规。

2021 年 1 月 31 日

分享链接

心通医疗市值暴增，谁能成为下一个“爱德华”？

微创医疗旗下子公司心通医疗上周赴港上市以来，股价经历了过山车行情。

在上市首日市值突破500亿港元后，心通医疗上周五股价迅速回落。本周一开盘后，该公司股价升超7%，市值超过430亿港元，超越此前瓣膜领域市值排名第一的启明医疗350亿港元，也超出市场预期的300亿~350亿港元的合理估值区间。

伴随着人工心脏瓣膜技术的发展，心脏瓣膜疾病的治疗已经进入经导管介入治疗的时代，这催生了资本蜂拥进入结构性心脏病领域，推高了相关公司的估值。心通医疗主要从事主动脉瓣和二尖瓣医疗器械研发，为治疗结构性心脏病提供解决方案。

复旦大学附属中山医院心内科主任葛均波院士告诉笔者，未来结构性心脏病介入治疗发展热潮将持续数十年。他认为最有机会的三大领域分别是瓣膜病、房颤和心衰。

有统计数据显示，2020年中国心血管医疗器械领域的43起私募融资事件中，有21起发生在结构性心脏病领域，占比接近一半，远超冠脉和电生理等心血管领域的融资数量。

截至目前，包括启明医疗、心通医疗和沛嘉医疗在内的心脏瓣膜赛道的头部公司都在港交所上市。市场猜测，中国瓣膜领域是否会诞生一个像美国爱德华生命科学公司那样的专业医疗公司。

相比发达国家而言，中国的结构心脏病领域医疗器械企业仍处于技术研发投入的早期阶段。心通医疗2018年、2019年期内分别亏损6 026万元、1.45亿元，2020年前7个月期内亏损1.93亿元；启明医疗2020年中期业绩显示亏损超过4 000万元。

心通医疗目前已经上市的主动脉瓣膜产品仍为第一代产品，进度慢于竞争对手。启明医疗的第二代可回收瓣膜产品已于去年 11 月获得批准上市。尽管心通医疗将研发重点投向技术门槛更高的二尖瓣产品，但仍处于临床前的研发阶段。公司在招股说明书中提示风险称，二尖瓣产品的难度极大，研发具有巨大的不确定性。

目前中国市场二尖瓣膜只有一款进口产品雅培的二尖瓣修复系统 Mitraclip 上市，尚无二尖瓣国产产品上市。包括心通医疗在内的中国企业要开发出技术难度极高的二尖瓣产品挑战很大。在二尖瓣领域中国领先的企业是捍宇医疗，该公司自主研发的我国首款二尖瓣修复系统 ValveClamp 有望成为 MitraClip 后第二个在国内上市的二尖瓣修复器械。

在全球市场上，二尖瓣产品的相关研发工作已经从早期开发过渡到临床使用。占据了全球大部分市场份额的心脏瓣膜“鼻祖”爱德华生命科学公司（以下简称爱德华）正在致力于开发下一代的二尖瓣置换系统。业内相信，二尖瓣的增长速度将快于主动脉瓣。

爱德华董事长兼 CEO 毛赛麟（Michael Mussallem）在上个月公布公司 2020 年财报时预计，到 2021 年，全球经导管二尖瓣或三尖瓣治疗（TMTT）的总销售额将增加一倍左右；到 2025 年全球 TMTT 的市场规模将达到 30 亿美元，而且还会显著增长。毛赛麟认为，就患者人数而言，三尖瓣的市场规模将与二尖瓣的规模相当。

爱德华同时预计，2021 年经导管主动脉瓣膜治疗（TAVR）潜在的销售增长将在 15%~20%；到 2024 年，TAVR 的全球市场规模将超过 70 亿美元，这意味着 TAVR 复合年增长率将保持在两位数范围内。

爱德华目前在美国的市值为 530 亿美元，几乎是启明医疗和心通医疗市值的近 10 倍。即便在新冠肺炎疫情的影响下，2020 年全年，爱德华的业绩仍然保持了 1%的增长，销售额达到 44 亿美元；公司预计 2021 年全年的销售额将在 49 亿~53 亿美元。

相比之下，心通医疗的招股书显示，公司 2019 年以及 2020 年前 7 个月的营收分别为 2 150 万元和 4 844 万元；启明医疗 2020 年中期业绩显示收入刚超过 1 亿元。中国初创公司要成长为下一个“爱德华”任重道远。

根据中国医师协会心血管分会最新发布的《2020 年中国结构性心脏病行业报告》，到 2020 年，我国已经完成了 3 500 例 TAVR 瓣膜置换手术，2021 年 TAVR 手术预计能超过 5 000 例。

爱德华正在加大对中国市场的投入力量，这也将加剧中国瓣膜市场的竞争。去年 6 月，爱德华的 SAPIEN 3 获得了中国药监局的批准，成为首个在国内获批上市的进口经导管主动脉瓣膜系统。

爱德华称，虽然中国市场对其第四季度财报销售额的贡献不大，但团队正在继续支持中国医院的专业临床团队，协助医院建立并扩大 TAVR 计划。

2021 年 2 月 8 日

分享链接

谁能为苹果汽车代工？

“苹果造车”成为今年的一个热门词，但是在Apple Car问世前，苹果公司要找到一个合适的汽车制造合作伙伴似乎并不容易。

截至目前，苹果已经被曝与现代起亚以及日产汽车进行合作洽谈，但是两家公司对此先后予以否认。这让苹果的造车计划前景扑朔迷离。

德国大众汽车首席执行官赫伯特·迪斯（Herbert Diess）日前在接受德国媒体采访时首次公开对苹果造车发表看法。他认为，苹果造车计划是“合乎逻辑的”，因为该公司在电池、软件和设计方面拥有专业知识。

但苹果公司仍然需要找到一个能够帮它实现这些想法的合同制造商，就像富士康为iPhone完成组装一样。尽管这种代工模式在汽车行业已经很普遍，但是似乎还没有出现一个拥有富士康在消费电子服务领域那样地位的主要合同制造商。

苹果拥有很强的品牌力，与苹果的其他产品一样，如果苹果汽车上市，大概率是会以苹果品牌来命名，因此，能给苹果汽车代工的汽车厂商本身的品牌效应并不重要，甚至品牌效应不那么强的企业，与苹果达成合同制造协议的可能性反而更大。

苹果造车的时机恰逢一些传统汽车制造商销量下滑，产能远未被充分利用。一些传统车企也正急于通过代工一部分汽车将空置的产能利用起来。

苹果可能需要一个在北美和全球都拥有完整供应链的合作伙伴，以帮助其为当地市场生产。这也正是特斯拉已经采取的策略。

传闻中涉及的苹果正在洽谈的两家亚洲汽车制造商现代起亚和日产汽车符合以上三个特点。这两家日韩企业拥有丰富的汽车制造经验，但品牌效应逊于宝马、戴姆勒和大众旗下的德国汽车厂商，并且同时在北美和亚洲都拥有成熟的汽车供应链。

从2020年的销售业绩来看，现代汽车及其子公司起亚全球的汽车销量大幅下滑13%至635万辆，创十年新低，也是连续第六年未达成销售目标；日产汽车2020年销量更是下滑超过22%，北美市场跌幅最严重，下跌超过三分之一。

在这样的背景下，日韩汽车巨头与苹果这样的科技公司加强合作符合逻辑，同时也能充分利用亚洲在自动驾驶技术以及电子化的产业链优势。

中国最大的汽车制造商吉利的野心也许能够绘制出未来苹果与汽车制造商的合作模式。不过吉利的供应链尚不足以覆盖北美，这令其与苹果在早期合作的可能性不大。

吉利汽车正在寻求将自己定位成中国电动汽车首选的合同制造商。今年以来，吉利汽车宣布了至少四项合作，其中包括与富士康以及中国互联网巨头百度的合作，与富士康成立合资公司提供电动汽车合同制造业务是最重要的一项合作，该公司还将为贾跃亭的法拉第未来（FF）代工生产电动车。

特斯拉与蔚来汽车等电动车厂商去年以来估值飙升对吉利施加了巨大的压力，也迫使该公司加速转型，吉利汽车正在拥抱科技公司，以实现一个更大的“科技梦想”。

汽车厂商想与苹果这样的科技巨头合作最大的风险是，这可能令其在合作中处于弱势地位，从而影响其作为独立汽车制造商的优势。

汽车投资人似乎也并不欢迎这种合作，在吉利宣布与 FF 的交易后，该公司的股票在四天内下跌了约 16%。但从积极的方面来说，这些交易可能会解决吉利工厂过剩的产能问题。有数据显示，吉利自有品牌吉利汽车每年可生产超过 200 万辆汽车，但该公司 2020 年仅售出 130 万辆吉利品牌的汽车。

汽车和科技正在以前所未有的速度融合，新的合作热潮是不可阻挡的，也将使得合作各方在开发和推出电动汽车方面节省大量的时间和金钱，但风险也仍然存在。

对于苹果而言，若能物色到一个正确的汽车界的“富士康”，将为其打开一个规模远大于 iPhone 的充满潜能的新市场。

2021 年 2 月 16 日

分享链接

高瓴为何豪掷 37 亿欧元购入飞利浦家电业务？

因发明了旋转刀头和电动剃须刀而走进千家万户的荷兰皇家飞利浦公司正在将其家电业务出售给中国的高瓴资本，从而更加聚焦医疗健康技术领域。

飞利浦公司周四宣布，将以 37 亿欧元（合 43.7 亿美元）的价格将其家用电器部门出售给高瓴资本。该公司去年就曾透露过出售该业务部门的计划，包括空气炸锅、咖啡机、吸尘器等在内的家电部门 2020 年的销售额为 22 亿欧元。

尽管家电等消费品业务长期以来作为这家荷兰巨头集团公司的遗产，在行业内拥有较高的品牌声誉，但出售该业务的举措也反映了家电消费品已不再符合飞利浦公司的核心业务发展方向。

根据 2017—2019 年的统计数据，两年间飞利浦进行了近 20 起医疗技术领域的收购案，逐渐从一个硬件厂商转变为提供健康个性化和智能化解决方案的企业。

飞利浦方面表示，与高瓴的这项交易预计将在第三季度完成，不过仍有待监管部门的批准。根据协议，高瓴将授予飞利浦品牌名称 15 年的许可权，这与此前出售消费品子公司的情况类似。

笔者观察到，尽管飞利浦退出家电领域的举措符合商业逻辑，但高瓴以接近翻倍的溢价收购该品牌，前景似乎并无保障。

事实上，飞利浦早在几年前就已经把重心转移到医疗健康领域，出售家电这类技术附加值较小的业务，也能让公司的发展更加聚焦。比如在照明领域，飞利浦在 2018 年就已经将股权比例降到 16.5%。在家电市场也是如此，由于研发门槛较低，很容易被超越。

飞利浦在医疗设备领域的两大主要竞争对手西门子和 GE 都早已将家电业务剥离，西门子家电并入了博世，GE 家电也在 2016 年出售给中国海尔。

令人颇感意外的是，此次飞利浦的买家并不是传统的家电巨头，而是中国风投资本高瓴。笔者认为，高瓴收购飞利浦家电最大的优势是“开出了一个令人难以拒绝的价格”，它开出的价格远远超过了飞利浦出售资产的年销售额。高瓴如果能够发挥飞利浦在消费领域与其收购的其他品牌资产的协同效应，豪掷 37 亿欧元仍是值得的。

高瓴目前的投资策略是瞄准大项目。也许这笔投资今天看起来是贵的，但是要看长期的协同效应能否发挥出来，以及能否创造新的价值。比如与高瓴投资的格力、公牛等品牌能否形成协同，真正的决定因素在于整合与价值创造。

一位长期在德国咨询机构 GFK 中国担任高层职位的业内人士告诉笔者，高瓴现在之所以出高价收购飞利浦家电，一定是认为仍然有利可图。但他对收购后高瓴面临的整合挑战表示担忧，因为高瓴毕竟是一家投资公司，买下该业务后，能否直接进行有效地运营现在还不清楚。这和当年海尔收购 GE 家电的目的就是补短板有很大不同。

在资本的驱动下，高瓴资本是会凭借新技术的红利成为消费升级浪潮中的弄潮儿，还是会成为一匹肆意挥霍的脱缰野马？时间会给出答案。

2021 年 3 月 26 日

分享链接

胶片转向云端，富士的智慧医疗布局能否成功？

对于日本影像巨头富士胶片而言，2021年第二季度是迎来重大变革的一个季度。公司接连宣布了全球换帅、变更中国企业名以及加速医疗健康领域整合等大事件。

富士胶片周三宣布，执掌公司近20年的董事长兼CEO古森重隆（Shigetaka Komori）将在今年6月卸任，现年81岁的古森重隆自2003年起担任富士胶片CEO，在胶片行业经历没落的时期力挽狂澜，最终富士胶片得以幸存，其全球最大的竞争对手伊士曼柯达公司破产。

周四，富士胶片将中国公司由富士施乐更名为富士胶片商业创新公司，终止与施乐公司的技术授权协议，将向更广泛的商业领域进行创新拓展。

此外，富士胶片对日立诊断成像业务在上个月底正式完成收购后成立的富士胶片医疗公司也将正式加入富士胶片集团，这将增强富士胶片在医疗影像领域的竞争力。

上述三个看似没有必然联系的事件背后，其实也有其内在联系：后古森重隆时代，富士胶片正在寻求下一个帮助其赢得市场的增长点，在传统影像业务逐渐下滑后，医疗健康领域是最具增长潜力的业务，但也需要更具挑战的创新能力。

在新冠肺炎疫情大流行中，富士胶片已经加强了对医疗保健业务的推动，尤其是其生产的抗病毒药物Avigan正在进行作为应对新冠治疗药物的研究。富士胶片还在欧洲和美国进行了大量投资，以扩大用于生产疫苗和药物成分的工厂规模。

收购了日立的诊断成像业务后，将扩大富士胶片在医疗影像领域的产品线，这些新产品包括各种CT、X射线、超声和MR系统，以及内窥镜超声PACS等，这使得富士胶片具备与该领域的巨头西门子医疗、GE医疗和飞利浦等全球医学影像公司竞争的能力。

借助富士胶片的图像处理技术和AI大数据解决方案，这些医疗产品将与所购产品一起使用，有望提高护理质量并创造新的价值，尤其是开发使用混合诊断程序进行的微创治疗解决方案。

早在十几年前，柯达医疗业务从伊斯曼柯达公司剥离出来，发展成为医疗影像公司锐珂医疗，这与今天富士胶片医疗公司的发展路径有相似之处。柯达与富士两大胶片巨头在经历了传统影像行业数字化的变迁后，又在健康医疗领域“狭路相逢”。

医疗影像是继传统影像行业之后又一个快速进入数字化的领域。智慧医疗蕴藏的巨大机遇是所有医疗影像设备企业都无法忽视的。富士胶片中国就推出了“富医睿影”互联网云胶片服务以及医学影像数据平台SYNAPSE。

智慧影像是富士参与竞争的最大优势之一。在去年年底广州举办的一场关于智慧医院的峰会上，富士胶片中国方面发布了全新的医学影像数据平台SYNAPSE 3D三维影像后处理系统。这一系统能将二维医疗影像重建成三维影像，并呈现多角度的立体化视角，搭载富士胶片专有识别引擎技术，从而对业内难以分析的器官进行识别和处理，并已经应用于精准外科治疗等领域。

此外，随着数据化和共享医疗影像服务的发展，“云胶片”业务未来的市场潜力巨大。数字化的胶片可优化就医流程、降低运维成本，更为重要的是，通过人工智能数据分析能力和丰富的影像诊断拓展功能，还可提升影像诊断的质量。

在智慧医疗领域，包括GE医疗、西门子医疗和飞利浦在内的国外医疗影像巨头以及国内的联影等公司都在积极开发AI数字化医疗平台，推出了各自的解决方案，富士胶片要参与竞争难度不小。“智慧医疗的市场很大，关键在于如何落地，谁会买单。”一位资深业内人士告诉笔者，“市场的竞争已经很激烈，规模较小的企业就更难做了。”

2021年4月2日

分享链接

电动车量产承诺难兑现，贾跃亭只是“暂时安全”

在经历了多年的动荡和创始人破产风波后，法拉第未来（FF）周四通过SPAC在纳斯达克上市获得了新生。近期大量电动车企业以这种方式上市，引发了美国监管机构的关注，包括Nikola、Canoo和Lordstown Motors等在内的公司都已经被监管机构审查。

由于初创电动车企往往热衷于夸大其词，特斯拉的创始人可能为行业开了先例，导致很多新兴电动车厂商把承诺说得过满，而交付却又总是滞后。

尽管FF的CEO毕福康急于将公司“翻篇”，但FF早已深深打下创始人贾跃亭的烙印。毕福康也承认，FF上市最重要的任务是转变公众和投资人对公司的看法。

目前，FF还欠供应商高达1.5亿美元的债务。供应商将持有合并后公司的股份，但FF拒绝透露供应商持股的百分比以及将消除多少债务。

按照FF的计划，该公司将在未来一年开始销售FF91电动车，FF91最早在四年前问世，但最终沦为炒作的牺牲品，在烧光20亿美元后，这款被贾跃亭称为“全新物种”的高端电动车至今尚未量产。

这并不是FF一家公司的问题。造车是一个极其复杂的过程，需要大量资金。美国近期诞生了一批电动汽车初创公司，这些企业大多寻求SPAC的方式上市，但是至今没有任何一家公司实现交付。

自去年6月以来，Nikola股价已经下跌了47%，Canoo和Lordstown的股价今年的跌幅最大，分别下跌28%和45%。美国证券交易委员会已经对这些公司发起询问，几家公司都罢免了董事长和创始人，并警告投资人警惕公司可能出现的破产情况。

FF上市首日的破发也印证了投资者对电动汽车的失望。尽管如此，一大批私人控股的电动车企业仍在前赴后继——特斯拉的竞争对手们不断涌现，包括Lucid以及亚马逊投资的电动车企业Rivian都计划于近期通过SPAC合并上市，两家企业都推迟了首辆汽车的生产和交付。

与特斯拉相似，这些新兴电动车厂商都希望以首辆高端车型作为“光环产品”，建立其在豪车市场的地位。比如 FF 即将推出的首款车型 FF91 的售价就高达 20 万美元，在此后 5 年内，公司将逐步退出价格更低廉的车型 FF81 和 FF71，售价分别为 7 万美元和 4.5 万美元。

Lucid 也采取了此类产品策略，Lucid 预计将于今年晚些时候开始交付其首款电动车，价值高达 16.9 万美元。Lucid 计划明年的产量为 2 万辆电动车，FF 计划明年生产 2 400 辆汽车；到 2025 年，Lucid 计划生产 13.5 万辆汽车，FF 计划生产近 30 万辆汽车。

这意味着，尽管 FF 高管称公司发生了变化并获得了新的资金支持，从而得以“暂时安全”，但时隔四年，市场环境已经发生了本质的变化，FF 要取得成功仍然存在重大障碍，其中最重要的因素是市场的竞争变得更加激烈了，它驶入了一个更加拥挤和艰难的赛道。

这或许也意味着机会。正如毕福康所言，政府对于电动车的支持力度空前，这使得行业参与者面临“更好的时机”，而且消费者的需求也越来越多样化。

FF 似乎并不喜欢把自己与其他 SPAC 上市的电动汽车公司等同。“SPAC 基本上是一种进入市场的工具。”毕福康表示。当然，时间会证明谁能真正活下来以及初创公司如何解决产能问题。

2021 年 7 月 23 日

分享链接

美国疫苗厂商对欧盟供应涨价，疫苗研发的使命远未终结

新冠 Delta 变异株的蔓延加速了全球对疫苗的需求。欧盟已经立下目标，将在今年夏季结束前接种 70%的人口。大量的需求正在推动疫苗价格的上涨，但企业在公共卫生危机的时期涨价的做法也引发不满。

根据美国制药商辉瑞和 Moderna 与欧盟的疫苗供应合同，辉瑞的疫苗价格已经从之前的每剂 15. 5 欧元上涨至 19. 5 欧元，涨幅高达 25%；Moderna 的疫苗价格也由之前的每剂 19 欧元上涨至 21. 5 欧元，涨幅为 13%。对于涨价原因，企业并未作出回应。

上周，辉瑞公布财报时将今年的疫苗营收预期大幅提升至 335 亿美元，新冠疫苗在推出后仅三个月，就为辉瑞带来了 35 亿美元的收入；今年第二季度，辉瑞疫苗的销售额更是达到 78 亿美元。

Moderna 在上一季度财报发布时，预期今年销售将达到 184 亿美元，而一年前，该公司几乎没有任何收入。该公司最新一季财报将于 8 月 5 日发布。

疫苗给生产商带来巨大利润的同时，也提振了市场。辉瑞德国合作伙伴拜恩泰科（BioNTech）和 Moderna 公司过去一年来股价飙涨，拜恩泰科今年迄今的股价涨幅已经超过 300%，Moderna 的股价今年以来的涨幅更是达到了 355. 5%。

到目前为止，辉瑞和拜恩泰科以及 Moderna 公司向欧洲和美国供应了最多的疫苗，尤其是在阿斯利康和强生的疫苗出现了令人担忧的不良事件之后。目前，辉瑞和 Moderna 正在向监管机构争取疫苗的完全批准以及加强疫苗的审批。

批评人士认为，尽管上市公司受到市场和股东的压力，需要以盈利和增加股东价值为目标，但在世界陷入公共卫生危机并试图增加疫苗接种覆盖率的情况下，制药商提价违背了道德底线。要赢得对企业的长期信任，涨价并不是最好的决定。

但从企业角度来看，只有获得了更大的利润驱动，企业才能更好地投入研发创新，尤其是在当前新冠变异株加速蔓延的情况下，疫苗的研发远未到“坐享其成”的阶段，厂商涨价正标志着一个新的疫苗研发阶段的开始。

近日，英国政府网站发布了一份科学咨询小组的建议文件，科学家们认为，随着病毒的变异，疫苗也需要不断进步，现有的疫苗已经无法阻止病毒的传播。

文件敦促政府和制药企业不仅要关注疫苗对新冠重症和死亡率的预防，而且也要想办法开发出更加有效的阻止病毒传播的疫苗，比如能够“诱导高水平和持久的黏膜免疫水平”的新疫苗，从而尽可能地减少出现新的病毒变异的机会。

尽管目前所有的新冠病毒变异株仍无法完全逃脱任何一种现有的疫苗，但疫苗对 Delta 变异株的中和效力相对其他变异株有较为显著的降低。辉瑞和拜恩泰科公司已经表示，他们正在研发的加强疫苗能够有效地提升包括对抗 Delta 变异株的中和效力，将于本月向监管机构提交临床数据。

辉瑞公布的早期数据显示，第三剂加强疫苗在年轻的接种者身上产生的病毒中和抗体比两剂接种后高出 5 倍以上，在老年人身上产生的中和抗体高出 11 倍以上。

包括世卫组织在内的机构也在呼吁更多疫苗的出现。目前，除了中国团队已经进入临床的吸入式疫苗之外，以色列制药公司 Oramed 计划推出一项口服疫苗的临床研究，首个临床试验将于本月在以色列启动。

2021 年 8 月 2 日

分享链接

特斯拉招募中国首席设计师，16万元的特斯拉更近了吗？

特斯拉近日在官方微信发出“英雄帖”，为其年内即将正式交付使用的特斯拉中国研发中心招募包括首席设计师在内的近百个岗位。

特斯拉的中国研发中心位于上海临港，也是特斯拉在美国以外的首个海外研发中心。此次招聘是特斯拉研发中心宣布以来最大规模的一次招聘，除了首席设计师的岗位，还开放了20多个包括数据平台软件工程师在内的车辆软件研发人员，以及十余个硬件设计工程岗位，其余的数十个招聘岗位涉及材料工程、动力和能源工程、研发工程运营以及车辆工程等众多领域。

巧合的是，8月9日，蔚来汽车与临港集团签署战略合作协议，蔚来汽车研发中心将落户漕河泾科技园。一场汽车研发人才的争夺战正在上海打响。

根据特斯拉方面的介绍，未来中国研发中心的目标是，在本土原创设计、研发和生产带有中国文化元素的新车型和能源产品，并且出口到全球。

目前特斯拉旗下在售主打车型只有四款，分别是Model S、Model X、Model 3以及Model Y，未来如果推出中国本土设计研发制造的电动车，有望丰富其产品线，并进一步降低电动车的生产成本。

特斯拉加大本土研发力量的举措也是为了更好地在中国市场竞争。目前特斯拉在电动车定价策略方面已经出现了中美差异化的现象。今年以来，特斯拉在美国涨价多达十几次，但在中国非但没涨价，反而降价。

伯恩斯坦的特斯拉分析师Toni Sacconaghi援引数据称，过去的一个季度特斯拉的财报显示，美国市场的利润大约上涨了10%，但中国市场的利润下滑了约10%。之所以中美采取不同的价格策略，也是考虑到中国市场的竞争远比美国市场要激烈。

如今特斯拉中国研发中心即将启用，网友猜测马斯克所说的2.5万美元的特斯拉电动车是否真的会实现。近期，网上已经曝出Model 2的照片，被当作特斯拉低价版的原型。

尽管特斯拉已经多次否认将在中国推出一款价格更低的电动车的消息，但考虑到市场激烈的竞争，特斯拉可能需要在中国推出更加适合中国消费者的多样化的产品线。

笔者认为，未来特斯拉中国和美国超级工厂生产的电动车也将更加体现差异化，美国超级工厂将专注于高端车型的生产，中国超级工厂生产的电动车则更加注重可及性。

特斯拉目前仍处于占领中国电动车市场份额的阶段。上个月底，特斯拉宣布最新一轮降价，Model 3 标准续航版调整后的价格为 235 900 元人民币。这是特斯拉为征服中国市场释放的明确信号。

摩根士丹利的数据显示，截至今年 2 月，特斯拉在美国已经占有近 70% 的电动车市场份额，但在中国，特斯拉第二季度纯电动车市场的份额从一年前的 18%下滑至 11%。

中国电动车市场过于拥挤，导致了很难出现一家独大的局面。换句话说，任何一个市场参与者都有机会。伯恩斯坦的数据显示，在中国有近百家电动汽车制造商参与，而美国不到 10 家。

在中国，特斯拉面临来自蔚来汽车和小鹏汽车等新兴电动汽车制造商的竞争；在美国，特斯拉的品牌更强大，其主要竞争对手是福特和通用汽车等传统汽车制造商，而传统厂商的销售占比仅占电动汽车的一小部分。

凭借在中国的超级工厂生产电动汽车，有助于特斯拉降低成本，从而与本土电动车企业更好地竞争。这种经济上的优势将对特斯拉产生持久影响。笔者预测，未来十年，特斯拉在中国的价格势必会低于美国等全球其他市场的价格。这也将推动上海超级工厂成为特斯拉的全球“出口中心”。

2021 年 8 月 10 日

分享链接

富士康赴美造车，未来或为苹果汽车代工

全球科技公司富士康周四宣布，将以2.3亿美元的价格收购美国电动汽车初创公司洛兹敦汽车公司（Lordstown Motors）位于俄亥俄州的一个皮卡组装工厂，该工厂还将支持富士康在美国的另一个合作伙伴Fisker。

富士康称，这笔交易将帮助该公司提前实现在北美建立电动汽车产能的目标。除了收购Lordstown工厂之外，富士康还将投资5 000万美元购买洛兹敦的股权。该消息推动Lordstown的股价收盘上涨8.4%，盘后交易继续上涨10%。

富士康是全球最大的合同电子制造商，也是iPhone的最大组装厂商。根据协议计划，双方将在2022年年初之前制造数量有限的车辆以进行测试和监管批准。

Lordstown通过与富士康的合作，将能够转向资本密集度较低的商业模式，预计该交易将在六个月内完成。

在汽车电气化发展趋势之下，富士康一直在探索在美国建造电动汽车的可能性。今年5月，富士康与Fisker敲定了一项汽车组装协议，计划每年为Fisker生产多达15万辆汽车，生产将于2024年开始启动。

在苹果供应商多元化以及iPhone销售增长趋缓的背景下，富士康转向电动车组装领域有望为其业务带来新的增长点。

根据券商韦德布什的一份研究报告，未来十年内，电动汽车可能在全球范围内创造1万亿美元的产值。富士康也制定目标，到2025年至2027年，该公司将有望为全球10%的电动汽车提供零部件或服务。

科技公司进入汽车制造领域被认为是“走捷径”，这也将加剧它们与传统汽车厂商的竞争。除了富士康之外，近期包括小米在内的科技公司都涌入智能电动汽车领域。

“制造电动车的门槛也没有想象的那么高，智能制造的本质都是相通的。”

一位汽车电子行业人士告诉笔者。

笔者认为，富士康大举转型赴美造车，更大的可能性是为其长期客户苹果公司未来的汽车代工做准备。

苹果汽车作为备受市场关注的下一个重磅产品，有望在2025年左右推出。苹果公司正在积极寻求合作伙伴，作为其长期供应商的富士康胜算很大。

苹果早在2014年就启动了“泰坦”（Titan）造车计划，笔者从业内了解到，该公司与欧洲、韩国汽车制造商曾进行过反复谈判，但进展并不顺利，近年来反而导致了汽车团队人才的大量流失。

就在上个月，2018年从特斯拉加入苹果公司的汽车负责人道格·菲尔德（Doug Field）正式宣布离职并加入福特汽车。

外界曾猜测苹果是否能与特斯拉合作，不过，这种合作的可能性并不大，因为两家企业都在科技行业非常强势。而要做苹果的汽车供应商，本身的品牌不需要多强大，但必须要学会服从。

富士康虽无独立造车的经验，但近十年来从涉足传统汽车零部件开始，逐渐切入电动汽车业，并紧跟行业发展节奏，布局电池、电机等核心“三电”技术；随着汽车智能化兴起，富士康又加大对芯片、软件的投资，推出以软件定义、开放的电动车平台。

去年，富士康推出了MIH电动模块化平台，并成立了电动车开放平台联盟，该平台的负责人郑显聪曾在福特、菲亚特克莱斯勒及蔚来汽车担任高管。

今年1月，富士康与吉利成立合资公司，为全球汽车及出行企业提供代工生产及定制顾问服务，包括但不限于汽车整车或零部件、智能控制系统、汽车生态系统和电动车全产业链全流程等。

外界将富士康与吉利的合作视为富士康布局中国电动车市场的重要举措。而富士康当前又赴美造车，应该是为了抢占美国市场，进一步拓展全球电动车市场。

2021年10月1日

分享链接

苹果推出 6 000 美元的高端笔记本，加速摆脱英特尔芯片

苹果公司周一召开新品发布会，发布了两款搭载苹果自研芯片的高端电脑 MacBook Pro。此举一方面凸显了苹果加速摆脱英特尔芯片的决心，另一方面也使苹果电脑与其他个人电脑产品进一步区分开来。

两款电脑分别搭载 14 英寸和 16 英寸屏幕，采用苹果自研芯片 M1 Pro 和 M1 Max，售价从 1 999 美元至 6 099 美元不等，6 099 美元的高价也打破了苹果电脑的售价记录。

苹果公司表示，新电脑系列的推出标志着“苹果芯片转移计划达成重大进展”。该公司称，新的笔记本产品性能要远超搭载英特尔或 AMD 芯片的笔记本电脑。高端的苹果电脑系列产品也是为了吸引包括影视爱好者、电影制作人等专业人士。

据介绍，M1 Pro 和 M1 Max 芯片运行速度相比 M1 提升最高可达 70%，可以更加快速地处理诸如使用 Xcode 编译代码的任务，尤其是在仅靠电池供电的情况下。

去年 11 月，苹果公司在一场线上发布会上首次推出使用苹果自研芯片 M1 的新型笔记本电脑和台式机，并设定了两年内彻底告别英特尔芯片的目标。分析人士认为，苹果公司的芯片合作伙伴的制造能力比英特尔更加先进。

搭载苹果自研芯片的笔记本电脑也推动了苹果笔记本的销量。2021 财年前三季度，苹果 Mac 电脑销售提升了 32% 至 260 亿美元。根据研究机构 Gartner 的估计，按出货量计算，苹果是全球第四大笔记本电脑制造商。

笔者认为，苹果笔记本采用自研芯片完全符合苹果整合软硬件技术的长期战略目标，苹果公司具有高度的整合能力，相较于英特尔或高通公司的商业模式，苹果公司能够更快地进行创新。

一般而言，开发芯片需要 3 年时间，使用自研芯片能够帮助苹果更好地控制成本。根据研究机构 Moor Insights 提供的数据，苹果公司将在每一块自

研芯片上节省 150~200 美元的成本。

除了苹果公司之外，越来越多的科技公司都在转向自己设计芯片，这也催生了对芯片代工的巨大需求。目前包括亚马逊、Facebook、特斯拉和百度在内的科技巨头都开始放弃使用传统芯片巨头公司的芯片，转向内部开发芯片。

在内部开发芯片能够使得企业通过定制芯片来满足其应用的特定要求，而不是使用与竞争对手相同的通用芯片。

全球持续的芯片短缺问题也将进一步推动企业的“造芯计划”。“疫情对芯片供应链造成了巨大冲击，加速了他们自己制造芯片的努力。”研究机构 Forrester 研究主管奥唐纳（Glenn O’Donnell）近期在一份报告中写道，“因为很多企业发现他们的创新步伐受限于芯片制造商的时间表。”

近期，特斯拉宣布正在构建“Dojo”芯片，用于在数据中心训练人工智能网络。百度也推出了一款人工智能芯片，以帮助设备处理大量数据并提高计算能力。

但直到目前，还没有一家科技巨头能够独立完成芯片开发的所有工作，因为这需要投入上百亿美元的资金，耗费数年时间建立先进的芯片代工厂。因此，即便是苹果和谷歌也不愿建造这些生产线，它们更倾向于采用委托台积电甚至英特尔这样的代工厂生产芯片的方式。

为此，英特尔近期正在大举扩大芯片代工业务，该公司称希望能够重新赢回苹果、微软等客户。英特尔 CEO 盖辛格（Pat Gelsinger）早些时候表示，英特尔正在建设代工厂服务，从而帮助包括高通、英伟达、博通等行业客户进行芯片的代工，从而把竞争对手变成客户。

2021 年 10 月 19 日

分享链接

十八、叶观产研

金叶子｜第一财经资深记者，长期关注科技创新和产业发展，聚焦科技政策、数字经济、区域创新、人才培养、知识产权等相关话题。“叶观产研”专栏跟踪政策热点，解析产业发展趋势，挖掘科研人员背后的故事。
jinyezi@ yicai. com

集成电路正式成为一级学科，20 万人才缺口能否因此补上？

为了培养创新型人才，解决制约我国集成电路产业发展的“卡脖子”问题，我国正式将集成电路设置成一级学科。

国务院学位委员会、教育部日前印发通知明确，设置交叉学科门类，并于该门类下设立集成电路科学与工程和国家安全学一级学科。交叉学科也成为我国第 14 个学科门类。

国务院学位委员会办公室负责人在答记者问时表示，随着新一轮科技革命和产业变革加速演进，一些重要的科学问题和关键核心技术已经呈现出革命性突破的先兆，新的学科分支和新增长点不断涌现，学科深度交叉融合势不可挡，经济社会发展对高层次创新型、复合型、应用型人才的需求更为迫切。

赛迪顾问副总裁李珂接受第一财经记者采访时表示，中国作为全球最大的集成电路应用市场，在应用创新方面具有很大优势，但在基础研究与原始创新方面一直存在差距，这也是被“卡脖子”的根本原因，此次集成电路上升为一级学科，将在科研资源向集成电路领域汇聚上起到推动作用。

一级学科有何意义?

随着智能手机、移动互联网、云计算、大数据和移动通信的普及，集成电路已经从最初单纯地实现电路小型化的技术方法，演变为今天所有信息技术产业的核心，成为支撑国家经济社会发展和保障国家安全的战略性、基础性和先导性产业。

当前，我国集成电路产业持续保持高速增长，技术创新能力不断提高，产业发展支撑能力显著提升，但仍存在核心产品创新能力不强、产品总体处于中低端等问题。

“作出设立集成电路科学与工程一级学科的决定，就是要构建支撑集成电路产业高速发展的创新人才培养体系，从数量上和质量上培养出满足产业发展急需的创新型人才，为从根本上解决制约我国集成电路产业发展的‘卡脖子’问题提供强有力的人才支撑。”国务院学位委员会办公室负责人说。

早在2015年，教育部等六部门就共同研究决定，支持一批高校建设示范性微电子学院或筹备建设示范性微电子学院，加快培养集成电路产业急需的工程型人才。

目前，国家示范性微电子学院共有28所。同时，去年8月国务院印发的《新时期促进集成电路产业和软件产业高质量发展的若干政策》强调，加强集成电路和软件专业建设，加快推进集成电路一级学科设置，支持产教融合发展。

由于行业特殊性，集成电路技术门槛较高，横跨物理、化学、材料、化工等多学科，且从设计到生产都离不开实践积累。

国务院学位委员会办公室负责人解释，由于集成电路科学与工程和国家安全学两个学科研究对象的特殊性，在理论、方法上涉及较多的现有一级学科，显示出多学科综合与交叉的突出特点，经专家充分论证，设置在交叉学科门类下。

“长期以来，各方发展交叉学科的积极性比较高，也提出了很多有益的意见建议，但对交叉学科的内涵外延、演变规律、建设机制等缺乏统一认识，在概念上往往与跨学科研究相混淆，容易造成盲目上交叉学科的倾向。”该负责人补充，国务院学位委员会正在研究制定交叉学科设置与管理的相关办法，进一步明确什么是交叉学科、交叉学科如何建设发展、依托交叉学科如何开展人才培养等基本问题，并在交叉学科的设置条件、设置程序、学位授权与授予、质量保证等方面作出具体规定。

从事半导体行业近20年的业内人士李琳告诉第一财经记者，集成电路人才存在市场缺口极大、缺乏相关专业大学毕业生等问题，一级学科的设立，则是从解决缺乏对口专业毕业生的问题着手。

“我们的高校缺少针对性的专业学科，除了几所重点高校，几乎没有大学有集成电路学科，而集成电路的极致专业性使得企业无人可用，一般的计算机等学科不具备相关能力。所以，芯片公司往往都会提前一年就去大学抢人。”李琳还表示，目前海外形势也不利于集成电路方面的留学生，更需要我们自己培养人才。

集成电路人才培养缺什么?

尽管近年来政、企、学界对集成电路行业愈加重视，但是人才缺口现象仍然存在。

《中国集成电路产业人才白皮书（2019—2020年版）》（下称《白皮书》）统计，截至2019年年底，我国直接从事集成电路产业的人员规模约为51.19万人，较上年增加5.09万人，其中，设计业、制造业和封装测试业的从业人员规模分别为18.12万人、17.19万人和15.88万人。

按当前产业发展态势及对应人均产值推算，《白皮书》预测，到2022年前后全行业人才需求将达到74.45万人左右，其中，设计业为27.04万人，制造业为26.43万人，封装测试业为20.98万人。也就是说，目前行业人才仍有20多万人的缺口存在。

在高校就业方面，《白皮书》显示，示范性微电子学院博士毕业生更愿意进入高校或科研院所工作，本科生直接就业的比例远低于硕/博毕业生。总体而言，人才匮乏的形势仍然严峻，人才结构明显失衡。

中国电子信息产业发展研究院集成电路所所长王世江此前在解读《白皮书》时表示，我国集成电路产业人才建设存在四个问题：领军和高端人才紧缺，对人才的吸引力不足；人才培养师资和实训条件支撑不足，产教融合有待增强；集成电路企业间挖角现象普遍，导致人才流动频繁；对智力资本的重视程度不足，科研人员的活力有待激发。

王世江特别提到：“希望通过一级学科建设把产教脱节问题尽快解决。”

发展集成电路，资金、人才、时间三个要素缺一不可，如果说科创板的设立给半导体公司带来更多的想象空间，并改善了行业人才的待遇问题，一级学科的设立则是从体制机制方面解决了人才培养中的问题。

中国工程院院士、浙江大学微纳电子学院院长吴汉明认为，国内高校集成电路专业要加强产教融合，这个专业的学生至少要会做晶体管才是合格的。

吴汉明在接受第一财经记者采访时表示，集成电路教育要全国一盘棋，要加强芯片制造的一些基本教材编制，制造相关的教学工作也要开展。

中国科学院微电子研究所研究员周玉梅在去年年末的一场集成电路人才论坛上也表示，虽然政策、资金对集成电路人才培养都给予了高度关注，但企业界认为招人用人还是很难，数量还是上不去。

“集成电路人才的缺口，代表整个社会可能缺乏一种正确引导、缺少一些政策引导，或者企业能支付的薪酬和行业吸引力没有那么强烈。我们需要需求方、供给方和政府三方共同努力来缓解矛盾，逐步达成供需平衡状态。”周玉梅说。

周玉梅认为，从高等教育的规模来看，我国高等学校的数量一点都不少，但是集成电路行业对于高学历的要求远远高于整个中国的平均数。“作为供给方，在扩大规模的同时要提升质量，在学习书本知识的基础上提高实践能力，让产业技术进步的发展被学生了解，提升工程化教育的能力。”

2021 年 1 月 17 日

分享链接

国家人工智能先导区增至8个，为何选中这5个城市？

牛年的第一个工作周，国家人工智能创新应用先导区数量扩容。

工业和信息化部近日印发通知，支持创建北京、天津（滨海新区）、杭州、广州、成都国家人工智能创新应用先导区（下称先导区）。这是继上海（浦东新区）、深圳、济南-青岛3个先导区后，工业和信息化部发布的第二批先导区名单。至此，全国人工智能先导区已增至8个。

上海新兴信息通信技术应用研究院首席专家兼副院长贺仁龙接受第一财经记者采访时表示，AI（人工智能）先导区更多聚焦的是应用，中国在产业体量上最有优势，比如我国的制造业占全球的28%，稳居世界第一，因此，AI深入到实体经济，实现与实体经济深度融合，也能为实体经济转型升级服务。“从第一批的3个先导区到第二批扩容至8个，地域上已经涵盖到长三角、京津冀、粤港澳、成渝四大战略区域。”

去年10月发布的《中国新一代人工智能发展报告2020》显示，中国人工智能区域发展与国家区域战略高度协同，相互促进，区域要素汇聚加速人工智能产业引领。京津冀、长三角和粤港澳大湾区已成为我国人工智能发展的三大区域性引擎，人工智能企业总数占全国的83%，成渝城市群、长江中游城市群也展现出人工智能发展的区域活力，产业集聚区初显区域引领和协同作用。

应用创新加速产业落地

从层次上划分，AI主要有基础层、技术层、应用层三层。欧美在基础层起步早、投入大，中国则在应用层和技术层涌现出诸多公司。目前，人工智能应用场景创新正成为中国加速产业化落地和技术迭代的重要途径。

2019年，多地推动人工智能应用场景征集，北京冬奥场馆、大兴机场、杭州大脑等代表性综合应用场景以及各领域丰富的行业场景，为人工智能技术创新与快速商业化创造了广阔土壤和良好环境。在2020年抗击新冠肺炎疫情过程中，人工智能技术加速与交通、医疗、教育、应急等领域深度融合，助力疫情防控取得显著成效。

中国信通院发布的《全球人工智能战略与政策观察（2020）》显示，目前从产业生态看，全球人工智能产业基础日趋坚实，比如技术局部突破，应用产品逐步丰富。应用领域逐渐从第三产业向第一、第二产业拓展。

同时，人工智能产业的发展也有良好的政策环境。《“十四五”规划建议》指出，推动互联网、大数据、人工智能同各产业深度融合，推动先进制造业集群发展。

在去年年末举行的2020中国人工智能高峰论坛上，工信部副部长刘烈宏表示，人工智能与5G、工业互联网融合发展。目前，我国人工智能核心产业规模已超过千亿元，企业数量超过2 600家，产业持续增长。

从行业规模看，据IDC预测，2020年全球人工智能市场规模为1 565亿美元，同比增长12.3%。根据中国信通院数据研究中心测算，2020年中国人工智能产业规模为3 031亿元人民币，同比增长15.1%。

为何选择这5地？

本次增加的5个先导区在产业领域各有侧重。

比如，北京国家人工智能创新应用先导区要结合北京市国际科技创新中心建设的整体部署，发挥技术原创、产业生态、人才基础、发展环境等多重优势，加快核心算法、基础软硬件等技术研发，加速智能基础设施建设，打造全球领先的人工智能创新策源地。

具体来看，要聚焦智能制造、智能网联汽车、智慧城市、科技冬奥等重点领域，加快建设并开放人工智能深度应用场景，优化治理环境，持续推进人工智能和实体经济深度融合，打造超大型智慧城市高质量发展的示范区和改革先行区。作为中国科技基础最为雄厚、创新资源最为集聚、创新主体最为活跃的区域之一，北京市拥有1 000多所科研院所和近3万家国家级高新技术企业，人工智能领域的有效发明专利居全球首位。

值得关注的是，此次先导区对于北京的定位，是要结合北京国际科技创新中心建设的整体部署。

在1月20日举行的国新办新闻发布会上，科技部副部长李萌表示，北京国际科技创新中心将围绕量子信息、人工智能、区块链、生命健康等新科技革命和产业变革的前沿领域，推进关键核心技术攻关。

北京市《“十四五”规划建议》指出，加快发展现代产业体系。坚持推动先进制造业和现代服务业深度融合，不断提升“北京智造”“北京服务”的竞争力。大力发展集成电路、新能源智能汽车、医药健康、新材料等战略性新兴产业，前瞻布局量子信息、人工智能、工业互联网、卫星互联网、机器人等未来产业，培育新技术、新产品、新业态、新模式。

天津（滨海新区）国家人工智能创新应用先导区则是要围绕京津冀协同发展战略，面向产业智能转型、政务服务升级和民生品质改善等切实需求，发挥中国（天津）自由贸易试验区的政策优势，推动智能制造、智慧港口、智慧社区等重点领域突破发展等。

杭州国家人工智能创新应用先导区是要充分发挥城市数字治理、先进制造等方面的基础优势，进一步深化人工智能技术在城市管理、智能制造、智慧金融等领域的应用。

近年来，杭州市把发展新一代人工智能作为建设“数字经济第一城”和“数字治理第一城”的重要内容。数据显示，杭州市人工智能规模以上制造业企业和典型企业达523家，人工智能算力和专利数分别居全国第一、第二，产业竞争力位列全国第一梯队。

据《杭州日报》报道，杭州市经信局相关负责人介绍，杭州市建设国家人工智能创新应用先导区，将充分发挥城市数字治理、先进制造等方面的基础优势，进一步深化人工智能技术在城市管理、智能制造、智慧金融等领域的应用。通过改革创新举措，积极探索符合国情的人工智能治理模式与路径，促进新技术、新产品安全可靠地推广，着力打造城市数字治理方案输出地、智能制造能力供给地、数据使用规则首创地。

根据杭州市设定的目标，到2023年，杭州市人工智能总体发展水平达到全国领先、国际先进，城市数字治理模式创新取得显著成果，智造赋能能力获得明显提升，数据的“采集—交易—使用”过程得到有效规范，公共服务平台基础支撑能力更加有力，以杭州都市圈为核心辐射带动长三角乃至全国人工智能产业能级跃升，以行业融合应用为引领的人工智能新业态、新模式、新场景加速贡献。

为推动先导区落地，接下来杭州市将着力在城市智能治理、赋能制造转型、数据规范使用等方面深化探索实践，为全国人工智能创新应用提供“杭州样本”。从空间布局上来看，将以杭州城西科创大走廊、杭州高新区（滨江）为核心，推进中国（杭州）人工智能小镇、萧山信息港小镇、萧山机器人小镇、浙大科技园、工业互联网小镇、大创小镇等六大园区协同发展。

广州市国家人工智能创新应用先导区则要紧扣粤港澳大湾区发展要求，聚焦发展智能关键器件、智能软件、智能设备等核心智能产业，面向计算机视觉等重点技术方向和工业、商贸等重点应用领域，不断挖掘人工智能深度应用场景。

不只是先导区建设，根据2021年广州市政府工作报告，广州市今年的工作重点之一，就是实施产业链供应链提升工程，其中就包括加快人工智能与数字经济试验区建设。在做强做优先进制造业方面，将实施“智造”工程，推进建设超高清视频和智能家电、智能网联新能源汽车、智能装备等世界级先进制造业集群。实施“智行”工程，协同发展智慧城市和智能网联汽车，加快广汽智能网联产业园建设，推进创建国家车联网先导区等。

贺仁龙告诉记者，广州市作为千年贸易之都和重要工业基地是粤港澳的中心城市，也是辐射东南亚、承载RCEP（区域全面经济伙伴关系协定）国际产业链的枢纽，先导区对整个区域的带动和以产业链供应链的国际协同有重要引领和带动作用。

成都市则是目前西部地区首个人工智能先导区。

根据工信部的发文，成都市国家人工智能创新应用先导区要立足“一带一路”重要枢纽与战略支撑点的区位优势，把握成渝地区双城经济圈建设机遇，以人工智能赋能中小企业为重要抓手，聚焦医疗、金融等优势行业，释放应用场景清单，促进技术-产业迭代发展。要结合西部地区的特点，在政策、机制、模式创新上积极探索实践，打造有活力的产业生态圈和功能区，辐射带动区域人工智能融通发展。

成都市经信局的数据显示，2020 年成都市人工智能产业企业达 550 余家、产业规模达 200 亿元，较 2019 年分别增长 83%、67%。根据成都市的规划，到 2022 年，成都市人工智能的产业规模将突破 500 亿元，带动关联产业规模突破 5 000 亿元。

2021 年 2 月 22 日

分享链接

“小巨人”企业最新分布图：浙苏鲁居前三，九成集中在制造业

作为市场主体最主要的组成部分，中小企业是城市活力和竞争力的重要源泉。其中，专注于特定细分领域、细分产品的专精特新中小企业则是强链补链、解决“卡脖子”问题的重要力量。

近日，工信部第三批2 930家专精特新“小巨人”企业培育名单完成公示，加上前两批，截至目前我国“小巨人”企业已达4 762家。

呈现哪些特点？

专精特新企业是指具备专业化、精细化、特色化、新颖化四大优势的企业。“小巨人”企业则是专精特新中小企业中专注于细分市场、创新能力强、市场占有率高、掌握关键核心技术、质量效益优的“领头羊”。

在7月27日的全国专精特新中小企业高峰论坛上，工信部副部长徐晓兰表示，目前已培育三批4 762家专精特新“小巨人”企业，五批596家“单项冠军”企业，带动各地培育省级专精特新中小企业4万多家。

根据今年4月发布的《工业和信息化部办公厅关于开展第三批专精特新“小巨人”企业培育工作》的通知，专精特新“小巨人”企业主导产品应优先聚焦制造业短板弱项，符合《工业“四基”发展目录》所列的重点领域，从事细分产品市场属于制造业核心基础零部件、先进基础工艺和关键基础材料；或符合制造强国战略十大重点产业领域；或属于产业链供应链关键环节及关键领域“补短板”“锻长板”“填空白”产品；或围绕重点产业链开展关键基础技术和产品的产业化攻关；或属于新一代信息技术与实体经济深度融合的创新产品。

同时，对第三批“小巨人”企业有三个档位的分类，明确了研发经费支出的占比。例如，上年度营业收入在1亿元及以上，且近2年研发经费支出占营业收入的比重不低于3%；上年度营业收入5 000万元（含）~1亿元

（不含），且近2年研发经费支出占营业收入的比重不低于6%。

可以发现，相比前两批“小巨人”申报条件，第三批的申报删除了“主持或者参与制订相关业务领域国际/国家/行业标准”，而是对“研发经费支出占营业收入的比重”根据企业规模分档设定条件。

工业和信息化部中小企业局一级巡视员叶定达接受媒体采访时表示，这些“小巨人”企业有几个特点，一个是小企业支撑大配套，第二个是小的产业干成了大的事业，第三个是小配套的产品孕育了高技术，应该说它们在产业基础高级化、产业链现代化方面发挥了很大的作用。

从数量上看，第三批专精特新“小巨人”企业的数量超过前两批的总和。从所处行业看，超六成企业属于工业“四基”领域，超七成企业深耕行业10年以上，超八成企业居该省细分市场首位，九成企业集中在制造业领域。

从地域分布来看，第三批“小巨人”企业中，东、中、西部分别有1 773家、746家、411家，占比分别为61%、25%、14%，与全国制造业企业区域分布的规律基本保持一致。这也和此前两批1 832家专精特新“小巨人”企业分布区域大体一致。

根据工信部的统计（计划单列市专精特新“小巨人”企业数量未计入所属省份），前两批“小巨人”中，江苏省有113家，排在第一；浙江省有107家，广东省有106家，河北省有100家，北京市有90家，上海市有80家。

第一财经记者梳理发现，加上此次公布的第三批“小巨人”企业，北京市三批“小巨人”共有257家，上海市共有262家，江苏省共有285家，浙江省共有288家，山东省共有265家，广东省共有260家。按照工信部统计口径（计划单列市宁波、深圳、青岛、厦门、大连专精特新“小巨人”企业数量未计入所属省份），上榜数量排名前六位的省份依次为浙江、江苏、山东、广东、上海、北京，均超过250家。

根据规划，“十四五”期间，全国将培育百万家创新型中小企业，10万家省级专精特新企业，1万家专精特新“小巨人”企业和1 000家“单项冠军”企业。

各省份加大扶持力度

对于“小巨人”企业，从初创阶段再到后期盈利，每个发展阶段都有不同的企业诉求，涵盖融资、引才、资金扶持等。

第三批“小巨人”上榜企业上海曼恒数字技术股份有限公司（以下简称曼恒数字）的董事长兼CEO周清会告诉记者，从最初没有盈利的初创期，到当前进入稳定的发展期，上海市的各个部门都有不同阶段的支持。在人才培养方面，如今公司的首席科技官是重点高校图像处理领域专业毕业的，这种VR（虚拟现实）、AR（增强现实）类的专业在别的城市找工作并不容易，因此他毕业后就来了上海。同时，政府的人才政策又解决了他落户、人才公寓等实际问题，他还在去年获得了上海市五一劳动奖章。“特别是在他买房、收入方面政府有一些补贴，这也是企业方无法做到的。”

同样是第三批“小巨人”，上海钛米机器人股份有限公司的董事长潘晶告诉第一财经记者，企业往前走，无论是从一种比较危险的状态到安全，还是在已有的基础上变得更强，都离不开政府不同层面的支持。去年疫情较为严重的时候，公共场所对消毒机器人的需求激增，但这些消毒机器人与他们此前开发的医院消毒机器人有很大不同，后来利用张江人工智能岛上微软人工智能和物联网实验室优化机器人算法，很快开发出适合公共场所消毒的机器人。

西井科技首席运营官章嵘告诉第一财经记者，从当初一家港口行业名不见经传的公司到现在入选“小巨人”，是对他们快速成长的一种肯定。“作为AI企业，我们的科技创新研发投入巨大，在发展过程中，上海市经信委人工智能产业专项、上海市软件集成电路、上海市中小企业创新项目等方面出台多项政策给予扶持。”

国家和地方对于中小企业、专精特新中小企业的扶持力度仍在加大。

今年2月，财政部、工信部联合发布了《关于支持专精特新中小企业高质量发展的通知》，明确2021—2025年，中央财政累计安排100亿元以上奖补资金，分三批（每批不超过三年）重点支持1 000余家国家级专精特新“小巨人”企业高质量发展，并通过支持部分国家（或省级）中小企业公共服务示范平台强化服务水平，聚集资金、人才和技术等资源，带动1万家左右中小企业成长为国家级专精特新“小巨人”企业。

今年5月，北京经开区发布“雁阵企业”5年倍增计划，即到2025年年底，北京经开区金种子、展翼、瞪羚、专精特新、隐形冠军、独角兽企业总数较2020年年底翻一番。同时，通过调研走访了解“雁阵企业”需求，给独角兽、单项冠军等头部企业提供管家式服务，给予专精特新、“小巨人”等腰部企业精准的政策扶持。

上海市在去年2月出台了惠企“28条”后，上海市十五届人大常委会第二十一次会议审议了《上海市促进中小企业发展条例（修订草案）》，为40万中小企业立法。今年5月，上海市经信委与上海农商银行签署《上海市专精特新“小巨人”企业发展合作协议》。面向专精特新“小巨人”企业推出专属金融服务方案“引航贷”，为专精特新“小巨人”企业原则上提供金额最高5 000万元、期限最长5年的信用贷款等。

湖北省经信厅近日表示，组织申报两批省级专精特新“小巨人”企业，力争明年申报第四批国家级专精特新“小巨人”企业数达到全国总数的5%以上。

在7月末举行的全国中小企业工作座谈会上，徐晓兰指出，当前中小企业面临的形势依然复杂多变，要主动应对挑战、积极抢抓机遇。做好“十四五”促进中小企业发展工作，要健全中小企业“321”工作体系。同时，要坚持培优企业和培强产业相结合，通过上下联动、创新驱动、典型带动，鼓励中小企业创新，做到专业化、精细化、特色化。

2021年8月23日

分享链接

5G 基站覆盖全国所有地级市，多地明确未来 5 年的发力目标

“十四五”时期，是我国 5G 网络规模化部署的关键期，也是 5G 应用场景和产业生态的快速发展期。

在日前举行的世界 5G 大会上，工信部部长肖亚庆表示，我国 5G 商用两年来，已开通建设了 99.3 万个 5G 基站，覆盖全国所有地级市、95%以上的县区、35%的乡镇，5G 手机终端连接数超过了 3.92 亿户。

当前，我国 5G 网络建设仍处于规模部署阶段，各地明确了未来五年 5G 建设的目标。

各地明确“十四五”5G 建设目标

专家表示，按照 14 亿人口估算，2023 年年末，5G 基站要达到 250 万个以上。因此，未来 2—3 年，我国 5G 网络建设仍将呈现持续推进的趋势。

据不完全统计，北京、上海、江苏、浙江等地近日陆续公布了“十四五”期间的 5G 建设计划。

最早被中国三大运营商同时列为 5G 网络首发城市的上海，截至 7 月底，已累计建设 5G 室外基站超 4.3 万个，5G 室内小站超 8.2 万个，实现中心城区和郊区重点区域连续覆盖。

根据《上海市信息通信行业“十四五”发展规划》，预计到 2025 年末，上海市将建成并开通 5G 基站 7 万个，固定宽带接入带宽将达到 500 Mbps，IPv6 活跃用户数占比将提升至 80%。而“十三五”时期，上海市 5G 用户为 859.7 万户，占移动电话用户总数的 20.1%，4G 用户正加速向 5G 用户迁移。

就在 8 月 31 日，上海城投、隧道股份与上海电信、上海移动、上海联通、上海铁塔签署战略合作框架协议，共同推进桥隧 5G 建设，助力交通数字化转型，推进信息基础设施与交通设施的跨界融合和共建共享。

截至 2020 年年底，5G 先发城市北京市累计建设 5G 基站 3.8 万个，已覆

盖全市重点区域，实现了对政企单位、交通枢纽、景区、垂直行业等需求场景以及对人员流动密集地区的覆盖。2020年北京市移动电话用户数达到3 906. 4万户，其中，4G用户达3 159. 7万户，5G在网用户突破400万户。

《北京市“十四五”信息通信行业发展规划》显示，预计到2025年年末，全市将建成并开通5G基站6. 3万个，基本实现对城市、乡镇、行政村和主要道路的连续覆盖。

江苏省2025年的目标是5G基站数要在25. 5万个。数据显示，2020年年底，江苏省建成并开通5G基站7. 1万座，基本实现城市、县城和重点乡镇覆盖。根据《江苏省“十四五”新型基础设施建设规划》，“十四五”时期，其目标是信息基础设施均衡发展能力达到国内领先水平。5G网络实现全覆盖，“全光网省”基本建成，物联网技术和平台影响力全国领先。

数字强省浙江省的网络通信能力持续增强，光缆线路总长度居全国第三，建成全国领先的光纤和移动宽带网络，建设5G基站6. 26万个，实现5G网络规模商用。

根据《浙江省信息通信业发展“十四五”规划》，到2025年，全省建成5G基站20万个，实现行政村以上地区5G网络全覆盖。加快5G独立组网（SA）规模化部署，优先在中心城区、产业园区、港口、交通枢纽、居民住宅区、医院、学校、重点景区等重点区域以及杭州亚运会、杭州国际会议中心、世界互联网大会等重要场馆完成5G网络部署优化，加快向乡镇以下区域延伸，率先实现城乡全覆盖，建成5G精品网络。面向行业应用需求，推动5G行业虚拟专网在工业制造、交通、教育、医疗、港口等重点领域试点部署。

中国信息通信研究院数字技术与应用研究部副主任王骏成在世界5G大会上表示，我国5G基站突破100万大关，代表着我国5G网络规模组网已经迈上了一个新的台阶。下一步，我国5G网建设要坚持适度超前的原则，匹配5G应用的发展路径和节奏，要让“路等车”，而不是“车等路”。

应用要从“样板间”到“商品房”

工业和信息化部总工程师韩夏在世界5G大会的“5G与行业应用标准化论坛”中透露，目前我国5G应用创新案例已经超过1万个，在工业、医疗、教育、交通等多个行业领域发挥赋能作用。

在世界5G大会上公布了5G十大应用案例。这十大应用案例从25个省市、自治区的206个申报项目中选出，涵盖工业互联网、智慧医疗健康、智慧交通等多个行业。

"5G十大应用案例，来自我国5G行业应用的第一线，展现了赋能重点行业的优秀实践。下一步各方要形成合力，推动5G应用从'样板间'向'商品房'加速转变，从先导行业向千行百业规模推广，加速赋能经济社会高质量发展。"8月31日，在世界5G大会"行业应用创新论坛——5G十大应用案例"上，工业和信息化部信息通信发展司副司长刘郁林表示。

今年7月，工信部等十部门联合印发《5G应用"扬帆"行动计划(2021—2023年)》，提出坚持协同联动。加强各方沟通衔接，畅通跨部门、跨行业、跨领域协作。其中，在垂直行业领域，大型工业企业的5G应用渗透率超过35%，电力、采矿等领域的5G应用实现规模化复制推广，5G+车联网的试点范围进一步扩大。

从5G规模部署阶段到未来垂直行业应用，还需要解决和突破哪些问题?

上海新兴信息通信技术应用研究院首席专家兼副院长贺仁龙对第一财经记者表示，相较于4G的应用和投资，5G要实现应用，基站的建设需求就远远高于4G阶段的基站需求，按目前的基站建设进度来看，仍有一段时间的路要走。

他还表示，从投资回报来看，4G时期的投资基本上是从个人用户通过移动互联网来收回，但是5G不同。由于前期投资大，未来更主要是通过行业的深度应用来收回投资。"这不是仅靠个人用户就足够的，要靠机器设备、生产设备互联，用5G去服务行业应用。"

按照这个目标的话，当前5G建设还有几个方向需要注意。

贺仁龙说，既然是服务于产业，5G基站建设就需要考虑以产业园区为中心，并不是以前按照居住、办公圈定的以人为中心，"现在我国近100万个5G基站已经做到主要地级市的基本覆盖，未来还需要围绕行业应用做深度覆盖。"

除此之外，在他看来，5G应用和行业要深度结合，并形成平台化的应用，才能产生生产价值。"要实现5G与行业自我造血的能力，实现规模化的部署，还需要形成一个合适的机制。5G与垂直行业的融合面临刚需场景较少、投资成本较大、行业壁垒较高等挑战，并不是只像以往安安宽带、做做无线这些，还需要解决产业界的问题。”

贺仁龙表示，需要有一个穿透行业知识壁垒的运营模式，解决行业规模化的痛点以及平台化的运营，“比如华为的 5G 煤矿军团，其成员不仅有理论研究，也有技术研发、解决方案和行业专家等，这样就能实现 5G 在煤矿行业应用的快速响应”。

2021 年 9 月 2 日

分享链接

多地公布科技创新“十四五”规划，瞄准这些领域

“十四五”期间，科技创新被摆在重要位置，各地也相继结合资源禀赋制定具体施工图。

据不完全统计，近日上海、广东、江苏、湖北等地公布了科技创新“十四五”规划，明确未来5年的建设重点。

三大科创中心：战略科技力量

我国目前已基本形成多个创新集聚区，分别是以北京为中心的京津冀创新集聚区、以上海为中心的长三角创新集聚区、以广州为中心的珠三角创新集聚区，以及以成都、重庆、武汉、西安为中心的区域性创新集聚区。

“十四五”规划明确提出，支持北京、上海、粤港澳大湾区形成国际科技创新中心。

在此前举行的国新办发布会上，科技部战略规划司司长许倞说，“十四五”期间，要继续支持北京、上海、粤港澳大湾区国际科技创新中心建设。要强化国家重大创新基地和平台布局，着力深化科技体制改革和政策创新。在这方面，希望三地能够在政策创新上起到“领头雁”的作用，有更多探索，促进科技、产业、金融良性互动、有机融合，率先打造我国科技创新策源地，形成引领高质量发展的重要动力源。

目前，三大科创中心的中长期规划也已明确，其中，创新策源、强化国家战略科技力量是建设重点。

日前，上海市公布了《上海市建设具有全球影响力的科技创新中心“十四五”规划》。为强化科技创新策源的功能，“十四五”时期上海科创中心将狠抓8项重点任务落实。首先提出的就是加快基础研究原创突破，提升原始创新能力。

例如，加快推进张江综合性国家科学中心建设，打造一批战略科技力量，

前瞻布局一批战略性和基础性前沿项目，支持高校、科研院所和企业自主布局基础研究，加快形成一批基础研究和应用基础研究的原创性成果，实现“从0到1”的原创性突破，努力成为“科学规律的第一发现者”。

“基础研究是上海科创中心增强科技创新策源功能的‘动力源’。”上海加强中长期基础科学前瞻部署战略研究课题组在解读上海规划时表示。

在国新办举行的规划解读发布会上，科技部副部长李萌表示，强化战略科技力量，是上海科创中心建设的一项重大任务。“十四五”期间，科技部将进一步支持上海加快国际科技创新中心建设。将加快重大科技创新平台建设，提升上海原始创新能力；推动上海深度参与国家重大科技项目的研发和攻坚；以上海为龙头强化长三角科技创新共同体建设，打造未来产业新引擎；支持上海深度融入全球创新网络；支持上海凝聚高端人才。

上海市科学学研究所所长石谦告诉第一财经记者，创新策源并不容易，因为策源有偶然性，需要有集聚度。“各种资源禀赋、产业链、创新链有一定的集聚度才可能产生效果。很多地方都在提创新策源，但是上海是唯一一个把创新策源作为整个城市功能的城市，而不仅仅是科技一方面的能力。”

GDP总量第一的广东省，在10月中上旬公布了《广东省科技创新“十四五”规划》，提出到2025年，广东主要创新指标达到国际先进水平，建成更高水平的科技创新强省，粤港澳大湾区初步建成具有全球影响力的科技和产业创新高地，成为国家重要创新动力源。

广东省科学技术厅在解读规划时表示，“十四五”时期广东科技创新将按照“七个聚焦、七个着力”，布局重点任务。具体包括：聚焦国家重大需求，着力增强战略科技力量；聚焦世界科技前沿，着力强化源头创新供给；聚焦经济主战场，着力提升支撑引领能力；聚焦人民生命健康，着力服务美好生活需求；聚焦企业创新能力，着力强化创新主体地位；聚焦人才队伍建设，着力打造创新人才高地；聚焦体制机制改革，着力推进创新治理现代化。

该规划形成了10个量化的预期性指标。比如，区域创新能力持续保持全国第一，研发经费投入年均增长达10%，R&D/GDP达3.5%左右，每万人研发人员全时当量达90人年，全社会基础研究经费投入占研发经费的比重达10%，每万人口高价值发明专利拥有量达20件，海外发明专利授权量累计新增数量达8万件等。

作为我国科技基础最为雄厚的区域之一，北京市的目标是：到2025年，北京国际科技创新中心基本形成；到2035年，北京国际科技创新中心创新力、竞争力、辐射力全球领先，形成国际人才的高地，切实支撑我国建设科技强国。

根据《“十四五”北京国际科技创新中心建设战略行动计划》，强化国家战略科技力量是北京国际科技创新中心建设的重要内容。战略行动计划提出，加速国家实验室培育建设，推进在京国家重点实验室体系化发展，加速怀柔综合性国家科学中心建设，推进世界一流重大科技基础设施集群建设，围绕优势领域培育一批新型研发机构。

在1月举行的发布会上，李萌介绍，北京国际科创中心建设要走出新路子，关键是能力和生态的构建。一是以布局国家战略科技力量构建牵引力；二是以展开重大基础前沿领域研发构建原创力；三是以改革和政策先行先试构建新动力；四是以激发人才创新创造活力构建吸引力；五是以全方位科技开放合作构建影响力。

在上海市科学学研究所统计评价研究室副主任张宓之博士看来，“十四五”国家科技创新空间布局的层次系统在重点建设区域和重点工作上发生了一定的改变，总的来说可以概括为“突出核心、向西迈进、市场为先”。

他对记者表示，在空间布局上，“十四五”期间将打造一批具有全球影响力的国际科技创新中心，成为中国参与国际科技创新竞争合作的重要标杆，支撑创新型国家建设。由此可见，国家战略科技力量和重大科技项目仍然会向这些地方倾斜，形成科技攻关的新型举国体制来开展前沿的科学、技术探索。

区域创新中心怎么做

除了北京、上海、粤港澳三大科创中心外，其他多个科教资源丰富的省份也划定了科技创新未来5年的发展路线图。

浙江省科技创新发展“十四五”规划提出，到2025年，三大科创高地建设加速推进，基本建成国际一流的“互联网+”科创高地，初步建成国际一流的生命健康和新材料科创高地。此外，规划还明确“抓好十大重点，形成十大突破”。

例如，在打好关键核心技术攻坚战、加快抢占科技制高点方面，梳理形成以应用研究倒逼基础研究清单、以基础研究引领应用研究清单、国产替代清单、成果转化清单等四张清单，实施“尖峰、尖兵、领雁、领航”四大攻关计划，解决一批“卡脖子”问题，取得100项填补空白、引领未来的重大成果。

江苏省日前公布“十四五”科技创新规划，提出力争到2025年，科技强省建设取得阶段性重要进展，基本建成具有全球影响力的产业科技创新中心，主要创新指标达到创新型国家和地区同期中等以上水平。

江苏省的规划对科技强省建设作出系统设计，主要包括四个方面：把打好关键核心技术攻坚战作为首要任务；把实施科技创新重点行动作为关键抓手；把打造区域创新发展增长极作为重要路径；把加快推进科技治理能力现代化作为强大动力。

江苏省规划的工作目标主要体现在“四个强”上，即自主创新能力强、引领支撑作用强、创新体系协同强、创新创业生态强。具体包括：基础研究和关键核心技术取得重大突破，突破一批制约经济社会发展的重大瓶颈问题，在若干战略必争领域形成先发优势；全社会研发投入占地区生产总值的比重达3.2%；高新技术产业产值占规模以上工业总产值的比重达50%左右等。

中部的科教大省湖北省也提出，到2025年基本建成科技强省，跻身国家创新型省份前列，形成在全国科技创新版图中的领先地位，力争创新驱动发展走在全国前列，成为引领中部地区崛起的科技创新支点、具有全国影响力的科技创新中心和全球创新网络的重要链接。

根据《湖北省科技创新“十四五”规划》，湖北明确“十四五”时期全社会研发经费投入年均增速达到14%、高新技术产业增加值年均增速达到12%以上，到2025年基础研究经费占全社会研发经费的比重达到8%，每万名就业人员中研发人员数超过70人。

多地发力科技创新让区域创新格局进一步协调。国家统计局9月22日公布的数据显示，2020年，我国东、中、西部地区R&D经费分别为16 517.3亿元、4 662.9亿元和3 212.9亿元，分别比上年增长9.2%、12.0%和12.4%，中西部地区的增速连续4年超过东部地区。

另外，世界知识产权组织（WIPO）9月发布的2021年全球创新指数（GII）也显示，中国拥有近五分之一的全球领先科技集群，并且大多数集群的排名上升幅度明显。

张宓之表示：“在GII今年的区域板块中，粤港澳、北京、上海国际科技创新中心的引领作用不断凸显，同时，绝大多数中国科技集群排名均有提升，这与我国目前形成的梯次有序的区域创新发展布局密不可分。中西部地区已经成为我国未来科技创新的重要发力点。在北京、上海、粤港澳大湾区建设国际科技创新中心的基础上，引导创新资源向中西部地区集聚，是科技创新推动区域协调发展的关键举措。”

2021 年 10 月 25 日

分享链接

“90 后”摘芯片设计算法全球冠军，12 万名工业软件人才缺口待补

随着全球数字经济的发展，研发设计、生产控制、信息管理等工业软件的应用场景进一步增加，工业软件领域的人才需求也呈现上升态势。

在近日举行的一场国际会议上，来自华中科技大学平均年龄 24 岁的团队摘得 EDA 领域算法竞赛全球冠军，这也是三位“90 后”核心成员第一次出战该类比赛。

像华科团队这样能从事工业软件设计的人才有多少？

据赛迪《关键软件人才需求预测报告》预测，到 2025 年，我国关键软件人才新增缺口将达到 83 万，从需求类型来看，关键软件领域紧缺岗位集中于高端技术职位，其中，架构师、前端（算法）开发工程师最为紧缺。工业软件人才缺口将为 12 万，工业软件将成为人才紧缺度最高的领域之一。

赛迪顾问业务总监高丹对第一财经记者表示，软件人才缺乏是我国软件产业发展亟待解决的重大问题，特别是新兴领域和核心关键领域的软件人才缺乏问题尤为突出。工业软件与其他行业软件研发具有较大的区别，因为以制造业为主的行业类型丰富，不同制造行业的制造流程区别较大、不同规模企业的信息化水平不一致，因此，工业软件需要解决的问题差异性也较大。

华中科技大学计算机学院吕志鹏教授接受第一财经记者采访时表示，现在学科的特点是按专业方向来划分的，而在未来的 EDA（电子设计自动化）人才培养方面，应该以产业界来牵头提需求，让既懂微电子、又懂算法、还懂建模的人来把问题梳理清楚，最后开放给做算法的人。

年轻人开始关注设计软件

工业软件包含研发设计类（EDA、CAD、CAE 等）、生产调度和过程控制类（MES、SCADA 等）、业务管理类（ERP、SCM、HRM 等）三大领域，其中，研发设计类最为核心和关键。以被称作“芯片之母”的 EDA 为例，是

电子设计的基石产业。

在11月4日结束的EDA领域国际会议ICCAD 2021上，吕志鹏教授团队获得了CAD Contest布局布线（Routing with Cell Movement Advanced）算法竞赛的第一名。

这个始于1980年的会议，是EDA领域历史最悠久的顶级学术会议之一，其中的CAD Contest算法竞赛更是备受关注。

“可以说EDA属于工业软件里面难度最大、最复杂的一类软件，大家都知道没有光刻机造不出芯片，但是在前端设计的时候，是需要EDA这类软件和工具的。”吕志鹏对记者解释，虽然EDA的市场规模并不大，但这个领域却相当关键。因为在万物互联的时代，不仅是IT界，任何行业的应用最终都会收拢到芯片上来。

谈到这次比赛的意义，吕志鹏认为，是引起了各界的关注和热情，大家开始关注什么是工业软件、什么是EDA。“之前在芯片领域民间可能更关注光刻机，鲜少有人去关注底层EDA软件的发展。”

不过，即使获得了该算法领域的冠军，但诸如芯片设计类的工业软件人才储备仍然不足。方正证券的研报显示，目前国内从事EDA软件研发的人员约1 500人，真正为本土EDA研发服务的只有约300人。

在此前举行的2021中国工业软件大会上，清华大学软件学院院长王建民也表示，随着信息化、网络化、智能化的发展，工业软件不断有新的内涵拓展。在人才培养方面，我国大学以前的教育基本上没有工业软件。工业软件研发人才严重匮乏，特别是复合型人才。

值得注意的是，这一次算法竞赛的参赛队员的平均年龄只有24岁，三位主要核心成员出生于1998年、1999年。

“实验室三位学弟有一个读研二，两个在读研一，其中两个学弟准备比赛时还在读大四。”团队指导人之一、正在从事博士后研究的苏宙行告诉记者，从硕士算起，苏宙行已经在组合优化算法领域钻研了7年。

苏宙行告诉记者，在计算机学院念本科时学的还是通识教育，到了研究生阶段他才逐步聚焦于NP-hard问题与组合优化算法等方向，并一路读到博士后。

已经在研究领域待了近20年的吕志鹏近两年有一个明显的感受。他说，和此前相比，近几年招收有意愿从事工业软件方向的研究生总量、质量以及上升速度都在提高，特别是“90末”“00后”对工业软件领域的关注度在变高。

人才培养如何破局?

在人才工作的长期性特征下，我国工业软件所需的高水平、经验型人才仍然供不应求，满足产业高速发展的产教融合人才培养体系尚未形成。

一位从事芯片行业近20年的人士曾告诉第一财经记者，集成电路人才存在市场缺口大、缺乏相关专业大学毕业生等问题。而芯片产业的极致专业性使得企业无人可用。

王建民也在上述会议上谈道，当前我国尚未建立工业软件基础人才选拔与培养的有效机制。高校CAD软件理论与技术研发人才培养断档，高校重应用而不重基础研发，加上一些互联网应用产业产生的虹吸效应，高端工业软件人才存量不足。需要从扩大工业软件教育人才基数、建设工业软件一条龙的考核新机制、特色化软件学院等政策建设、建立工业软件教育系统工程等方面加强人才培养。

在高丹看来，与传统软件人才培养不同，工业软件人才的培养需要对制造行业的深入理解以及对工业企业信息化问题的了解，因此，培养过程中一方面要增加工业软件人才对制造业整体流程的了解，另一方面要注重联合工业企业开展人才培养，设计相关的课程，并开展相关的实践和培训。“研发本就是一件前期资本投入大的事业，越接近基础研究周期越长、短期效益见效越少，但是一旦研发成功，就会释放巨大的价值。”

值得注意的是，本次华科团队其实并不是一直关注芯片设计，虽然实验室已经成立了40余年，在三年前吕志鹏主攻的是工业优化算法研究，从2018年才开始进行EDA方面的研究。

吕志鹏说，EDA领域的内核其实是复杂的算法，而按高校的学科划分来看，这些人才分散在计算机、数学等多个院系。“做芯片设计的可能是集成电路专业的学生，但是他们并不是学算法出身。”

吕志鹏认为，在未来的人才培养过程中，需要产业界和学校共同培养。用需求做牵引，由算法跟建模的专家帮助业界梳理问题，需要吸引各个专业做算法的复合型人才。同时，这种专业的竞赛可以吸纳能解决实际问题的人才。

高丹建议，对于工业软件的投入来说，不仅包括资本、还包括时间，要做好长期研发的准备。学界、研发机构和企业界甚至政府，既要合作，又要明确各自的职能，从合作协同方面来说，设置专项基金、开展重点项目研发是其中的一种路径；从职责明确方面来说，学界要做好基础人才的培养、设计好课程，学界和研发机构组织好项目研发，要勇于攻关。

2021 年 11 月 18 日

分享链接

十九、海斌访谈

彭海斌｜第一财经产经新闻部副主任。毕业于四川大学经济系，2010年开始从事媒体工作，专注产业与公司报道。
penghaibin@ yicai. com

中国本土“抗癌新势力”崛起

中国本土企业的癌症诊疗能力提升速度超出许多人的预期。

自2015年的药审改革开启至今6年，跨国企业的肿瘤诊断器械和治疗药物加快进入中国市场。与此同时，更重要的是，中国本土成长起来一批肿瘤精准诊疗的创新型企业，其中既有癌症早筛企业，也包括肿瘤药物公司。有别于传统企业，这些“抗癌新势力”更重视研发、也处在一个更好的政策和市场环境。

中国的癌症发病率持续走高，这对普通家庭和国家医保体系都意味着沉重的负担。《国务院关于实施健康中国行动的意见》提出，要在2030年实现总体癌症五年生存率不低于46.6%。对于达成这一目标，“抗癌新势力”是一支生机勃勃的促进力量。

起势

“从技术和产品的开发上，癌症早筛的核心是前瞻性大队列研究，是海量数据的积累，并以此对技术模型进行优化。”泛生子联合创始人及CEO王思振在接受第一财经记者采访时表示，这一点中国有得天独厚的优势。

泛生子是一家专注癌症基因组学的研究和应用，提供癌症早期筛查、用药指导、预后监测、肿瘤新药研发服务等覆盖癌症全周期的产品与服务的企业。这家企业仅在江苏省无锡市就得以开展 15 万人的大队列肝癌早期筛查。而与它所处同一赛道的美国企业 Grail，在英国开展的一项类似筛查只有 16 万人参与。

对于癌症早筛企业而言，中国庞大的人口规模有利于帮助国内企业实现快速的技术迭代，追平海外公司的水平。

“四五年前，癌症精准医疗行业还在以复制国外先进经验为主。”王思振说。随着基因组学和分子诊断底层技术的成熟和演进，加之国内企业的发展，这个行业几年间“已经是翻天覆地的变化”。

“如今我们和全球领先的公司在同一跑道上角逐。基因检测行业跟世界最先进水平之间的差距迅速缩小，某种意义上而言，癌症精准医疗在未来的加速度会比传统医药行业更快。”

伴随着癌症早筛市场启动，近年来中国已经有一批企业纷纷上市。泛生子、燃石医学、诺辉健康等癌症早筛新势力公司的市值普遍在百亿元规模之上。

与之相比，部分肿瘤制药新势力已经突破了千亿元市值的级别，比如百济神州和再鼎医药等。同时，中国已经诞生了信达生物、基石药业、云顶新耀等一批百亿元市值级别的肿瘤药物企业。

部分创新企业开发的药物已经实现了海外市场突破。百济神州的抗癌新药泽布替尼在 2019 年年底拿到了美国食品药品监督管理局的批文，成为首个登陆美国市场的中国原研抗癌药物。今年 5 月中旬，美国食品药品监督管理局受理了信达生物与美国礼来制药联合开发的 PD-1 单克隆抗体达伯舒的上市申请。

“最近 10 年，尤其是 2015 年以后，政策的改变和支持还是非常大的。中国现在制药企业的发展已经非常快了。”基石药业首席医学官杨建新博士对记者表示。2014 年回国之前，他在海外有二十余年的生物制药研究和开发经验。据他观察，国外生物制药企业的发展从 20 世纪 80 年代开始，90 年代到新世纪发展非常快。“中国以后有点像美国 20 世纪 90 年代初的状态，而且我们现在基础也跟上来了，临床研发也在快速提升。”

变革在路上

“我们真正的药审改革是 2015 年开始的，当时国务院印发的《关于改革药品医疗器械审评审批制度的意见》是一个信号。现在走了 6 年时间，我们确实步子很快，也很大。”哈尔滨血液病肿瘤研究所所长马军在接受第一财经记者采访时表示。

癌症诊疗领域从业者的普遍共识是，中国在肿瘤筛查和药物研发等领域的快速进展，很大程度上受益于政策层面的改革。马军自20世纪80年代开始参与国家的药审工作，见证了中国这项制度的逐渐演进，他认为最大进展发生在最近十年。

“新冠病毒疫情时期肿瘤血液药批准了21个，这非常了不起。过去，每一款药物的批准——不管是首创药物（First In Class）还是仿制——大约需要三年的时间。现在已经缩短到300多天，国内急需的药物大约6个月就能获批。”

基石药业在今年3月有两款癌症用药获批。作为全球首个按驱动基因获批的胃肠道间质瘤治疗药物，泰吉华于去年7月份获得国家药品监督管理局优先评审资格，并于今年3月底正式获批。基石药业的另一款药物普拉替尼也于当月早些时候获准上市。

基石药业董事长兼首席执行官江宁军称这两款药物的获批节奏为“令人瞩目的速度”。

创新药物上市节奏加快，促成了生态体系里肿瘤伴随诊断企业的发展。药物研发和伴随诊断，这两大创新性行业互相激荡，彼此成就。

“新药研发中伴随诊断的意义和地位越来越明确，这是对基因检测行业的重大利好。”王思振表示，随着越来越多的创新药上市，伴随诊断需求也就越多。

除了产业环境的变化，不容忽视的一点是多元化资本市场的建立。这疏通了初创企业募集资金的管道，为风险资金提供了更顺畅的“募、投、管、退”环境。

生物科技公司的成立和成长需要大量的研发投入。以泛生子为例，一季度，该公司的核心业务增长52%，总营收达9 200万元，而研发费用同比增长80%至5 000万元，研发费用占收入比从去年的36%增至54.3%。“抗癌新势力”的发展需要多元化、多层次的资本市场环境提供支持。

“梗阻”何解

“希望我们所有的生态圈跟大学和附属医院连接起来，这样才能实现源头创新。知道创新的源头在哪里，这很重要。”上海市肺科医院肿瘤科主任周彩存对第一财经记者表示，国内的学术界有很多论文发表，一些药物也是出自研究院所的实验室，而非企业。学术界的早期研究和产业界的开发能力本可互相成就，但实际情况是“我们国家这两块脱节很大”。

围绕癌症筛查和诊疗，中国产学研面临的“梗阻”明显，这已经是学术界和产业界的共识。

“整个生物制药在中国未来的十年、二十年会突飞猛进，但前提条件是我们的基础转化医学、临床开发要继续提升；第二块就是政策持续地支持；第二块就是医疗支付体系能够合理支持新药研发。这二块如果集合在一块，我认为制药会成为中国重要的支柱产业。”杨建新表示。

研发成果如何推向市场，同样是企业面临的大挑战。泛生子等癌症早期筛查企业的一项特殊挑战在于，它们需要与人们的传统观念做斗争。以肝癌的早期筛查为例，肝硬化、乙肝病毒携带者等高危人群很多都做不到定期检查。

“一些癌症的高危人群都没有意识到自己需要做筛查。”王思振说，肝硬化患者是肝癌的绝对高危人群，但他们未必都遵循每三个月做检查的医嘱。乙肝病毒携带者同样应该每年做筛查，但其中真正做定期筛查的人群占比就更少。

改变普通人的观念和习惯，仅靠企业的力量是远远不够的。这需要政府、商业化机构以及技术和产品服务商携手推进。

国内有一个巨大市场，虽然从支付能力和市场渗透率来看还低于美国，但最终癌症早筛市场会比美国大得多。王思振认为：“假以时日，中国必会出现千亿元市值级别的癌症早筛公司，行业内最大的公司更可能出现在中国而非美国。”

不管是癌症筛查还是药物研发，中国庞大的人口基数以及日益增长的经济总量为企业提供宽广的可能。拥有类似市场体量的国家，全球屈指可数。这意味着，一些研发成果更有可能在国内实现突破，即便持有同样技术，成长于中国的企业可能更快地实现成本回收和规模扩张。

这是一个百花齐放的年代，一批有理想的人和公司都在投入。不过，从初春到夏天，再到秋天结果，中间还有很多扎实的工作要做。

2021 年 5 月 27 日

分享链接

动力电池产业千亿元投资远离了北方

动力电池企业的新增投资已经很少考虑北方了。

粗略统计，中国本土的动力电池企业今年以来已经做出的总体投资规划接近2 000亿元。但这些资金几乎无一投向北方的城市。与此同时，传统的北方动力电池企业的生产制造中心也在纷纷南下。

蜂巢能源董事长杨红新说，动力电池企业南下是大势所趋，像候鸟一样。只是候鸟南飞还有北归的时候，南下长三角、珠三角的新能源汽车动力电池企业，还有动力返回北方的城市吗?

北企南下

蜂巢能源最新的百亿元级别投资规划，落在安徽省马鞍山市。该企业在5月初透露，准备在马鞍山市建设动力电池电芯及PACK生产和研发基地，投资计划总体金额可达到110亿元。

蜂巢能源的前身是长城汽车的动力电池事业部。不过，蜂巢能源于2018年独立，但它的总部并没有留在河北省保定市，而是设在江苏省常州市。

这就如蜂巢能源现在的投资规划：南方的城市，尤其是长三角、珠三角和成渝经济圈是它关注的重点。就在今年的第一季度，这家年轻的动力电池企业已经抛出了两笔投资计划，分别在四川省遂宁市和浙江省湖州市投资70亿元，建设20 GWh的动力电池产能。

“那里的电价是每度电3角多，电价便宜，又是绿电。这也是国家‘双碳’发展战略，尽量把高耗能的产业往低碳的地区，往绿电的地区转移。”谈到在遂宁市的投资项目，蜂巢能源副总裁王志坤此前在接受第一财经记者采访时说。

选择在南方“筑巢”的新能源汽车动力电池企业还有捷威动力。

捷威动力是一家成立于2009年的天津企业。复星集团旗下的复星高科技有限公司于2018年控股后，捷威动力加快在江苏省盐城市动力电池基地的建设步伐。捷威动力在盐城基地计划总投资60亿元，规划的总体产能可达

10 GWh。而在捷威动力全国已经建成的4 GWh动力电池产能中，天津基地为1.5 GWh，盐城基地则是2.5 GWh。

“北方原来有的电池厂和材料厂都搬到南方了。”杨红新对第一财经记者表示，原来天津有一个力神，但是力神的工厂都搬到苏州去了。

杨红新所说的天津力神电池股份有限公司是一家成立于1997年的老牌锂离子电池研发和制造企业，现在具有15 GWh的锂离子蓄电池年生产能力。天津力神的苏州全资子公司位于苏州高新区科技城，是其华东生产基地，主要产品为新能源汽车锂离子动力电池，投资总额50亿元。

动力电池南迁似乎已经势不可挡。

庞大的投资规划

新能源汽车市场的增长带动了产业链上的企业。今年上半年，动力电池企业纷纷开出了规模庞大的投资规划。

5月29日，中航锂电科技有限公司与成都经济开发区签约，该公司的动力电池及储能电池基地落户成都，项目的总投资金额可达280亿元；蜂巢能源今年也抛出了近300亿元的投资规划；宁德时代一家企业就抛出了近500亿元的投资和扩建计划。

这些投资规划尽落南方，无一投向北方。

“北方投电池和电芯不太合适，没有供应链，供应链基本都在长三角、珠三角、湖南、四川一带。”杨红新对第一财经记者表示。动力电池的供应链条包括正极、负极、隔膜、电解液、铜箔、铝箔等材料。

动力电池的产能向南方集聚，由此带来的产业集群效应令南北差距日益增大。据王志坤介绍，仅江苏省常州市一地就聚集了全国三分之一的动力电池产能。

“我们不会回北方投资。”杨红新说。

产业集聚也意味着充分的竞争。按照市场份额计算，宁德时代和比亚迪是中国动力电池产业地位稳固的领头羊，三至十名的角逐则十分激烈。

“我们将积极推动复星生态系统内的资源与捷威对接，积极为企业赋能，持续夯实捷威的综合实力，将捷威动力打造成为中国乃至全球新能源动力电池行业的领导者。”在投资捷威的时候，复星创始人郭广昌如此乐观地预期捷威的前景。捷威动力联合创始人、总经理王驰伟则表示：“捷威将聚焦乘用车市场，目标是未来五年成为全国排名前三的动力电池企业，未来十年成为世界排名前三的动力电池企业。”

事实证明，王驰伟可能过于乐观了。国内动力电池高歌猛进的发展，淹没了复星集团和捷威动力在此行业目标上的雄心壮志。从 2020 年国内动力电池企业的装机容量来看，排在最前面的五家企业分别是宁德时代、比亚迪、LG 化学、中航锂电和国轩高科，捷威动力甚至没能进入前十。据悉，王驰伟已经从捷威动力离职。

动力电池企业排位赛的角逐会越来越激烈。从各家动力电池企业的投资规划来看，待到产能释放时又是一番不同的光景。

2021 年 5 月 31 日

分享链接

快手割席，白鸦渡难

快手电商的闭环里，渐渐没有了中国有赞的地位。

中国有赞是一家香港上市的 SaaS（软件即服务）提供方，它为快手、抖音以及微信等平台上的中小型电商企业提供软件、支付等工具包，帮其打通商业链路。快手平台曾是中国有赞最大的 GMV 来源，然而这部分业务目前正在快速萎缩。

中国有赞的创始人白鸦相信，在去中心化电商的潮流下，SaaS 服务商大有可为。长期来看，或许如此。不过，白鸦需要先渡过眼前的难关：为快手平台找到替代方案，遏制 GMV 和收入的下滑趋势。

失去快手

2021 年第二季度也许是中国有赞的一个重要节点。

中国有赞的主要业务是为快手、抖音以及微信等平台上的小型电商企业提供 SaaS 服务，帮助它们搭建展示页面以及交易链路等。在快手电商发展的初期，这一平台上的中小企业往往难以自己构筑相应的电商交易能力，中国有赞迅速填补了这一块空白。

这曾是中国有赞的增长引擎，快手平台带来的 GMV 一度占据中国有赞总体 GMV 的四成。但随着快手自身开始为平台商家提供工具包，后者可以轻而易举地改变软件服务提供商，中国有赞 SaaS 业务的脆弱性暴露了出来。

上半年，中国有赞上的商品交易总额为 481 亿，同比仅仅增长 4%。如果聚焦 2021 年的第二季度，中国有赞的商品交易总额则是 245 亿，同比下滑 4.6%。

“在今年上半年，我们观察到快手依然在尝试发展自己的电商交易闭环，因此，我们来自快手产生的交易额在持续地收缩。”中国有赞于 8 月 11 日晚间发布上半年财报后，该公司的首席财务官俞韬在业绩说明会上表示。中国有赞上半年的 GMV 不理想，“主要是来自快手渠道的 GMV 下滑影响，快手平台 GMV 占整体的 GMV 下滑至 20%”。

这令中国有赞的收入承受压力。在过去的五年时间里，它从没有在任何一期财报中出现收入的同比萎缩。2017 年和 2018 年，它的各个财报期的收入增速都在 100%乃至 200%之上。2019 财年，中国有赞的收入增速降到两位数以内，此后增速阶梯下行，直至今年中期的同比下滑。

8 月 11 日晚间披露的财报显示，中国有赞在过去的半年时间里收入为 8. 03 亿元，同比减少 2. 5%。其中，订阅解决方案收入 5. 07 亿元，同比增长 6. 8%；商家解决方案收入 2. 89 亿元，同比下降 15. 2%。

据俞韬介绍，中国有赞商家解决方案收入的下降，主要是由于交易费用收入同比下降了 25%，“交易费用下降的主要原因是使用有赞支付的 GMV 在下降”。

在今年第一季度，中国有赞的支付业务经历了波折。此前，杭州有赞与北京高汇通公司合作，为中国有赞的商家提供结算服务。不过，中国有赞披露，杭州有赞可能被有关部门视为未经许可从事支付业务，并可能令公司受到处罚。在今年 2 月份，杭州有赞停止了提供交易服务。

收入增长暂时遇到了天花板，但员工工资、财务和管理费用等开支短期难以灵活调整。这带来了中国有赞亏损幅度的加大。上半年，该公司亏损 4. 49 亿元，去年同期则是亏损 2. 39 亿元。

市值大跌

中国有赞正在遭遇付费用户的流失。

在 2020 年的一场演讲中，中国有赞的创始人白鸦表示，运营客户的能力已经是企业和品牌最核心的能力之一。白鸦视中国有赞为中国私域经济的领导者。他认为，有别于流量经济时代，私域经济时代企业的核心目标变成了从产权高度上真正拥有“客户”这个最有价值的资产。

白鸦这一番言辞恳切的讲话本是针对中小电商，但当下同样适用于中国有赞自身。至少从上半年的情况来看，中国有赞的付费用户正在离开。2021 年上半年，中国有赞的付费用户数量为 87 457 个，同比减少了 12%。

快手构建电商闭环是有赞付费用户流失的重要原因。此外，特定行业的政策改变也冲击了中国有赞的用户根基。

最近的“双减”政策对教育培训市场产生了巨大的影响。中国有赞同样受到波及：从所服务的对象来看，教育是该公司的五大核心板块之一。

“教育行业大概有一百多万家机构，受‘双减’政策影响的学科类教育占比约30%。”俞韬表示，中国有赞下半年将在素质教育、兴趣教育、职业培训等方向上优化方案。

嗅觉灵敏的投资人在今年年初已经抛售了中国有赞的股票。

在今年2月中旬，中国有赞的股价触及了历史新高，此后开始掉头向下。截至今年年中财报发布之际，中国有赞的市值已经跌去七成以上，总体市值从700多亿港元，跌到约150亿港元。

中国有赞并非唯一的市值腰斩的SaaS服务提供商。同在香港上市的微盟集团的市值也在2021年2月中旬见顶，此后它的股价一路下跌。微盟集团的SaaS业务背靠腾讯系，它的收入主要来源则是腾讯系的广告代理。截至8月11日，该公司的市值约220亿港元，相比高点跌去了六成左右。

从中期财报来看，中国有赞的经营也有亮点。据俞韬介绍，该公司正在发力的新零售业务势头不错，来自线下门店SaaS的GMV实现了翻倍，在公司整体GMV中的比例已经达到四分之一。

不过，这些亮点不足以抵消投资者的担忧。8月12日早间，中国有赞一度大跌16%，早盘结束后的跌幅为13.56%。

在过去的五个完整财务年度里，中国有赞一直未能实现盈利，每年录得1亿~5亿港元的亏损。今年下半年，中国有赞的情况不一定会出现转机。

“预计全年快手GMV的占比会下降到10%~15%”，俞韬说。尽管有更多更具规模的商家开始使用中国有赞的服务，并带来平均付费量的提升，但“短期内GMV将承受比较大的压力”。

2021年8月12日

分享链接

二十、歆闻杂谈

张歆晨｜第一财经地产频道主编，中山大学人文学院汉语言文学专业学士、中山大学岭南学院工商管理专业硕士。2004年加入第一财经，先后出任第一财经日报地产记者、第一财经地产频道高级编辑、频道副主编。采访报道国内房地产市场及行业新闻超过15年，是中国房地产行业蓬勃发展、房地产企业的快速成长的见证者、观察者和思考者。
zhangxinchen@ yicai. com

广州打响一线城市集中供地第一枪，试水结果透露了什么信号？

作为首个集中供地的一线城市，广州此番试水备受市场关注。

广州集中供地于27日下午5时落下帷幕。尽管多宗地块在触发摇号机制后尚未确立最终竞得人，但竞拍企业出价阶段已经完成。最终结果显示，经历了26日、27日连续两日竞价之后，广州首次集中供地合计成交42宗，涉及总土地款超900亿元。

作为22城采用“两集中”供地制度以来第一个吃螃蟹的一线城市，广州此次展开的土地集中出让，在房地产行业中引发高度关注，数十家房企参与了这场规模空前的土地盛宴。

最终，越秀地产、融创中国、珠江投资、金地集团、华润置地、保利发展、新鸿基等众多房企均在其中有所斩获。鉴于多宗地块竞价达到封顶价，需择日摇号确定最终竞得人，目前尚无法统计各家房企的最终收获情况。

在广州之前，已有长春组织了今年首次集中供地，之后还有无锡、沈阳、重庆、杭州、北京、天津、深圳等逾十个城市将在4月底到5月期间进行各自的首次供地。

从长春、广州集中供地的结果来看，房企蜂拥抢地的局面有所缓解，土地高溢价相对减少，广州也出现多宗地块底价成交或流拍现象。

有参与广州此番拍地的房企高管向第一财经记者表示，如果不是集中供地，多数地块的成交价应该会更高一些，目前来看，集中供地对于平抑地价还是有效果的。

地块成交冷热不均

根据3月26日的出让计划，广州首次集中出让地块总数为48宗，总用地面积超393万平方米，挂牌总价超901亿元。

资料显示，广州此番出让地块中，以远郊增城数量最大，达18宗地块，其后为白云区共8宗，而南沙、番禺紧随其后各有5宗地块，花都、从化分别4宗地，而中心几大区域供地量相对较少。

据悉，广州今年3次集中供地时间为3月、7月和10月，此番出让的48宗地是第一批出让。

有业内人士分析称，广州首次挂牌出让的地块，大多集中在郊区，核心城区核心地块相对较少，大概是考虑到首次出让，有试水的意思，预计7月和10月出让的地块会更为优质。

为避免集中竞价导致系统负累，本次出让具体时间为4月26、27两日，分早上9点、中午12点和下午3点，合计6个时间段竞价，每次竞价地块宗数为8宗。考虑到房企参与多宗地块带来的资金压力，广州调整了保证金质押时间，较过去有所缩短。

从竞价结果来看，房企出价相对克制，48宗地块中，只有6块流拍，其余42宗顺利成交，除了4宗热门地块达到了竞价上限外，其余地块整体溢价率不高，大多在10%~30%之间，最高溢价为45%，达到竞价上限，需摇号角逐。

具体而言，26日出让的24宗地块，总出让面积152.2万平方米，总起始价402.46亿元；最终，2宗地流拍，4宗地需要摇号确认归属，22宗地以452.38亿元总价成交。27日出让的24宗地块，总出让面积241.4万平方米，总起始价498.9亿元；最终，4块地流拍，20宗地以453.64亿元总价成交。两日累计成交906亿元。

全国首个卖地高峰来临

今年2月26日，自然资源部自然资源开发利用司负责人宣布，今年22个重点城市要对住宅用地实行“两集中”新政。

所谓“两集中”，第一是集中发布出让公告，原则上发布出让公告全年不得超过3次，实际间隔时间和出让地块数量要相对均衡；第二是集中组织出让活动。同批次公告出让的土地以挂牌方式交易的，应当确定共同的挂牌起止日期。以拍卖方式交易的，应当连续集中完成拍卖活动。

这22个重点城市，包括北上广深4个一线城市，以及天津、重庆、南京、杭州、厦门、合肥、济南、武汉、成都、福州、郑州、无锡、苏州、沈阳、长春、宁波、青岛、长沙18个二线城市。

步入4月之后，22城多数已披露了供地计划，并已逐步进入供地高峰期。据记者不完全统计，截至目前，已有北京、广州、深圳、杭州、南京、天津、无锡、长春等10个城市公布了首批集中供地内容。

4月30日，上海土地交易市场将针对第一批住宅用地集中出让相关情况召开信息交流会。届时，上海首批宅地供应名单也有望披露。

另据平安证券梳理，截至4月5日，在明确集中供地制度并发布了全年供地计划的11城中（包括广州、北京、济南、苏州、长春、无锡、南京、杭州、厦门、沈阳、合肥），计划住宅用地供地面积合计值较2020年增长48%；其中，除了广州同比下滑11%外，其余10城均同比正增长，且8城同比增幅在40%以上。

平安证券研报显示：“从首批供地数量看，11城首批供地面积占2021年全年计划比重为34%，其中7城首批供地占比超过30%，广州占比甚至高达62%。”

在各地披露供地计划之后，这项意在为土地市场降温的政策日前在长春迎来了“首秀”。4月15日，长春共有51宗涉宅地进行供应。最终，11宗终止挂牌、2宗流拍、38宗成交。具体来看，本次土拍成交的38宗住宅用地中，仅有6宗溢价成交，其余32宗均为底价成交。从溢价率水平来看，本场土拍总溢价率仅有3.3%，较2020年全年涉宅土地溢价率低了1.3个百分点，表现比较平淡。

克而瑞研究中心认为，长春首次集中供地土拍情况与以往分散式的土拍拿地相比，整体市场没有出现明显的变化，地价总体保持相对稳定。不过，长春首场土拍的现象并不一定能在其他地方得到复制。

易居企业集团 CEO 丁祖昱预计，“优质地块供应比例较高的北京、杭州等城市，首次集中供地的土拍热度将维持在相对高位。”

广州在 4 月 26 日开始的第一次集中供应，便证实了市场的冷热不均。亿翰智库研究总监于小雨评论称：“广州出让的土地中，热门地块竞争激烈，多宗地块成交溢价率在 40% 以上，但也有外围区域地块无人问津，最后以流拍收场。”

广州之后，无锡、沈阳、重庆、杭州、北京、天津、福州、青岛、深圳、厦门、南京和济南等城市已经披露了首次集中供地的时间，将集中在 4 月底到 5 月底之间，一场卖地小高潮即将来临。

国企央企表现积极

在业内看来，土地集中供应带来的最大变化，是对参与房企的资金腾挪能力形成了更大的考验，进而可以抑制房企抢地热情，达到平抑地价的目的。

“保证金提交、退回需一周左右，现金流无法同时满足多处拍地，实际可参拍地块减少。”克而瑞研究中心发布的报告称。关注杭州市场的某千亿房企人士向记者表示，其所在房企报名参与了 10 幅地块的竞拍，保证金就需要一口气缴纳 5 亿元。而拍下地块后还需在规定时间内缴纳土地款。

这也就意味着资金充足的房企将拥有更大的可能性。招商蛇口董事总经理蒋铁峰在日前的业绩交流会上坦言，22 个城市集中供地后，企业会面临地块集中上市的情况，这要求企业有大量的资金去购买土地，“这对我们这种资金成本低、资金实力雄厚的企业来说是一个机会。”越秀地产董事长林昭远也表示，集中供地对资金宽裕的企业优势将更明显。

这种情况在西安 4 月初举行的一场土拍上已有所显现。公开报道显示，该地块在经过 58 家房企 139 轮叫价后触发熔断机制，并以摇号的方式确定归属；而在上述 58 家企业中，24 家属于中海地产、20 家属于华润置地，两家企业的中标率均超过 30%。据披露，该地块的竞拍保证金 6.91 亿元。这也意味着，中海地产、华润置地分别拿出了 165.8 亿元、138.2 亿元的保证金。两家央企资金实力的优越性由此可见一斑。

一家 TOP30 房企土地投拓负责人坦言，自己所处的民企跟中海、华润这类央企比较起来，实在没有那么强悍的资金实力同时参与多宗地块的竞标。

此次广州首轮集中供地结果也佐证了国企央企的优势。若不考虑 4 宗尚未出结果的地块，两日竞价之后，越秀地产将以 6 宗成交夺冠，华润、保利、金地等资金成本偏低的房企亦表现突出，各有斩获。在民营企业中，融创和珠江投资分别夺得 3 宗地。

值得关注的是，万科、恒大、碧桂园前三强房企在广州的首轮供地中表现冷淡。

2021 年 4 月 27 日

分享链接

解码碧桂园“保增长控风险”的大财务管理

随着中期报告披露的结束，房地产企业交出了上半年的成绩单。与往年不同的是，政策的暴风骤雨带来行业逻辑巨变的2021年，市场对于房企的首要考量要素，已不再是规模增长和业绩，取而代之的是经营的安全性和可持续性。

如果说万科的“活下去”言论在当时略显惊悚的话，那么到今天，这一观念几乎在房地产行业中形成了共识，无论年销售额数千亿的头部企业，还是位居二三线阵营的千亿房企，都将“生存”看得比过去任何时候都要重。

毫无疑问，这是一个房地产行业集体纠偏的阵痛期，值得每一个从业企业去反思自己的经营策略；这也是行业的洗牌期，一批始终坚守底线且将经营安全和财务安全放至首位的公司，最有希望从调整中跑出来，成为市场上真正的“王者”，毕竟，每年市场份额高达十几万亿的房地产市场，仍将在中国城镇化大潮和居民住房改善需求爆发中，获得持久生命力。

在市场人士看来，目前的政策环境对具有国资背景的企业和财务安全垫较厚的民营企业相对友好，金融机构更看重投资的安全性，在房地产贷款集中管理制度下，有限的资金将更青睐流入稳健型企业。

8月24日，在碧桂园（02007. HK）举行的中期业绩会上，该集团首席财务官伍碧君证实了金融机构的这一投放趋势：去年以来，资金端的“三道红线”和房地产贷款集中管理，对于整个行业的影响比较大，但并非没有利好的一面，因为外界看到不断有企业爆发债务危机，资金变得更加谨慎，就会去寻找优质的资产对自己的资源进行投放。

作为TOP10房企中罕有入选恒生指数的蓝筹地产公司，碧桂园在过去几年的表现十分值得研究，在部分同行依托杠杆支撑蒙眼狂奔的时候，这家公司并没有大幅度放大杠杆比率，却始终保持着行业领跑之势。

今年上半年，碧桂园权益销售金额连续6个月实现累计同比增长，共实现 3 030.9 亿元的权益合同销售金额，和 3 451 万平方米的权益合同销售建筑面积，同比增幅分别为 14%、8%。在第三方机构的统计中，碧桂园仍保持全口径销售额行业第一的领先地位。

与此同时，公司财务盘面稳健，且呈现持续优化走势，“三道红线”指标中的非受限现金短债比高达 2.1，净负债率为 49.7%，较 2020 年年底下降 5.9 个百分点，剔除预收账款的资产负债率为 77%，也较 2020 年底下降了约 3 个百分点。

一边是稳增长，一边控风险，这家世界 500 强房企是如何做到的？

监控每笔资金

据了解，碧桂园有一套资金管理系统，在此系统下，可以实时查询各项目资金余额、每个账户的收支情况，保证集团资金安排有序、合理。

“这个财务系统比较强大，可以清晰掌握每个项目的资金流动情况，现金多少，借款多少，十分清晰。”一位曾经在碧桂园工作过的知情人士称，虽然现在各家房企都很重视管理系统的数字化建设，但碧桂园明显是走得比较早的，系统建设也更为科学合理，“即便现在，很多大型房企都无法完全准确掌握下属所有公司的真实状况。”

据了解，碧桂园财务对资金实行集中管理，最大限度降低地区资金风险，日常资金调拨由集团财务共享中心的专业团队负责管理，遵循“标准化、高效率、控风险”的管理原则；而非现金业务资金风险管理方面，集团已形成完善的管理制度，以明确每个业务场景的风险点以及管理边界；在融资方面，也有非常清晰的管理目标，在合适的市场环境下实施合适的融资策略；在支出方面，工程款、土地款等经营性支出都有明确的管理机制，确保收支节奏合理。

在最新的中期业绩发布会上，碧桂园总裁莫斌也表示，公司财务管理与很多同行不一样，因为碧桂园的财务是垂直和综合管理集于一体的，在垂直方面，财务可以管理每一个项目每一个月的资金；而在综合管理方面，碧桂园是大财务管理，其中包括资金管理、会计管理、税务管理、法务管理，回款的考核管理。

莫斌称：“在大的财务管理体系中，我们从 2019 年以现金流为核心，做回款考核，已经坚持了三年。所以，我们的现金流一直不错，我们多年来坚持追求‘有现金流的利润，有利润的现金流’，这是财务状况越来越稳健的原因。”

此外，碧桂园的“双享”机制（成就共享和同心共享）也纳入了财务管理体系，使得公司预算管理和激励管理相匹配，通过预算管理牵引项目管理，再通过项目运营管理，让公司双享机制发挥作用，让每个项目做一成一。

十余年的财务自律

去年，国家层面基于防范金融风险的目的，对规模房企实施“三道红线”管理，三个指标分别为：非受限现金短债比不低于1，净负债率不高于100%，剔除预收账款后的资产负债率不高于70%。“三道红线”直接与房企再融资规模挂钩，让杠杆高的房企哀嚎一片。

作为市场规模位居行业第一的碧桂园，在过去几年实现了快速增长，但杠杆水平一直处于适中状态，现金流也始终保持充裕，这让一些市场人士颇为意外。

事实上，翻阅碧桂园的历史资料会发现，这家公司自2007年上市之后便制定了一些财务红线进行自我约束，比如“净负债率不得高于70%”，或者“可动用现金余额不能低于总资产的10%”。可以看出，碧桂园自己划定的“红线”与国家层面的“三道红线”具有高度重合性，都是对杠杆水平和现金流安全进行约束。

正是因为多年来在财务管控上的自律，碧桂园在市场调整周期中，比一些同行相对舒服，避免了强降杠杆的阵痛。

伍碧君表示，公司不需要强行缩表，“三条红线”是靠公司正常经营下自动向“绿档”靠拢。“我们从2018年开始做降杠杆的工作，将资产负债率和三个指标已经考虑到经营活动中。经测算，到2023年6月份转为‘绿档’这个目标，对公司的经营和利润没有影响。”

据了解，碧桂园内部十分重视资金使用效率和年化资金回报率，这是公司规模增长而杠杆控制合理的重要原因。

数据显示，2021年上半年，碧桂园实现总营业收入2 349. 3亿元；毛利约462. 8亿元，净利润约224. 2亿元，股东应占核心净利润约为152. 2亿元，经营绩效仍处平稳上升趋势之中。

同时，公司回笼现金2 727. 9亿元，权益回款率超过90%，优于行业平均水平，过去六年来，碧桂园的权益回款率都保持在90%以上。截至报告期末，碧桂园账面可动用现金余额达1 862.4亿元，运营资金充足。

2021年1月，公司发行的5亿美元5.5年期票据和7亿美元10年期票据的利率更是分别为2.7%、3.3%，创民营房企发债融资成本之新低。5月和7月，公司再度抓住窗口期，连续发行两笔长周期美元优先票据，规模分别为5亿美元和2亿美元，票面利率分别低至3.125%和2.7%。碧桂园以超低成本发债融资，也在一定层面上显示稳健的财务盘面在资本市场上拥有的话语权和竞争力。

目前，碧桂园已经获得了各家评级机构的较高评级，其中，惠誉给予公司的评级为BBB-，展望稳定，评定为投资级；穆迪给与公司的评级为Baa3，展望稳定，评定为投资级；标普给予公司的评级为BB+，展望正面，离投资级仅差一步。

标普认为，在当前偏紧的融资环境下，潜在主体信用质量较好的企业具有较强的竞争优势和较大的融资空间，面临的流动性压力也较小。

2021年9月3日

分享链接

悲观与侥幸情绪交织，三大新问题困扰房地产市场

在当下各种杂音萦绕的房地产市场里，一系列新的问题正在浮现。

楼市降温、土拍萧条、企业债务违约……自今年年中以来，短短几个月时间，围绕房地产的市场情绪慢慢滑向了冰冷的谷底。尽管不少市场参与者很早就做好了心理建设，但当行业从“黄金时代”行至“青铜时代”，期间的巨变和阵痛，依然让身处其间的个体感到不适应。

“我们公司会不会倒闭?”“还有哪些公司会暴雷?”“调控会不会松绑?”……诸如此类的追问，横亘于当下房地产企业面前，考验着每一个决策者的耐力与定力。

“近期需要到全国各地去巡盘，摸一下家底，但主要目的还是给基层员工打气。”一家上市房企高层表示，身为企业高层，其实对行业前景和企业前途是有基本信心的，但来自行业底层的悲观情绪还是相当普遍。

市场上，与悲观情绪同时存在的是侥幸心理。过去很多轮房地产的周期跌宕，已经让行业人士产生了路径依赖：只要市场跌到谷底，拖累了经济增长，威胁金融安全，国家层面就会放水，松开调控的阀门，重新激活市场，历史总是在重复中不断行进，这一次也不会例外。

近日，以哈尔滨等城市为代表的地方政府逐步祭出公开救市举措，而部分城市的银行也相对放松了针对个人住房按揭贷款的限制，甚至不乏银行下调房贷利率；房地产企业债务违约爆发频率变得更高，过去被房企极力避免的“违约”，已然变得不那么遮遮掩掩——利好与利空的交织，似乎预示着，房地产单边下跌的行情已走向尾声，触底反弹的号角随时可能吹响。

面对未来，唯一的确定性便是不确定性。在当下各种杂音萦绕的房地产市场里，一系列新的问题正在浮现，而这些问题也将以不同的形式，对市场参与者的未来决策形成冲击。

疑问一，地产债大面积违约潮会否发生？

国庆黄金周期间，百强房企花样年一笔剩余 2 亿多美元的境外债务刚性违约，把整个中资地产美元债拖入了谷底。

据悉，花样年一笔本金总额为 5 亿美元、剩余 2.06 亿美元未偿的美元债在 2021 年 10 月 4 日到期。到期之前，花样年多次对投资人承诺，将使用自有资金偿还、资金已经铺排好，甚至还放出了将旗下物业上市公司卖给碧桂园的消息，让投资人信心倍增。但到了兑付那一天，花样年却突然发布违约公告。

在花样年恶性违约事件之后，接踵而来的就是中资房企美元债大面积暴跌。10 月 5 日，多只房企美元债创下高息地产债 8 年来最大跌幅。

花样年只是导火索，连坐承受痛苦的包括绿地、阳光城、弘阳、佳兆业、禹洲、建业、当代置业、融信、中南、中梁等一众房企。阳光城面对债券连日暴跌，不得不给投资者写信辟谣。

债市暴跌反映了投资者的恐慌情绪，毕竟，中资地产债的规模庞大，牵扯大量机构投资者。根据中金公司统计，截至 2021 年 8 月底，中资地产美元债存量规模为 2 097 亿美元，约 1.35 万亿人民币。

2021 年、2022 年、2023 年，是中资地产美元债的三个偿债高峰年，其中 2022 年将是最顶峰。

根据久期财经统计，2020 年地产美元债总到期规模为 395.81 亿美元，共计 104 笔。这一数据到 2021 年暴涨，总到期规模为 592.42 亿美元，约合人民币 3 827 亿元。2022 年，总到期规模达到 614.97 亿美元，约合人民币 3 973 亿元。2023 年，总到期规模 510.18 亿美元，相当于人民币 3 295 亿元。

从现在起至 2023 年末，中国的地产商们合计要偿付高达 7 687 亿元人民币的美元债。

联合资信认为，通过对部分违约企业的分析，具有“低经营容错率+高债务杠杆”特征的企业，更容易遭遇资金链断裂。在当前环境下，这类企业的财务稳健性变得日益脆弱。目前，市场上金融机构风险偏好的降低，信用资质相对较弱的房地产企业，面临更加艰难的再融资环境，到期债务的偿还更加依赖于自身业务回笼现金流的能力。而一旦项目销售现金回笼速度不及预期，则易发生资金链断裂的情况。

疑问二：土地市场萧条会否倒逼地方政府妥协？

冷风过境，各地纷纷入秋。凉意也在房地产行业全面降临：传统“金九银十”不再，土地市场也急剧降温。

10月12日，杭州第二批集中供地如期进行，出让地块数量仅14宗，总起始金额246.2亿元，总成交金额为257.5亿元，平均溢价率仅4.6%。与首轮供地时，动辄竞配建、溢价率超29%的火热，对比明显。

实际上，在10月11日晚时，杭州就发布公告称，第二批原定出让的31宗地块中，有17宗终止出让；同日，北京也宣告，二次集中供地将有26宗延期至下次出让。此前不久，上海也终止了7宗地块的出让。

二次土拍的这股冷空气早已在各大城市蔓延。中信建投研报显示，截至目前共完成二轮供地的15个城市，共挂牌了700宗地块，流拍及中止交易数量的达到206宗，流拍及中止交易率高达29.4%。

与此同时，各地在第二轮土地供应中，除了将溢价上限下调至15%之外，其他规则实则限制更严格，从购地资金、保证金等多维度提升参拍门槛，并设定禁拍年限，对房企综合竞争能力提出更高要求，不少地块的起拍价高于上年同期水平。

房地产企业受制于融资限制以及去化压力，拿地热情不断下降，以“现金为王”为原则，减少投资、减少拿地作为应对市场变化的手段。

在过去，房企拿地资金并非主要来自自有资金，相反，土地投拓主要依赖于金融机构的融资支持，从拍地前的前融，到证照齐全后的开发贷，再到达成预售条件后的抵押贷款，以及后续卖房后的按揭贷款，整个开发环节，开发商都可以拿到不同金融机构的资金支持。但随着房企融资的全面收紧，拿地资金首先受到限制。

某TOP20房企内部人士向记者透露，“我们今年不打算再拿地了。”如今看来，不拿或者少拿，这似乎已经成了不少房企的默契。

融资收紧是制约开发商土地扩张的主要因素，当前市场前景的不明朗，使得房企观望心态凝重，“这个时期保证活下来，比寻求发展更为重要一些。”一位大型房企高管表示。

不少业内人士认为，房企不拿地，大量地块流拍，无疑对习惯了土地财政的地方政府形成压力，毕竟土地收入是许多地方财政主要来源之一。

但也有地方政府相关官员对第一财经记者表示，市场上的情绪过于悲观了，今年上半年许多城市在首轮集中供地中收获丰厚，这大大降低了全年卖地压力，与此同时，基本面好的城市并不会因为短暂的不景气而改变长期向好趋势，等到房企的观望情绪终结，该投资的依然会投资。

疑问三：多城托底救市会否带来调控转向？

近来，各地频繁祭出的调控政策，让楼市蒙上波诡云谲的气息。

在北方，有以哈尔滨为代表的省会城市，主动发布性质明确的“救市”政策；在东莞等热点城市，二手房指导价继续严控，丝毫未见松绑迹象；还有遍布大江南北的十余座城市，针对房企降价出台“限跌令”，稳定市场走向与购房者预期。

各地政策“冰火两重天”，让业内外人士不乏疑惑：四季度楼市怎么走？甚至有声音称，少数城市房贷利率下调、央行释放稳楼市信号，或代表调控转向的开始。

其中，最为刺激市场情绪的莫过于哈尔滨最新出台的“救市政策”。10月10日，哈尔滨出台楼市新政，在房企端，降低预售取证门槛、加快预售资金返还，减轻企业流动资金压力；在居民端，发放购房补贴、放宽二手房公积金贷款房龄年限，促进购房需求释放。

人口千万的省会主动“救市”，颇具信号意义。不仅如此，短短2个月内，东北三大省会城市都已出台救市举措。9月13日，长春发布购房补贴；再早前，沈阳也提高了人才购房补贴标准。寒意阵阵的东北不再扭捏，开始下场救市。

不仅如此，宁波市奉化区同样发布了人才购房补贴政策，国家级人才最高可获100万元。肇庆、珠海、中山、惠州相继下调二手住宅转让个税核定征收率，降低二手房交易成本。岳阳、唐山等十余座城市，则出台针对房企的“限跌令”。

克而瑞表示，综合各地刺激购房消费的举措，地方调控“边际放松”的序幕正在拉开，房价下滑过快城市、库存风险过高城市、高土地流拍率且高土地财政依赖度城市，更具放松调控的动机，楼市调控有望获得适度松绑。

不过，“救市”并不代表政策会出现大反转，“房住不炒”的基调不会动摇。

广东省住房政策研究中心首席研究员李宇嘉认为，哈尔滨“十六条”楼市新政并未跨出“一城一策”的边界，纾困供给端才是政策的重点。只要购房利率不降低，杠杆率不变，贷款集中度政策变，交易税费不变，就不影响大局。

实际上，信贷政策的松紧程度更影响楼市的冷热变化。10月初，在广州、佛山等地，部分国有银行和股份行开始下调首套和二套房贷利率，湖南益阳也有银行下调房贷利率。

对此，如是金融研究院院长管清友称，在坚持“两道红线”房贷集中管理和严格审核贷款资质的基础上，对首套刚需提供差异化信贷支持，最多是结构性的微调纠偏，整体地产信贷政策很难有明显的松动。

不过，业内普遍认为，经历今年房贷利率上行、银行房贷额度不足、放款周期变长后，房贷政策最严最紧的时期已经过去，一刀切收紧房贷政策、误伤刚需的行为将会逐渐纠偏。

2021年10月12日

分享链接

附一 一财朋友圈

谁是蔚来汽车固态电池供应商？

杨海艳

密度高达 360 Wh/kg、续航里程超 1 000 公里，蔚来在 1 月 9 日的 Nio day 上表示将于 2022 年第四季度推出固态电池。消息一出，当晚便有人分析认为，该电池的供应商是清陶（昆山）能源发展有限公司（以下简称清陶能源），后者在 2020 年 7 月曾宣布，清陶固态动力锂电池项目（一期）在宜春经济技术开发区正式投产。

不过 1 月 10 日，蔚来汽车创始人李斌在接受第一财经记者采访时并未承认这一说法，仅表示“现在还不方便透露，还不到时间”。随后的 1 月 11 日，又有消息称宁德时代（300750，SZ）或为蔚来汽车固态电池的供应商，蔚来汽车和宁德时代相继称对此不予置评。

伊维经济研究院研究部总经理、中国电池产业研究院院长吴辉指出，蔚来汽车将采用的固态电池其实并不是全固态电池，而是含固液电解质的半固态电池。全固态电池的量产还是很远的事情，原因是目前固态电池的市场需求很低。按照蔚来 1 月 9 日披露的其固态电池有限的技术细节，该固态电池采用的是原位固化固液电解质、无机预锂化硅碳负极以及纳米级包覆超高镍正极工艺。

“从目前来看，这种半固态的电池现在仍然没实现量产，但两三年后量产装车是有可能的。”吴辉认为，目前市场上专注于固态电池的供应商包括清陶能源、辉能科技、卫蓝新能源以及赣锋锂业等公司。

中关村新型电池技术创新联盟秘书长、电池百人会理事长于清教也指出，市场对蔚来汽车的固态电池有一些误读，蔚来将采用的并非纯正意义上的固态电池，真正使用固态电解质的固态电池量产以及装车尚需时日。

从技术上看，固态电池通过使用固态电解质（而非传统的液态电解质），因为没有电解液，电池被穿刺后，不易起火和爆炸，固态电解质不可燃、无腐蚀、不挥发，不存在漏液，被穿刺后也不会短路，所以安全性会大幅提升。此外，固态电池在续航能力、充电效率方面也比液态锂电更为占优。比如，目前业内预测使用液态电解质的锂电池将难以突破 300 Wh/kg 这一能量密度上限，但固态电池的能量密度或将达到 400~500 Wh/kg。

固态电池也有尚未突破的量产难点，比如电导率偏低，充放电能力不佳，以及负极材料的超薄锂金属产能低而导致固态电池成本高等。

虽然固态电池难题待解，但追求高续航是当下电动车制造商的一致方向。比如特斯拉此前推出的 Model s 长续航版，已经将续航里程增加至 700 多公里，上汽集团旗下智己汽车也在去年年底宣布，旗下车型将搭载与宁德时代共同开发的掺硅补锂技术的电芯电池，能量密度达到 240 Wh/kg，未来续航里程将达到 1 000 公里。“2022 年或将成为 1 000 公里高续航元年。”吴辉认为。

从短期来看，各地政府推出的限牌以及限行政策虽然助推了电动车的市场化，但电动车要进一步走入大众家庭，里程焦虑是必须解决的问题。当电动车变得越来越主流，进入各大细分市场，动力电池技术也将多元化，产业链上下游的公司仍存有较长远的机会。

2021 年 1 月 11 日

分享链接

再陷“造假门”，日系车市场份额是否会缩水？

杨海艳

日本零部件巨头造假，涉及10家日系整车生产企业，丰田、日产等尽数中招。这是否会影响上述企业乃至日系车在全球的声誉和市场表现？

这些年，日系车企和零部件供应商屡次陷入“造假门”事件。最为业内熟知且让所有日系车企都付出沉重代价的是自2000年就开始被曝光、一直持续了十余年的高田气囊事件，高田公司最终因为这一事件而宣布破产，丰田、日产和本田等各自为此承担了数千亿日元的召回和修理费用。

2017年，又一桩隐蔽多年的造假案被曝光，日本神户制钢大约从十年前开始在其铝、铜加工厂篡改检验数据，并将产品以次充好供应给约500家国内外客户，丰田、日产、斯巴鲁、马自达等车企先后透露使用了由神户制钢提供的铝制品。紧接着这一事件后，斯巴鲁以及日产又曝光存在使用“无资格证检查人员”的问题，而且两者造假都可追溯到二三十年前。

日本制造业曾以高质量在全球立足，近年来却多次曝出质量和造假等问题。在中国社会科学院日本研究所副所长张季风看来，随着经济全球化之后面对来自新兴市场的竞争，日本制造业以及整个经济界出现冒进、急躁的心态。

全国日本经济学会副会长、上海对外经贸大学日本经济研究中心主任陈子雷则认为，日本是制造业大国，但并不是说没有一点问题，其企业文化在一定程度上主张“家丑不外扬”，此外，不会去揭其他企业的短，如果去揭人家短反而会被看不起，这容易形成企业内部文化以及企业间文化方面的潜规则。

2017年“质检门”出现后，据当年日本汽车经销商协会JADA和日本轻型汽车与摩托车协会编制的数据，日产10月份在本土的普通乘用车销量同比骤降52.8%至12 745辆，若计入微型车，其在本土销量同比下跌43%，几近一半。而在此之前，日产前 9 个月在本土销量达到 41.3 万辆，同比上涨 28.4%。由此可见，品牌造假对于市场消费其实是有所影响的。

在中国市场，从 2012 年开始到 2020 年，日系车的市场份额从不足 8%增长至 23%，与德系的差距不足 1 个百分点，从整体上看，在中国市场，无论是高田气囊还是神户制钢的造假事件，并没有从根本上影响消费者的消费决策。造假之外，日系车大空间、省油以及性价比优势仍然存在。

事实上，在此之前，大众在华也曾因为 DSG 故障的问题而被央视"3·15 晚会"曝光，大众多年来一直没有拿出根本性的解决方案，但这依然无损其在中国市场的销量，截至目前，德系依然是在华除中国品牌之外的最大的汽车派系。

但是，我们也不能简单地用过往的经验来看待目前中国消费者对于品牌和口碑的认知，毕竟，在 2018 年之前，中国车市仍然处于增量市场，普通大众对于外资品牌的"金字招牌"仍然有一定的迷恋，随着中国消费者的成熟，从 2019 年开始，弱势二线合资品牌开始逐渐被市场边缘化，中国消费者对于产品质量等关键性指标更加看重。一个非常直接的案例就是，此前上汽大众帕萨特在中保研的碰撞中以低分收场，最终造成市场销量大幅下滑，帕萨特此前曾多年盘踞在 B 级轿车市场销量第一的位置，月平均销量在 2 万辆左右，但 2020 年上汽大众帕萨特累计销量为 12.89 万辆（不含 PHEV 车型），同比下跌了 31.9%，远超同期汽车行业的整体下滑幅度。

因此，此次日系零部件企业造假对于市场的影响可能还需要持续观察。不过，如果日系车因此受累，德系和自主品牌将可能从中获益。根据此前的数据，当韩系车在国内市场节节败退之时，韩系车的市场在很大程度被中国自主品牌所抢食，随着此轮中国品牌实力的进一步走强，有望趁机从合资品牌手中抢夺更多的市场份额。

2021 年 2 月 20 日

分享链接

药品带量采购两年成效：原研替代加速，产业淘汰启动

马晓华

带着“探索两个机制、实现四个效应”任务走上历史舞台的药品集中带量采购改革，在推行了2年有余之后，任务是否完成？

对于药品带量采购的成效，国家医疗保障局副局长陈金甫在近期国务院新闻办举办新闻发布会上表示，前三批国家组织药品集采共涉及112个品种，中选产品的平均降幅达到54%，截至2020年，实际采购量已经达到协议采购量的2.4倍，节约费用总体上超过1 000亿元，有效降低了患者的负担。

事实上，药品带量采购解决的不只是药价虚高、节省医保费用，更促进了多年来专利过期原研药的替代进度以及“多小散乱”药品行业的集中。

“目前，在药品提质、医疗保障减负增效以及原研替代上，都收到很好的效果，同时也促进了药品行业转型升级，不过，这个过程会比较缓慢。”北京大学医学部研究员陶立波对第一财经记者表示，“在执行的过程中，最重要的是形成一个药价形成机制。”

原研替代加速

2019年1月，国务院办公厅印发《国家组织药品集中采购和使用试点方案》，选择北京、天津、上海、重庆和沈阳、大连、厦门、广州、深圳、成都、西安11个城市开展试点工作。按照试点地区所有公立医疗机构年度药品总用量的60%~70%估算采购总量，进行带量采购，量价挂钩、以量换价，形成药品集中采购价格。

到现在，带量采购已进行到第四轮，并从11个试点城市推广至全国，效果到底如何呢？首当其冲的便是原研药量价齐跌，仿制药替代加速。

从2019年12月带量采购扩围实施（以下简称第一批）和2020年4月第二批带量采购的情况来看，经执行前后同期比较，未中选原研药价量齐跌。

两批集采合计41个未中选原研药中，有39个价格下降，第一批和第二批集采的未中选原研药分别平均降价33%和21%，在全国公立医疗机构总采购量分别减少22%和59%，总采购金额分别下降48%和68%。

其中，用量较大的阿托伐他汀钙片原研药立普妥平均降价22%，采购量减少40%，采购金额下降52%，使用量占同通用名药品的比例从40%下降到14%；苯磺酸氨氯地平片原研药络活喜平均降价17%，采购量减少44%，采购金额下降52%，使用量占同通用名药品的比例从28%下降到13%。可以发现，市场被通过一致性评价的中选仿制药大规模替代。

“国家组织药品集中采购和使用的全面落地平稳实施，对未中选原研药的价格和市场均产生显著影响，群众获益巨大。老百姓除了享受到集中带量采购中选药品的物美价廉，也享受到了未中选原研药因新的市场竞争格局而降价所带来的改革红利。同时，医保基金也得到了节约，行业流通环境也得到了净化。”陶立波认为。

而入局的仿制药，以价带量，量至翻倍。

《4+7集采及扩围后仿制药替代情况分析报告》（下称《报告》）数据显示，仿制药采购量占比提高。从“4+7”试点地区执行一年的情况看，集中采购品种仿制药采购量同比增长1.5倍，原研药仅增长6%，仿制药采购量占比从67%上升到83%；从扩围地区执行半年的情况看，仿制药采购量同比增长1.2倍，而原研药下降7%，仿制药采购量占比从78%上升到89%。

陶立波认为，药品采购数量的份额变化，是体现集采中原研药被国产仿制药替代的最佳指标。从结果看，集采中虽然并没有形成原研药使用数量绝对值的大幅下降，但因集采而形成的、数量大幅扩张的新生市场容量，却几乎都被仿制药品占据，说明集采对促进我国医药市场中的原研药替代是有明显效果的。

“虽然采购量增加，但采购金额却下降，也就是说我们用比原来更少的钱，换来了更多的药物量提供给老百姓。降价效应和替代效应共同推动总采购金额下降。”陶立波表示。

《报告》显示，从“4+7”试点地区和扩围地区合计数据中可以看出，集采品种通用名药品总采购量同比增加近一倍，总采购金额同比降低30%，从413亿元下降到289亿元。如果按集采前价格及仿制药占比计算，则需要花费806亿元，节约了517亿元，其中，因降价节约78%，因仿制药替换节约22%。

总之，药品集中带量采购的实施，在降低群众用药费用负担的同时，优质仿制药在公开公平的规则下加速了对进口原研药的替代，顺利完成了医疗保障减负增效的效应，甚至推动了专利过期原研药的进一步降价。

产业淘汰启动

药品带量采购也启动了我国“多小散乱”的医药产业的整合。

陶立波认为，药品集采政策为医药企业追求规模经济和集中度提供了动机。“带量采购为少数具有规模优势、研发能力强、资源整合能力强的企业扩大规模提供了机会；药品集采政策要求仿制药通过质量和疗效一致性评价的规定，实则为药品市场提高了门槛。从产业经济学的视角看，集采政策具备了提升产业集中度的必要条件，同时借鉴美国药品集团采购的历史经验，可推测未来我国医药产业集中度有提升趋势。”陶立波认为。

在带量采购中，入围的敲门砖便是通过药物一致性评价，之后才能参与这场“低价”角逐，去占领公立医疗机构年度药品总用量60%~70%的市场。这一门槛也使得部分厂商不得不聚焦核心产品，放弃非核心产品的一致性评价，也就进一步提升了产业的集中度。

集采之后，所谓的60%~70%市场之外的份额还有多少？

“实际上变得小了。”陶立波表示，从数据分析看，带量采购都超量完成了，甚至翻倍，由此可见所谓的剩余市场变得更小了。一些小的未中选企业受影响比较大，未来生存非常困顿。

“虽然药品市场除了公立医疗机构这块，还有药店和网上销售市场，但是能活的品种并不多。”北京鼎臣管理咨询有限责任公司创始人史立臣表示。

带量采购政策给产品线单一、研发薄弱的药企带来的影响也将进一步持续，未能成功转型并形成研发创新核心竞争力的企业，或将被动地面临行业大洗牌、大重组；反之，竞争力强的药企的规模扩张能力将得到加强。由此，中国药品产业集中度之战正式开启。

2021年2月28日

分享链接

药企扎堆研发，专家却发出警示！PD-1 真的是抗癌神药？

马晓华

近日，有关“北医三院肿瘤内科医生反映肿瘤治疗黑幕”的网络信息引发讨论。4 月 19 日，国家卫健委回应称，关注到有关网络信息后，国家卫健委高度重视，立即组织对有关情况和反映的问题进行调查核实。相关问题一经查实，将依法依规严肃处理，绝不姑息。相关情况将及时向社会公布。

国家卫健委还表示，下一步将持续推进肿瘤诊疗管理工作，进一步健全管理制度规范体系，加大监督指导力度，确保相关要求落实到位，着力提升肿瘤诊疗规范化水平，维护人民群众的健康权益。

对于肿瘤治疗，一位资深肿瘤专家对第一财经记者表示：“对于肿瘤，我们不得不面对一个现实：化疗药的有效率大概在 10%~20%，靶向治疗的有效率也就在 20%~30%，所以说大部分是治不好的。”

就是这“10%~20%”“20%~30%”的低有效率，带起了免疫治疗市场的火热。来自终端的需求，使得中国众多药企踏入了这个领域，以期占领一壁江山，也因此中国成为 PD-1 产品开发和使用最火热的国家之一。

PD-1 是肿瘤治疗的万金油？

肿瘤的免疫治疗旨在激活人体免疫系统，依靠自身免疫机能杀灭癌细胞和肿瘤组织。与以往的手术、化疗、放疗和靶向治疗不同的是，免疫治疗针对的靶标不是肿瘤细胞和组织，而是人体自身的免疫系统。其中，PD-1 是一种重要的免疫抑制分子。

根据米内网的信息，截至 2021 年 4 月 18 日，已有约 72 个 PD-1 相关品种在中国处于研发/获批阶段。从临床使用的数据来看，截至 2020 年 9 月，全球有 4 400 个 PD-1/PD-L1 单抗临床试验在研，与 2017 年 9 月相比，

PD-1/PD-L1单抗临床试验总数增加了3倍。同时，国内的PD-1/PD-L1市场队伍也在不断壮大，数据显示，仅2020年上半年国内就有484项新药临床试验初次公示，其中，肿瘤领域新药临床试验登记共256项，PD-1/PD-L1共有73项。

“现在我国有48个厂家在做免疫治疗的药物，美国只有4个厂家生产。这背后的原因就是中国把PD-1当作万金油，当作万能的抗肿瘤药物。但它只是肿瘤治疗的一个方法，要根据病人的个体化情况进行应用，而且还需要注意安全性，另外，从疗效上看，免疫疗法的最大问题是它可能出现上百个并发症，不是每个人都可以用的。”哈尔滨市血液病肿瘤研究所所长马军对第一财经记者表示。

马军还表示：“由于各个公司的宣传，这个药又变成了白菜价，非常便宜，所以说过度治疗是存在的，需要禁止。PD等对有些肿瘤是不能用的，中国只批准了五种适应症，在国外有十几种适应症，应该严格按照说明书，按照适应症进行治疗，不能无限制地进行超适应症的治疗，这是违章和违法的，它不是万能药，这一点必须要强调。”

要理解PD-1疗法的不良反应，就需要先了解PD-1的作用机理。如上文所示，PD-1是一种免疫抑制分子，在肿瘤发生发展的过程中，有些肿瘤通过PD-1介导的负性免疫调节机理来对免疫系统产生抑制，从而使得免疫系统处在一个免疫抑制的状态，进而逃避免疫系统的监控。

人的免疫系统正如一个机体的警察系统，太强的免疫反应和太弱的免疫反应都不好。如果免疫反应太强，机体很容易产生自身免疫性疾病，即自己的警察系统攻击自身；如果免疫反应太弱，则起不到相应的免疫保护效果，所以，免疫系统强调的是免疫反应的恰到好处。当肿瘤的机体处在一个相对免疫抑制的状态时，去除这种对免疫系统的抑制作用，将会有一个整体的抗肿瘤免疫增强效果。

“但因为是整体提升免疫系统的反应，其中针对肿瘤组织的是我们想要的，而针对健康组织的强免疫反应，就会带来自身免疫系统攻击自身的不良反应。常见的如免疫介导肺炎、免疫介导结肠炎、免疫介导肝炎、免疫介导肾炎和肾功能不全等。”上海柯棣健康管理咨询有限公司创始人、中国科学院免疫学博士杨晨对第一财经记者表示。

其实，除了常见的免疫过激引起的不良反应之外，PD-1的疗法还会引起胚胎胎儿毒性反应。临床研究显示，生育期和分娩期使用PD-1有导致流产增加和婴儿早产的风险。

“以上描述的是PD-1专属的一些不良反应，还有些常见的药物不良反应，如疲劳、呕吐、腹痛、抗干细胞一致反应、低钠血症、肌肉骨骼关节疼痛、腹泻等，这些属于常见但并不太致命的不良反应。”杨晨表示。

被过度使用的PD-1

但这并没有阻止免疫药物在抗肿瘤诊疗中的应用。

根据中国药学会发布的“2020年上半年医院用药监测报告——化药与生物制品部分”，近年来品种数增幅最高的为抗肿瘤和免疫调节剂，5年品种增幅高达19.05%；5年内，使用金额增长幅度最大的为抗肿瘤和免疫调节剂，自2018年起一直居于首位。

报告还显示，抗肿瘤药使用金额一直保持稳步增长的趋势。2019年，样本医院抗肿瘤药使用金额相较于2014年增长了53.85%。6年复合增长率为17.10%（12%~15%：美国市场）。

值得注意的是，报告显示，对比2017版和2019版医保目录，整体品种数增幅12.77%，其中，肿瘤免疫调节药品种的增幅达64.44%。

面对如此多的不良反应和并发症，为何PD-1仍被过度使用？

据杨晨介绍，PD-1和PD-L1是最近几年对于肿瘤免疫治疗的一次飞跃进展，但并不是所有人都对PD-1和PD-L1有应答或者能取得显著的预后改善结果。一般认为针对PD-1或PD-L1检测阳性的癌症患者，使用PD-1或PD-L1单克隆抗体免疫治疗，对于患者是有意义的。但这两个治疗预后标志物又不能够完全精确地指导个体用药的预后，也就是说，PD-1或PD-L1阴性的就一定没有治疗作用。

美国医学会杂志曾发表的关于预测免疫治疗疗效和生存获益相关的研究数据显示，在所有患者中，PD-1的基因表达阳性率分别为2.79%和1.37%，PD-1基因表达率最高的瘤种是非黑色素瘤皮肤癌（16.59%），其次是子宫内膜癌（14.85%）、黑色素瘤（14.73%）、结直肠癌（7.37%）和膀胱癌（7.21%）。

“现在在使用PD-1等药物的时候，PD-1基因表达阳性是预测指标。但在实际使用过程中，即使PD-1表达阳性的患者也可能出现药物无效，PD-1

基因表达阴性的患者也可能有效。”杨晨表示。

面对此种情况，马军继续呼吁，不要过度治疗。“任何的药物超适应症的应用和过度的治疗都会给病人带来伤害，一方面是它没效果，另一方面是安全受到质疑。此外，还需要考虑患者的经济情况以及患者的病情。”

2021 年 4 月 20 日

分享链接

明知不赚钱，为何车企依然愿意培育小众市场？

杨海艳

领克 03+在性能车市场上获得的认可，让更多车企将注意力放在性能和改装车等小众市场。日前，上汽名爵发布了运动改装子品牌 XPOWER，XPOWER 家族首款量产车型 MG6 XPOWER 也同步开启预售，每月限量 100 辆。

汽车是一个规模化制胜的行业。批量化流水线的作业模式从福特开启至今，一直是车企惯用的生产模式。对于上汽乘用车来说，每个月 100 辆的量，账面收益相对有限，但对效率和成本的影响非常明显。比如制造和质量标准，要对生产线进行兼容性改造，与新的量产车怎么平衡，用户的互动环节怎么保障，怎么合理地定制改装范围，如果超出定制改装范围上牌如何解决等，难点颇多。同时，为了支撑这个品牌，上汽乘用车还在线下布局了 37 家店，并在部分城市的核心商业地段布局线下网络，投入不菲。

上汽乘用车有自己的打算。从短期来看，成本投入和收入回报之间显然不能匹配，但从长期来看，随着“85 后”乃至“90 后”年轻消费者成为主流消费人群，消费者对于汽车文化和圈层的意识开始觉醒。业内表现最为明显的是，以赛车文化为出发点的领克 03+，虽然单车的平均售价都达到 20 余万元，但很多时候仍然一车难求，由此带动领克 03 这款轿车的销量和认知度的节节攀升。另外，如奔驰有 AMG、宝马有 M 系列、奥迪有主打性能车型的子品牌 Audi Sport 一样，高性能、赛车基因等对于成熟的汽车品牌来说更像是一种信仰。

所以，在国内车市从增量步入存量市场、消费者细分再细分的背景之下，越来越多的车企开始重视汽车文化作为品牌与用户之间的连接。作为一个英伦品牌，名爵本来就具有赛道基因，无论是高性能赛车还是勒芒赛车、英国 BTCC 赛车，以及现在参加国际汽联 TCR 的比赛赛车，全部来自赛道。改装的源泉实际上来自赛道，上汽乘用车希望将这个品牌的赛道基因再度发掘，在行业内建立改装的标准。接下来，XPOWER 原厂改装的整车产品还将进一步丰富。

上汽乘用车副总经理孙亦炯告诉笔者，如何在打造汽车产品的同时，形成一种汽车圈的文化，把多元的文化融入汽车产品和汽车销售环节当中，是上汽乘用车接下来开拓和探索的一个方面。

此前，蔚来汽车联合创始人秦力洪在接受笔者采访时曾抛出一个观点：当前车企之间的竞争，还是建立在好的差异化的产品层面，而随着汽车电气化时代的全面到来，车作为硬件本身的差异化越来越小，企业最终竞争的焦点可能会是用户体验，用户体验则包含软件能力和服务等综合的体系化竞争力。

在汽车行业变革的前夜，头部自主车企在创建品牌的逻辑上开始走出一条全新路径。So. Car 产品战略咨询创始人张晓亮谈到，几年前，领克与 WEY 品牌的创建还是建立在先有品牌再有产品这个路径上的。从长安的 UNI 系列开始，再到后来的坦克，大家逐渐找到了一条先有单品并创建一个独特的品类，再通过观察这个品类的市场表现，进而孵化一个新品牌或者新系列的更为有效的路径。他认为，这个路径对于今天试图从 100 万辆向 200 万辆冲击的一线自主品牌而言，风险更加可控。

在大的品牌下孵化一个新的小众项目，名爵也采取了这样的价值逻辑。不过，与日本、美国等汽车文化浓厚的市场不太一样，中国的性能车和改装车等小众市场刚刚起步，能不能成功地突破有待观察。不过，值得注意的是，随着年轻消费者的崛起，市场不断细分，多品类、小批量逐渐成为一种趋势。

2021 年 6 月 3 日

分享链接

车企的“用户思维”，痛点到底在哪里？

杨海艳

“未来智能汽车时代，中国车企最缺的应该是产品定义的能力。”这是一位造车新势力的高层此前和笔者交流时提及的一个观点。他认为，过去30年，中国车企的制造和创新能力虽然在不断提升，但在产品定义方面，更多的还是追随。

在传统汽车时代，成熟的汽车企业在产品定义、设计、生产制造乃至营销等领域积累了数十年甚至近百年的经验，企业都习惯了循序式的创新。在中国市场，过去几乎所有的中国汽车品牌的产品定义和开发都是从“逆向对标”开始，而占据主流的合资公司的本土人才，更多的是将跨国企业定义好的产品进行本土化改进。但随着智能汽车时代的到来，汽车本身在“肌体”上已经开始逐渐打破过去的布局和结构，当互联网原住民开始逐渐成长为主流消费人群时，他们对于汽车本身的功能、交互以及情感等需求都有了新的创想。

智能汽车时代的换道竞争，让中国车企开始与跨国企业真正站在同一起跑线上，过去模仿借鉴的范本不复存在，当大家都需要步步为营、蹚水过河的时候，真正的定义和需求把握从哪里来？

上述高层给出的答案是“用户”，建立跟用户的直联，由此掌握用户的动向和喜好，是业内的一致共识。更有激进者则希望通过开放的心态，让用户参与并由此定义汽车乃至企业的生态圈共建。

在业内，蔚来几乎是所有传统车企做用户运营都逃不开的一个“样本”，极高的用户黏度和互动效用，让蔚来在收获不错口碑的同时，产品的转介绍率也一度达到60%以上。效仿蔚来，越来越多的车企开始搭建自己的App，用以建立与用户的直联。

“真正的用户思维并不简单是搭建一个App。”吉利汽车集团高级副总裁林杰认为，简单地建立一个平台很容易，但怎么能让用户有参与感，真正能够吸引用户与企业“在一起”，怎样才能让企业的后台迅速地跟上用户的建议和意见，这才是最大的挑战。

作为一种试水，吉利汽车日前发布了用户品牌“我们”，除了品牌 Logo 是从用户的原创设计稿中投票选择出来的之外，此次还亮相了首个集成用户共创 idea 的示意——Vision Starburst，未来，该车身上的“宇宙能量”设计灵感和“能量风暴”造型都有用户“共创”的影子。吉利方面表示，未来这些元素都将被应用到吉利下一代车型的设计上。

这一开放的想法并不为吉利所独有，其实在几年前，奇瑞旗下的凯翼品牌就在业内首次提出与用户“众包造车”，造车新势力爱驰汽车也曾在 2019 年发布过“7921 用户伙伴计划”，在旗下产品身上加入可扩展端口，让用户参与部分配件的定制。上汽集团旗下的智己汽车也提出“原石计划”，希望将用户的创意和数据变成企业创新的一部分。

凯翼的众筹以失败而告终，爱驰的伙伴计划从目前来看还只是一个相对浅表的尝试，吉利的开放希望做得更深入。首先是建立了一个与用户可以直接沟通的 App，在线上以更加开放的态度听取用户的意见；在线下，除了设计之外，吉利还希望以后在工程、制造领域都对用户进一步开放。

“闭门造车”的工程师时代正逐渐终结，技术实力如何才能真正地与用户体验完美结合。林杰谈到，“以前的工作只受领导监督，现在我们要面对千万用户的意见并快速解决完善。这也让企业形式发生扭转，吹响号角的不再是最高级别的行政领导，而是用户，形成真正以用户为中心的企业管理系统。”

知易行难，对于动辄几百万甚至上千万用户的传统车企来说，要实现企业与用户之间的高效沟通，从后台到流程乃至整个思维模式，都面临革新的全面挑战。

2021 年 6 月 10 日

分享链接

汽车公司对华为“打包”方案说不，勇气是否可嘉？

杨海艳

上汽集团（600104. SH）董事长陈虹近日在该公司举办的股东大会上谈到在自动驾驶领域的规划。陈虹认为，上汽很难接受任何一家企业为该公司提供整体的自动驾驶方案，因为如此一来，它就成了灵魂，而上汽就成了躯体。“上汽要把灵魂掌握在自己手中，与别的自动驾驶公司最多是合作的模式。”他说，目前上汽与华为在5G以及互联生态方面都有很多合作。

这一席话在业内很快引发广泛讨论。在智能汽车时代，软件定义汽车为互联网和科技公司进场分羹提供了机会，而传统车企此前的积累几乎都集中在以发动机和变速箱为核心的机械层面，在软件层面几近空白。从目前来看，虽然具备前瞻性的车企已经在几年前就开始在互联网软件技术等领域进行技术和人才储备，但骤然间要在这一新的赛道上领先显然颇具挑战。此前，日经BP社在拆解了特斯拉Model 3和Model S之后，援引业内专业汽车人士的观点得出结论，特斯拉的电子电气架构已经领先其他（包括丰田在内）企业超过6年。

这种领先性很难在短期内追平，因为对于传统汽车制造商来说，软件定义汽车不仅意味着产品的底层逻辑已经发生了根本性的变化，未来的商业模式也将随之而变。麦肯锡在去年发布的一份报告中指出，相关数据统计显示，目前汽车软件在大型乘用车的整车价值中占比为10%，未来预计将以每年11%的速度增长，到2030年，汽车软件将占整车价值的30%，整体市场规模将达到4 000多亿美元。

无论是在技术还是在商业层面，自动驾驶显然是其中最重要、最具挑战的一环。未来汽车自动驾驶能力持续提升，在全面自动驾驶技术实现的大背景下，汽车将真正成为一个智能化的移动机器人，按照陈虹的比喻，具备反馈和决策能力的软件系统将成为汽车的“大脑”和“灵魂”，其他硬件将成为仅仅是具备执行能力的躯体。如果传统汽车公司将软件能力拱手让人，那么，主机厂将很有可能成为互联网和科技公司的代工厂，这也是目前当华为、小米以及百度等大的互联网和科技巨头纷纷下场造车时，业内对于传统主机厂未来命运的担忧之一。

加速建立软件能力，全球知名零部件公司博世仅在中国就要组建两万人的软件工程师团队，大众、通用、戴姆勒乃至几乎所有的整车制造商都在快速地打造自己的软件工程师团队，并提出要推出自己的车载系统。比如，戴姆勒早在去年就与英伟达签署了一项协议，为奔驰车型开发和制造新一代芯片和软件平台。今年该公司又表示将在全球招聘 3 000 名软件工程师，以加速操作系统的开发，戴姆勒希望 2024 年之前推出新的汽车操作系统，沃尔沃也在近期提出，未来该公司的产品将搭载自研集成式车载系统——VolvoCars. OS。沃尔沃认为，通过自主开发的软件系统，可以提高开发速度，并比现在更快地改进产品。

自动驾驶的技术落地需要跨产业链和整个社会高度协作，所以，主流车企虽然希望自己具备核心的软件能力，但是面对庞大的产业链上下游以及软硬件结合过程中的痛点和难点，仍然需要与跨界的企业进行专业的协作和业务分工。麦肯锡认为，面向自动驾驶领域的布局，车企必须清晰地知道："哪些软件需要企业自己做，哪些可以交给供应商做？在整个技术对战里面，我的技术控制点到底在哪里？"从目前来看，很多车企在这方面并没有特别清晰地思考。

很显然，智能汽车时代的到来对车企的挑战远不止于角色和思维模式的转化，庞大的研发投入也将成为部分非主流企业必然遭遇的难题。在传统汽车时代，也有不少企业在车型的研发上依赖于供应商的"交钥匙工程"，在智能汽车时代，这样的现状仍将无法避免。不过，随着汽车在硬件配置上的趋同，车企如果不能在软件上实现更加自主和差异化，被淘汰的概率相较于此前的时代可能会更大。

2021 年 7 月 2 日

分享链接

大众、通用的新能源野心，远不止卖多少辆车

杨海艳

与国内造车新势力高调上市不同，大众、通用等跨国企业在推进电动化的过程中普遍低调，但其在新能源领域的野心，远不止卖多少辆车。

大众汽车集团在其刚发布的“2030战略”中表示，要将2025年不计特殊项目的营业利润期望值从7%~8%提高到8%~9%。此外，大众汽车集团还与国轩高科签署了战略合作协议，双方将合作开发三元电池标准电芯，这些电芯将在德国萨尔茨吉特生产。“我们共同的战略目标是成为世界三大电池制造商之一。”大众汽车集团管理董事会主席迪斯如此表示。据大众汽车集团技术负责人托马斯·施马尔介绍，该公司将引入标准电芯，2023年全面铺开，至2030年将覆盖集团旗下80%的电动车型。通过自研电芯和标准化的规模效应，大众在电气化领域也将利润目标作为最为关键的指标，并将用务实的技术手段去实现它。

大众之外，通用在电气化领域的思考也是如此。通用此前在中国市场正式发布了集电芯、电池管理、全新电子架构等成果于一身的Ultium电池系统平台，虽然通用新的电池系统平台发布的时间并不算早，但值得关注的是，这一平台基本上考虑到未来5年整个电动车市场对于核心技术的根本性需求，例如，其可以覆盖旗下三个品牌的各级别车型，以及可以支持电池功能的升级和电芯配方的优化。

除了平台技术外，通用也在跟LG进行更加紧密的合作，建设电池工厂，其目标是2025年前在全球市场推出30款电动新车型，并希望在2035年之前实现仅出售电动乘用车的目标。

通用汽车总裁马克睿思在今年1月就公开表示：“我们的下一代电动汽车将从第一天开始就可以盈利。”盈利的关键则在于上述在技术领域的系列布局。电池是未来的核心竞争力，这已经不仅仅是全球最大汽车制造商大众汽

车集团的判断，也是行业的一致判断。可以看到的是，虽然跨国企业在电气化的落地过程中，目前在中国市场的表现与中国主流本土品牌相比还有一定的差距，但其在核心技术领域的布局丝毫没有放松。大众汽车集团宣布，将在欧洲与合作伙伴建设6座超级电池工厂，其年总产能将达到240 GWh。除了此前的两家电池工厂外，通用汽车总裁Mark Reuss日前在受访时还表示，该公司计划在本周晚些时候宣布在美国建立更多的电池工厂。

与中国车企尤其是造车新势力的发展思路不同，这些规模化的跨国企业从一开始就将规模化、成本意识和盈利能力作为最重要的指标。在这种商业逻辑之下，大象转身一开始可能会动作缓慢，但当规模效应开始发挥时，其势将难以被抵挡。比如大众集团旗下ID. 3去年10月在欧洲市场的销量就超过了特斯拉Model 3，此外，当月大众集团的电动车在欧洲的电动车市场销量占比一举达到25%。今年前5月，大众ID系列在全球新能源榜单上的排名也后来居上，进入到第三名。

北京理工大学机械与车辆学院教授魏中宝此前在上汽通用联合北京理工大学举行的“汽车电动化学术交流会”上谈到，近三年来电动车起火和自燃问题持续攀升，由动力电池故障所引起的火灾几乎占到三分之一，从侧面印证了动力电池技术仍然是制约新能源汽车普及的关键技术痛点。

如何解决这一痛点，保证技术的领先性和产品的安全可靠，除了大众、通用等跨国车企，目前国内车企如比亚迪、广汽、长城等都在积极备战。面向电动化的转型已经成为毋庸置疑的趋势，看似火热的市场，但触及核心的竞赛才刚刚起步。

2021年7月15日

分享链接

1 亿美元 12 个月完成车型开发，悠跑要做智能电动时代的“麦格纳”？

杨海艳

将原本 2~3 年的汽车研发周期缩短至 12 个月，开发费用在基础车型具备后可节省 60%，这样的前景会成为现实吗？在悠跑科技（U Power）创始人李鹏看来，智能电动汽车“软硬分离”带来了这种可能性，也催生了新的业务和产品开发模式。

原长城高端电动车品牌沙龙负责人李鹏在今年年初离职后，创办悠跑科技（U Power），专注于电动汽车底盘的开发，目前已在上海组建百人团队。截至 8 月，悠跑科技自主开发的国内首个量产全线控底盘、与捷威动力共同开发的全球首款 CTC 电池系统（Cell to Chassis）等已经实现了技术落地，目前刚刚结束由经纬中国领投，CCV 创世伙伴、真格基金跟投的 Pre-A 轮投资。成立 4 个月完成两轮融资，估值达到 10 亿元，悠跑科技将在今年 12 月正式发布第一代可量产的超级底盘，涵盖轿车、皮卡、MPV、SUV、VAN 等不同车型在内的上车体。

“我们将传统的整车一体式开发升级为上下分体式开发，重新定义汽车研发的顶层逻辑、技术形态和供应链，赋能更多场景拥有者造自己的车。”悠跑科技创始人、CEO 李鹏表示，基于悠跑科技的超级底盘，具有完整造车能力的伙伴可以灵活设计自己的车型；对于部分拥有场景的进入方，悠跑科技也可以为其提供整车从研发到制造、到最后交付的整个价值链。

通过“软硬分离”的模式，新车开发周期可以缩减至 12 个月内，开发成本缩减至 1 亿美元。而传统汽车的开发周期通常要 48 个月，开发成本高达数亿美元。据了解，目前悠跑已经和位于四川的凯翼汽车签署合作协议，将后者作为联合开发伙伴和代工工厂。在传统汽车时代，部分车企为了节约产品开发时间和成本，就选择与麦格纳等供应商合作，通过后者输出的平台技术打造符合自身要求的产品。很显然，悠跑科技的目标是成为智能电动车时代的“麦格纳”。

从传统汽车到智能汽车，“软件定义汽车”成为趋势，也带来思维和商业模式的变化。在此之前，华人运通创始人丁磊在接受第一财经记者采访时就谈到，从传统车企到造车新势力，他经历的四个转变中，就包括从硬件思维到软件思维，以及从功能思维到体验和场景思维的转变，“我过去考虑一部车先考虑硬件、车身，现在我考虑一辆车就是软件架构，软件架构好在哪里，这是第一需要考虑的。”丁磊还表示，过去造车关注的是车里面有哪些“feature”（功能），现在的用户并不在乎产品具备哪些功能，而是能够创造哪些新的场景和体验。

“今天的智能网联汽车的最大障碍，其实是为了硬件成本的降低而牺牲了软件的开发效率，从而增加了软件的开发成本。一旦实现了硬件标准化以后，我们就可以极大地降低软件的成本。”李鹏谈到，未来几个月，悠跑科技会和业内的智能驾驶和智能座舱公司合作，把智能驾驶、智能座舱这些能力变成一个超级的 App 并预装在车里，让“硬件标准化”，使用者可以以极低的成本让这些应用在自己的产品上落地，他认为，这是汽车智能化带来整车成本结构变化之下一个积极的解决办法。

随着小米、恒大等越来越多的产业外资本涌入，行业竞争提速的同时，也带来更多的服务需求。经纬中国合伙人王华东认为，悠跑科技在研发的超级底盘可以将新车开发周期缩短至 12 个月内、资金门槛降低至 1 亿美元内，将有望帮助新兴的造车公司专注于附加价值更高的品牌打造、用户服务和数据闭环等环节。

在软硬分离的电动汽车时代，这样的开发模式是否适用？悠跑科技能否成功成为汽车产业链上的一环？博世（中国）投资有限公司执行副总裁徐大全此前就谈到，“软硬分离”带来汽车产业链条的各参与方的重新分工。在此背景下，从主机厂到 tier1（一级供应商）、tier2（二级供应商）的行业垂直分工模式会被打破，供应商会变得更加扁平化。

2021 年 9 月 3 日

分享链接

年轻人都不爱“套娃”，主流车企开讲“个性定制”故事

杨海艳

东风汽车集团有限公司董事长竺延风在第三届世界新能源汽车大会上表示，东风汽车将在2022年推出代号为M的新高端品牌，新品牌定位高端电动越野市场。3年内推出两大高端品牌，东风自主品牌冲刺高端的决心跃然纸上，但与岚图略有不同的是，M品牌的使命不仅仅是高端，还肩负着东风汽车试水个性定制化市场的任务。

当车市从增量市场走向存量、各路资本涌入，市场规模收缩而竞争加剧的背景之下，企业如何应对未来市场和消费者的变化？过去10年一直为长城提供战略咨询的里斯战略咨询定位公司为长城汽车给出的建议是品类创新。根据该公司的研究，品类之王通常会拥有非常稳定的市场地位，通常能够拥有行业中70%的市值和利润。在市场高速增长的年代，长城通过聚焦策略“抓住小池塘中的大鱼”，顺利地在SUV市场拥有绝对的优势。随着车市环境的改变，长城的品类策略从聚焦开始走向多元，通过品类创新，发掘个性化的、与主流市场背离的潜在市场，比如推出专门针对女性车主的欧拉品牌，坦克则选择与目前主流的都市SUV车型“背道而驰”，专注于更加硬派的、更具个性的和潮流感的越野型SUV市场，希望开启第二、第三增长曲线。

多元化和个性也是易车研究院在日前的一份报告中提及的2021—2026年中国车市趋势的主旋律之一，在2014—2020年，中国乘用车增换购销量占比由35%升至60%，预计从2021—2026年，增换购的销量占比将进一步提升至80%；女性力量将在车市消费中进一步崛起，调研数据显示，宏光mini EV、特斯拉Model3等快速崛起的新车，背后都有快速崛起的女性消费力在支撑，2020年女性购车占比升至32%。“技术正在将大规模的市场转化成无数的利基市场。”正如《长尾理论》里提及的观点，在汽车“代步”这一基础需求满足之后，人们的新需求正在分崩离析，演化更多小众需求或者说个性化

需求。

综合上述3个因素，易车研究院认为，向上和多元将为中国车市的未来发展提供动力。过去5年间，主流中国品牌更多地专注于市场规模的扩大和品牌升级上，领克、WEY、星途等主流传统车企的新的高端品牌的成立可为佐证，但随着车市收缩，如何守住市场份额、在可见的有限市场获得增值和利润提升，将成为下一个阶段主流中国品牌市场发力的焦点。

从去年开始，包括上汽名爵、上汽通用五菱、长城、领克等品牌，都开始在个性化定制市场进行试水。就在日前，领克品牌的入门级车型领克06推出了Shero粉色特别版和Hero蓝色的领克06 PHEV Pro车型。粉色特别版车型的推出背后，正是基于女性和年轻消费者的“呼声”，随着这两款个性化车型的推出，领克也正式上线了“领克06共创”小程序，这是06车型联合吉利控股集团工业互联网平台Geega的定制化合作服务项目，在为追求个性的用户提供开放式的定制共创空间的同时，也希望实现自身数字化和柔性生产能力的提升。

据领克汽车销售有限公司副总经理陈思英则透露，目前领克品牌的消费群体平均年龄为31.7岁，正是基于这一消费人群的定制化需求，领克06在线向用户开放了话题互动、3D展厅查看定制化车型的外观内饰细节并发表建议的功能。

不止是领克，上汽名爵也希望通过官方定制和改装，建立个性化、潮流的品牌标签。广汽埃安从成立之初便选择了走规模化定制的道路，在广汽新能源总经理古惠南看来，如今“互联网+”的模式让很多企业可以结合智能生产、大数据等产业变革的要素，实现深度的定制化服务，给用户更多选择权。他认为，新势力的崛起一定程度上培养了用户“等待交付”的购车模式，这也给了大家在新生产模式上更多腾挪的空间。中国品牌需要把握这一机会，快速锻造能力以应对激烈的市场环境。

2021年9月26日

分享链接

无效环保？专家详解“一次性”无纺布比塑料污染更严重

马晓华

在“限塑令”的要求下，不可降解的一次性塑料袋逐渐退出了市场，可反复使用的无纺布袋成为其主要替代品之一，在商超、餐饮、外卖等领域被广泛使用。

事实上，无纺布袋并不是“布”袋，其主要原料为聚丙烯（PP），本质仍为塑料制品。并且，部分商家为了降低成本，使用的无纺布袋材质轻薄、容易破损，无法重复使用。

对于这些“一次性”无纺布袋，专家表示，这既是一种资源浪费，也有违“限塑令”的初衷，反而变相加重了塑料污染。

无纺布不是“布”

2020年1月，国家发展改革委、生态环境部联合发布了《关于进一步加强塑料污染治理的意见》，被业界称为“史上最严限塑令”。其中明确要求，禁止生产、销售的塑料制品包括厚度小于0.025毫米的超薄塑料购物袋，禁止、限制使用的塑料制品包括不可降解塑料袋。

因此，人们开始寻找塑料袋的替代品，目前比较流行的包括无纺布袋、纸袋、生物降解塑料袋等。其中，无纺布袋具备坚韧耐用、造型美观、透气性好、可重复使用、可洗涤、可印刷广告等特点，一时间成为街头的一道风景。

随着市面上无纺布袋的品类和数量越来越多，人们发现，有些无纺布袋的材质越来越薄，可以使用的次数逐步减少，甚至成为“一次性”无纺布袋。

究竟何为无纺布袋？

无纺布是一种非织造布，其原料为PP，它利用高聚物切片、短纤维或长丝通过各种纤网成形的方法和固结技术形成的具有柔软、透气和平面结构的新型纤维制品，常被用于家庭购物袋。

“无纺布袋不是‘布’袋”，其规范叫法是‘非织造布’。‘布’字可能会让人联想其原材料为天然材质，但实际上，其主要原料是PP（占62%），这种材料也是合成塑料的主要聚合物成分，其实质仍为不可降解的塑料制品，在自然环境中，其降解过程和传统塑料袋一样缓慢。因此，这些被冠名为‘布’的袋子既不属于限塑新政中所说的‘布袋’，也不能称之为‘非塑制品’。”常州龙骏天纯环保科技有限公司总经理支朝晖表示。

虽然无纺布袋的实质仍是塑制品，但若能有效地实现重复使用，并在丢弃后得到妥善处理，在一定程度上也能减少对环境的污染。第一财经记者在调查时发现，虽然有不少商家在外卖打包服务中采用无纺布袋作为替代品，并且很多消费者把这些打包用无纺布袋当作购物袋使用，但这些无纺布袋很容易出现破损、开线等情况，并不能实现重复使用。

日前，有专业机构对流通中的无纺布袋进行了测试，结果显示，有些无纺布袋的厚度在0.1~1.0 mm，质地轻薄，用手轻轻撕扯或盛装一些常用日用品的时候，很快就会出现袋身破损、底部开线的问题。此外，这些无纺布袋大多为品牌定制，大小规格不一，常见尺寸为A4纸大小，只能装外卖餐盒，既无法在购物时使用，也不能当作垃圾袋使用，最终只能随同餐盒一起被丢弃。

支朝晖表示，由于外卖餐饮打包袋对承重、提携、防水、防穿刺性能的要求并不高，很多商家为了节约成本，把无纺布袋做得越来越轻薄，加之做工粗糙，质量和耐用性较差，根本无法承载液体、带有尖刺的物品及过重的物品等。这就导致了无纺布袋根本无法进行重复利用，通常使用一次就被丢弃在自然环境中，这样的使用方式跟传统塑料袋并无本质区别。

第一财经记者从定制无纺布袋的网站上发现，无纺布袋的使用已经遍及各个领域，如展会、商超、餐饮及外卖等。

一位专门生产定制无纺布袋的企业工作人员表示：“无论什么规格的无纺布袋都可以定做，只要能说出要求，我们就能生产出产品。做什么用都可以，量很大。”但对于量到底多大，这位定制人员并没有透露。

“一次性”无纺布袋加重塑料污染

一位塑料领域专家表示，若外卖餐饮领域大量使用这种无纺布袋，既是一种资源浪费，也有违“限塑令”的初衷，反而变相加重了塑料污染。

该专家表示，无纺布袋与塑料袋相比，从克重上来讲，无纺布袋高于塑料袋，使用并不比塑料袋环保。说无纺布袋环保，指的是可以多次使用，如果无纺布袋也变成了一次性，它所带来的污染要大于塑料袋。因此，限制塑料袋，就应该限制“一次性”无纺布袋。

英国环境署在2011年公布的一项研究结果显示，无纺布袋至少需要重复使用11次，才能弥补它带来的污染。若无纺布袋只使用1次，单个无纺布袋的能耗是一次性塑料袋的17.8倍，碳排放是一次性塑料袋的16.7倍。假设无纺布袋的使用时间能够达到一年以上（按照每周使用一次测算），则无纺布袋的能耗就只有一次性塑料袋的34%，排放是一次性塑料袋的32%。因此，无纺布袋需要长时间的重复使用才能达到环保的目的，否则会造成更大的环境污染。

由此可见，这些使用率低、抛弃率高的轻薄无纺布袋并不环保，其带给环境的污染不亚于传统的塑料袋。

目前，国外常见的无纺布袋通常为覆膜PP无纺布，厚度较高（可到4~10 mm），而国内超市常见的无纺布袋厚度较薄（0.1~1.0 mm），虽然成本上比国外超市无纺布袋要低很多，但耐用性较差，使用时间较短，导致了能耗排放更高，更不利于环保。

上述塑料领域专家认为，“限塑令”的初衷，是期望通过限制、禁止不可降解塑料制品的生产、销售和使用，有力、有序、有效地治理塑料污染。然而，一些品牌却利用消费者对环保替代产品的认知模糊，大量使用这种超薄无纺布袋，打环保“擦边球”。

针对这一现状，他建议相关部门应完善行业标准，加强环保监督的力度，同时对无纺布袋制定更为具体的管理和引导措施，达到标准厚度的无纺布袋才可以流通于市场，并鼓励消费者循环使用，低于标准厚度的无纺布袋则等同于传统的塑料袋予以处罚；在餐饮外卖领域，生产企业应加强对无纺布袋通用性的设计，满足非特定场景的使用需求。

2021年11月21日

分享链接

附二 时间轴索引

2月

3月

4月

8月

9月

10 月

11 月

12 月

后　　记

《商业·洞察 2021》是第一财经出版的商业洞察系列的第五本作品集，汇集了一财资深记者撰写的 139 篇专栏文章，在具有里程碑意义的 2021 年，一财的专栏作者对商业世界提供了自己的观察视角和观点评论。

这一年，我们如期打赢脱贫攻坚战，如期全面建成小康社会、实现第一个百年奋斗目标，开启全面建设社会主义现代化国家、向第二个百年奋斗目标进军新征程。一年来，面对复杂严峻的国内外形势和诸多风险挑战，我国经济发展正面临需求收缩、供给冲击、预期转弱三重压力。这些都在企业微观层面、行业和产业、区域经济等各个方面，刻下了这一年的岁月痕迹。

财经记者是记录者，也是观察者和思考者，希望这本新书与此前的四本《商业·洞察》一样，对于商界人士分析商业事件逻辑和把握未来趋势，对于机构和个人投资者研究行业和公司规律，对于商学院师生开展学术研究，可以具有一些参考价值。

朝着培养名记者名编辑的方向，第一财经的同事们一如既往，新闻中心的几位主任胡军华、彭海斌、刘展超、黄宾、胥会云、李刚等坚持打造名记者专栏，陈姗姗、乐琰、刘佳、宁佳彦、李溯婉、唐柳杨等主编都是专栏的主力作者，专栏编辑冯小芯、姚君青等为书稿的挑选和整理付出了宝贵时间，《第一财经日报》终审发稿人姚剑、应民吾、苏蔓萱、胡军华，都对名记者专栏给予诸多指导。特别要感谢复旦大学出版社和责任编辑戚雅斯，我们为《商业·洞察》作品集已经有长达五年的合作。

本书每个专栏下留有作者邮箱，读者可以直接和这些第一财经名记者交流；每篇文章后面的二维码链接到第一财经客户端的相应文章，读者可随时保存或者分享自己喜欢的文章，以及在文章评论区发表评论与作者互动。今天您的书橱里已经有了第五本《商业·洞察》，真诚希望广大读者继续对本书提出批评和指导，我们一起把第一财经《商业·洞察》作品集做得更加精彩。

编　者

2022 年 8 月于上海

图书在版编目(CIP)数据

商业·洞察. 2021/杨宇东,蔡云伟主编. —上海:复旦大学出版社,2022.10
ISBN 978-7-309-16381-0

Ⅰ.①商… Ⅱ.①杨… ②蔡… Ⅲ.①贸易经济-文集 Ⅳ.①F7-53

中国版本图书馆 CIP 数据核字(2022)第 153865 号

商业·洞察. 2021
SHANGYE DONGCHA 2021
杨宇东 蔡云伟 主编
责任编辑/戚雅斯

复旦大学出版社有限公司出版发行
上海市国权路 579 号 邮编:200433
网址:fupnet@fudanpress.com http://www.fudanpress.com
门市零售:86-21-65102580 团体订购:86-21-65104505
出版部电话:86-21-65642845
上海盛通时代印刷有限公司

开本 787×960 1/16 印张 27.25 字数 446 千
2022 年 10 月第 1 版
2022 年 10 月第 1 版第 1 次印刷

ISBN 978-7-309-16381-0/F·2910
定价:88.00 元